OEUVRES COMPLÈTES

DE

W. SHAKESPEARE

TOME III

LES TYRANS

SAINT DENIS. — TYPOGRAPHIE DE A. MOULIN.

FRANÇOIS-VICTOR HUGO
TRADUCTEUR

ŒUVRES COMPLÈTES
DE

W. SHAKESPEARE

DEUXIÈME ÉDITION

TOME III

LES TYRANS

MACBETH — LE ROI JEAN — RICHARD III

PARIS

PAGNERRE, LIBRAIRE-ÉDITEUR

RUE DE SEINE, 18

1866

Reproduction et traduction réservées.

A MON PÈRE

F.-V. H.

INTRODUCTION.

I

Le voyageur qui visite l'abbaye de Westminster remarque, au fond de la chapelle d'Édouard le Confesseur, un fauteuil de forme byzantine dont le siége de bois est creux à force d'être usé, et dont le dossier, surmonté d'un chevet triangulaire, est à peine retenu par deux bras de chêne vermoulu. C'est le trône des rois d'Écosse.

En l'an de grâce 1037, ce vieux fauteuil était neuf encore. Placé sur une haute estrade dans le chœur de la cathédrale de Scone, il étincelait d'incrustations et de dorures, et les deux bêtes, aujourd'hui informes, qu'on voit couchées à ses pieds, avaient vraiment l'air de lions.

Un prince qui s'appelait Duncan venait de s'y asseoir à la place d'un autre prince qui avait nom Malcolm II.

Le roi Duncan, fils de Crinan, abbé de Dunkeld, avait été élevé plutôt pour le cloître que pour le palais. Il était bon, pacifique, et si doux que ses sujets eux-mêmes l'appelaient une *sainte soupe au lait*. Certes, l'avénement d'un tel prince était une excellente occasion pour les ennemis de la dynastie nouvelle. Quelques turbulents voulurent en profiter pour refuser l'impôt. Duncan envoya vite un de ses capitaines, Banquo, thane de Lochaber, pour les mettre à la raison. Mais les insurgés placèrent à leur tête un certain Macdowald, et, ayant reçu d'Irlande un renfort de Kernes et de Gallowglasses, repoussèrent Banquo, qui s'en revint près du roi, couvert de blessures. Duncan dépêcha une seconde armée, commandée par Malcolm. Les rebelles battirent Malcolm, le firent prisonnier et lui tranchèrent la tête.

Le bon roi, terrifié par cette double défaite, ne savait plus que faire ; il allait fuir et se réfugier dans son couvent, quand Macbeth parut.

Macbeth, fils de Sinell, thane de Glamis, et de Doaca, fille de Malcolm II, était cousin du roi. Mais les deux cousins se ressemblaient peu. Autant Duncan était timide, autant Macbeth était vaillant. Autant Duncan se plaisait à la méditation, autant Macbeth se plaisait à l'action. Et puis, Macbeth avait épousé la belle Gruoch, fille de Bodhe ; et, pour rendre Gruoch fière de lui, il n'était rien que ne fît Macbeth.

Macbeth obtint de Duncan le commandement d'une troisième armée, marcha sur les rebelles, les dispersa, et força Macdowald à se réfugier dans un château où le redoutable chef se tua pour ne pas se rendre.

Tel fut le premier exploit du fils de Sinell. A quelque temps de là, les pirates scandinaves qui venaient de fonder une dynastie en Angleterre voulurent en établir une autre en Écosse. Suénon, roi de Norwége, fit une descente sur la côte ; cette fois, Duncan voulut combattre en personne ; il risqua la bataille, fut mis en déroute et n'eut que le temps de se jeter dans la forteresse de Perth, où les Norwégiens vinrent l'assiéger. Ce fut encore Macbeth qui sauva le roi. Il accourut avec la réserve, surprit les Norwégiens endormis dans leur camp, les massacra, et réduisit Suénon à se rembarquer en hâte avec dix hommes qui lui restaient.

Le troisième exploit du fils de Sinell fut le plus glorieux.

Canut, le fameux Canut qui avait gagné la couronne d'Angleterre et qui épouvantait l'Europe, voulut venger le massacre des Norwégiens et la défaite de son frère Suénon. Il fréta une immense expédition et débarqua dans le comté de Fife. — Cette fois, le péril est suprême. C'en est fait, non-seulement de la dynastie de Crinan, mais de la race des Pictes. Qui pourra résister au conquérant qui a vaincu les Saxons et qui envahit l'Écosse à la tête de quatre peuples? Un seul homme ose une pareille lutte : c'est le thane de Glamis.

Le danger national rend Macbeth héroïque : Macbeth sonne l'alarme dans les montagnes, il appelle et rallie tous les clans autour de sa fanfare; puis, assisté de Banquo, il aborde l'ennemi. Le choc des Pictes contre les Scandinaves est terrible : Macbeth est au milieu de la mêlée et fait des prodiges. Enfin, les pirates reculent et regagnent leurs barques. L'invasion est repoussée, Macbeth a vaincu le vainqueur des Saxons, et Canut humilié lui achète la permission d'enterrer ses morts.

Ce fut après ce triomphe décisif qu'une tentation étrange s'offrit à Macbeth.

« Un jour, dit le chroniqueur Holinshed, que Macbeth et Banquo se rendaient à Forres où le roi couchait en ce temps-là, flânant ensemble par les chemins, sans autre compagnie qu'eux-mêmes, il arriva qu'après avoir traversé des bois et des champs, ils rencontrèrent brusquement, au milieu d'une clairière, trois femmes en costume bizarre et sauvage, ressemblant aux créatures d'un monde plus âgé. Comme ils les considéraient attentivement, grandement étonnés d'un tel spectacle, la première de ces femmes parla et dit : *Salut, Macbeth, thane de Glamis!*

(En effet, celui-ci venait d'être investi de cette dignité et de cet office par la mort de son père Sinell.) La seconde dit : *Salut, Macbeth, thane de Cawdor!* Mais la troisième dit : *Salut, Macbeth, qui seras roi d'Écosse!*

» — Quelle sorte de femmes êtes-vous donc, s'écria alors Banquo, vous qui me paraissez si peu favorables, tandis qu'à mon compagnon, outre de hauts offices, vous assignez la royauté, sans rien m'accorder ?

» — Si fait, dit la première, nous te promettons de plus grands bienfaits qu'à lui, car il est vrai qu'il régnera, mais pour faire une fin malheureuse, et sans laisser derrière lui une postérité qui le remplace ; tandis que toi, il est vrai que tu ne régneras pas, mais de toi naîtront des princes qui gouverneront le royaume d'Écosse par une longue succession en descendance directe.

» Sur ce, les susdites femmes s'évanouirent. Cette apparition ne fut d'abord regardée que comme une illusion vaine et fantastique par Macbeth et Banquo; à ce point que Banquo appelait, en riant, Macbeth, roi d'Écosse, et qu'en revanche, par plaisanterie, Macbeth appelait Banquo le père de tant de rois. Mais ce fut dans la suite l'opinion générale que ces femmes étaient les sœurs fatidiques, c'est-à-dire les déesses de la destinée, ou bien quelques nymphes ou fées, douées par la nécromancie d'une science prophétique, parce que tout s'accomplit comme elles l'avaient dit. En effet, peu de temps après, le thane de Cawdor ayant été condamné à Forres, pour trahison envers le roi, ses terres, ses biens et ses dignités furent accordées à Macbeth par la libéralité royale.

» Dans la soirée même de ce jour-là, à souper, Banquo, plaisantant avec Macbeth, lui dit :

» — Eh bien, Macbeth, tu as obtenu les choses que les deux premières sœurs t'avaient prédites ; il ne te reste plus qu'à acquérir celle que la troisième t'a annoncée.

» Sur quoi Macbeth, retournant la chose dans sa pensée, commença immédiatement à réfléchir comment il pourrait atteindre à la royauté ; mais pour le présent il se décida à laisser faire le temps, qui l'y élèverait, grâce à la divine Providence, comme il l'avait déjà fait monter à la dignité récente.

» Mais peu après, il arriva que le roi Duncan, ayant deux fils par sa femme, laquelle était fille de Siward, comte de Northumberland, fit l'aîné, appelé Malcolm, prince de Cumberland, voulant par là le désigner pour être son successeur dans le royaume immédiatement après sa mort. Macbeth en fut vivement troublé, car il vit son espoir cruellement ruiné par cette mesure, — les vieilles lois du royaume ayant réglé que, dans le cas où le successeur direct ne serait pas en âge de régner par lui-même, son plus proche parent serait admis à sa place. Il commença donc à se demander comment il pourrait usurper la royauté par la force, ayant, dans son opinion, de justes griefs pour le faire, car ce Duncan avait fait son possible pour le dépouiller des titres de toute espèce que Macbeth pouvait faire valoir dans l'avenir à l'appui de ses prétentions à la couronne.

» Les paroles des trois sœurs fatidiques dont il vient d'être fait mention l'encourageaient grandement dans son projet, mais c'était surtout sa femme qui pesait rudement sur lui pour lui faire tenter la chose, attendu qu'elle était très-ambitieuse et qu'elle brûlait d'un désir inextinguible de porter le nom de reine. »

Tous les arguments, lady Macbeth les employa pour déterminer son mari. Elle invoqua auprès de lui l'amour, l'ambition, la rancune. D'ailleurs, il y avait un exemple fameux qu'elle pouvait proposer au thane indécis : c'était la manière terrible dont le thane Donwald avait fait disparaître le roi Duffe, en l'an 965.

Cet événement était alors dans la mémoire de tous. Donwald avait été offensé par Duffe qui lui avait refusé la grâce d'un de ses amis. Que fit-il ? Il invita le roi à venir loger chez lui dans son château de Forres. Et voici, d'après Holinshed, ce qui se passa :

« Le roi se retira dans sa chambre privée avec deux de ses chambellans. Ceux-ci, l'ayant mis au lit, sortirent de nouveau et se mirent à banqueter avec Donwald et sa femme, qui avaient préparé divers plats délicats et plusieurs sortes de boissons pour leur arrière-souper ou collation. Ils restèrent à table si longtemps et se chargèrent l'estomac de tant de rasades, qu'aussitôt après avoir mis la tête sur l'oreiller, ils s'endormirent profondément. Alors Donwald, à l'instigation de sa femme et malgré toute l'horreur qu'il éprouvait pour une pareille action, appela à lui quatre de ses serviteurs, auxquels il avait fait confidence de ses intentions, et qu'il avait gagnés par de vastes présents, — et leur déclara de quelle manière ils devaient agir. Ceux-ci obéirent volontiers à ses instructions; se préparant vite au meurtre, ils entrèrent un peu avant le chant du coq dans la chambre du roi, et, sans tumulte, lui coupèrent secrètement la gorge, puis, par une poterne, emportèrent immédiatement le cadavre dans les champs... Au moment où le meurtre était commis, Donwald s'était mis parmi ceux qui faisaient le guet et resta avec eux tout le reste de la nuit. Mais le matin, quand, à la découverte du lit vide et taché de sang, le bruit que le roi avait été tué retentit dans l'appartement royal, Donwald accourut avec le guet, comme s'il ne savait rien de l'affaire, et trouvant des caillots de sang dans le lit et sur le plancher à côté, tua immédiatement les chambellans comme coupables de ce meurtre... »

Pressé de suivre l'exemple formidable de Donwald, Macbeth hésitait toujours. Alors sa femme employa, pour

le décider, cet argument désespéré, l'invective. « Elle
» l'appela faible couard, et lui reprocha de ne pas être
» désireux d'honneur, parce qu'il n'osait pas affronter
» avec virilité et courage la chose qui lui était offerte par
» la bienveillance de la fortune, bien que beaucoup d'au-
» tres avant lui eussent couru de plus grands risques
» pour des succès qu'ils ne désiraient pas autant [1]. »

Enfin, le thane consentit à faire le coup. « Il communiqua ses intentions à ses amis fidèles, dont le principal était Banquo, et, sur la promesse de leur assistance, il tua le roi Duncan à Inverness, d'autres disent à Botgosvane; puis, ayant rassemblé autour de lui les complices de son entreprise, il se fit proclamer roi et se rendit immédiatement à Scone où, du consentement de tous, il reçut l'investiture de la royauté selon les formes d'usage [2]. »

Ainsi Macbeth a acheté par un crime le droit de s'asseoir sur ce fauteuil de Scone qui n'est plus aujourd'hui qu'une ruine. O néant de la grandeur royale ! C'est pour s'asseoir un instant là que le héros s'est fait assassin ! Mais il ne suffit pas d'avoir occupé le trône, il faut le garder.

Macbeth est condamné à la tyrannie par l'usurpation. Afin de prévenir la révolte, il épouvante la noblesse, il désarme le peuple, il caresse le clergé. Il multiplie les lois répressives : défense, sous peine de mort, de se rendre avec un compagnon à l'église, au marché, ou dans un lieu public. Défense d'entretenir un cheval, si ce n'est pour l'agriculture. Défense aux seigneurs de s'allier par mariage, si leurs terres sont voisines. Défense aux cours seigneuriales de siéger, etc. Mais, en revanche, comme il est pieux, le despote ! comme il est assidu aux églises, que de messes il fonde, et avec quelle onction il s'agenouille devant les châsses !

---

[1] Chronique de Boèce.
[2] Holinshed.

Sa dévotion est telle que le pape désire le bénir. En 1049, le meurtrier de Duncan quitte la cotte de mailles pour le froc de bure et l'épée pour le bourdon, puis s'en va faire pénitence à Rome. La ballade écossaise célèbre alors sa charité. « Quand Léon IX était pape, il alla » comme pèlerin à la cour de Rome, semant l'argent » dans ses aumônes à tous les pauvres. Toujours il tra- » vailla dans l'intérêt de la sainte Église [1]. »

Macbeth revint d'Italie, absous par le Saint-Père. Mais il avait beau être rassuré pour l'autre monde, il ne l'était pas pour celui-ci. « Il craignait toujours, dit Holinshed, qu'on ne le servît dans la même coupe qu'il avait fait vider à d'autres. Et puis il ne pouvait effacer de son esprit les paroles des trois sœurs fatidiques qui, tout en lui promettant la royauté, l'avaient promise également à la postérité de Banquo. »

Exhorté par son premier crime, Macbeth n'hésita pas devant le second. « Il invita donc le susdit Banquo, ainsi que son fils, nommé Fléance, à un souper qu'il avait préparé pour eux. Ce souper, tel qu'il l'avait imaginé, devait être pour les deux conviés une mort immédiate, Macbeth ayant loué pour les assassiner certains meurtriers qui, postés en dehors du palais, devaient tomber sur Banquo et son fils et les tuer au moment où ils retourneraient à leur logis. De cette façon, Macbeth éloignait l'accusation de sa maison, et comptait pouvoir toujours se justifier, si jamais quelque soupçon pouvait surgir à sa charge.

» Il arriva pourtant que, bien que le père fût tué, grâce à l'obscurité de la nuit, et grâce à la protection du Dieu tout-puissant, le fils échappa au danger. Fléance apprit plus tard, par un avertissement secret qu'il reçut

---

[1] *Histoire d'Écosse*, par Pinkerton.

de ses amis à la cour, qu'on n'en voulait pas moins à sa vie qu'à celle de son père, et qu'en effet celui-ci n'avait pas été tué par un brusque accident (ainsi que Macbeth avait fait présenter la chose), mais dans un guet-apens prémédité : sur ce, pour éviter de nouveaux périls, il s'enfuit au pays de Galles [1]. »

Après le meurtre de Banquo, Macbeth peut se croire tout-puissant. Cette turbulente Écosse paraît enfin soumise. Les thanes les plus fiers viennent en frissonnant lui faire hommage ; le clergé s'époumonne pour lui en *Te Deum* ; la populace, travestie en peuple, l'acclame ; les bourgeois oublient le proscrit Fléance et déclarent éternel l'empire de Macbeth. Seul, dans cet enthousiasme général, un homme est resté silencieux : cet homme, c'est le thane de Fife. Tandis que tous les nobles se rallient à la nouvelle cour, Macduff s'en exile ; il refuse toutes les invitations du roi ; il s'enferme dans son manoir et vit là solitaire et triste, avec sa femme et ses enfants. Cette attitude hautaine déplaît à Macbeth : il s'inquiète de ce que lui veut Macduff ; et, en même temps qu'il le fait épier par sa police secrète, il le fait surveiller par ses agents occultes.

« Certains sorciers dans la parole desquels il avait grande confiance, surtout depuis que la prédiction faite par les trois fées ou sœurs fatidiques s'était si bien réalisée, lui apprirent qu'il devait prendre garde à Macduff, qui chercherait à le détruire un jour à venir.

» Et, sur cet avis, il aurait certainement mis Macduff à mort, n'était qu'une sorcière, en qui il avait une grande foi, lui avait dit que jamais il ne serait tué par un homme né d'une femme, ni vaincu avant que la forêt de Bernane marchât sur le château de Dunsinane.

[1] Holinshed.

Grâce à cette prophétie, Macbeth bannit toute crainte de son cœur, supposant qu'il pourrait faire ce qu'il voudrait sans crainte d'en être puni : car, suivant la première prédiction, il croyait impossible à tout homme de le vaincre, et, suivant la seconde, impossible de le tuer. Ce vain espoir lui fit faire bien des choses outrageantes pour la cruelle oppression de ses sujets. A la fin Macduff, pour échapper au péril qui menaçait sa vie, résolut de passer en Angleterre pour décider Malcolm Cammore à réclamer la couronne d'Écosse. Mais ce projet ne fut pas tenu assez secret par Macduff pour que Macbeth n'en n'eût pas connaissance : car les rois ont, comme on dit, la vue aussi perçante que le sphynx, et les oreilles aussi longues que Midas; et, en effet, Macbeth avait dans la maison de chaque noble un espion payé par lui pour lui révéler ce qui se faisait ou se disait, et c'est par ce moyen qu'il frappa la plupart des nobles de son royaume.

» Ayant donc été averti du moment où Macduff devait partir, il accourut immédiatement avec de grandes forces dans le comté de Fife, et assiégea sur-le-champ le château de Macduff, espérant l'y trouver. Ceux qui gardaient la maison ouvrirent les portes sans résistance et le laissèrent entrer, ne lui soupçonnant aucune mauvaise intention. Mais Macbeth n'en fit pas moins massacrer cruellement la femme et les enfants de Macduff, ainsi que tous ceux qu'il trouva dans le château. De plus, il confisqua les biens de Macduff, le proclama traître et le bannit de toutes les parties de son royaume; mais Macduff, déjà hors de danger, s'était rendu en Angleterre auprès de Malcolm Cammore, pour obtenir son appui et tâcher de venger le meurtre si cruel de sa femme, de ses enfants et de ses amis [1]. »

---

[1] Holinshed.

Ce Malcolm Cammore était le fils aîné de Duncan. Après l'assassinat de son père, il s'était sauvé en Angleterre et avait trouvé asile chez Édouard le Confesseur, un saint roi « qui, dit la chronique, était inspiré du don de prophétie et avait la faculté de guérir les maladies. » C'est donc à la cour saxonne que Macduff rejoignit Malcolm. Le thane de Fife avait une double mission : venger sa famille et délivrer sa patrie. Il dépeignit au jeune prince les misères de l'Écosse, et le pressa vivement d'y mettre un terme en réclamant la couronne usurpée par Macbeth. Alors eut lieu entre les deux proscrits ce curieux dialogue qu'Holinshed a fidèlement rapporté :

« — Je suis vraiment, dit Malcolm, fort affligé des maux qui accablent mon pays; mais, bien que je n'aie jamais eu de plus grand désir d'y remédier, je m'en sens complétement incapable, en raison de certains vices incurables qui règnent en moi. D'abord, je suis poursuivi d'une luxure si immodérée, d'une si voluptueuse sensualité (abominable source de tous les vices), que, si j'étais fait roi d'Écosse, je chercherais à perdre toutes vos vierges et toutes vos matrones, et que mon incontinence vous serait plus insupportable que ne vous l'est en ce moment la sanglante tyrannie de Macbeth.

» — C'est là sans doute, répliqua Macduff, un bien funeste défaut, car il a fait perdre la vie et le trône à bon nombre de nobles princes et rois; néanmoins il y a assez de femmes en Écosse ! Ainsi donc, suis mon conseil : fais-toi roi, et j'arrangerai si secrètement les choses que tes désirs seront satisfaits sans qu'aucun homme en sache rien.

» Alors Malcolm dit : — Je suis la créature la plus avare qu'il y ait sur la terre, à ce point que, si j'étais roi, je tâcherais d'acquérir des terres et des biens par tous les moyens possibles, et que je tuerais la plupart des nobles d'Écosse sur des accusations inventées, dans le but de jouir de leurs terres, de leurs biens et de leurs possessions; enfin, pour vous montrer quels maux peut vous causer mon insatiable cupidité, je vous raconterai une fable. Il y avait un renard qui avait une plaie couverte d'un essaim de mouches, lesquelles suçaient continuellement son sang; un jour, quelqu'un qui passait, ayant vu son tourment, lui offrit de chasser ces mouches de son côté : « Non, répondit-il, car, si ces mouches qui sont déjà pleines, et qui par cette raison ne sucent plus très-avidement, étaient chassées, d'autres qui sont vides et affamées voleraient vite à leur place, et suceraient le reste de mon sang, en me causant beaucoup plus de douleurs que celles-ci qui, étant assouvies, ne me font plus tant souffrir. » Ainsi, ajouta Malcolm, laissez-moi rester où je suis, de peur que, si j'arrive au gouvernement de votre royaume, mon avarice inextinguible ne vous fasse bien vite trouver vos misères actuelles bien douces en comparaison des outrages incommensurables qui pourraient résulter de ma venue au milieu de vous.

» A cela Macduff répondit : — C'est un défaut bien pire que l'autre; car l'avarice est la racine de tous les crimes, et pour ce vice la plupart de nos rois ont été tués et entraînés à leur chute. Mais néanmoins, suis mon conseil et prends la couronne. Il y a assez d'or et de richesses en Écosse pour satisfaire tes plus avides désirs.

» — Mais, poursuivit Malcolm, ce n'est pas tout : je suis incliné à la dissimulation, diseur de mensonges et de toutes sortes de faussetés; par nature, je n'ai pas de plus grande jouissance que de tromper et de trahir ceux qui ont quelque foi et quelque confiance dans mes paroles. Donc, s'il est vrai que rien ne sied mieux à un prince que la constance, la vérité, la franchise, la justice, et tout ce louable cortége de belles et nobles vertus qui sont comprises dans la probité, comme celle-ci est détruite en moi par le mensonge, vous voyez combien je suis incapable de gouverner aucune province ou aucun royaume. Ainsi, puisque vous avez trouvé des remèdes pour habiller et cacher mes autres vices, je vous prie de trouver un expédient pour couvrir ce vice-là.

» Alors Macduff s'écria : — Non! Celui-là est le pire de tous, et aussi je te laisse, et je dis : O malheureux, misérables Écossais, ainsi flagellés de calamités plus cruelles les unes que les autres! Vous avez un tyran maudit et odieux qui règne sur vous sans droit et sans titre en vous opprimant de sa plus sanglante cruauté. Cet autre, qui a tous les droits à la couronne est si rempli des goûts inconstants et des vices manifestes des Anglais, qu'il n'est plus digne de la posséder : car, d'après sa propre confession, non-seulement il est avare, non-seulement il est en proie à une insatiable luxure, mais il est fourbe et traître à ce point qu'on ne peut avoir confiance dans aucune de ses paroles. Adieu, Écosse! je me regarde comme un homme banni à jamais, sans espoir et sans consolation.

» Et à ces mots, des larmes saumâtres ruisselèrent le long de ses joues. Il allait partir lorsque enfin Malcolm le prit par la manche et lui dit : — Rassure-toi, Macduff, je n'ai aucun des vices que je viens d'énumérer, et, si j'ai plaisanté avec toi de cette manière, c'était uniquement pour éprouver ton âme : car déjà plusieurs fois Macbeth a cherché par ce moyen à me faire tomber dans ses mains; mais plus je me suis montré lent à accéder à tes conseils pressants, plus je mettrai de diligence à les suivre.

» Sur ce, ils s'embrassèrent immédiatement, et, ayant promis de s'être fidèles l'un à l'autre, ils se mirent à délibérer sur le meilleur moyen d'accomplir tous leurs projets. »

Enfin l'insurrection est décidée. Macduff et Malcolm en arrêtent le plan avec le pieux Édouard, qui met à leur disposition ses meilleures troupes commandées par Siward, comte de Northumberland. L'armée libératrice envahit l'Écosse en proclamant la déchéance de Macbeth et l'avènement de Malcolm III. Elle traverse sans coup férir les Marches, le Lothian, le comté de Perth. Mais où donc est Macbeth ? où donc est l'ancien vainqueur de Suénon et de Canut ? Il s'est retranché dans le château de Dunsinane ; et, malgré la défection des thanes, il attend en riant les insurgés.

« Macbeth croyait, tant il avait foi dans les prophéties, qu'il ne serait jamais vaincu avant que la forêt de Bernane eût été amenée à Dunsinane, et qu'il ne pouvait être tué par aucun homme né d'une femme.

» Malcolm, poursuivant Macbeth en toute hâte, parvint à la forêt de Bernane la nuit avant la bataille, et quand son armée se fut reposée et rafraîchie là quelque temps, il commanda à chaque homme de prendre dans sa main une branche d'arbre, aussi grosse qu'il la pourrait porter, et de marcher ainsi de façon que, dès le lendemain, toutes les troupes fussent à portée de l'ennemi sans avoir été aperçues.

» Le lendemain, quand Macbeth les vit venir de cette manière, il se demanda d'abord avec étonnement ce que la chose signifiait ; mais à la fin il se rappela la prédiction qui lui avait été faite sur l'arrivée de la forêt de Bernane au château de Dunsinane, et il pensait que sans doute elle allait être accomplie. Néanmoins, il rangea ses hommes en ordre de bataille et les exhorta à agir vaillamment : mais les ennemis eurent à peine jeté leurs branches, que Macbeth, apercevant leur nombre, prit immédiatement la fuite. Macduff le poursuivit avec une grande haine jusqu'à Lunfannaine. Là, Macbeth, voyant que Macduff était presque sur son dos, sauta à bas de son cheval en s'écriant : — Traître, qu'as-tu à me suivre si vainement, moi qui ne suis pas désigné pour être tué par une créature née d'une femme? Allons ! reçois la récompense que tu as méritée pour ta peine. — Et sur ce, il leva son épée, pensant le tuer.

» Mais Macduff, ayant évité son élan par un rapide mouvement de son cheval, lui répondit, tenant son épée nue à la main : — Tu as dit vrai, Macbeth, le moment est venu où ton insatiable cruauté doit avoir sa fin, car je suis celui-là même dont tes sorciers t'ont parlé : je ne suis pas né de ma mère, mais j'ai été arraché de son ventre. — Et aussitôt il marcha à lui et le tua sur la place. Alors, lui ayant coupé la tête, il la mit au haut d'une perche, et la porta à Malcolm.

» Telle fut la fin de Macbeth, qui avait régné dix-sept ans sur les Écossais. Au commencement de son règne, il accomplit bien des actes méritoires, très-profitables à la république; mais ensuite, cédant à l'illusion du diable, il la déshonora par la plus terrible cruauté. Il fut tué en l'an de l'Incarnation 1057, et dans la seizième année du règne d'Édouard, roi d'Angleterre [1]. »

II

Nous venons de voir comment se gagnent les couronnes au xie siècle. Un seigneur, qui passe pour le meilleur et le plus brave de son temps, assassine son hôte endormi, et devient roi par un régicide. Voyons donc si de nouvelles générations vaudront mieux. Quittons le xie siècle, franchissons tout le xiie et, gardant pour guide, le véridique Holinshed, observons ce qui se passe.

---

[1] Holinshed.

En 1199, un prince appelé Jean gouverne l'Angleterre. De quel droit ? En vertu de la loi héréditaire, la couronne devrait appartenir à Arthur Plantagenet, fils de Geoffroy, frère aîné de Jean. Mais Arthur n'est qu'un enfant âgé de onze ans, et Jean en a plus de trente. Arthur est faible, Jean est fort. Et voilà pourquoi Jean est roi. L'oncle a détrôné le neveu.

Au reste, ce n'est pas spontanément que Jean a commis une pareille usurpation. Il a été poussé à ce crime par sa mère, la reine Éléonore, une Médicis du Moyen Age, qui le domine comme Catherine dominait Charles IX. Cette horrible vieille est jalouse de sa bru, la belle Constance, veuve de Geoffroy, et c'est pour l'empêcher d'être régente qu'elle a fait déposséder son petit-fils par son fils. « La reine Éléonore, dit Holinshed, était irritée contre son neveu Arthur, plutôt par haine de sa mère que par une juste rancune contre l'enfant ; car elle voyait que, s'il devenait roi, sa mère Constance voudrait garder le pouvoir dans le royaume, jusqu'à ce que son fils fût en âge de régner. »

L'Angleterre, la Normandie, le Maine, l'Anjou, l'Aquitaine reconnaissent la souveraineté de Jean, et il ne reste plus à Arthur que le duché de Bretagne. Mais Constance ne se résigne pas à cette tranquille dépossession de son fils ; elle réclame auprès de Philippe-Auguste ; le roi de France consent à soutenir les droits d'Arthur, mais à une condition, c'est qu'Arthur lui fera hommage pour toutes les provinces qu'il possède en France. Constance ayant accepté cette condition, Philippe n'hésite plus : il proclame Jean usurpateur et lui déclare la guerre.

Après huit mois de lutte, le roi de France s'est emparé de la Normandie, de l'Anjou, du Maine et de la Touraine. Mais que fait-il ? Au lieu de remettre ces provinces à son protégé, il les livre à son ennemi. Par le traité du

22 mai 1200, Philippe cède à Jean tous les domaines qu'il vient de conquérir, pourvu que Jean s'engage à les léguer après sa mort à la couronne de France. Pour consacrer cet inique accommodement, négocié par la reine-mère Éléonore, un mariage est conclu entre le fils du roi de France et la nièce du roi d'Angleterre. « Finalement, les deux rois s'abouchèrent entre les villes de Vernon et des Andelys, et décidèrent le mariage entre Louis, fils de Philippe, et madame Blanche, fille d'Alphonse, roi de Castille, huitième du nom, et nièce du roi Jean par sa mère Éléonore [1]. » Quant à Arthur, il dut se contenter du duché de Bretagne et du comté de Richmond que les deux rois voulurent bien ne pas lui prendre.

Constance mourut en 1201, quelques mois après cette convention. Fut-ce de douleur? La chronique ne le dit pas.

Débarrassée de son infatigable rivale, la reine-douairière Éléonore regardait la cause d'Arthur comme perdue à tout jamais. Mais elle avait compté sans les passions de son fils qui vinrent se jeter à la traverse de ses calculs. Dans un voyage qu'il avait fait en Aquitaine, le roi Jean était devenu éperdument amoureux d'Isabelle d'Angoulême, femme du comte de la Marche ; il trouva tout simple de l'enlever et de l'épouser, bien qu'il fût déjà marié lui-même. Le comte de la Marche dénonça cet outrage avec une furie digne de Ménélas ; et, à son instigation, Philippe-Auguste déclara au nouveau Pâris une seconde guerre de Troie. Voilà donc l'Angleterre et la France en feu, comme jadis la Grèce et l'Asie. Philippe reprit sous sa protection Arthur de Bretagne, et la lutte recommença avec plus d'acharnement que jamais. Tandis que le roi de France attaquait la Normandie, et le comte de la

---

[1] Holinshed.

Marche l'Aquitaine, Arthur, alors âgé de quinze ans, envahissait le Poitou avec une bande de Bretons, pour tâcher de prendre son aïeule la reine Éléonore, qui s'était réfugiée dans le château de Mirebeau. Après quelques jours de siége, la vieille ennemie de Constance se disposait à capituler, quand dans la nuit du 1ᵉʳ août 1202, le roi Jean, survenant tout à coup, fondit sur les assiégeants endormis et fit son neveu prisonnier dans son lit. Que devint le malheureux enfant entre les mains de son oncle? Rappelez-vous comment les princes se traitaient alors; souvenez-vous d'Isaac l'Ange, aveuglé et détrôné tout récemment par son propre frère Alexis, et puis écoutez le récit d'Holinshed :

« Il est dit que le roi Jean, ayant mené son neveu Arthur à Falaise, l'engagea, par tous les moyens, à abandonner l'amitié et l'alliance du roi de France, et à s'attacher à lui, son oncle naturel. Mais Arthur, manquant de prudence et abondant trop complaisamment dans sa propre opinion, fit une réponse présomptueuse, non-seulement se refusant à la demande du roi Jean, mais encore lui commandant de lui restituer les royaumes d'Angleterre, ainsi que toutes les autres terres et possessions que le roi Richard possédait au moment de sa mort. En effet, tout cela lui appartenant par droit d'héritage, Arthur déclarait que, si la restitution n'en était pas faite au plus vite, son oncle ne resterait pas longtemps tranquille. Le roi Jean, piqué au vif par les paroles que lui adressait ainsi son neveu, décida qu'il serait étroitement gardé en prison, d'abord à Falaise, et ensuite à Rouen, dans le nouveau château.

» Peu de temps après, le roi Jean, passant en Angleterre, se fit couronner de nouveau à Cantorbéry par les mains d'Hubert, archevêque de ce siége, le quatorzième jour d'avril, et ensuite s'en retourna en Normandie. Immédiatement après son arrivée, la rumeur se répandit par toute la France que son neveu Arthur était mort. Le fait est qu'une requête imposante avait été faite pour réclamer la mise en liberté d'Arthur, aussi bien par le roi de France que par Guillaume de Miches, vaillant baron du Poitou, et divers autres seigneurs bretons. Ceux-ci, n'ayant pu réussir dans leur requête, se liguèrent ensemble, et, ayant formé une confédération avec Robert, comte d'Alençon, le vicomte Beaumont, Guillaume de Fougères et d'autres, commencèrent une rude guerre contre le roi Jean en divers lieux, si bien qu'on pensa que, tant qu'Arthur vivrait, il n'y aurait pas de repos dans cette province. Sur quoi, le roi Jean, persuadé, dit-on, par ses conseillers, désigna certaines personnes pour se rendre à Falaise, où Arthur était enfermé sous la garde d'Hubert du Bourg, avec mission d'arracher les yeux au jeune seigneur.

» Mais Arthur fit une telle résistance à l'un des tourmenteurs qui étaient venus exécuter l'ordre du roi, (car l'autre aima mieux abandonner son prince et sa patrie que de consentir à obéir en ce cas à l'autorité royale), et proféra de si lamentables paroles, qu'Hubert du Bourg le sauva du supplice, convaincu qu'il obtiendrait du roi plutôt des remercîments que des reproches, pour s'être opposé à une infamie qui aurait rejailli jusque sur son altesse, si le jeune seigneur avait été si cruellement traité. Car il réfléchit que le roi Jean avait pris cette décision seulement dans la chaleur de la colère. Et cette passion, chacun le sait, pousse les hommes aux entreprises les plus funestes; fort malséante chez un homme du commun, elle est beaucoup plus blâmable chez un prince, tous les hommes dans cette humeur devenant aussi fous que furieux, et étant enclins à accomplir les pensées perverses de leurs cœurs possédés, ainsi que quelqu'un l'a fort bien dit :

> Pronus in iram
> Stultorum est animus, facile excandescit et audet
> Omne scelus, quoties concepta bile tumescit.

» Hubert du Bourg pensa donc que le roi, après plus mûre réflexion, se repentirait d'avoir donné un pareil ordre, et lui saurait peu de gré de l'avoir mis à exécution. Toutefois, pour le satisfaire momentanément et pour contenir la rage des Bretons, il fit dire par le pays, d'un côté, que l'ordre du roi avait été exécuté, et, de l'autre, qu'Arthur était mort de chagrin et de douleur. Durant l'espace de quinze jours, cette rumeur courut incessamment par les royaumes d'Angleterre et de France, et les cloches retentirent par toutes les villes et tous les villages comme pour ses funérailles. La rumeur ajoutait que son corps était enseveli dans le monastère de Saint-André de l'ordre de Cîteaux.

» Mais les Bretons, loin d'être pacifiés par cette nouvelle, n'en furent que plus ardents à venger la mort de leur souverain par toutes les violences qu'ils pouvaient imaginer. Alors il n'y eut pas d'autre remède que de déclarer publiquement qu'Arthur était toujours vivant et en bonne santé. Aussi, quand le roi apprit la vérité sur toute cette affaire, il ne fut nullement mécontent de ce que son ordre n'avait pas été exécuté, plusieurs de ses capitaines lui ayant signifié nettement qu'il ne trouverait pas de chevaliers pour garder ses châteaux, s'il traitait si cruellement son neveu. Car, s'il arrivait à l'un de ceux-ci d'être pris par le roi de France ou par quelqu'un de ses alliés, il serait sûr de goûter à la même coupe.

» Maintenant, quant à la manière dont eut lieu véritablement la fin d'Arthur, les écrivains font des rapports divers. Il est certain toutefois, que, l'année suivante, il fut transporté de Falaise au château de Rouen, et que nul ne peut affirmer l'avoir vu en sortir vivant. Les uns ont écrit que, comme il essayait de s'évader de prison et de sauter par dessus les murs du château, il tomba dans la Seine et s'y noya. D'autres écrivent qu'il se consuma dans la langueur et le chagrin, et mourut de maladie naturelle. Mais d'autres encore prétendent que le roi Jean le fit assassiner et dépêcher en secret. On ne sait donc pas au juste de quelle manière il a fini ses jours. Mais le fait est que le roi Jean resta en grande suspicion, à tort ou à raison, Dieu le sait. »

Après la disparition d'Arthur, Jean triomphe, comme tout à l'heure Macbeth, après l'assassinat de Duncan. Seulement, pour être roi, ce n'est pas son hôte que Jean a tué, c'est son neveu ; et, plus heureux que son devancier, il n'a pas de Malcolm à craindre : car il a vu mourir l'unique héritier légitime de la couronne. Il est donc bien fermement assis sur le trône, puisque le prétendant a disparu. Cependant, attendons l'avenir. En 1208, cinq années après l'horrible drame qu'Holinshed vient de nous raconter, Innocent III met l'Angleterre en interdit, pour punir le roi Jean, non d'avoir assassiné Arthur, mais d'avoir chassé de son siége l'archevêque Langton, dûment élu par les moines de Cantorbéry. L'interdit ayant duré quatre ans sans que Jean eût fait réparation à l'archevêque, le pape se décida à des mesures plus rigoureuses. En 1212, il fait excommunier le roi par son légat, le cardinal Pandolphe, prononce sa déchéance, et, en vertu de son autorité apostolique, concède à Philippe-Auguste la couronne d'Angleterre. Philippe prend Innocent III au mot, accepte l'offre, et prépare une vaste expédition pour occuper son nouveau royaume. Dans cette crise suprême, Jean montre une activité surprenante : lui qui, en 1204, avait perdu la Normandie sans coup férir, il prend cette fois l'offensive ; il réunit à Portsmouth tous les navires capables de porter six chevaux, passe la Manche, brûle Dieppe, et détruit dans le port de Fécamp les armements de Philippe.

Cependant un personnage singulier vient le déranger au milieu de ses victoires. « Dans ce temps-là il y avait un ermite nommé Pierre, qui demeurait aux environs d'York. Cet homme avait une grande réputation dans le commun peuple, parce qu'il avait coutume de prédire l'avenir, soit que, selon l'opinion commune, il fût inspiré de quelque esprit de prophétie, soit qu'il eût quelque expérience remarquable de l'art magique. Le 1er janvier (1213), Pierre déclara au roi qu'il serait dépossédé de son royaume à la fête de l'Ascension prochaine. Et il s'offrit à subir la mort, si ses paroles ne se réalisaient pas[1]. » Le roi Jean traita l'homme d'imposteur et le fit jeter en prison ; mais alors des signes apparurent dans le ciel comme pour confirmer les paroles du prophète populaire. Un soir, les habitants de la province d'York virent distinctement « cinq lunes ; la première à l'est, la seconde à l'ouest, la troisième au nord, la quatrième au sud, et la cinquième, environnée de nombreuses étoiles, au milieu des autres. Ces lunes tournèrent cinq ou six fois les unes autour des autres pendant près d'une heure, et, peu après, s'évanouirent[1]. » En apercevant ces météores, Jean se rappelle la chute de César : il redoute quelque catastrophe imprévue ; je ne sais quel vertige le gagne ; et, croyant éviter le danger, il s'y précipite. — Le 15 mai 1213, au jour même que Pierre de Pomfret avait indiqué, le roi fait hommage au pape, et, par un

[1] Holinshed.

traité solennel, consent à occuper le royaume d'Angleterre comme un fief du saint-siége. Ainsi il réalise fatalement la prophétie de l'ermite : pour ne pas être détrôné par Philippe-Auguste, il abdique entre les mains d'Innocent III. — Quoiqu'il eût si bien prédit, Pierre de Pomfret n'en fut pas moins pendu : Jean le fit tirer de la prison de Corfe et mener à la potence. « D'aucuns ont pensé qu'il avait été injustement mis à mort, parce que la chose arriva comme il l'avait annoncé, le roi ayant cédé au pape la souveraineté de son royaume et ayant cessé réellement d'être roi absolu [1]. »

Innocent III, on le voit, n'a pas de scrupule, tout vicaire du Christ qu'il est. Il avait donné à Philippe-Auguste la royauté d'Angleterre ; mais maintenant que Jean la lui repasse, il veut la garder pour lui-même. Tout à l'heure, il contestait à Jean le droit de porter la couronne ; maintenant, il lui reconnaît le pouvoir d'en disposer. Qu'importent au pape ces contradictions sans vergogne ? Tant que Jean lui résistait, il l'excommuniait ; maintenant que Jean se soumet, il le protége : et, pour commencer, il fait défendre à Philippe-Auguste d'attaquer le vassal de l'Église.

Philippe-Auguste ne tient aucun compte de cette défense. A l'anathème du pape, il répond par la victoire de Bouvines. Alors les barons anglais, las de la tyrannie, se révoltent, déclarent Jean déchu et offrent le trône au fils du vainqueur. Appelé par eux, le prince Louis de France fait son entrée triomphale dans Londres, le 30 mai 1216. De son côté, Jean n'ayant plus autour de lui que des troupes mercenaires, se retranche dans la forteresse de Boston comme jadis Macbeth dans le château de Dun-

---

[1] Holinshed.
[2] *Ibid.*

sinane. Enfin, le 12 octobre, il veut franchir le golfe qui sépare la côte de Lincoln de la côte de Norfolk ; il engage son avant-garde sur la chaussée romaine, que le reflux de l'Océan laisse à découvert ; mais tandis qu'elle est en marche, la marée monte, et Jean voit du rivage s'engloutir dans les vagues ses meilleurs soldats, toutes ses munitions, tous ses trésors. Présage sinistre ! une lame a emporté la couronne d'Angleterre ! Frappé par ce désastre, le tyran s'affaisse : la défection de son peuple ne l'avait pas abattu, la révolte de la nature l'accable. Éperdu, épuisé, tremblant la fièvre, il se traîne jusqu'à l'abbaye la plus voisine, et c'est là, enfin, que l'égorgeur d'Arthur meurt empoisonné. Élevé par le guet-apens, Jean Sans-Terre succombe dans le guet-apens. « Après avoir perdu son armée, le roi Jean se rendit à l'abbaye de Swineshead, dans le comté de Lincoln. Ayant appris là que le blé serait à bon marché et abondant, il en manifesta un grand déplaisir : car la rancune qu'il gardait aux Anglais de l'avoir trahi en faveur de son adversaire le Dauphin était si grande, qu'il leur souhaitait toutes les misères possibles. Il s'écria donc, dans un accès de colère, qu'avant longtemps il ferait hausser de beaucoup le prix des grains. Sur quoi, un moine qui l'avait entendu parler, ému d'un beau zèle pour la délivrance de sa patrie, donna du poison au roi dans une coupe d'ale, à laquelle il avait goûté le premier pour ne pas éveiller les soupçons, et tous deux moururent à la fois. »

III

Sortons de ce sombre XIIIe siècle où les monarchies s'improvisent par la trahison, par le parjure, par l'assassinat. Quand l'honnête homme a vécu par la pensée dans cette affreuse époque, il a le cœur serré, il étouffe, il a besoin d'air et de lumière, et il aspire à des jours meilleurs. Traversons vite le xive siècle, trop funèbre encore ; laissons derrière nous tout le Moyen Age et arrêtons-nous à l'aube des temps modernes. Nous voici au moment des grandes révélations de la science et de l'art. La peinture et la musique renaissent, l'imprimerie est découverte, le Nouveau Monde est deviné. Alors, sans doute, les mœurs, sinon les lois, doivent être plus douces et les hommes doivent être meilleurs, ne fût-ce que par lassitude du mal. Eh bien, voyons l'humanité à l'œuvre, et jugeons-la d'après son élite.

Nous sommes en 1478. Édouard IV gouverne l'Angleterre depuis bientôt sept ans. Il est roi, par la grâce de Dieu, en vertu de la victoire de Tewkesbury et de l'assassinat du prince de Galles. Mais qu'importe le moyen? Édouard ne s'en croit pas moins légitime puisqu'il descend du troisième fils d'Édouard III, tandis que son rival ne descend que du quatrième. Édouard IV a épousé la veuve d'un petit gentilhomme de province, Élisabeth Woodewille, et il a eu d'elle deux fils, Édouard, prince de Galles, et Richard, duc d'York. Si, par malheur, ceux-ci meurent avant l'âge, la couronne doit revenir de droit au frère puîné du roi, Georges, duc de Clarence, et à ses descendants directs. Ce règlement de la succession est approuvé par les partisans de la Rose-Blanche ; pourtant, s'il faut en croire certaines indiscrétions, il ne satisfait guère le duc de Glocester, frère cadet du roi.

Quelle est la raison de ce mécontentement? La voulez-vous savoir? Écoutez à ce sujet un homme bien informé, un page du cardinal Morton, qui a obtenu de son éminence les renseignements les plus précis sur la cour d'Édouard IV ; écoutez maître Thomas Morus :

« Richard, duc de Glocester, était, pour l'esprit et pour

le courage, égal à ses frères Édouard et Georges; mais, pour la beauté et pour les traits extérieurs, il était bien au-dessous d'eux, car il avait la taille petite, les membres disproportionnés, le dos voûté, l'épaule gauche beaucoup plus haute que la droite, et cette sorte de visage ingrat qui à la cour passe pour figure martiale, et, parmi les gens du commun, pour un visage dur. Il était malicieux, pervers et envieux; et l'on rapporte que sa mère, la duchesse, eut beaucoup de peine à le mettre au monde, et que, quand il y vint, ce fut les pieds par devant, et non sans avoir des dents; est-ce là un rapport exagéré fait par ses ennemis, ou bien la nature changea-t-elle réellement son cours dès le commencement d'une vie que devaient marquer tant de choses contre nature? c'est ce que Dieu seul peut décider. Il n'était pas mauvais capitaine dans la guerre, ayant naturellement pour elle plus de goût que pour la paix. Il remporta plusieurs victoires, et, s'il subit quelques défaites, ce ne fut jamais par la faute de sa propre personne, ni par manque de hardiesse ou d'ordre politique. Il était généreux de ses largesses, et libéral un peu au-dessus de ses moyens; il s'acquit par de vastes présents des amitiés incertaines, pour lesquelles il voulait toujours emprunter, piller et extorquer le bien des autres, s'attirant ainsi des haines certaines. Il était mystérieux et secret, profondément dissimulé, bas de contenance, arrogant de cœur, familier extérieurement avec ceux qu'il haïssait intimement, ne s'abstenant pas de baiser qui il songeait à tuer; rancuneux et cruel, non par mauvais vouloir toujours, mais souvent par ambition et pour atteindre son but; amis et ennemis lui étaient tous indifférents là où son intérêt surgissait; il n'épargnait jamais la mort à quiconque faisait par sa vie obstacle à ses plans. Il tua dans la Tour le roi Henry VI en disant : « Maintenant il n'y a plus d'autres héritiers mâles du roi Édouard III, que nous autres de la maison d'York ! » Et ce meurtre fut commis sans l'assentiment du roi Édouard IV, qui aurait désigné pour ce métier de boucher tout autre que son propre frère. Des hommes sages insinuent aussi qu'il servit ses desseins en contribuant à la mort de son propre frère Clarence, et que, bien qu'il y résistât en apparence, il la désira intérieurement. Ceux qui ont observé ses actes et sa conduite donnent ici pour raison que, longtemps avant la fin du règne d'Édouard, Richard songeait à obtenir la couronne, dans le cas probable où son frère, dont la vie devait être abrégée par un régime funeste, laisserait en mourant ses enfants en bas âge, ainsi que cela arriva. Alors, si le duc de Clarence avait vécu, le plan projeté par Richard eût été grandement empêché ; car, soit que le duc de Clarence fût resté fidèle à son neveu le jeune roi, soit qu'il eût pris la royauté pour lui-même, le duc de Glocester aurait eu toutes les cartes contre lui. Mais, une fois son frère Clarence mort, il savait bien qu'il pouvait jouer à coup sûr. Il n'y a pas de certitude sur tous ces points, et quiconque devine ou conjecture peut aussi bien tirer trop loin que trop près. Toutefois cette grave conjecture se réalisa plus tard. »

Ainsi l'historien n'accuse pas formellement Richard d'avoir causé la perte de son frère Georges ; il le soupçonne seulement de l'avoir voulue. Cet avertissement donné, Thomas Morus raconte dans quelles circonstances et par quels moyens eut lieu la mort du duc de Clarence :

« Dans la septième année du règne d'Édouard, il tomba une étincelle de malice privée entre le roi et son frère Clarence. Avait-elle jailli des vieilles rancunes d'une époque passée, ou d'un feu nouvellement allumé par la reine et par ses parents qui, se méfiant toujours de la famille du roi, jappaient sourdement contre elle? ou bien était-il vrai que le duc était désireux de régner après son frère? La certitude s'est toujours dérobée aux recherches sérieuses des hommes qui se sont adressés sur ce sujet à de grands personnages de cette époque; et jamais elle n'a pu être découverte que par des conjectures qui trompent l'imagination du rêveur aussi fréquemment qu'elles lui révèlent la vérité en conclusion. Le bruit courait que le roi ou la reine, ou tous les deux, avaient été vivement troublés par une prophétie absurde, et que c'est pour cela qu'ils commencèrent à s'irriter et à maugréer cruellement contre le duc : la prédiction était à cet effet qu'*après le roi Édouard régnerait un prince dont le nom commencerait par un G*; et, comme c'est l'habitude du diable d'envelopper et d'embarrasser dans de tels sortiléges les esprits des hommes qui se plaisent à ces fantaisies diaboliques, on ne manqua pas de dire plus tard que cette prophétie eut son plein effet quand le roi Richard Glocester usurpa la couronne.

» D'autres allèguent, pour cause de la mort de Clarence, que, la vieille rancune entre lui et le roi ayant été nouvellement ranimée (et la haine n'est jamais plus violente qu'entre deux frères une fois qu'elle est bien enracinée), le duc, qui n'était pas encore marié, essaya, par l'entremise de sa sœur Madame Marguerite, duchesse de Bourgogne, d'obtenir pour femme Madame Marie, fille et héritière du duc Charles, et que ce mariage fut blâmé et rompu par le roi Édouard, jaloux du bonheur de son frère. Cette dissension intime fut apparemment conciliée, mais non intérieurement oubliée, ni même extérieurement pardonnée; car, nonobstant ce raccommodement, un domestique du duc de Clarence fut, à tort ou à raison, brusquement accusé par les ennemis du duc, d'empoisonnement, de sortilége et de magie, condamné, comme coupable, à la peine de mort, et exécuté. Le duc, ne pouvant souffrir la condamnation de son homme, — condamnation qu'il trouvait injuste dans sa conscience, — et outré par l'inique exécution de son fidèle serviteur, flétrissait journellement cet acte par des murmures acerbes. Le roi, piqué et gêné par les plaintes quotidiennes et par les continuelles récriminations de son frère, le fit appréhender et jeter à la Tour, où, une fois enfermé et déclaré traître, il fut secrètement noyé dans un tonneau de Malvoisie.

» Mais il est certain que, bien que le roi Édouard eût consenti à la mort et à la destruction de son frère, il pleura amèrement sa fin infortunée et se repentit de sa brusque exécution : à ce point que, quand une personne implorait de lui le pardon d'un malfaiteur condamné à la peine de mort, il avait coutume de s'écrier hautement : *O malheureux frère, pour la vie de qui pas une créature n'a voulu intercéder !* voulant dire apparemment par cette exclamation qu'il avait été entraîné à perdre son frère par quelques-uns des nobles qui l'avaient circonvenu.[1] »

Le duc de Clarence fut exécuté le 17 février 1478. Peu d'années après, au mois d'avril 1483, le roi Édouard mourut de débauche. Ainsi débarrassé de ses deux frères, Richard n'était plus séparé du trône que par des enfants. Le prince de Galles avait douze ans lorsqu'il fut proclamé sous le nom d'Édouard V. La mort de son père le surprit au château de Ludlow, où il était élevé sous la surveillance d'un conseil composé des parents et des

---

[1] Voir la *Vie du roi Richard III*, par sir Thomas More. Cette histoire, malheureusement inachevée, fut publiée pour la première fois en 1513, quand Thomas Morus était sous-shérif de la cité de Londres. Elle a été presque littéralement copiée par Hall dans ses *Chroniques*, et c'est sans doute par cette reproduction que Shakespeare a connu le récit de l'historien-martyr.

amis de la reine. — Le jour du couronnement ayant été fixé au 4 mai, Édouard quitte le pays de Galles, le 24 avril, entouré d'une faible escorte que ses ennemis avaient diminuée à dessein. Rivers, son oncle maternel, Grey, son frère utérin, et sir Thomas Vaughan, l'accompagnent. Le cortége royal, suivant au galop la route de Londres, parvient à Northampton le 29 avril. De son côté, Glocester était allé au-devant de son neveu, avec le duc de Buckingham et une nombreuse cavalcade. Il avait cru surprendre Édouard à Northampton, mais il arrive deux heures trop tard et ne trouve plus que Rivers. Il enferme celui-ci dans une auberge et court à franc étrier à Stony Stratford. Là, enfin, il trouve le jeune roi qui remontait en selle : il arrête Grey et Vaughan, et ramène le roi à Northampton. Épouvantée par l'arrestation de ses parents, la reine-mère Élisabeth quitte son palais en toute hâte et se réfugie dans le sanctuaire de Westminster avec son second fils, le duc d'York. « Là, dit Thomas Morus, elle s'assit sur la natte, toute désespérée, et l'archevêque d'York la consolait de son mieux. »

Cependant, le duc de Glocester n'a pas encore jeté le masque. S'il a fait arrêter les parents de la reine, c'est uniquement parce qu'ils menaçaient sa vie. Il proteste de son dévouement et de sa fidélité au jeune roi. Et le 8 mai, lorsque Édouard V fait son entrée dans Londres, Richard lui prodigue publiquement « toutes les marques de tendresse et de respect. » Lui, Richard, usurper la couronne! Lui, aspirer à l'empire! lui, manquer à son serment! quelles calomnies! Le Protecteur se récrie hautement contre la défiance de la reine à son égard, et il la blâme de séquestrer ainsi ce cher petit York. Vite Hastings et ce bon cardinal Bourchier vont chercher le pauvre enfant et l'arracher à cette marâtre.

« Quand le cardinal et les autres lords eurent reçu le

jeune duc d'York, ils le menèrent dans la Chambre étoilée ; là, le Protecteur le prit dans ses bras et lui dit en l'embrassant : « Je vous souhaite la bienvenue, milord, de tout mon cœur. » Et, en parlant ainsi, il avait l'air d'un homme profondément sincère. Sur ce, il le conduisit au roi son frère, dans le palais de l'évêque de Londres, à Saint-Paul, et, de là, il escorta honorablement les deux princes à travers la Cité jusqu'à la Tour, dont ils ne devaient plus sortir. Dès que le Protecteur les tint en sa possession, et qu'il les eut mis en lieu sûr, la soif le prit de voir la fin de son entreprise. Pour éviter tout soupçon, il invita tous les lords qu'il savait fidèles au roi à s'assembler au château de Baynard pour délibérer sur les mesures relatives au couronnement, tandis que, se réunissant à Crossby-Place avec ses alliés et ses complices, il se concertait sur un projet tout différent qui devait le faire roi lui-même. Il n'y eut qu'un petit nombre d'intimes qui furent admis à ce conseil. »

Quelques semaines seulement nous séparent du 24 juin, jour définitivement fixé pour le couronnement du jeune roi. Les préparatifs sont poussés avec activité. Déjà même, les lords et les représentants des communes ont prêté serment de fidélité à Édouard V. Pressé par cette date fatale, le 24 juin, Richard se décide enfin à brusquer son coup d'État. Dans la soirée du 1er juin, il fait venir à Crossby-Place ses amis les plus intimes, Buckingham, Lovel et Catesby, et, après leur avoir donné ses instructions, il leur dit : C'est pour ce mois-ci. Les amis comprennent et s'apprêtent à agir. Mais il y a un homme dont la connivence est indispensable au succès du complot, c'est le lord-chancelier Hastings, président de la chambre haute. Hastings est un vieil ami de Richard, il est un de ceux qui ont assassiné le prince de Galles, fils de Henry VI ; tout récemment encore, il a signé des deux mains l'ordre de mettre à mort sans jugement les parents de la reine : nul doute qu'un pareil personnage ne donne son adhésion au coup d'État. A la requête du Protecteur, Catesby se charge de voir le chancelier et de le sonder sur les événements qui se préparent. O prodige! Hastings fait la sourde oreille : il arrête Catesby dès les premiers mots, et lui déclare nettement qu'il ne consentira pas à la déchéance du jeune roi. Il a prêté serment à Édouard V; il ne veut pas violer son serment. Hastings, qui a assassiné, refuse de se parjurer. Aussi gare à lui! il va payer cher ce refus.

« Dans la nuit du 12 au 13 juin 1483, lord Stanley dépêcha un messager fidèle pour presser lord Hastings de se lever et de partir à cheval avec lui. Ce qui le décidait à ne pas demeurer plus longtemps, c'était un rêve terrible dans lequel lord Stanley venait de songer qu'un sanglier les écorchait tous deux à la tête avec ses défenses, si fort que le sang leur jaillissait par les épaules. Comme le duc de Glocester avait le sanglier dans ses armoiries, lord Stanley s'était imaginé qu'il s'agissait là du Protecteur. Ce rêve avait fait une impression si terrible sur son cœur qu'il s'était immédiatement déterminé à ne pas tarder plus longtemps et à faire seller son cheval; si lord Hastings voulait partir avec lui, ils galoperaient assez loin pendant la nuit pour être hors de danger le jour suivant. — « Ah! Seigneur Dieu! ré-
» pliqua lord Hastings au messager, milord ton maître
» a-t-il donc tant de confiance dans de pareilles niaise-
» ries? A-t-il donc tant de foi dans ces rêves qui sont
» ou inventés par sa propre frayeur ou provoqués au
» milieu de son repos de la nuit par ses préoccupations
» du jour? Dis-lui que c'est sorcellerie pure de croire à
» de tels rêves. Si ce songe est un présage des choses à
» venir, comment ne voit-il pas que nous avons autant

» de chance d'en amener l'accomplissement par notre
» fuite, dans le cas où nous serions attrapés et rame-
» nés? car alors il est probable que le sanglier aurait un
» motif de nous frapper avec ses défenses, comme des
» gens qui se sont enfuis pour quelque trahison. Donc,
» de deux choses l'une, ou il y a péril, ou il n'y en a
» pas; s'il y en a, c'est plutôt à partir qu'à rester. D'ail-
» leurs, si nous devons succomber de façon ou d'autre,
» j'aime mieux faire dire que c'est par la trahison des
» autres hommes, que de faire croire que c'est par notre
» propre faute et par notre faiblesse de cœur. Ainsi, va
» trouver ton maître, fais-lui mes compliments, et dis-
» lui que je le prie d'être gai et sans crainte, car, je
» puis le lui assurer, je suis aussi sûr de l'homme en
» question que je le suis de ma main droite. » — « Dieu
» vous envoie sa grâce! » dit le messager. Et sur ce,
il partit.

» Il est également certain que, quand lord Hastings se rendait à la Tour, le matin même où il fut décapité, le cheval qu'il avait coutume de monter broncha sous lui deux ou trois fois, presque à tomber : chose qui, bien qu'elle arrive journellement à ceux qu'aucun malheur ne menace, est cependant un mauvais présage ancien qu'on a observé sur la route des dangers.

» Maintenant ce qui suit n'était pas un avertissement, mais une odieuse dérision. Dans la même matinée fatale, avant même qu'il fût hors de son lit, il reçut la visite de sir Thomas Howard, fils de lord Howard, lequel lord était dans la plus secrète confidence des projets et des actes du Protecteur. Ce sir Thomas était venu, en apparence, par courtoisie, pour accompagner lord Hastings au conseil, mais, en réalité, pour l'y faire venir plus vite, et accomplir ainsi une mission donnée par le Protecteur.

» Lord Hastings s'étant arrêté un moment pour s'entretenir avec un prêtre qu'il avait rencontré dans Tower-Street, sir Thomas interrompit sa prière, en lui disant brusquement : « Allons, milord, venez donc : pourquoi causez-vous si longtemps avec ce prêtre ? Vous n'avez pas encore besoin d'un prêtre. » Et il lui riait au visage, comme pour lui dire : Vous en aurez besoin bientôt. L'autre se doutait peu de ce qu'entendait par là son compagnon ; mais ceux qui entendirent ces paroles s'en souvinrent bien avant la nuit suivante. Donc, le candide lord Hastings se méfiait fort peu ; jamais il n'avait été plus gai, et jamais, ce qui est souvent un signe de changement, il n'avait cru son existence plus assurée. On aura peine à croire quelle folle confiance avait cet homme si près de la mort. Sur le quai même de la Tour, à une portée de pierre de l'endroit où sa tête devait si tôt tomber, ayant rencontré un poursuivant d'armes de sa maison, nommé Hastings, il lui rappela une précédente rencontre qu'ils avaient eue tous deux au même endroit, dans un temps où lui, lord Hastings, avait été accusé auprès du roi par lord Rivers, le frère de la reine, et avait subi une disgrâce momentanée. Comme il se retrouvait à la même place avec le même poursuivant, il eut grand plaisir à causer avec lui de la crise qu'il avait si bien traversée : — Ah ! Hastings, lui dit-il, te souviens-tu du jour où je t'ai rencontré ici pour la première fois ? J'avais le cœur tellement accablé !

— Oui, milord, répondit l'autre, je m'en souviens bien. Dieu soit loué ! ils n'ont rien gagné à cela et vous n'y avez rien perdu.

— Tu dirais cela d'autant mieux, si tu savais, comme moi, ce qui va arriver avant peu.

» La nouvelle à laquelle il faisait allusion était que le comte de Rivers, lord Richard et sir Thomas Waughan devaient être décapités ce jour-là même à Pomfret. Lord Hastings était dans la confidence de cet acte, mais il était loin de se douter que la hache était suspendue si près de sa tête.

— Sur ma foi, l'ami, ajouta-t-il, jamais je n'ai été si désolé, jamais je n'ai été en plus grand danger de mort que quand je te rencontrai alors. Et vois comme le monde est changé aujourd'hui : maintenant ce sont mes ennemis qui sont en danger, comme tu pourras bientôt en avoir la preuve, tandis que moi, jamais, dans ma vie, je n'ai été plus joyeux, ni dans une aussi grande sécurité.

— Je prie Dieu que l'avenir vous donne raison, fit le poursuivant d'armes.

— L'avenir! Tu en doutes. Bah! bah! je te le garantis. Et sur ce, lord Hastings entra à la Tour, quelque peu mécontent. »

Maintenant que Hastings est dans la Tour, maintenant qu'il a pris place dans la salle du Conseil, que va-t-il se passer? Écoutez encore le dramatique récit de Thomas Morus :

« Les lords étaient en séance et délibéraient, quand le Protecteur parut au milieu d'eux. Il était neuf heures. Il les salua avec courtoisie, et s'excusa de son retard en disant qu'il avait été grand dormeur ce matin-là. Après avoir causé avec eux quelques instants, il dit à l'évêque d'Ély : — *Milord, vous avez de bien bonnes fraises dans votre jardin d'Holborn, je vous prie de nous en régaler.* — *Bien volontiers, milord,* répondit l'évêque, *je voudrais avoir quelque chose de mieux que je pusse vous offrir aussi aisément.* Et il envoya immédiatement un de ses gens chercher un plat de fraises. — Après avoir animé la discussion, le Protecteur pria les lords de se passer de lui un moment et se retira. Entre dix et onze heures, il revint dans la salle du Conseil, tout changé ; la physionomie pleine d'aigreur et de colère, les sourcils froncés, le front rembruni, se mordant les lèvres, farouche, il se remit à sa place. Tous les lords étaient épouvantés, et cruellement surpris de ces façons et de ce changement soudains, ne sachant ce que le Protecteur pouvait avoir. Quelque temps après s'être assis, il rompit le silence par ces mots : — *De quoi sont-ils dignes, ceux qui méditent et imaginent de me détruire, moi, le parent si proche du roi et le protecteur de son royaume?* A cette demande, les lords restèrent stupéfaits sur leurs siéges, tous se demandant à qui s'adressait une question contre laquelle chacun se croyait garanti.

» Enfin lord Hastings, se croyant autorisé par la familiarité qui existait entre le Protecteur et lui, prit la liberté de répondre que ceux-là, quels qu'ils fussent, étaient dignes de la peine des traîtres ; tous les autres firent la même affirmation. — *Eh bien,* repartit le Protecteur, *les coupables, c'est cette sorcière de là-bas, la femme de mon frère, et l'autre avec elle.* Il voulait parler de la reine. A ces mots, un grand nombre de lords qui étaient du parti de celle-ci furent cruellement interdits ; mais lord Hastings aimait mieux, au fond de son cœur, que la chose tombât sur la reine que sur quelqu'un de ses amis. Il était seulement contrarié de n'avoir pas été consulté sur ce sujet, comme il l'avait été sur l'enlèvement et l'exécution des parents de la reine. — *Voyez,* continua le Protecteur, *comme cette sorcière, aidée de la femme de Shore et de ses complices, a ruiné mon corps.* Et aussitôt, retroussant la manche de son pourpoint, il découvrit jusqu'au coude son bras gauche tout desséché et tout grêle. A cette vue, l'incrédulité s'empara des assistants : tous comprirent que ce n'était là qu'un faux prétexte pour une querelle, sachant bien que la reine était trop sensée pour s'occuper de pareilles folies, et que, s'en fût-elle occupée, la femme de Shore eût été la dernière personne qu'elle eût prise pour confidente, car la reine haïssait par-dessus tout cette concubine que le roi son mari avait tant aimée.

» En outre, chacun savait que, depuis le jour de sa naissance, le duc de Glocester avait toujours eu le bras ainsi fait.

» Cependant lord Hastings qui, depuis la mort du roi Édouard, entretenait la femme de Shore, dont il s'était quelque peu épris du vivant du roi (il prétendait l'avoir recueillie par respect pour son roi et par une sorte de fidélité envers son ami), lord Hastings, disons-nous, fut quelque peu mécontent de voir celle qu'il aimait sous le coup d'une accusation si grave et, il le savait bien, si injuste. Il répondit donc : — *Certainement, milord, si elles ont fait cela, elles méritent un terrible châtiment.* — *Comment*, s'écria le Protecteur, *tu me sers, je crois, avec des si et des mais. Je te dis moi, qu'elles l'ont fait, et je te le prouverai sur ta tête, traître que tu es!* Et en même temps comme s'il était en grande colère, il frappa violemment du poing sur le bureau. A ce signal, quelqu'un du dehors cria : *Trahison!* Une porte craqua aussitôt, et des hommes armés s'élancèrent dans la salle, assez nombreux pour la remplir. Alors le Protecteur dit à Hastings : — *Traître, je t'arrête.* — *Comment! moi, milord?* fit celui-ci. — *Oui, traître!* répliqua le Protecteur. En même temps, un des hommes armés fondit sur lord Stanley, qui se jeta sous la table, et qui, sans cet obstacle, aurait eu le crâne fendu jusqu'aux dents ; car, si rapide qu'eût été sa fuite, il avait reçu à la hauteur des oreilles un coup qui faisait jaillir son sang. Enfin, l'archevêque d'York, le docteur Morton, évêque d'Ély, lord Stanley et plusieurs autres furent arrêtés et enfermés dans des chambres séparées. Il ne resta que lord Hastings à qui le Protecteur ordonna de faire sa confession au plus vite : — *Par saint Paul, lui dit-il, je ne dînerai pas que je n'aie vu ta tête à bas.* Cela ne servait de rien à lord Hastings de demander pourquoi. Accablé, il prit un prêtre, et fit une courte confession, car on ne l'eût pas tolérée trop longue, tant le Protecteur avait hâte de dîner, — et l'on sait que, pour tenir son serment impie, il ne devait pas se mettre à table avant que le meurtre fût commis. Ce fut ainsi que le chancelier fut amené sur la pelouse à côté de la chapelle, dans l'intérieur de la Tour. Sa tête fut ployée sur une poutre qui était étendue là pour la construction de la chapelle, et tyranniquement tranchée. Après quoi, ses restes furent enterrés à Windsor, près de son maître, le roi Édouard IV. Puisse Jésus pardonner à leurs âmes !

. . . .

» Le bruit de la mort de lord Hastings se répandit à travers la cité et les environs, comme un vent qui eût soufflé à l'oreille de chaque homme. Mais, immédiatement après le dîner, le Protecteur, voulant donner quelque couleur à l'affaire, fit mander en toute hâte à la Tour quelques hommes importants de la cité.

» Pour les recevoir, le duc de Buckingham et lui s'étaient équipés comme de vieux brigands de mauvaise mine, et affublés d'un costume tel que, pour le leur faire mettre sur le dos, il avait fallu, devait-on croire, la pression d'une nécessité soudaine. Le lord Protecteur expliqua à ces gens que lord Hastings et ses complices avaient fait le complot de l'assassiner, lui, ainsi que le duc de Buckingham, ce jour-là même, en conseil. Quelles étaient les intentions ultérieures des conjurés, on ne le savait pas encore bien. Le Protecteur n'avait pas eu connaissance de leur trahison avant dix heures du matin ; et voilà pourquoi, saisis d'une frayeur soudaine, ils avaient été forcés, lui et le duc de Buckingham, de revêtir pour leur défense la première armure qu'ils avaient eue sous la main. Mais, grâce à Dieu, le mal était retombé sur ceux qui voulaient le commettre. C'est ainsi que le prince pria ses auditeurs de rapporter les faits. Tous répondirent favorablement, comme si nul n'eût eu des doutes sur une explication à laquelle, en réalité, nul ne croyait. »

La mort de Hastings frappa de terreur le Parlement. Désormais sûr de l'appui des chambres, Richard, ce malfaiteur de génie, entreprit une tâche plus difficile encore : c'était d'obtenir le consentement de la nation. Il avait cette idée grandement horrible de faire toute l'Angleterre sa complice. Pour réaliser cette idée, il s'adressa au clergé. La presse n'existant pas encore, la chaire était l'unique moyen de propagande. Le Protecteur l'employa à son projet. Chose monstrueuse! il trouva des prêtres pour prêcher le crime. A son instigation, le docteur Ralph Shaw, curé de Saint-Paul de Londres, fit, devant toute la cour, un sermon où il démontrait de la façon la plus édifiante que les enfants d'Édouard IV étaient bâtards, et concluait à la nécessité de détrôner le jeune roi. Grande fut la surprise causée dans Londres par cette étrange homélie. Le Protecteur, inquiet pour ses desseins, envoya vite à l'Hôtel de ville l'orateur le plus disert de l'époque, le duc de Buckingham. Celui-ci harangua la Commune, et se mit en frais d'éloquence pour prouver que la couronne revenait de droit au Protecteur, seul héritier légitime. Thomas Morus, dans son histoire de Richard III, que nous avons déjà citée, a raconté en détail la curieuse séance qui eut lieu dans la grand'salle du Guildhall, le mardi 24 juin 1483 :

« Le duc de Buckingham avait espéré que le peuple, travaillé d'avance par le maire, s'empresserait, cette proposition flatteuse une fois faite, de crier : Vive le roi Richard ! vive le roi Richard ! Aussi fut il merveilleusement confus, quand il eut parlé, de voir que tous restaient impassibles et muets, sans répondre un seul mot. Il prit donc à part le maire et d'autres qui étaient dans le secret de la chose, et leur dit à voix basse : — *Que signifie ceci? pourquoi le peuple reste-t-il silencieux?* — Monsieur, répondit le maire, *peut-être ne vous comprend-il pas bien.* — *Si ce n'est que cela*, fit le duc, *nous allons y porter remède.* Et immédiatement, prenant un ton un peu plus haut, il se mit à redire les mêmes choses, dans un autre ordre et en d'autres termes, d'une manière si élégante et si ornée, et néanmoins si évidente et si claire, avec une voix, une contenance, un geste si convenables et si séduisants, que tous les auditeurs étaient émerveillés et pensaient n'avoir jamais de leur vie entendu plaider si bien une si mauvaise cause. Mais soit crainte, soit étonnement, soit que chacun attendît que son voisin parlât le premier, il n'y eut pas, dans toute la foule qui se tenait là, une seule voix qui répondit au duc : tous restèrent silencieux comme la nuit. Voyant cela, le maire, accompagné des autres affidés au projet, prit le duc à part et lui dit que le peuple n'avait pas l'habitude d'être harangué par d'autre que le recorder, qui est l'orateur de la cité, et que, sans doute, il répondrait à celui-ci. Sur ce, le recorder, nommé Thomas Fitz-William, un homme grave et honnête qui, tout nouveau-venu dans cet office, n'avait pas encore parlé au peuple, et qui avait grande répugnance à débuter par cette affaire, le recorder, cédant à l'injonction du maire, redit aux membres de la commune ce que le duc leur avait déjà expliqué lui-même ; mais il prit soin, dans son discours, d'exposer la chose telle que le duc l'avait présentée, sans rien ajouter de lui-même. En dépit de tout cela, aucun changement ne se manifestait

dans le peuple, qui restait toujours comme pétrifié. Alors le duc dit à voix basse au maire : « Voilà un silence étrangement obstiné ; » puis, se retournant vers le peuple :
« Chers amis, s'écria-t-il, nous venons vous soumettre une
» question sur laquelle nous n'avions peut-être pas grand
» besoin de vous consulter. Les lords et les autres com-
» munes de ce royaume auraient suffi pour la résoudre ;
» mais telle est l'affection, telle est la sollicitude que nous
» avons pour vous, que nous n'aurions pas pris sans dé-
» plaisir une décision qui intéresse votre fortune et votre
» honneur. Jusqu'ici vous n'avez pas paru comprendre
» ni apprécier notre demande : nous vous prions donc
» de nous répondre, oui ou non, si c'est votre intention,
» comme c'est celle de tous les nobles de ce royaume,
» que le noble prince, aujourd'hui protecteur, soit votre
» roi? » A ces mots, les gens du peuple commencèrent à chuchoter entre eux, de telle sorte que leurs voix, n'étant ni basses ni hautes, ressemblaient à celles d'un essaim d'abeilles. A la fin cependant, les serviteurs du duc firent entendre un bourdonnement à l'extrémité inférieure de de la salle, puis un certain Nashfield et d'autres appartenant au Protecteur, joints à quelques apprentis et à quelques gamins qui s'étaient fourrés dans la salle au milieu de la foule, se mirent brusquement à crier au dos des gens aussi fort qu'ils purent : *Vive le roi Richard! vive le roi Richard!* et en même temps jetèrent leurs bonnets en l'air en signe de joie ; quant à ceux qui se tenaient devant, tout étonnés de cette démonstration, ils retournèrent la tête, mais sans rien dire.

» Quand le duc et le maire virent l'affaire, ils la firent habilement servir à leurs desseins et déclarèrent que, tous ayant répondu d'une voix unanime, sans qu'aucun eût dit non, il était impossible d'entendre une acclamation plus magnifique et plus réjouissante. « Amis, dit le

» duc, nous voyons que c'est votre désir à tous d'avoir
» pour roi ce noble seigneur. Nous ferons donc à sa
» grâce un rapport édifiant de cette manifestation qui,
» nous n'en doutons pas, sera grandement utile à votre
» fortune et à vos intérêts. Nous vous prions donc de
» nous accompagner demain auprès de sa grâce, afin de
» lui faire notre humble pétition et de lui présenter une
» requête conforme à notre projet. »

» Le lendemain, le maire, les aldermen et les principaux de la cité, s'étant réunis à Saint-Paul, se transportèrent au château de Baynard où couchait le Protecteur, tandis que, selon la convention faite, le duc de Buckingham s'y rendait de son côté, en compagnie de plusieurs nobles et d'un grand nombre de chevaliers et de gentilshommes. Le duc fit sur-le-champ annoncer au lord Protecteur la présence d'une imposante compagnie accourue pour entretenir sa grâce d'une grave affaire. Le Protecteur fit de grandes difficultés pour descendre auprès des nouveaux-venus, sans connaître le but de leur démarche, et affecta d'être mis en défiance par l'arrivée de ce grand nombre de gens qui le surprenaient ainsi, sans lui faire connaître d'abord si leurs intentions étaient favorables ou hostiles. Quand le duc eut expliqué cela au maire et aux autres pour leur prouver à quel point le Protecteur s'attendait peu à la chose, ceux-ci envoyèrent au prince le plus affectueux message, et le firent supplier par le messager de daigner les admettre en sa présence, pour qu'ils lui soumissent leur projet qu'ils ne voulaient révéler à aucun autre. A la fin, le Protecteur sortit de sa chambre, sans toutefois descendre auprès de la députation : il se fit voir à elle, entre deux évêques, sur une galerie supérieure d'où il pouvait l'entendre, affectant de ne pas l'approcher avant de savoir ce qu'elle voulait. Sur ce, le duc de Buckingham, prenant la parole au nom de tous, supplia humblement le Protecteur de vouloir bien leur pardonner et leur permettre d'exposer à sa grâce le but de leur visite : ils n'oseraient jamais, sans être sûrs de son pardon, l'entretenir de cette affaire ; car, bien qu'ils ne voulussent que la grandeur de sa grâce et le bonheur de tout le royaume, ils ne savaient pas comment le prince la prendrait. Alors le Protecteur, feignant une grande douceur et un vif désir de savoir ce qu'on lui voulait, autorisa le duc à parler librement, exprimant l'espoir qu'en considération de la bienveillance qu'il avait pour tous, aucun des nouveaux-venus n'aurait contre lui de pensée hostile. Quand le duc fut ainsi autorisé à parler, il prit la liberté d'exposer au Protecteur les intentions et le projet de la députation, ainsi que toutes les causes qui l'avaient déterminée ; il finit par supplier le prince, au nom de sa bonté accoutumée et de son patriotisme, de jeter un regard de pitié sur la longue détresse et l'abaissement du royaume, et de consacrer sa main auguste à le régénérer, en prenant sur lui la couronne et le gouvernement du pays, conformément au droit et au titre dont il était le légitime héritier.

» Quand le Protecteur eut entendu cette proposition, il prit un air fort étonné, et répondit que, tout en reconnaissant pour justes la plupart des arguments allégués par le duc, il avait pour le roi Édouard et pour ses enfants une affection si entière, il regardait sa renommée comme tellement plus précieuse qu'une couronne, qu'il ne pouvait accéder à un tel désir ; car, dans tous les autres pays où la vérité ne serait pas bien connue, on l'accuserait peut-être d'avoir déposé le prince et pris la couronne dans une pensée d'ambition personnelle, et il ne voudrait, au prix d'aucune couronne, voir son honneur souillé par une telle infamie... Néanmoins, non-seulement il pardonnait à tous la démarche qu'ils faisaient auprès de lui, mais il les remerciait de leur dévouement et de leur amour, tout en les priant de les reporter vers le prince sous lequel il était et serait toujours content de vivre.

» Sur cette réponse, le duc de Buckingham, ayant obtenu la permission du Protecteur, s'entretint quelques instants à voix basse avec les nobles qui l'entouraient, ainsi qu'avec le maire et le recorder de Londres. Après quoi, il déclara à voix haute au Protecteur, pour conclusion finale, que le pays était résolu à ne plus laisser régner sur lui la lignée d'Édouard, et qu'ils s'étaient tous avancés trop loin pour qu'il y eût sécurité à reculer... En conséquence, s'il plaisait au prince de prendre la couronne, ils le suppliaient de le faire ; si, ce qu'à Dieu ne plût, il s'y refusait absolument, alors ils seraient obligés de chercher, et ils ne manqueraient pas de trouver quelque autre grand seigneur qui y consentirait.

» Ces paroles émurent beaucoup le Protecteur, qui, ainsi que tout homme de quelque intelligence doit le penser, répugnait fort à une pareille solution. Quand il vit que la couronne serait perdue pour les siens comme pour lui, s'il ne la prenait pas, il dit aux lords et aux Communes : « Puisque, à notre grand regret, le royaume
» tout entier est décidé à ne plus se laisser gouverner
» par la lignée du roi Édouard, et que nul être terrestre
» ne peut le gouverner contre sa volonté ; puisque, d'au-
» tre part, nous reconnaissons avoir plus de droits que
» tout autre à la couronne, étant l'héritier légitime en-
» gendré du corps de notre très-redouté et très-cher
» père, feu Richard, duc d'York, et étant, en outre, élu
» par vous, les nobles et les Communes du royaume, —
» titre que nous tenons pour le plus puissant de tous,—
» nous nous résignons et nous consentons de bonne
» grâce à accéder à votre requête, et conséquemment

» nous prenons ici la double couronne des nobles royau-
» mes d'Angleterre et de France. »

» A ces mots il y eut un grand cri de : *Vive le roi Richard !* Immédiatement, les lords se rendirent auprès du roi, et, à partir de ce jour, le Protecteur fut appelé par ce titre. »

Ainsi, la farce est jouée. Le peuple a prononcé. Richard le parjure, Richard l'assassin s'intitule Richard III, par la grâce de Dieu et la volonté nationale. *Vox populi, vox Dei.* Bien fous ou bien méchants ceux qui oseraient maintenant protester contre cette libre expression de la souveraineté de tous. Donc, le 6 juillet 1483, en présence de toute la cour, Richard III est couronné à Westminster avec sa femme Anne, cette misérable veuve du fils de Henry VI, remariée à l'assassin de son mari ! Les voyez-vous d'ici, ce roi et cette reine? Les voyez-vous marcher sur le long drap rouge, de la grand'salle de Westminster à la chapelle Saint-Édouard? Les abbés et les évêques, mitre en tête, les précèdent. Voici Northumberland qui, devant eux, porte l'épée de guerre; voici Stanley avec la masse; voici Lovel qui tient le glaive de justice ; voici Suffolk qui chancelle sous le sceptre; voici Lincoln qui trébuche sous le globe; voici Norfolk qui ploie sous la couronne; voici Buckingham, page splendide, qui se courbe sous la queue du manteau royal. Tout cela reluit, tout cela brille, tout cela resplendit de pierreries, de pourpre et d'or. La canaille bat des mains et crie : hourrah ! devant ces majestés qui passent, et l'archevêque les sacre au nom du Dieu d'amour.

Maintenant, détournons-nous de cette parade éblouissante, sortons de l'abbaye de Westminster, et dirigeons-nous, en longeant la Tamise, vers ce sombre édifice qui domine la Cité. Nous voici à la Tour de Londres. Passons sous l'ogive de la première porte. Franchissons ce pont-levis qui domine un fossé profond, engageons-nous dans ce chemin de ronde resserré entre de hautes murailles, et montons dans cette tourelle qui défend la seconde porte. Entendez-vous comme des cris étouffés qui partent d'un cachot du premier étage? Ce sont les enfants d'Édouard qui se débattent. Thomas Morus va vous conter cette lugubre histoire.

« Le roi Richard, s'étant mis dans l'idée que, tant que ses neveux vivraient, il ne serait jamais regardé comme le possesseur légitime de la couronne, songea, en conséquence, à se débarrasser d'eux sans délai, comme si le meurtre de ses parents pouvait consacrer sa cause et le faire agréer pour roi. Sur ce, il envoya John Green, en qui il avait une confiance particulière, à sir Robert Brakenbury, constable de la Tour, avec une lettre requérant sir Robert de mettre à mort les deux enfants par tous les moyens possibles. Ce John Green fit sa commission auprès de Brakenbury, après s'être agenouillé devant Notre-Dame de la Tour : celui-ci répondit nettement que jamais il ne consentirait à les mettre à mort sur un pareil ordre. Green se rendit à Warwick pour rapporter cette réponse au roi Richard qui était encore en voyage ; le roi en fut si profondément mécontent que la même nuit, il dit à un page qui était son confident : « Ah ! à quel homme me
» fierai-je ? Ceux dont j'ai moi-même fait la fortune, ceux
» que je regardais comme des serviteurs sûrs, ceux-là
» même me manquent et se refusent, même sur mon
» ordre, à rien faire pour moi. » — « Seigneur, répondit le
» page, il y a un homme couché dans l'antichambre qui,
» j'ose le dire, fera certainement la volonté de votre
» grâce : il faudrait que la chose fût bien difficile pour
» qu'il refusât. » Il voulait parler de James Tyrrel...

» James Tyrrel imagina de tuer les enfants dans leur lit, sans qu'il y eût de sang répandu : pour l'exécution, il choisit Miles Forest, un des quatre geôliers qui les gardaient, gaillard qui était le meurtre incarné, et lui adjoignit un certain John Dighton, son propre jockey, un drôle gros, large, carré et fort. Tous les autres ayant été éloignés, ce Miles Forest et ce John Dighton entrèrent vers minuit dans la chambre où les pauvres enfants étaient couchés, et, les enveloppant brusquement dans leurs draps, ils les entortillèrent et les lièrent, en rabattant le lit de plume et les oreillers sur leur bouche avec tant de force, qu'en un moment ils les eurent étouffés et étranglés. Le souffle leur manquant, les enfants remirent à Dieu leur âme innocente destinée aux joies du ciel, laissant aux bourreaux leur corps mort gisant sur le lit. Quand, après avoir lutté contre les angoisses de la mort, ils eurent cessé de bouger, les assassins, jugeant qu'ils étaient bien morts, mirent leurs corps sur le lit et allèrent chercher James Tyrrel pour qu'il les vît. Quand celui-ci eut vu qu'ils étaient parfaitement insensibles, il les fit enterrer par les meurtriers dans un trou profond fait au pied de l'escalier, sous un monceau de pierres.

» Après quoi, James Tyrrel monta à cheval et se rendit en grande hâte auprès du roi Richard pour lui exposer tous les détails du meurtre. Le roi lui adressa de grands remercîments, et ce fut alors, dit-on, qu'il le fit chevalier. »

L'assassinat des enfants d'Édouard, médité de sang-froid par Richard III, fit horreur à Buckingham lui-même. Étranges scrupules de conscience! Ce duc de Buckingham, qui avait proposé la déchéance des jeunes princes, ne voulut pas consentir à leur mort. Que, pour devenir roi, Richard eût fait périr son frère Clarence, qu'il eût fait décapiter Rivers, Grey, Vaughan, Hastings, soit : après tout, c'étaient des hommes! Mais étrangler dans leur prison de pauvres petits qui dorment! c'était aller trop loin. Buckingham se sentit dépassé. Et puis le roi venait de lui refuser le beau comté de Hereford qui lui avait été solennellement promis. Ce refus fut pour le duc la raison décisive. Furieux, il se retira dans le pays de Galles, et, de concert avec Morton, prépara un soulèvement en faveur d'un certain comte de Richmond, descendant de Jean de Gand. Le mouvement avorta. Les bandes galloises qui avaient suivi le duc furent arrêtées, pendant dix jours, par des pluies continuelles, sur les bords de la Severn, et finirent par déserter faute de vivres. Abandonné de ses soldats, Buckingham fut trahi par un de ses gens, vendu à Richard, et exécuté à Salisbury le 2 novembre.

La répression terrible de cette révolte parut consolider le gouvernement de Richard III. Comme Macbeth après la destruction du château de Fife, comme le roi Jean après l'incendie de Dieppe, Richard croit désormais son empire assuré. Le parlement reconnaît définitivement la dynastie fondée par l'usurpateur, et attribue à ses descendants la possession héréditaire de la couronne par un sénatus-consulte du 24 janvier 1484. Le peuple accepte, tout au moins par le silence, le régime nouveau; les hommes d'ordre font plus que l'accepter, ils le louent : ils proclament hautement les mérites d'un prince si longtemps méconnu. Quand il n'était qu'altesse, tous trouvaient Richard ridicule, difforme, incapable, impossible! Aujourd'hui qu'il est passé majesté, tous le déclarent habile, imposant et presque beau. Il n'y a que des adversaires systématiques qui puissent contester cela! Que parlent-ils de serment violé, de droit méconnu, de gens massacrés? Richard n'est-il pas le fils de ce grand duc d'York qui remporta tant de victoires sur l'étranger? N'est-il pas lui-même l'élu de la nation?

Jugez-le à l'œuvre. En si peu de temps, que de mesures excellentes! que de réformes utiles! Richard a aboli le monstrueux impôt établi par Édouard IV sous le nom de *bienveillances,* il a affranchi de ses charges la propriété foncière, il a adouci la procédure criminelle, il a exigé l'éducation des jurés; le premier, il a fait rédiger les actes publics dans la langue nationale; enfin, il a réuni Berwick à l'Angleterre. C'est un législateur! C'est un conquérant! Vive Richard III!

Tout à coup, au milieu de cet enthousiasme général, une nouvelle éclate comme la foudre : le comte de Richmond a passé la Severn! A l'apparition du Prétendant, Richard tressaille, comme le roi Jean à l'approche de Louis de France, comme Macbeth à l'arrivée de Malcolm. « Quand il reçut le message, il poussa un cri de douleur, demandant vengeance contre ceux qui, au mépris de leur serment, l'avaient si déloyalement trompé. Entouré de ses gardes et des yeomen de la couronne, le sourcil froncé, l'air farouche, il monta sur son grand cheval blanc. Ses fantassins le suivirent, la cavalerie formant les ailes. Et, gardant cet ordre de bataille, Richard entra en grande pompe dans la ville de Leicester, après le coucher du soleil [1]. » Prévenu de cette marche, Richmond court au-devant de son ennemi; il part de Shrewsbury, traverse Lichfield et campe à Tamworth. De Tamworth à Leicester, il n'y a que quelques heures de marche. « Sur ces entrefaites, le roi Richard, — condamné à finir sa tâche par la justice divine de la Providence qui lui réservait la punition méritée de ses crimes et de ses forfaits, — marcha sur un point propre à la rencontre de deux armées, en avant d'un village appelé Bosworth, qui n'est pas loin de Leicester; là il planta sa

---

[1] Extrait de la chronique de Hall.

tente, rafraîchit ses soldats, et prit du repos. Le bruit courut qu'il eut, cette nuit-là même, un songe effrayant et terrible, car il lui sembla, dans son sommeil, voir diverses images, semblables à d'horribles démons, qui le tiraient et le secouaient, sans lui laisser un moment de calme et de tranquillité. Cette étrange vision eut pour effet, non pas précisément de frapper son cœur d'une frayeur soudaine, mais de lui troubler l'esprit et de lui bourrer la tête d'hallucinations terribles et incessantes; car, perdant presque le courage immédiatement après, il fit prévoir d'avance l'issue critique de la bataille, — n'ayant plus cette vivacité, cette gaieté d'esprit et de physionomie qu'il avait coutume de montrer quand il marchait au combat. Et, pour qu'on ne crût pas que son abattement et sa mine piteuse étaient causés par la crainte de l'ennemi, il révéla, dans la matinée, et raconta à ses amis intimes l'étonnante vision et le rêve terrible qu'il venait d'avoir [1]. »

Enfin, voici les deux armées en présence l'une de l'autre. Nous sommes en plein été, dans la matinée du 22 août 1485, et pourtant le jour est si sombre qu'on le prendrait pour un crépuscule. Richard vient de haranguer ses soldats et de leur promettre la victoire. Maintenant écoutons l'émouvant récit du chroniqueur :

« Le roi avait à peine fini de parler que les deux armées s'aperçurent. Seigneur! avec quelle hâte les soldats bouclèrent leurs casques! comme les archers eurent vite tendu leurs arcs et serré leurs plumets! avec quelle promptitude les piquiers brandirent leurs haches et essayèrent leurs lances! tous prêts à s'élancer dans la mêlée, dès que la terrible trompette aurait sonné la fanfare sanglante de la victoire ou de la mort. Entre les deux

---

[1] Extrait de la chronique de Hall.

armées, il y avait un grand marais, que le comte de
Richmond laissa sur sa droite, dans l'intention d'en faire
un rempart pour son flanc ; par ce mouvement, il mit le
soleil derrière lui et en plein sur le visage de ses ennemis. Quand le roi Richard vit que les compagnies du
comte avaient passé le marais, il commanda en toute
hâte de marcher sur elles. Alors les trompettes retentirent, et les soldats crièrent, et les archers du roi firent
vaillamment voler leurs flèches : les archers du comte ne
restèrent pas inactifs et ripostèrent vigoureusement. La
terrible décharge une fois passée, les armées s'abordè-
rent et en vinrent aux mains, n'épargnant ni la hache ni
l'épée; et ce fut alors que lord Stanley fit sa jonction
avec le comte... Tandis que les deux avant-gardes com-
battaient ainsi mortellement, chacune voulant vaincre et
écraser l'autre, le roi Richard fut averti par ses éclaireurs et par ses espions que le comte de Richmond,
accompagné d'un petit nombre d'hommes d'armes,
n'était pas loin : s'étant approché et ayant marché vers
lui, il reconnut parfaitement son personnage à certains
signes et à certaines particularités sur lesquels il avait
été renseigné. Enflammé de colère et tourmenté par
une haineuse rancune, il enfonça ses éperons dans les
flancs de son cheval, galopa hors des rangs de son armée, laissant l'avant-garde combattre, et, comme un
lion affamé, courut sur le comte, la lance en arrêt. Le
comte de Richmond aperçut bien le roi qui venait furieusement à lui; cette bataille devant décider de toutes ses
espérances et de tous ses projets de fortune, il saisit avi-
dement cette occasion de se mesurer avec son ennemi,
corps à corps et homme contre homme. Le roi Richard
s'élança si vivement que du premier choc il abattit le
drapeau du comte en tuant son porte-étendard, sir
William Brandon, renversa hardiment, après une lutte à

bras raccourci, sir John Cheinye, qui voulait lui résister, et s'ouvrit ainsi le passage à coups d'épée. Alors le comte de Richmond résista à sa furie et le maintint à la pointe de l'épée ; mais déjà ses compagnons croyaient la partie perdue pour lui et désespéraient de la victoire, quand sir William Stanley vint à son secours avec trois mille hommes solides. Alors les gens de Richard furent repoussés et mis en fuite, et le roi lui-même, tout en combattant vaillamment au milieu de ses ennemis, fut frappé à mort, comme il l'avait mérité. »

IV

Prodigieux pouvoir de la poésie! un homme se parjure, assassine, règne et tombe ; puis un chroniqueur obscur, ayant nom Holinshed ou Hall, écrit dans l'ombre la biographie de cet homme. Le livre qui contient cette biographie reste pendant de longues années enfoui dans le coin de quelque bibliothèque avec un millier d'autres volumes : personne ne le lit, la poussière le couvre, la moisissure l'envahit, et bientôt l'histoire du tyran va être mangée des vers, comme son cadavre. Un beau jour, cependant, un poëte, inspiré du ciel, entre dans cette salle déserte ; il ramasse le bouquin oublié, il le parcourt, il le lit, et, dans le récit naïf du chroniqueur, il retrouve, feuille à feuille, les forfaits perdus : le parjure, l'assassinat, l'usurpation. Alors il s'émeut, il s'indigne, il entend à travers les âges l'appel de ceux qu'on égorge. Il entend Duncan qui lui crie : Au secours ! et, comme il s'appelle Shakespeare, il fait *Macbeth*. Il entend Arthur qui lui crie : Pitié ! et il fait le *Roi Jean*. Il entend les enfants d'Édouard qui lui crient : Justice ! et il écrit *Richard III*.

Alors un phénomène extraordinaire se produit. Grâce

à l'évocation du poëte, les faits ensévelis dans la légende reparaissent au grand jour du théâtre ; les morts sortent de leur tombeau et reviennent sur la scène ; les victimes ressuscitent, traînant après elles leurs bourreaux. Châtiment terrible ! les tyrans, qui se croyaient du moins absous par l'oubli, sont condamnés à venir répéter, et jouer leurs crimes sous les yeux de chaque génération.

Shakespeare est un justicier inflexible. Tant que l'humanité existera, les princes coupables n'obtiendront pas grâce de lui : il faut qu'ils soient à jamais l'épouvante et l'horreur du monde. Trois d'entre eux ont été appréhendés, dûment jugés et condamnés ; l'arrêt est sans appel. Ils sont là pour toujours, exposés sur le même tréteau, — écumant, hurlant, se tordant, invoquant un Horace Walpole qui les délivre ; mais, quoi qu'ils fassent, ils ne descendront jamais de ce pilori.

Pourquoi, dans la foule des rois, Shakespeare a-t-il choisi ces trois princes, Macbeth, Jean, Richard III ? Pourquoi le poëte, que certains critiques ont voulu faire si bon royaliste, a-t-il tiré de la chronique, pour les mettre sur la scène, ces échantillons sinistres de la monarchie ? Quelle intention avait-il ? Quelle pensée voulait-il propager dans les masses ? Je vais essayer de le deviner ; j'expliquerai en même temps par quel motif ces trois grands drames historiques se trouvent ici placés dans le même volume.

A mon avis, ces trois pièces, *Macbeth, le Roi Jean, Richard III*, sont les parties diverses d'une œuvre unique, les développements successifs de la même idée, les portions à la fois distinctes et inséparables d'une trilogie immense qui pourrait s'intituler LE TALION.

Voyons d'abord quels rapports les réunissent ; nous verrons ensuite quelles différences les distinguent.

Dans les trois pièces, un prince assassine son parent et usurpe la couronne ; puis il règne, ne se soutenant sur le trône que par le meurtre ; puis il est trahi par ceux qui le servent ; puis il est attaqué par un prétendant que les peuples suscitent contre lui ; puis il risque une lutte décisive où il succombe.

D'abord le crime, puis le succès, puis le châtiment. C'est dans ce cadre uniforme que se meut la triple action.

Dans la première pièce, Macbeth devient roi par le meurtre de Duncan, puis gouverne par la terreur et fait tuer Banquo, lady Macduff et les enfants de Macduff. Alors les thanes qui l'avaient reconnu se soulèvent contre lui : Menteth, Cathness, Angus, Lenox se joignent au prétendant qui envahit l'Écosse. Une bataille définitive a lieu près de Dunsinane. Le roi est vaincu par Malcolm et meurt.

Dans la seconde pièce, Jean devient roi par le meurtre d'Arthur, puis gouverne par la terreur et fait pendre Pierre de Pomfret. Les barons qui l'avaient soutenu se révoltent contre lui : Salisbury et Pembroke se joignent au fils de Philippe-Auguste qui envahit l'Angleterre. Un combat définitif a lieu près de Saint-Edmondsbury. Le roi se sauve du champ de bataille et meurt.

Dans la troisième pièce, Richard devient roi par le meurtre de Clarence et de Hastings ; puis gouverne par la terreur et fait exécuter les parents de la reine Élisabeth, étrangler les enfants d'Édouard et décapiter Buckingham. Alors les seigneurs qui l'avaient appuyé l'abandonnent et se joignent au prétendant qui débarque en Angleterre. Une lutte définitive a lieu près de Bosworth. Stanley fait défection, comme ailleurs Lenox et Pembroke. Le roi est battu par Richmond et meurt.

Partout, pour que la leçon fût bien comprise, le poëte a voulu que la chute de l'usurpateur fût annoncée comme la conséquence inévitable de son crime. La sorcière prédit la perte de Macbeth; le prophète Pierre, celle de Jean; la reine Marguerite, celle de Richard.

L'affinité, si remarquable dans le plan général, ne l'est pas moins dans la composition de certains caractères et de certaines scènes. Seyton, Hubert et Ratcliff ont tous trois le même dévouement servile pour leur roi. Ross, Pembroke et Stanley sont tous trois de l'école des Monk et des Talleyrand: ils servent le maître en attendant qu'ils le trahissent.

Dans chacune des pièces, le poëte tient à prouver que les crimes commis ont été longuement prémédités. C'est devant le public que Macbeth embauche les assassins de Banquo, que le roi Jean invite Hubert à le débarrasser d'Arthur, que Richard prépare avec deux sbires la mort de Clarence. Ces scènes funèbres, où les rois flattent les meurtriers et où le sceptre courtise le poignard, ont une analogie frappante :

MACBETH, aux assassins de Banquo.

Votre courage brille à travers vous. Dans une heure au plus, je vous indiquerai où vous devez vous poster. Ayez soin de bien épier l'heure, le moment...

LE ROI JEAN.

Viens ici, Hubert, ô mon doux Hubert; nous te devons beaucoup. Dans ces murs de chair, il y a une âme qui te tient pour son créancier et qui veut te payer ton amour avec usure... Donne-moi ta main... Bon Hubert! Hubert! Hubert! jette tes yeux sur ce jeune garçon là-bas : l'avouerai-je, mon ami? c'est un vrai serpent sur mon chemin. Et partout où mon pied se pose, il est en travers devant moi. Tu me comprends? tu es son gardien...

RICHARD, aux assassins de Clarence.

Eh bien! mes hardis, mes robustes, mes braves camarades, allez-vous expédier la chose?

PREMIER ASSASSIN.

Oui, monseigneur.

RICHARD.

Je vous aime, mes enfants : vite à la besogne! allez! allez! dépêchez-vous!

Détail significatif! Shakespeare, qui refuse la pitié au cœur des grands, la met dans l'âme des petits. Hubert, chargé de tuer Arthur, le fait évader. Un des hommes apostés par Macbeth éteint son flambeau pour que Fléance se sauve. Un des bravi payés par Richard refuse de frapper Clarence. Pour le poëte, les tyrans sont toujours pires que les bourreaux.

Les forfaits du despotisme troublent les bêtes elles-mêmes. Dans la nuit où Duncan est tué, ses chevaux redeviennent sauvages; quand Hastings se rend à la Tour, son cheval se cabre. L'émotion gagne jusqu'aux choses. Le fer se refroidit, le feu s'éteint, pour ne pas aveugler Arthur. Le ciel s'indigne et proteste par de lumineux désordres. Cinq lunes apparaissent pour menacer le roi Jean; le soleil se cache pour ne pas éclairer Macbeth et Richard III. — « Ah! s'écrie le thane de Ross, voyez, les cieux, troublés par l'action de l'homme, menacent son sanglant théâtre; d'après l'horloge, il est jour, et pourtant une nuit noire étouffe le flambeau voyageur. » Dans les champs de Bosworth, Richard fait la même remarque, presque dans les mêmes termes : « Le soleil dédaigne de briller, dit-il; d'après le calendrier, il devrait éblouir l'Orient depuis une heure; ce sera un jour bien noir pour quelqu'un. » Ainsi, Shakespeare nous fait remarquer partout l'ombre étrange que font les grands crimes sur la terre [1].

---

[1] Il faut citer ici ces belles paroles signées AUGUSTE VACQUERIE : « C'est un caractère bien essentiel du théâtre de Shakespeare que ces bouleversements de la nature dont il ne manque jamais d'accompagner les grands forfaits. L'assassinat de Duncan, l'ingratitude des filles de Lear, tous les crimes, soulèvent toujours dans les profondeurs du ciel et de la terre les protestations des tonnerres et des tremblements. C'est qu'encore au Moyen Age l'humanité est presque toute matière et communique incessamment avec la matière. La créature n'est pas encore très-distincte de la création; elle fait corps avec elle; elle est à ce moment où Daphné, à moitié occupée par la végétation, n'est qu'à moitié femme; elle tient au sol et ses pieds sont encore des racines. » (*Article sur* MACBETH; *collection de* L'ÉVÉNEMENT.)

J'ai indiqué les rapports qui existent entre les trois pièces. Voyons maintenant les différences essentielles.

Macbeth est né bon et loyal. *Il est, nous dit le poëte, plein du lait de la tendresse humaine. Il veut être grand, car il a de l'ambition, mais cette ambition est exempte de mal. Ce qu'il veut hautement, il le veut saintement.* Macbeth est vaillant; il vient de remporter une grande victoire et de sauver sa patrie de la plus formidable invasion qui l'ait jamais menacée. Quand il quitte le champ de bataille, il n'a d'autre intention que d'aller saluer son roi et puis de rentrer vite dans son château d'Inverness pour déboucler son armure, accrocher sa lance, et jouir de ce repos qu'il a si noblement gagné. Mais, tandis qu'il chemine en causant avec son ami Banquo, il voit tout à coup apparaître des créatures bizarres qui l'abordent avec ce cri : Salut, Macbeth, qui seras roi! Macbeth était si peu préparé à cette prédiction des sœurs fatidiques qu'il frémit de tous ses membres ; et l'honnête Banquo lui-même le blâme de *sembler craindre des choses qui sonnent si bien*. A la lueur de cet éclair qui vient d'illuminer l'avenir, le thane de Glamis se voit entraîné à des actions dont l'image lui fait dresser les cheveux sur la tête : il aperçoit le fantôme du meurtre qui lui tend le poignard. Alors, il se détourne, il chasse de sa pensée la suggestion des sorcières, et, quand Duncan vient le visiter à Inverness, Macbeth déclare que le roi est sous la double sauvegarde de la loyauté et de l'hospitalité. Mais le thane a beau lutter contre la prophétie, la prophétie est plus forte que lui. A ce moment, lady Macbeth intervient, lady Macbeth, cette femme qui voudrait *se défaire de son sexe et avoir du fiel dans les mamelles*, lady Macbeth, cette mère qui, si elle l'avait juré, *n'hésiterait pas à broyer la cervelle de son enfant, au moment où il lui sourit.* Alors a lieu entre les deux époux cette scène intime qui devrait se passer dans l'alcôve. Lady Macbeth veut être reine ; elle veut mettre une couronne dans ses cheveux : c'est si beau, une couronne, et cela va si bien ! Cruel le mari qui refuserait à sa femme une telle parure ! Lady Macbeth reproche au thane son inaction ; elle traite de lâche ce héros, elle le compare au pauvre chat du proverbe ; au milieu de ses invectives, elle lui jette cette apostrophe suprême : « Désormais je sais à quoi m'en tenir sur ton amour. » Ce cri si réel, qui a si souvent retenti dans les querelles des amants, détermine enfin Macbeth : — Je suis décidé, s'écrie-t-il ; et, dès que sa femme sonne la cloche, le voilà qui entre dans la chambre de Duncan et qui le tue. Pourtant Macbeth n'a pas perdu tout sentiment moral : la preuve, c'est qu'il a des remords. Dès qu'il a fait la chose, il voudrait ne plus avoir la connaissance de lui-même : plût au ciel que Duncan pût être réveillé ! Pour lui, désormais, le vin de la vie est épuisé, et il n'en reste plus que la lie !

Macbeth voudrait encore revenir au bien, mais, hélas ! « il est tellement engagé dans le sang qu'il trouve aussi pénible d'avancer que de reculer. » Le mal l'entraîne avec une inexorable logique. Condamné au meurtre, il tue Banquo, il massacre la famille de Macduff. Alors il nous paraît bien horrible ; mais, soyons justes, la faute n'est pas toute à lui. Ce sont les sorcières qui l'ont tenté, c'est sa femme qui l'a précipité. Ah ! c'est cette femme surtout qu'il faut accuser ; c'est cette femme qu'il faut maudire. Regardez-la, pendue au cou du noble thane, cette créature pâle et blonde, souple, féline, charmante, irrésistible. C'est l'image vivante de la séduction. Dans l'antiquité biblique, elle s'est appelée Ève et Dalila ; dans l'antiquité grecque, elle s'est appelée Hélène ; dans l'antiquité romaine, elle s'est appelée Cléopâtre ; il y a quelques siècles, elle s'appelait Frédégonde. De tout temps, elle a sollicité l'homme à la faute, au crime, à la chute. Elle a perdu Adam, Samson, Pâris, Antoine, Chilpéric, et l avoilà qui perd Macbeth!

Macbeth est dominé par sa femme; le roi Jean, par sa mère. L'amour conjugal est la justification du premier; le respect filial, l'argument du second. Lady Macbeth veut devenir reine, et voilà pourquoi Duncan est tué; Éléonore veut rester reine, et voilà pourquoi Arthur est tué. Dès la première scène, l'influence sinistre d'Éléonore se manifeste. C'est elle qui relève l'insulte faite à Jean par l'envoyé de Philippe; c'est elle qui alarme le roi : « Eh bien, mon fils, ne vous ai-je pas toujours dit que cette ambitieuse Constance n'aurait point de repos, qu'elle n'eût embrasé la France et le monde entier ? » C'est Éléonore qui décide Jean à s'assurer la possession du trône, dans une confidence que *le ciel, le roi, et elle, doivent seuls entendre.* C'est Éléonore qui, tout d'abord, cherche à attirer Arthur : « Viens à ta grand'mère, enfant! » Et Constance, qui devine le piége, dit à son fils ironiquement : « Va, enfant, va trouver ta grand'mère, enfant; donne à grand'maman un royaume, et grand'maman te donnera une prune, une cerise et une figue, cette bonne grand'maman! » Enfin, après la victoire, c'est Éléonore qui retient Arthur par la main, tandis que Jean invite Hubert à l'assassiner. Et alors Constance s'écrie en la montrant du doigt : « Tout vient d'elle et tout est pour elle! Malédiction sur elle! » Le poëte l'a dit quelque part, Éléonore, c'est *l'Até qui excite le roi d'Angleterre au sang et au combat.* Ainsi, Jean n'est, pas plus que Macbeth, absolument responsable de ses actions. Mais la culpabilité des deux hommes est différente. Macbeth, lui, a eu le sentiment moral; il a eu la notion du juste, et, s'il a commis le crime, c'est que chez lui l'amour a été plus fort que la raison. Mais Jean n'a pas de conscience ; il a grandi dans l'ignorance du bien et du mal ; il a été élevé par sa mère qui, en fait d'équité, ne lui a enseigné que le droit du plus fort ; et, quand il commet le crime, il ne fait que mettre la leçon en pratique [1].

Macbeth et le roi Jean sont tous les deux entraînés dans le mal par la fatalité. Seulement, pour le premier, la fatalité se nomme la Passion ; pour le second, elle se nomme l'Éducation.

Richard III n'a ni l'excuse de Macbeth ni l'excuse du roi Jean. Il n'est pas égaré par la passion, car il n'aime personne ; il n'aime pas sa mère, il n'aime pas ses frères, il n'aime pas sa femme, il n'aime pas ses amis, il n'aime pas ses serviteurs. Il n'est pas égaré par l'éducation, car sa mère, qui finira par le maudire, lui a appris ce que c'est que la justice et que la vertu. Il a pleine conscience de ce qu'il est, et, dès les premiers mots, il vous le dit : « Je suis subtil, faux et traître, *I am subtle, false and treacherous.* » Pour Richard, les sentiments existent, mais comme des masques. Il feint l'amour fraternel, et il tue Clarence ; il feint l'amitié, et il tue Hastings ; il feint l'amour conjugal, et il tue sa femme ; il feint l'affection pour ses neveux, et il les tue ; il feint le patriotisme, et il opprime le peuple. Quand il fait le mal, c'est en citant l'Évangile : « J'habille ma vilenie, dit-il, avec de vieux centons volés aux livres sacrés, et j'ai l'air d'un saint

---

[1] Il est à remarquer que, dans la pièce primitive qui a été faite sur le roi Jean (voir plus loin), l'assassin meurt en proie au repentir. Dans la pièce définitive, Shakespeare a retiré au roi tout remords de son action. Cette suppression vient à l'appui de notre opinion sur le caractère que le poëte a créé. Le remords suppose toujours chez celui qui l'éprouve la connaissance du bien e du mal, et, cette connaissance, le roi Jean ne l'avait pas.

quand je joue le mieux au diable. » Ce qui caractérise Richard, c'est l'hypocrisie. Les crimes de Macbeth et du roi Jean sont des forfaits sauvages; les forfaits de Richard sont des crimes savants. L'instrument employé par ceux-là, c'est le fer; le moyen dont se sert celui-ci, c'est l'intrigue. Ceux-là n'agissent que par la violence; celui-ci procède par la ruse. On sent, — et cette gradation est admirablement marquée dans Shakespeare, — on sent que les deux premiers vivent au milieu du Moyen Age, et le troisième, à la fin. Pour régner au xie siècle et au xiiie, il suffit de massacrer; pour régner au xve, il faut quelque chose de plus : il faut corrompre l'armée, il faut flatter le clergé, il faut subordonner les magistrats, il faut obtenir ou escamoter les suffrages, il faut tromper cette puissance nouvelle, l'opinion publique. Macbeth et Jean sont encore des tyrans primitifs; Richard, c'est déjà le despote moderne. On devine, quand on voit agir ce dernier, que la diplomatie commence et que Machiavel est né.

De toutes les oppressions, la plus hideuse, la plus exécrable, la plus digne de la malédiction de Dieu et des hommes, c'est l'oppression moderne, c'est cette oppression qui associe à son triomphe la civilisation elle-même; c'est cette oppression qui simule toutes les vertus, affecte tous les mérites, et qui, égoïste toujours, a toujours à la bouche ces grands mots du désintéressement : ordre, religion, progrès ! Du moins, l'oppression d'autrefois, — Macbeth et le roi Jean le prouvent, — pouvait s'expliquer par l'entraînement ou par l'ignorance. Autrefois, la lumière morale étant confuse encore, les passions et les instincts étaient tout-puissants. Mais, à une époque différente, quand la raison est pleinement développée, quand le droit est reconnu, quand la conscience humaine existe, massacrer des hommes, tuer des enfants, rompre la foi jurée, déchirer les contrats inviolables, prendre les peuples en traître, et puis après régner au nom du bien public, ah! tu as raison, Shakespeare, c'est monstrueux !

Les tyrans du Moyen Age, poussés au mal par la force des choses, nous apparaissent à la fois comme des victimes et comme des bourreaux : ils nous font pitié autant qu'horreur. Voilà pourquoi le poëte a pu, sans inconséquence, rendre Macbeth intéressant. Voilà pourquoi il a pu, sans contradiction, plaindre le roi Jean mourant, et rallier à la cause du fils un peuple justement révolté contre le père. Shakespeare regarde sans doute les crimes de Jean et de Macbeth comme suffisamment expiés par leur chute. Mais il n'en est pas de même des forfaits de Richard. L'assassin passionné de Duncan et le meurtrier sauvage d'Arthur peuvent obtenir un jour l'indulgence du ciel; mais l'égorgeur civilisé des enfants d'Édouard ne le peut pas. « Richard, s'écrie le poëte par la bouche
» de Marguerite, Richard ne vit que comme le noir mes-
» sager de l'enfer; il ne reste dans ce monde que comme
» un courtier pour acheter des âmes et les expédier là-
» bas. Mais voici, voici qu'elle approche, sa fin déplora-
» ble et non déplorée : la terre s'entrouvre, l'enfer flam-
» boie, les démons rugissent, pour qu'il soit au plus vite
» emporté d'ici. »

Shakespeare ne punit Macbeth et Jean que de la déchéance; il punit Richard III de la damnation.

C'est ainsi que le poëte proportionne toujours la peine à la faute. Mais, remarquons-le bien, si parfois il absout les despotes dans l'autre monde, il les condamne toujours dans celui-ci. Ses drames, si divers qu'ils soient par l'invention des caractères et par la conduite même de l'action, sont dominés par cette pensée suprême qu'il n'y a pas de prescription pour le crime. Selon Shakespeare, les actions des hommes, qu'ils le veuillent ou non, sont soumises à une sorte d'équilibre moral qui donne toujours le redressement pour contre-poids à l'infraction. Ce redressement peut avoir diverses formes : il peut se faire avec un fleuret démoucheté, comme dans *Hamlet*, avec une épée, comme dans *Macbeth*, avec du poison, comme dans *le Roi Jean*. Il peut s'appeler le duel, le combat, le meurtre : il peut sembler une vengeance, il est toujours la justice.

Voulez-vous voir à quel point l'implacable équité préoccupe Shakespeare? Lisez attentivement les trois pièces que j'ai traduites plus loin, en les comparant aux récits des chroniqueurs. Tout en respectant scrupuleusement les faits, tels que l'histoire les lui présentait, le poëte s'est réservé le droit de les expliquer, de les diriger et de les grouper. Eh bien, vous le remarquerez, c'est au grand principe de l'expiation qu'il a soumis partout la marche du drame.

Aussitôt que le crime est commis, Shakespeare n'a plus qu'une idée : le châtiment. Pour arriver plus vite à ce but suprême, voyez comme l'auteur précipite les événements. Peu lui importe que, selon les chroniques, Macbeth ait régné quinze ans; peu lui importe qu'il ait fait un pèlerinage à Rome; Shakespeare n'a pas la patience de l'histoire. Macbeth a usurpé, donc il doit être détrôné. Macbeth a régné par l'épée, donc il périra par l'épée. En avant, vieux Siward! En avant, thanes d'Écosse! En avant, Menteith, Cathness, Angus, Lenox! En avant, Macduff! Malcolm, en avant !

Les annales ont beau dire que le roi Jean a régné dix-huit ans; elles ont beau dire qu'il a, pendant six ans, tenu tête à l'Église; elles ont beau dire qu'il a octroyé la grande Charte. Qu'est-ce que cela fait à Shakespeare? Jean a assassiné Arthur. — Moine, prépare le poison.

Que murmure encore l'histoire? que Richard de Glocester était un capitaine ? qu'il a augmenté l'Angleterre d'une province ? qu'il a accompli de grands actes ? qu'il a supprimé des impôts onéreux, favorisé l'agriculture, inauguré officiellement la langue nationale ? Est-ce que tout cela regarde Shakespeare ? Richard s'est parjuré, il doit être trahi ; Richard a usurpé, il doit être déchu ; Richard a tué, il doit mourir. Ah ! n'entendez-vous pas l'appel des spectres, et croyez-vous qu'on puisse faire la sourde oreille aux morts ? — Debout, donc ! aux armes, milord Oxford, sir James Blunt, sir Walter Herbert ! Aux armes, chevaliers ! aux armes, citoyens ! Si vous n'avez pas d'arquebuses, prenez des arbalètes ! Si vous n'avez pas d'arbalètes, prenez des bâtons ! Si vous n'avez pas de bâtons, prenez des pierres ! Et maintenant que vous êtes tous armés, si vous doutez que l'insurrection contre le tyran soit légitime, écoutez Richmond, votre chef :

« Bien-aimés compatriotes, Dieu et notre bon droit
» combattent pour nous. Les prières des saints et des
» âmes offensées se dressent devant nous comme d'im-
» menses boulevards. Richard excepté, ceux contre qui
» nous combattons nous souhaitent la victoire plutôt
» qu'à celui qu'ils suivent. Qui suivent-ils, en effet ?
» Vous le savez, messieurs, un tyran sanguinaire et ho-
» micide, élevé dans le sang et établi dans le sang ! Un
» homme qui a employé tous les moyens pour parvenir !
» Un homme qui a toujours été l'ennemi de Dieu ! Donc,
» au nom de Dieu et de tous les droits, arborez vos éten-
» dards et tirez vos épées ardentes ! »

Hauteville-House, mars 1859.

MACBETH

PERSONNAGES :

DUNCAN, roi d'Écosse.
MALCOLM, } ses fils.
DONALBAIN, }
MACBETH, } généraux de l'armée du roi.
BANQUO, }
MACDUFF,
LENOX,
ROSSE,
MENTETH, } nobles d'Écosse.
ANGUS,
CATHNESS,
FLÉANCE, fils de Banquo.
SIWARD, comte de Northumberland, général de l'armée anglaise.
Le jeune SIWARD, son fils.
SEYTON, officier de la suite de Macbeth.
LE FILS DE MACDUFF.
UN MÉDECIN ANGLAIS. — UN MÉDECIN ÉCOSSAIS.
UN SOLDAT. — UN PORTIER. — UN VIEILLARD.

LADY MACBETH.
LADY MACDUFF.
UNE SUIVANTE de lady Macbeth.

HÉCATE, et trois sorcières.
SPECTRES ET APPARITIONS.

La scène est, partie, en Écosse, partie, en Angleterre.

SCÈNE I

[Un lieu découvert. Tonnerre et éclairs.] (1).

Les trois Sorcières entrent.

PREMIÈRE SORCIÈRE.

Quand nous réunirons-nous de nouveau toutes les trois, — en coup de tonnerre, en éclair, ou en pluie ?

DEUXIÈME SORCIÈRE.

— Quand le hourvari aura cessé, — quand la bataille sera perdue et gagnée.

TROISIÈME SORCIÈRE.

— Ce sera avant le coucher du soleil.

PREMIÈRE SORCIÈRE.

— En quel lieu ?

DEUXIÈME SORCIÈRE.

Sur la bruyère.

TROISIÈME SORCIÈRE.

— Pour y rencontrer Macbeth.

PREMIÈRE SORCIÈRE.

J'y vais, Graymalkin.

LES TROIS SORCIÈRES.

— Paddock (2) appelle... Tout à l'heure !... — Le beau est affreux, et l'affreux est beau. — Planons à travers le brouillard et l'air impur.

Les sorcières s'évanouissent.

SCÈNE II

[Un camp près de Fores. Alarme derrière le théâtre.] (3).

Entrent le roi Duncan, Malcolm, Donalbain, Lenox et leur suite.
Ils rencontrent un soldat ensanglanté.

DUNCAN.

— Quel est cet homme sanglant ? Il peut, — à en juger par l'état où il est, nous donner — les plus récentes nouvelles de la révolte.

MALCOLM.

C'est le sergent — qui a combattu en bon et hardi soldat — pour me sauver de la captivité. Salut, brave ami ! — Dis au roi ce que tu sais de la mêlée, — telle que tu l'as quittée.

LE SOLDAT.

Elle restait douteuse. — On eût dit deux nageurs épuisés qui se cramponnent l'un à l'autre — et étouffent leur savoir-faire... L'implacable Macdonwald, — (bien digne d'être un rebelle, tant — les vilenies multipliées de la nature — pullulent en lui,) avait reçu des îles de l'ouest — un renfort de Kernes et de Gallowglasses (4) ; — et la fortune, souriant à sa révolte damnée, — semblait se prostituer au rebelle. Mais tout cela a été trop faible. — Car le brave Macbeth, (il mérite bien ce nom), — dédaignant la fortune et brandissant son épée — toute fumante de ses sanglantes exécutions, — en vrai mignon de la valeur, s'est taillé un passage — jusqu'à ce misérable ; — et il ne lui a serré la main et ne lui a dit adieu

— qu'après l'avoir pourfendu du nombril à la mâchoire — et avoir fixé sa tête sur nos créneaux.

DUNCAN.

— O vaillant cousin ! digne gentilhomme !

LE SOLDAT.

— De même que, souvent, au point d'où partent les rayons du soleil, — surgissent des tempêtes grosses de naufrages et d'effrayants tonnerres, — ainsi de ce qui semblait être une source de joie — jaillissent les alarmes. Écoutez, roi d'Écosse, écoutez : — A peine la justice, armée de la valeur, avait-elle — forcé les Kernes bondissants à se fier à leurs talons, — qu'épiant l'occasion, le lord de Norwége, — avec des armes fraîchement fourbies et de nouveaux renforts, — a commencé un autre assaut.

DUNCAN.

Cela n'a-t-il pas effrayé — nos capitaines, Macbeth et Banquo ?

LE SOLDAT.

Oui, — comme le moineau effraie l'aigle, ou le lièvre le lion. — Pour dire vrai, je dois déclarer qu'ils étaient — comme deux canons chargés à double mitraille, — tant ils frappaient sur l'ennemi à coups redoublés ! — Voulaient-ils se baigner dans des blessures fumantes — ou immortaliser un second Golgotha ? — je ne puis le dire. — Mais je suis épuisé : mes plaies crient au secours !

DUNCAN.

— Tes paroles te vont aussi bien que tes blessures : — elles sentent également l'honneur. Allez, qu'on lui donne des chirurgiens.

Le soldat sort, s'appuyant sur des aides.

— Qui vient ici ?

Entrent Rosse et Angus.

MALCOLM.

C'est le digne thane de Rosse.

LENOX.

— Quel empressement dans ses regards ! Il a l'air — d'un homme qui a d'étranges choses à dire.

ROSSE.

— Dieu sauve le roi !

DUNCAN.

D'où viens-tu, digne thane ?

ROSSE.

De Fife, grand roi, — où les bannières norwégiennes narguent le ciel — et éventent notre peuple frissonnant. — Le roi de Norwége lui-même, avec ses masses terribles, — assisté par le plus déloyal des traîtres, — le thane de Cawdor, engageait une lutte fatale, — quand lui, le fiancé de Bellone, cuirassé à l'épreuve, — a affronté le rebelle, dans une joute corps à corps, — pointe contre pointe, bras contre bras, — et a dompté sa valeur sauvage. Pour conclure, — la victoire nous est échue.

DUNCAN.

O bonheur !

ROSSE.

Si bien que maintenant — Swéno, roi de Norwége, demande à entrer en composition ; — nous n'avons pas daigné lui laisser enterrer ses hommes, — qu'il n'eût déboursé, à Saint-Colmes-Inch (5), — dix mille dollars pour notre usage général.

DUNCAN.

— On ne verra plus ce thane de Cawdor trahir — notre plus cher intérêt : allez, qu'on prononce sa mort — et que du titre qu'il portait on salue Macbeth.

ROSSE.

— Je veillerai à ce que ce soit fait.

DUNCAN.

— Ce qu'il a perdu, le noble Macbeth l'a gagné.

Ils sortent.

SCÈNE III

[Une bruyère. Tonnerre.] (6).

Les Trois Sorcières entrent.

PREMIÈRE SORCIÈRE.

— Où as-tu été, sœur?

DEUXIÈME SORCIÈRE.

— Tuer le cochon.

TROISIÈME SORCIÈRE.

— Et toi, sœur?

PREMIÈRE SORCIÈRE.

— La femme d'un matelot avait dans son tablier des châtaignes — qu'elle mâchait, mâchait, mâchait... *Donne-m'en*, lui dis-je. — *Décampe, sorcière!* crie la carogne nourrie de rebut. — Son mari est parti pour Alep, comme patron du *Tigre*, — mais je vais m'embarquer à sa poursuite dans un crible, — et, sous la forme d'un rat sans queue, — j'agirai, j'agirai, j'agirai.

DEUXIÈME SORCIÈRE.

— Je te donnerai un vent.

PREMIÈRE SORCIÈRE.

— Tu es bien bonne.

TROISIÈME SORCIÈRE.

— Et moi un autre.

PREMIÈRE SORCIÈRE.

— Et moi-même j'ai tous les autres ; — je sais les ports mêmes où ils soufflent, — et tous les points marqués — sur la carte des marins. — Je le rendrai sec comme du foin : — le sommeil, ni jour ni nuit, — ne se pendra à l'auvent de sa paupière. — Il vivra comme un excommunié. — Neuf fois neuf accablantes semaines — le rendront malingre, hâve, languissant : — et, si sa barque ne peut se perdre, — elle sera du moins battue des tempêtes. — Regardez ce que j'ai là.

DEUXIÈME SORCIÈRE.

Montre-moi, montre-moi.

PREMIÈRE SORCIÈRE.

— C'est le pouce d'un pilote — qui a fait naufrage en revenant dans son pays.

Bruit de tambours sur le théâtre.

PREMIÈRE SORCIÈRE.

— Le tambour ! le tambour ! — Macbeth arrive !

TOUTES TROIS, dansant.

— Les sœurs fatidiques, la main dans la main, — messagères de terre et de mer, — ainsi vont en rond, en rond. — Trois tours pour toi, et trois pour moi, — et trois de plus, pour faire neuf. — Paix !... Le charme est dans le cercle.

Entrent MACBETH et BANQUO.

MACBETH.

— Je n'ai jamais vu un jour si sombre et si beau.

BANQUO.

— A quelle distance sommes-nous de Forès ? Quelles sont ces créatures — si flétries et si farouches dans leur accoutrement, — qui ne ressemblent pas aux habitants de la terre, — et pourtant sont sur la terre ? Vivez-vous ?

Êtes-vous quelque chose — qu'un homme puisse questionner? On dirait que vous me comprenez, — à voir chacune de vous placer son doigt noueux — sur ses lèvres de parchemin... Vous devez être femmes, — et pourtant vos barbes m'empêchent de croire — que vous l'êtes.

MACBETH.

Parlez, si vous pouvez... Qui êtes-vous?

PREMIÈRE SORCIÈRE.

— Salut, Macbeth! salut à toi, thane de Glamis (7)!

DEUXIÈME SORCIÈRE.

— Salut, Macbeth! salut à toi, thane de Cawdor (8)!

TROISIÈME SORCIÈRE.

— Salut, Macbeth qui plus tard seras roi!

BANQUO.

— Mon bon seigneur, pourquoi tressaillez-vous, e semblez-vous craindre — des choses qui sonnent si bien?

Aux sorcières.

Au nom de la vérité, — êtes-vous fantastiques, ou êtes-vous vraiment — ce qu'extérieurement vous paraissez? Vous saluez — mon noble compagnon de ses titres présents et de la haute prédiction — d'une noble fortune et d'un avenir royal, — si bien qu'il en semble ravi. A moi vous ne parlez pas. — Si vous pouvez voir dans les germes du temps, — et dire quelle graine grandira et quelle ne grandira pas, — parlez-moi donc, à moi qui ne mendie et ne redoute — ni vos faveurs ni votre haine.

PREMIÈRE SORCIÈRE.

Salut!

DEUXIÈME SORCIÈRE.

Salut!

TROISIÈME SORCIÈRE.

Salut!

PREMIÈRE SORCIÈRE.

— Moindre que Macbeth, et plus grand !

DEUXIÈME SORCIÈRE.

— Pas si heureux, pourtant bien plus heureux !

TROISIÈME SORCIÈRE.

— Tu engendreras des rois, sans être roi toi-même ; — donc, salut, Macbeth et Banquo !

PREMIÈRE SORCIÈRE.

— Banquo et Macbeth, salut !

MACBETH.

— Demeurez, oracles imparfaits, dites-m'en davantage. — Par la mort de Sinel, je le sais, je suis thane de Glamis, — mais comment de Cawdor ? Le thane de Cawdor vit, — gentilhomme prospère ; et, quant à être roi, — cela n'est pas plus dans la perspective de ma croyance — que d'être thane de Cawdor. Dites de qui — vous tenez cette étrange renseignement, ou pourquoi — sur cette bruyère désolée vous barrez notre chemin — de ces prophétiques saluts. Parlez, je vous l'ordonne.

Les sorcières s'évanouissent.

BANQUO.

— La terre a, comme l'eau, des bulles d'air, — et celles-ci en sont : où se sont-elles évanouies ?

MACBETH.

— Dans l'air : et ce qui semblait avoir un corps s'est fondu — comme un souffle dans le vent... Que ne sont-elles restées !

BANQUO.

— Les êtres dont nous parlons étaient-ils ici vraiment, — ou avons-nous mangé de cette racine insensée — qui fait la raison prisonnière ?

MACBETH.

— Vos enfants seront rois !

BANQUO.

Vous serez roi!

MACBETH.

— Et thane de Cawdor aussi! Ne l'ont-elles pas dit?

BANQUO.

— En propres termes, avec le même accent... Qui va là?

Entrent Rosse et Angus.

ROSSE.

— Le roi a reçu avec bonheur, Macbeth, — la nouvelle de ton succès : et, à la lecture — de tes aventures personnelles dans le combat contre les révoltés, — son admiration et son enthousiasme hésitent — à s'exprimer autant qu'à se taire. Interdit par tes exploits, — dans le cours de la même journée, — il te trouve au plus épais des rangs norwégiens, — impassible devant tous ces spectres étranges — que tu fais toi-même. Avec la rapidité de la parole, — les courriers succédaient aux courriers, et chacun d'eux — rapportait tes prouesses dans cette grandiose défense de son royaume, — et les versait à ses pieds.

ANGUS.

Nous sommes envoyés — pour te transmettre les remercîments de notre royal maître : — chargés seulement de t'introduire en sa présence, et non de te récompenser.

ROSSE.

— Et, comme arrhes d'un plus grand honneur, — il m'a dit de t'appeler, de sa part, thane de Cawdor. — Salut donc, digne thane, sous ce titre nouveau, — car il est à toi!

BANQUO.

Quoi donc! le diable peut-il dire vrai?

MACBETH.

— Le thane de Cawdor vit. Pourquoi me revêtez-vous — de manteaux empruntés?

ANGUS.

Celui qui était thane de Cawdor vit encore; — mais un lourd jugement pèse sur sa vie, — qu'il a mérité de perdre. Était-il ouvertement ligué — avec ceux de Norwége, ou a-t-il appuyé le rebelle — par des secours et des subsides cachés, ou bien a-t-il travaillé — par une double complicité au naufrage de son pays? je ne sais pas : — mais le crime de haute trahison prouvé et avoué — a causé sa chute.

MACBETH, à part.

Glamis, et thane de Cawdor! — Le plus grand est encore à venir!

Haut, à Angus.

Merci pour votre peine.

Bas, à Banquo.

— N'espérez-vous pas que vos enfants seront rois, — puisque celles qui m'ont donné le titre de Cawdor — ne leur ont pas promis moins qu'un trône?

BANQUO, bas à Macbeth.

Une conviction aussi absolue — pourrait bien élever votre ardeur jusqu'à la couronne, — au-dessus du titre de Cawdor. Mais c'est étrange. — Souvent, pour nous attirer à notre perte, — les instruments des ténèbres nous disent des vérités; — ils nous séduisent par d'innocentes bagatelles, pour nous pousser en traître — aux conséquences les plus profondes.

A Rosse et à Angus.

— Cousins, un mot, je vous prie.

MACBETH, à part.

Deux vérités ont été dites, — heureux prologues à ce drame gros — d'un dénoûment impérial.

A Rosse et à Angus.
Merci, messieurs.
A part.
— Cette sollicitation surnaturelle — ne peut être mauvaise, ne peut être bonne.... Si elle est mauvaise, — pourquoi m'a-t-elle donné un gage de succès, — en commençant par une vérité ? Je suis thane de Cawdor. — Si elle est bonne, pourquoi cédé-je à une suggestion — dont l'épouvantable image fait que mes cheveux se dressent — et que mon cœur si ferme se heurte à mes côtes, — malgré les lois de la nature ? L'inquiétude présente — est moindre que l'horreur imaginaire. — Ma pensée, où le meurtre n'est encore que fantastique, — ébranle à ce point ma faible nature d'homme, que ses fonctions — sont paralysées par une conjecture : et rien n'est pour moi — que ce qui n'est pas.

BANQUO.

Voyez comme notre compagnon est absorbé.

MACBETH.

— Si la chance veut me faire roi, eh bien, la chance peut me couronner — sans que je m'en mêle.

BANQUO.

Les honneurs nouveaux se posent sur lui — comme des vêtements encore étrangers : il n'adhéreront à leur moule — que par l'usage.

MACBETH.

Advienne que pourra. — Le temps et l'occasion passent à travers la plus orageuse journée.

BANQUO.

— Digne Macbeth, nous attendons votre bon plaisir.

MACBETH, *à Rosse et à Angus.*

— Excusez-moi : mon sombre cerveau était travaillé — par des choses oubliées. — Bons seigneurs, vos services — sont consignés sur un registre dont je tourne

chaque jour — la feuille pour les lire. Allons vers le roi.
    A Banquo.
— Pensez à ce qui est arrivé; et, dans quelque temps, — après un intérim de réflexions, nous nous parlerons — l'un à l'autre à cœur ouvert.

BANQUO.

Très-volontiers.

MACBETH.

— Jusque-là, assez!... Allons, amis!

Ils sortent.

SCÈNE IV

[Fores. Une chambre dans le palais. Fanfare.] (9).

Entrent DUNCAN, MALCOLM, DONALBAIN, LENOX et leur suite.

DUNCAN.

— A-t-on exécuté Cawdor? Est-ce que — ceux de la commission ne sont pas encore de retour?

MALCOLM.

Mon suzerain, — ils ne sont pas encore revenus, mais j'ai parlé — à quelqu'un qui l'a vu mourir. D'après son rapport, — Cawdor a très-franchement avoué sa trahison, — imploré le pardon de votre altesse et montré — un profond repentir; rien dans sa vie — ne l'honore plus que la façon dont il l'a quittée : il est mort — en homme qui s'était étudié à mourir, — jetant son bien le plus précieux — comme un futil colifichet.

DUNCAN.

Il n'y a pas d'art — pour découvrir sur le visage les dispositions de l'âme : — c'était un gentilhomme sur qui j'avais fondé — une confiance absolue... Oh! mon noble cousin!

Entrent MACBETH, BANQUO, ROSSE *et* ANGUS.

A Macbeth.

— Le péché de mon ingratitude me — pesait déjà. Tu es si loin en avant — que la reconnaissance volant à tire d'ailes est lente — à te rattraper. Que n'as-tu mérité moins? — Une juste proportion de remercîments et de récompenses — m'eût été possible. Tout ce qui me reste à dire, — c'est qu'il t'est dû plus que je ne puis te payer.

MACBETH.

— L'obéissance et la loyauté que je vous dois — se paient elles-mêmes en agissant. Le rôle de votre altesse — est de recevoir nos devoirs; et nos devoirs — sont, pour votre trône et pour l'État, des enfants, des serviteurs — qui ne font que le juste en faisant tout — consciencieusement pour votre bonheur et votre gloire.

DUNCAN, à Macbeth.

Sois le bienvenu ici! — Je viens de te planter, et je travaillerai — à te faire parvenir à la plus haute croissance.

A Banquo.

Noble Banquo, — toi qui n'as pas moins mérité, et dont les services — doivent être également reconnus, laisse-moi t'embrasser — et te tenir sur mon cœur.

BANQUO.

Si j'y jette racine, — la récolte est pour vous.

DUNCAN.

Ma joie exubérante, — débordant dans sa plénitude, cherche à se déguiser — en larmes de tristesse. Mes fils, mes parents, vous, thanes, — et vous, les plus près d'eux en dignité, sachez — que nous voulons léguer notre empire à — notre aîné, Malcolm, que nous nommons désormais — prince de Cumberland. Ces honneurs, — à lui conférés, ne doivent pas être isolés, — mais les signes nobiliaires brilleront, comme des étoiles, — sur tous ceux qui les méritent. Partons pour Inverness, — et attachez-nous plus étroitement à vous.

MACBETH.

— Le loisir, que je n'emploie pas pour vous, est fatigue. — Je serai moi-même votre courrier, et je rendrai joyeuse — ma femme à l'annonce de votre approche. — Sur ce, je prends humblement congé de vous.

DUNCAN.

Mon digne Cawdor !

MACBETH, à part.

— Le prince de Cumberland ! Voilà une marche — que je dois franchir sous peine de faire une chute, — car elle est en travers de mon chemin. Étoiles, cachez vos feux ! — Que la lumière ne voie pas mes sombres et profonds désirs ! — Que l'œil se ferme sur le geste ! Et pourtant — puissé-je voir accomplie la chose dont l'œil s'effraie !

Il sort.

DUNCAN.

— C'est vrai, digne Banquo, il est aussi vaillant que tu le dis. — Je me nourris des éloges qu'il reçoit ; — c'est un banquet pour moi. Suivons-le, lui — dont le zèle nous a devancé pour nous préparer la bienvenue. — C'est un parent sans égal. —

Fanfares. Ils sortent.

SCÈNE V

[Inverness. Une salle dans le château de Macbeth.] (10).

Entre lady MACBETH, lisant une lettre.

LADY MACBETH.

« Elles sont venues à ma rencontre au jour du succès,
» et j'ai appris par la plus complète révélation qu'elles
» ont en elles une connaissance plus qu'humaine. Quand
» je brûlais du désir de les questionner plus à fond, elles
» sont devenues l'air même, dans lequel elles se sont
» évanouies. J'étais encore ravi par la surprise quand
» sont arrivés des messagers du roi qui m'ont proclamé
» thane de Cawdor, titre dont venaient de me saluer les
» sœurs fatidiques, en m'ajournant aux temps à venir
» par ces mots : *Salut à toi, qui seras roi!* J'ai trouvé bon
» de te confier cela, compagne chérie de ma grandeur,
» afin que tu ne perdes pas ta part légitime de joie, dans
» l'ignorance de la grandeur qui t'est promise. Garde cela
» dans ton cœur, et adieu! »

— Tu es Glamis et Cawdor, et tu seras — ce qu'on t'a promis... Mais je me défie de ta nature : — elle est trop pleine du lait de la tendresse humaine — pour que tu saisisses le plus court chemin. Tu veux bien être grand ; — tu as de l'ambition, mais pourvu — qu'elle soit sans malaise. Ce que tu veux hautement, — tu le veux saintement : tu ne voudrais pas tricher, — et tu voudrais bien mal gagner. Ton but, noble Glamis, — te crie : « Fais cela pour m'atteindre. » — Et cela, tu as plutôt peur de le faire — que désir de ne pas le faire. Accours ici, — que je verse mes esprits dans ton oreille, — et que ma langue valeureuse chasse — tout ce qui t'écarte du cercle d'or — dont le destin et une puissance surnaturelle semblent — t'avoir couronné.

Entre un serviteur.

Quelles nouvelles apportez-vous?
LE SERVITEUR.
— Le roi arrive ici ce soir.
LADY MACBETH.
Tu es fou de dire cela. — Est-ce que ton maître n'est pas avec lui? Si cela était, — il m'aurait avertie de faire des préparatifs.
LE SERVITEUR.
— La chose est certaine, ne vous en déplaise; notre thane approche; — il s'est fait devancer par un de mes camarades, — qui, presque mort d'essoufflement, a eu à peine la force — d'accomplir son message.
LADY MACBETH.
Qu'on prenne soin de lui : — il apporte une grande nouvelle.

Le serviteur sort.

LADY MACBETH, seule, continuant.

Le corbeau lui-même s'est enroué — à croasser l'entrée fatale de Duncan — sous mes créneaux. Venez, venez, esprits — qui assistez les pensées meurtrières! Désexez-moi ici, — et, du crâne au talon, remplissez-moi toute — de la plus atroce cruauté. Épaississez mon sang, — fermez en moi tout accès, tout passage au remords; — qu'aucun retour compatissant de la nature — n'ébranle ma volonté farouche et ne s'interpose — entre elle et l'exécution! Venez à mes mamelles de femme, — et changez mon lait en fiel, vous, ministres du meurtre, — quel que soit le lieu où, invisibles substances, — vous aidiez à la violation de la nature.

SCÈNE V.

Viens, nuit épaisse, — et enveloppe-toi de la plus sombre fumée de l'enfer : — que mon couteau aigu ne voie pas la blessure qu'il va faire; — et que le ciel ne puisse pas poindre à travers le linceul des ténèbres, — et me crier : Arrête! arrête!

Entre MACBETH.

LADY MACBETH, *continuant*.

Grand Glamis! Digne Cawdor! — plus grand que tout cela par le salut futur! Ta lettre m'a transportée au delà — de ce présent ignorant, et je ne sens plus — dans l'instant que l'avenir.

MACBETH.

Mon cher amour, — Duncan arrive ici ce soir.

LADY MABETH.

Et quand repart-il?

MACBETH.

— Demain... C'est son intention.

LADY MACBETH.

Oh! jamais — le soleil ne verra ce demain! — Votre visage, mon thane, est comme un livre où les hommes — peuvent lire d'étranges choses... Pour tromper le monde, — paraissez comme le monde : ayez la cordialité dans le regard, — dans le geste, dans la voix ; ayez l'air de la fleur innocente, — mais soyez le serpent qu'elle couvre. Il faut pourvoir — à celui qui va venir; et c'est moi que vous chargerez — de dépêcher la grande affaire de cette nuit, — qui, pour toutes les nuits et tous les jours à venir, — nous assurera une autocratie souveraine et l'empire absolu.

MACBETH.

— Nous en reparlerons.

LADY MACBETH.

Ayez seulement le front serein : — il faut toujours craindre de changer de visage. — Pour le reste, laissez-moi faire.

Ils sortent.

SCÈNE VI

[Devant le château. Hautbois.]

Les serviteurs de Macbeth font la haie. Entrent DUNCAN, MALCOLM, DONALBAIN, BANQUO, LENOX, MACDUFF, ROSSE, ANGUS et la suite.

DUNCAN.

— La situation de ce château est charmante : l'air — se recommande légèrement et doucement — à nos sens délicats.

BANQUO.

Cet hôte de l'été, — le martinet familier des temples prouve, — par sa chère résidence, que l'haleine du ciel — a ici des caresses embaumées; pas de saillie, de frise, d'arc-boutant, — de coin favorable, où cet oiseau — n'ait suspendu son lit et son berceau fécond. — J'ai observé qu'où cet oiseau habite et multiplie, l'air — est très-pur.

Entre LADY MACBETH.

DUNCAN.

Voyez! voyez! notre hôtesse honorée! — L'amour qui nous poursuit a beau nous déranger parfois : — il a toujours nos remerciements, comme amour. C'est vous dire — qu'il vous faut demander à Dieu de nous bénir pour vos peines, — et nous remercier de vous déranger.

LADY MACBETH.

Tous nos services, — fussent-ils en tout point doublés et quadruplés, — seraient une pauvre et solitaire offrande, opposés — à cette masse profonde d'honneurs dont — votre majesté accable notre maison. Vos bienfaits passés, — et les dignités récentes que vous y avez ajoutées, — font de nous des ermites voués à prier pour vous.

DUNCAN.

Où est le thane de Cawdor? — Nous courions après lui, dans l'intention — d'être son maréchal des logis, mais il est bon cavalier, — et son grand amour, aussi excitant que l'éperon, l'a amené — avant nous chez lui. Belle et noble hôtesse, — nous sommes votre hôte cette nuit.

LADY MACBETH.

Vos serviteurs — tiennent leur existence même et tout ce qui est à eux pour un dépôt — dont ils doivent compte à votre altesse, — afin de lui rendre toujours ce qui lui est dû.

DUNCAN.

Donnez-moi votre main; — conduisez-moi à mon hôte : nous l'aimons grandement, — et nous lui continuerons nos faveurs. — Hôtesse, avec votre permission!

Ils sortent.

SCÈNE VII

[Une chambre dans le château.]

Hautbois et torches. Un ÉCUYER tranchant et des VALETS, faisant le service et portant des plats, entrent et traversent le théâtre. Puis entre MACBETH.

MACBETH.

— Si, une fois fait, c'était fini, il serait bon — que ce fût vite fait. Si l'assassinat — pouvait entraver les conséquences, et par son accomplissement — assurer le succès, si ce coup — pouvait être tout et la fin de tout, ici-bas, — rien qu'ici-bas, sur le sable mouvant de ce monde, — je me jetterais tête baissée dans la vie à venir. Mais ces actes-là — trouvent toujours ici-bas leur sentence. Les leçons sanglantes — que nous enseignons reviennent, une fois apprises, — châtier le précepteur. La justice à la main impartiale — présente le calice empoisonné par nous — à nos propres lèvres... Il est ici sous une double sauvegarde : — d'abord, je suis son parent et son sujet, — deux raisons puissantes contre l'action; ensuite, je suis son hôte : — à ce titre, je devrais fermer la porte au meurtrier, — et non porter moi-même le couteau. Et puis, ce Duncan — a usé si doucement de son pouvoir, il a été — si pur dans ses hautes fonctions, que ses vertus — emboucheraient la trompette des anges pour dénoncer — le crime damné qui l'aurait fait disparaître; — et la pitié, pareille à un nouveau-né tout nu, — chevauchant sur l'ouragan, ou à un chérubin céleste — qui monte les coursiers invisibles de l'air, — soufflerait l'horrible action dans les yeux de tous, — jusqu'à noyer le vent dans un déluge de larmes.... Je n'ai, — pour presser les flancs de ma volonté, que l'éperon — d'une ambition qui prend trop d'élan — et se laisse désarçonner.... Eh bien! quoi de nouveau?

Entre Lady MACBETH.

LADY MACBETH.

— Il a presque soupé : pourquoi avez-vous quitté la salle?

MACBETH.

— M'a-t-il demandé?

LADY MACBETH.

Ne le savez-vous pas?

MACBETH.

— Nous n'irons pas plus loin dans cette affaire. — Il vient de m'honorer ; et j'ai acheté — de toutes les classes du peuple une réputation dorée — qu'il convient de porter maintenant dans l'éclat de sa fraîcheur, — et non de jeter sitôt de côté.

LADY MACBETH.

Était-elle donc ivre, l'espérance — dans laquelle vous vous drapiez ? s'est-elle endormie depuis ? — et ne fait-elle que se réveiller pour verdir et pâlir ainsi — devant ce qu'elle contemplait si volontiers ? Désormais — je ferai le même cas de ton amour. As-tu peur — d'être dans tes actes et dans ta résolution le même — que dans ton désir ? Voudrais-tu avoir — ce que tu estimes être l'ornement de la vie, — et vivre couard dans ta propre estime, — laissant un *je n'ose pas* suivre un *je voudrais*, — comme le pauvre chat de l'adage (11) ?

MACBETH.

Paix ! je te prie. — J'ose tout ce qui sied à un homme ; — qui ose au delà n'en est plus un.

LADY MACBETH.

Quelle est donc la bête — qui vous a poussé à me révéler cette affaire ? — Quand vous l'avez osé, vous étiez un homme ; — maintenant, soyez plus que vous n'étiez, vous — n'en serez que plus homme. Ni l'occasion, ni le lieu — ne s'offraient alors, et vous vouliez pourtant les créer tous deux. — Ils se sont créés d'eux-mêmes, et voilà que leur concours — vous anéantit. J'ai allaité, et je sais — combien j'aime tendrement le petit qui me tette : — eh bien, au moment où il souriait à ma face, — j'aurais arraché le bout de mon sein de ses gencives sans os, — et je lui aurais fait jaillir la cervelle, si je l'avais juré comme vous — avez juré ceci !

MACBETH.

Si nous allions échouer ?

LADY MACBETH.

Nous, échouer ? — Chevillez seulement votre courage au point résistant, — et nous n'échouerons pas. Lorque Duncan sera endormi, — (et le rude voyage d'aujourd'hui va l'inviter bien vite — à un somme profond), j'aurai raison — de ses deux chambellans avec du vin et de l'ale, — à ce point que la mémoire, gardienne de leur cervelle, — ne sera que fumée, et le récipient de leur raison — qu'un alambic. Quand le sommeil du porc — tiendra gisant, comme une mort, leur être submergé, — que ne pourrons-nous, vous et moi, exécuter — sur Duncan sans défense ? Que ne pourrons-nous imputer — à ses officiers, placés là, comme des éponges, pour absorber le crime — de ce grand meurtre ?

MACBETH.

Ne mets au monde que des enfants mâles ! — car ta nature intrépide ne doit former — que des hommes... Ne sera-t-il pas admis par tous, — quand nous aurons marqué de sang ses deux — chambellans endormis et employé leurs propres poignards, — que ce sont eux qui ont fait la chose ?

LADY MACBETH.

Qui osera admettre le contraire, — quand nous ferons rugir notre douleur et nos lamentations — sur sa mort ?

MACBETH.

Me voilà résolu : je vais tendre — tous les ressorts de mon être vers cet acte terrible. — Allons, et jouons notre monde par la plus sereine apparence. — Un visage faux doit cacher ce que sait un cœur faux.

Ils sortent.

SCÈNE VIII

[Cour dans l'intérieur du château.]

Entrent BANQUO et FLÉANCE précédés d'un SERVITEUR portant un flambeau.

BANQUO.

Où en est la nuit, enfant?

FLÉANCE.

— La lune est couchée; je n'ai pas entendu l'horloge.

BANQUO.

— Et elle se couche à minuit.

FLÉANCE.

Je conclus qu'il est plus tard, monsieur.

BANQUO.

— Tiens; prends mon épée... Le ciel fait de l'économie, — il a éteint toutes ses chandelles... Emporte ça aussi. — La sommation de la fatigue pèse sur moi comme du plomb, — et pourtant je ne voudrais pas dormir. Puissances miséricordieuses, — réprimez en moi les pensées maudites auxquelles notre nature — donne accès dans le repos!... Donne-moi mon épée.

Entrent MACBETH et un SERVITEUR qui porte un flambeau.

— Qui va là?

MACBETH.

Un ami.

BANQUO.

— Quoi! monsieur, pas encore au lit? Le roi est couché. — Il a été d'une bonne humeur rare, et il — a fait de grandes largesses à vos gens. Il présente ce diamant à votre femme, — comme à la plus aimable hôtesse ; et il s'est retiré — dans un contentement inexprimable.

MACBETH.

Prise à l'improviste, — notre hospitalité a été assujettie à l'insuffisance ; — sans cela, elle se fût exercée largement.

BANQUO.

Tout est bien… — J'ai rêvé, la nuit dernière, des trois sœurs fatales : — pour vous elles se sont montrées assez véridiques.

MACBETH.

Je n'y pense plus. — Cependant, quand nous aurons une heure à notre service, — nous échangerons quelques mots sur cette affaire, — si vous y consentez.

BANQUO.

A votre convenance.

MACBETH.

— Si vous adhérez à mes vues, le moment venu… — vous y gagnerez de l'honneur.

BANQUO.

Pourvu que je ne le perde pas — en cherchant à l'augmenter, et que je garde toujours — ma conscience libre et ma loyauté nette, — je me laisse conseiller.

MACBETH.

Bonne nuit, en attendant.

BANQUO.

— Merci, monsieur. Même souhait pour vous.

Sort Banquo.

MACBETH, au serviteur.

— Va dire à ta maîtresse que, quand ma boisson sera prête, — elle frappe sur la cloche. Va te mettre au lit.

Sort le serviteur.

MACBETH, seul.

— Est-ce un poignard que je vois là devant moi, — la

poignée vers ma main? Viens, que je te saisisse! — Je ne te tiens pas, et pourtant je te vois toujours. — N'es-tu pas, vision fatale, sensible — au toucher, comme à la vue? ou n'es-tu — qu'un poignard imaginaire, fausse création — émanée d'un cerveau en feu? — Je te vois pourtant, aussi palpable en apparence — que celui que je tire en ce moment. — Tu m'indiques le chemin que j'allais prendre, — et tu es bien l'instrument que j'allais employer. — Ou mes yeux sont les jouets de mes autres sens, — ou seuls ils les valent tous. Je te vois toujours, — et, sur ta lame et sur ton manche, des gouttes de sang — qui n'y étaient pas tout à l'heure... Mais non, rien de pareil! — C'est cette sanglante affaire qui prend forme — ainsi à ma vue... Maintenant, sur la moitié de ce monde, — la nature semble morte, et les mauvais rêves abusent — le sommeil sous ses rideaux; maintenant la sorcellerie offre — ses sacrifices à la pâle Hécate; et le meurtre hâve, — éveillé en sursaut par le loup, sa sentinelle, — dont le hurlement est son cri d'alerte, s'avance ainsi d'un pas furtif, — avec les allures du ravisseur Tarquin, et marche — à son projet, comme un spectre... Toi, terre solide et ferme, — n'entends point mes pas, quelque chemin qu'ils prennent, de peur que — tes pierres mêmes ne jasent de mon approche, — et ne retirent à ce moment la muette horreur — qui lui va si bien!... Tandis que je menace, l'autre vit. — Les mots jettent un souffle trop froid sur le feu de l'action.

La cloche sonne.

— J'y vais, et c'est fait; la cloche m'invite. — Ne l'entends pas, Duncan, car c'est le glas — qui t'appelle au ciel ou en enfer.

Il sort.

Entre Lady MACBETH.

LADY MACBETH.

— Ce qui les a rendus ivres m'a rendue hardie. — Ce qui les a éteints m'a enflammée. Écoutez! Paix! — C'est le hibou qui a crié, — fatal carillonneur qui donne le plus sinistre bonsoir... Il est à l'œuvre ; — les portes sont ouvertes, et les grooms gorgés — narguent leur office par des ronflements. — J'ai drogué leur potion du soir (12), — si bien que la mort et la nature disputent entre elles — s'ils vivent ou s'ils meurent.

MACBETH, apparaissant au fond du théâtre.

Qui est là?... Holà!

Il disparaît.

LADY MACBETH.

— Hélas! j'ai peur qu'ils ne se soient éveillés — et que ce ne soit pas fait : la tentative, sans le succès, — nous perd. Écoutons. J'avais disposé leurs poignards : — il a dû forcément les trouver... S'il n'avait pas ressemblé — dans son sommeil à mon père, j'aurais fait la chose... Mon mari!

Entre MACBETH.

MACBETH.

— J'ai fait l'action... N'as-tu pas entendu un bruit?

LADY MACBETH.

— J'ai entendu le hibou huer et le grillon crier. — N'avez-vous pas parlé?

MACBETH.

Quand?

LADY MACBETH.

A l'instant même.

MACBETH.

— Quand je descendais?

SCÈNE VIII.

LADY MACBETH.

Oui.

MACBETH.

Écoute! — Qui couche dans la seconde chambre?

LADY MACBETH.

Donalbain.

MACBETH, regardant ses mains.

— Voilà un triste spectacle.

LADY MACBETH.

— Niaise idée, de dire : triste spectacle!

MACBETH.

— Il y en a un qui a ri dans son sommeil et un qui a crié : Au meurtre! — Si bien qu'ils se sont éveillés l'un l'autre. Je me suis arrêté en les écoutant; — mais ils ont dit leurs prières, et se sont remis — à dormir.

LADY MACBETH.

Ils sont tous deux logés ensemble.

MACBETH.

— L'un a crié : Dieu nous bénisse! et l'autre : Amen! — comme s'ils m'avaient vu avec ces mains de bourreau. — Écoutant leur frayeur, je n'ai pu dire : Amen! — quand ils ont dit : Dieu nous bénisse!

LADY MACBETH.

Ne vous préoccupez pas tant de cela.

MACBETH.

— Mais pourquoi n'ai-je pas pu prononcer Amen? — J'avais le plus grand besoin de bénédiction, et le mot Amen — s'est arrêté dans ma gorge!

LADY MACBETH.

On ne doit pas penser à ces actions-là — de cette façon; ce serait à nous rendre fous.

MACBETH.

— Il m'a semblé entendre une voix crier : « Ne dors » plus! — Macbeth a tué le sommeil! » Le sommeil innocent, — le sommeil qui démêle l'écheveau embrouillé du souci, — le sommeil, mort de la vie de chaque jour, bain du labeur douloureux, — baume des âmes blessées, second service de la grande nature, — aliment suprême du banquet de la vie!

LADY MACBETH.

Que voulez-vous dire?

MACBETH.

— Et cette voix criait toujours par toute la maison: Ne dors plus! — Glamis a tué le sommeil; et aussi Cawdor — ne dormira plus, Macbeth ne dormira plus!

LADY MACBETH.

— Qui donc criait ainsi? Ah! digne thane, — vous ébranlez votre noble énergie par ces réflexions — d'un cerveau malade. Allez chercher de l'eau, — et lavez votre main de cette tache accusatrice. — Pourquoi n'avez-vous pas laissé à leur place ces poignards? — Il faut qu'ils restent là-haut: allez les reporter; et barbouillez — de sang les chambellans endormis.

MACBETH.

Je n'irai plus; — j'ai peur de penser à ce que j'ai fait. — Regarder cela encore! je n'ose pas!

LADY MACBETH.

Faible de volonté! — Donne-moi les poignards. Les dormants et les morts — ne sont que des images; c'est l'œil de l'enfance — qui s'effraie d'un diable peint. S'il saigne, — je dorerai de son sang la figure de ses gens, — car il faut qu'ils semblent coupables.

Elle sort. On entend frapper derrière le théâtre.

MACBETH.

De quel côté frappe-t-on? — Dans quel état suis-je donc, que le moindre bruit m'épouvante?

Regardant ses mains.

— Quelles sont ces mains-là? Ah! elles m'arrachent

les yeux! — Tout l'océan du grand Neptune suffira-t-il à laver — ce sang de ma main? Non, c'est plutôt ma main — qui donnerait son incarnat aux vagues innombrables, — en faisant de l'eau verte un flot rouge.

Rentre Lady MACBETH.

LADY MACBETH.

— Mes mains ont la couleur des vôtres; mais j'aurais honte — d'avoir le cœur aussi blême.

On frappe.

J'entends frapper — à l'entrée du sud. Retirons-nous dans notre chambre. — Un peu d'eau va nous laver de cette action. — Comme c'est donc aisé! Votre résolution — vous a laissé en route.

On frappe.

Écoutez! on frappe encore. — Mettez votre robe de nuit, de peur qu'un accident ne nous appelle — et ne montre que nous avons veillé. Ne vous perdez pas — si misérablement dans vos pensées.

MACBETH.

— Connaître ce que j'ai fait! Mieux vaudrait ne plus me connaître!

On frappe.

— Éveille Duncan avec ton tapage! Je voudrais que tu le pusses. —

Ils sortent.

Entre UN PORTIER.

On frappe derrière le théâtre.

LE PORTIER.

Voilà qui s'appelle frapper! Un homme qui serait portier de l'enfer serait habitué à tourner la clef!

On frappe.

Frappe, frappe, frappe!... Qui est là, au nom de Belzébuth?... C'est un fermier qui s'est pendu à force d'attendre une bonne récolte... Il fallait venir à l'heure; mettez-vous force mouchoirs autour de vous; car vous allez suer ici pour la peine.

On frappe.

Frappe, frappe : qui est là, au nom de l'autre diable? Ma foi, ce doit être un casuiste qui pouvait jurer indifféremment par un des plateaux contre l'autre, et qui, après avoir commis suffisamment de trahisons pour l'amour de Dieu, n'a pas pu cependant équivoquer avec le ciel. Oh! entrez, maître casuiste.

On frappe.

Frappe, frappe, frappe : qui est là? Ma foi, c'est un tailleur anglais venu ici pour avoir volé sur un haut de chausses français. Entrez, tailleur, vous pourrez chauffer ici votre carreau.

On frappe.

Frappe, frappe. Jamais en repos! Qui êtes-vous?... Décidément, cette place est trop froide pour un enfer. Je ne veux plus faire le portier du diable. Je serais censé devoir ouvrir aux gens de toutes professions qui s'en vont par un chemin fleuri de primevères au feu de joie éternel.

On frappe.

Tout à l'heure, tout à l'heure. N'oubliez pas le portier, je vous prie.

Il ouvre la porte.

Macduff et Lenox entrent.

MACDUFF.

— Il était donc bien tard, l'ami, quand tu t'es mis au lit, — que tu restes couché si tard? —

SCÈNE VIII.

LE PORTIER.

Ma foi, monsieur, nous avons fait des libations jusqu'au second chant du coq; et le boire, monsieur, est le grand provocateur de trois choses.

MACDUFF.

Quelles sont les trois choses que le boire provoque spécialement?

LE PORTIER.

Dame, monsieur, le nez rouge, le sommeil et l'urine. Quant à la paillardise, monsieur, il la provoque et la réprime; il provoque le désir et empêche l'exécution. On peut donc dire que le boire excessif est le casuiste de la paillardise : il la crée et la détruit; il l'excite et la dissipe; il la stimule et la décourage; il la met en train et pas en train; pour conclusion, il la mène à un sommeil équivoque et l'abandonne, en lui donnant le démenti.

MACDUFF.

Je crois que le boire t'a donné un démenti la nuit dernière.

LE PORTIER.

Oui, monsieur, un démenti par la gorge, mais je le lui ai bien rendu; car, étant, je crois, plus fort que lui, bien qu'il m'ait tenu quelque temps les jambes, j'ai trouvé moyen de m'en débarrasser.

MACDUFF.

— Ton maître est-il levé? — Nos coups de marteau l'ont éveillé. Le voici.

MACBETH entre.

LENOX.

— Bonjour, noble seigneur.

MACBETH.

Bonjour à tous deux.

MACDUFF.

— Le roi est-il levé, digne thane ?

MACBETH.

Pas encore.

MACDUFF.

— Il m'a ordonné de venir le voir de bon matin ; — j'ai presque laissé échapper l'heure.

MACBETH.

Je vais vous mener à lui.

MACDUFF.

— C'est un dérangement plein de charme pour vous, je le sais ; — mais pourtant c'en est un.

MACBETH.

— Le plaisir d'un travail en guérit la peine. — Voici la porte.

MACDUFF.

Je prendrai la liberté d'entrer ; — car c'est une prescription de mon service.

Sort Macduff.

LENOX.

Le roi s'en va-t-il — d'ici aujourd'hui ?

MACBETH.

Oui... il l'a ainsi décidé.

LENOX.

— La nuit a été tumultueuse. Là où nous couchions, — les cheminées ont été renversées par le vent ; on a, dit-on, — entendu des lamentations dans l'air, d'étranges cris de mort — et des voix prophétisant avec un accent terrible — d'affreux embrasements et des événements confus — qui couvent une époque de calamités. L'oiseau obscur — a glapi toute la nuit. On dit même que la terre — avait la fièvre et a tremblé.

SCÈNE VIII.

MACBETH.

Ç'a été une rude nuit.

LENOX.

— Ma jeune mémoire ne m'en rappelle pas — une pareille.

Rentre MACDUFF.

MACDUFF.

— O horreur! horreur! horreur! Il n'est ni langue ni cœur — qui puisse te concevoir ou te nommer!

MACBETH ET LENOX.

Qu'y-a-t-il?

MACDUFF.

— Le chaos vient de faire son chef-d'œuvre. — Le meurtre le plus sacrilége a ouvert par effraction — le temple sacré du Seigneur et en a volé — la vie qui l'animait.

MACBETH.

Que dites-vous? la vie?

LENOX.

— Voulez-vous parler de sa majesté?

MACDUFF.

— Entrez dans la chambre et aveuglez-vous — devant une nouvelle Gorgone... Ne me dites pas de parler; — voyez, et alors parlez vous-mêmes.

Sortent Macbeth et Lenox.

Éveillez-vous! Éveillez-vous! — Sonnez la cloche d'alarme... Au meurtre! trahison! — Banquo! Donalbain! Malcolm! éveillez-vous! — Secouez sur le duvet ce sommeil, contrefaçon de la mort, — et regardez la mort elle-même... Debout, debout, et voyez — l'image du jugement dernier... Malcolm! Banquo! — levez-vous comme de vos tombeaux et avancez comme des spectres — pour être à l'avenant de cette horreur!... Sonnez la cloche.

La cloche sonne.

Entre Lady Macbeth,

LADY MACBETH.

Que se passe-t-il ? — Pourquoi cette fanfare sinistre convoque-t-elle — les dormeurs de la maison ? parlez ! parlez !

MACDUFF.

O gentille dame ! — vous n'êtes pas faite pour entendre ce que je puis dire... — Ce récit, fait à l'oreille d'une femme, — la blesserait mortellement...

Entre Banquo.

O Banquo ! Banquo ! — notre royal maître assassiné !

LADY MACBETH.

Quel malheur ! hélas ! — dans notre maison !

BANQUO.

Malheur trop cruel, n'importe où. — Cher Duffe, démens-toi, par grâce, — et dis que cela n'est pas.

Rentrent Macbeth *et* Lenox.

MACBETH.

— Que ne suis-je mort une heure avant cet événement ! — j'aurais eu une vie bénie. Dès cet intant, — il n'y a plus rien de sérieux dans ce monde mortel : — tout n'est que hochet. La gloire et la grâce sont mortes ; — le vin de la vie est tiré, et la lie seule — reste à cette cave pompeuse.

Entrent Malcolm *et* Donalbain.

DONALBAIN.

— Quel malheur y a-t-il ?

MACBETH.

Vous existez, et vous ne le savez pas! — la fontaine primitive et suprême de votre sang — est tarie, tarie dans sa source.

MACDUFF.

— Votre royal père est assassiné.

MALCOLM.

Oh! par qui?

LENOX.

— Par les gens de sa chambre, suivant toute apparence. — Leurs mains et leurs visages étaient tout empourprés de sang, — ainsi que leurs poignards que nous avons trouvés, non essuyés, — sur leur oreiller. — Ils avaient l'œil fixe, et étaient effarés. A les voir, — on ne leur eût confié la vie de personne.

MACBETH.

— Oh! pourtant je me repens du mouvement de fureur — qui me les a fait tuer!

MACDUFF.

Pourquoi les avez-vous tués?

MACBETH.

— Qui peut être sage et éperdu, calme et furieux, — loyal et neutre à la fois? Personne. — La précipitation de mon dévouement violent — a devancé la raison plus lente. Ici gisait Duncan; — sa peau argentine était lamée de son sang vermeil, — et ses blessures béantes semblaient une brèche à la nature faite — pour l'entrée dévastatrice de la ruine. Là étaient les meurtriers, — teints des couleurs de leur métier, leurs poignards — ayant une gaîne monstrueuse de caillots. Quel est donc l'être qui, — ayant un cœur pour aimer et du courage au cœur, — eût pu s'empêcher de prouver alors son amour?

LADY MACBETH.

A l'aide! Emmenez-moi d'ici.

MACDUFF.
— Prenez soin de madame.

MALCOLM.
Pourquoi gardons-nous le silence, — nous qui avons tout droit de revendiquer cette cause comme la nôtre?

DONALBAIN.
— Pourquoi parlerions-nous ici — où la fatalité, cachée dans un trou de vrille, — peut se ruer sur nous et nous accabler? Fuyons; nos larmes — ne sont pas encore brassées.

MALCOLM.
Et notre désespoir — n'est pas en mesure d'agir.

BANQUO.
Prenez soin de madame.

On emporte lady Macbeth.

— Puis, quand nous aurons couvert nos frêles nudités, — ainsi exposés à un froid dangereux, réunissons-nous, — et questionnons ce sanglant exploit — pour le mieux connaître. Les craintes et les doutes nous agitent. — Moi, je me mets dans la main immense de Dieu, et de là — je combats les prétentions encore ignorées — d'une criminelle trahison.

MACDUFF.
Et moi aussi.

TOUS.
Et nous tous.

MACBETH.
— Revêtons vite un appareil viril, — et réunissons-nous dans la grande salle.

TOUS.
C'est convenu.

Tous sortent, excepté Malcolm et Donalbain.

MALCOLM.
— Que voulez-vous faire? Ne nous associons pas avec

eux : — faire montre d'une douleur non sentie est un rôle — aisé pour l'homme faux. J'irai en Angleterre.

DONALBAIN.

— Moi, en Irlande. En séparant nos fortunes, — nous serons plus en sûreté. Où nous sommes, — il y a des poignards dans les sourires : le plus près de notre sang — est le plus près de le verser.

MALCOLM.

La flèche meurtrière qui a été lancée — n'a pas encore atteint le but : et le parti le plus sûr pour nous — est de nous mettre hors de portée. Ainsi, à cheval ! — ne soyons pas scrupuleux sur les adieux, — mais esquivons-nous. Le vol qui consiste à se dérober — est permis quand il n'y a plus de merci à attendre.

Ils sortent.

SCÈNE IX

[Aux abords du château.]

Entre Rosse et un Vieillard.

LE VIEILLARD.

— J'ai la mémoire nette de soixante-dix années ; — dans l'espace de ce temps, j'ai vu — des heures terribles et des choses étranges ; mais cette nuit sinistre — rend puéril tout ce que j'ai vu.

ROSSE.

Ah ! bon père, — tu vois, les cieux, troublés par l'acte de l'homme, — en menacent le sanglant théâtre. D'après l'horloge, il est jour, — et pourtant une nuit noire étouffe le flambeau voyageur. — Est-ce le triomphe de la nuit ou la honte du jour — qui fait que les ténèbres ensevelissent la terre, — quand la lumière vivante devrait la baiser au front?

LE VIEILLARD.

Cela est contre nature, — comme l'action qui a été commise. Mardi dernier, — un faucon, planant dans toute la fierté de son essor, — a été saisi au vol et tué par un hibou chasseur de souris.

ROSSE.

— Et, chose étrange et certaine, les chevaux de Duncan, — si beaux, si agiles, ces mignons de leur race, — sont redevenus sauvages, ont brisé leurs stalles et se sont échappés, — résistant à toute obéissance comme s'ils allaient — faire la guerre à l'homme.

LE VIEILLARD.

On dit qu'ils se sont mangés.

ROSSE.

— Oui, au grand étonnement de mes yeux, — je l'ai vu. Voici le bon Macduff.

Entre MACDUFF.

— Comment va le monde à présent, monsieur?

MACDUFF.

Quoi! ne le voyez-vous pas?

ROSSE.

— Sait-on qui a commis cette action plus que sanglante?

MACDUFF.

— Ceux que Macbeth a tués.

ROSSE.

Hélas! — A quel avantage pouvaient-ils prétendre?

MACDUFF.

Ils ont été subornés; — Malcolm et Donalbain, les

deux fils du roi, — se sont dérobés et enfuis : ce qui jette sur eux — les soupçons.

ROSSE.

Encore une chose contre nature! — O ambition désordonnée, qui dévores ainsi — la suprême ressource de ta propre existence!... Alors il est probable — que la souveraineté va échoir à Macbeth.

MACDUFF.

— Il est déjà proclamé et parti pour Scone (14) — où il doit être couronné.

ROSSE.

Où est le corps de Duncan?

MACDUFF.

— Il a été transporté à Colmeskill (15), — au sanctuaire où sont gardés les os — de ses prédécesseurs.

ROSSE.

Allez-vous à Scone?

MACDUFF.

— Non, cousin, je vais à Fife.

ROSSE.

C'est bien, j'irai à Scone.

MACDUFF.

— Soit! Puissiez-vous y voir les choses se bien passer!... Adieu! — J'ai peur que nos manteaux nœufs ne soient moins commodes que nos vieux.

ROSSE, au vieillard.

— Adieu, mon père.

LE VIEILLARD.

— Que la bénédiction de Dieu soit avec vous et avec tous ceux — qui veulent changer le mal en bien et les ennemis en amis!

Ils sortent.

SCÈNE X

[Fores. Une salle dans le palais.]

Entre Banquo.

BANQUO.

— Roi ! Cawdor ! Glamis ! tu possèdes maintenant tout — ce que t'avaient promis les femmes fatidiques ; et j'ai peur — que tu n'aies joué dans ce but un jeu bien sinistre. Cependant elles ont dit — que ta postérité n'hériterait pas de tout cela, — et que, moi, je serais la racine et le père — d'une foule de rois. Si la vérité est sortie de leur bouche, — ainsi que leurs prophéties sur toi, Macbeth, en sont la preuve éclatante, — pourquoi, véridiques à ton égard, — ne pourraient-elles pas aussi bien être des oracles pour moi — et autoriser mon espoir ? Mais, chut ! taisons-nous.

Fanfares. Entrent MACBETH, en costume de roi, lady MACBETH, en costume de reine, LENOX, ROSSE, SEIGNEURS, DAMES et GENS de la suite.

MACBETH.

— Voici notre principal convive.

LADY MACBETH.

S'il avait été oublié, — c'eût été dans cette grande fête un vide — qui eût tout déparé.

MACBETH.

— Nous donnons ce soir un souper solennel, seigneur ; — et j'y sollicite votre présence.

BANQUO.

Que votre altesse — me commande. Mon obéissance

— est pour toujours attachée à elle par des liens — indissolubles.

MACBETH.

— Montez-vous à cheval cette après-midi?

BANQUO.

Oui, mon bon seigneur.

MACBETH.

— Sans cela nous vous aurions demandé vos avis, — qui ont toujours été graves et heureux, — en tenant conseil aujourd'hui; mais nous les prendrons demain. — Irez-vous loin?

BANQUO.

— Assez loin, monseigneur, pour remplir le temps — d'ici au souper. Si mon cheval ne marche pas très-bien, — il faudra que j'emprunte à la nuit — une ou deux de ses heures sombres.

MACBETH.

Ne manquez pas à notre fête.

BANQUO.

— Monseigneur, je n'y manquerai pas.

MACBETH.

— Nous apprenons que nos sanguinaires cousins sont réfugiés, — l'un en Angleterre, l'autre en Irlande; pour ne pas avouer — leur cruel parricide, ils en imposent à ceux qui les écoutent — par des inventions étranges. Mais nous en parlerons demain, — ainsi que des affaires d'État qui réclament également — notre réunion. Vite à cheval, vous, et adieu — jusqu'à votre retour, ce soir! Fléance va-t-il avec vous?

BANQUO.

— Oui, mon bon seigneur : le temps nous presse.

MACBETH.

— Je vous souhaite des chevaux vifs et sûrs; — et je vous recommande à leurs croupes. — Bon voyage!

Sort Banquo.

— Que chacun soit maître de son temps — jusqu'à sept heures du soir; pour que la société — n'en soit que mieux venue près de nous, nous resterons seul — jusqu'au souper. Jusque-là, que Dieu soit avec vous!

Sortent lady Macbeth, les seigneurs, les dames, etc.

MACBETH à un serviteur.

— Drôle, un mot! Ces hommes attendent-ils nos ordres?

LE SERVITEUR.

— Ils sont là, monseigneur, à la porte du palais.

MACBETH.

— Amène-les devant nous.

Sort le serviteur.

Être ceci n'est rien ; — il faut l'être sûrement. Nos craintes se fixent — profondément sur Banquo : dans sa royale nature — règne tout ce qui est redoutable. Il est homme à oser beaucoup ; — et à la trempe intrépide de son âme — il joint une sagesse qui guide sa valeur — à une action sûre. Il est le seul — dont je redoute l'existence, et mon génie — est dominé par le sien, comme, dit-on, — Marc-Antoine l'était par César. Il a apostrophé les sœurs, — quand elles m'ont décerné le nom de roi, — et il les a sommées de lui parler. Alors, d'une voix prophétique, — elles l'ont salué père d'une lignée de rois! — Elles m'ont placé sur la tête une couronne infructueuse — et mis au poing un sceptre stérile, — que doit m'arracher une main étrangère, — puisque nul fils ne doit me succéder. S'il en est ainsi, — c'est pour les enfants de Banquo que j'ai souillé mon âme, — pour eux que j'ai assassiné le gracieux Duncan, — pour eux que j'ai versé le remords dans la coupe de mon repos, — pour eux seuls! Mon éternel joyau, — je l'ai donné à l'ennemi commun du genre humain — pour les faire rois! pour faire rois les rejetons de Banquo! — Ah! viens

plutôt dans la lice, fatalité, — et jette-moi un défi à outrance !... Qui est là?...

Rentre le SERVITEUR suivi de DEUX ASSASSINS.

— Maintenant retourne à la porte et restes-y jusqu'à ce que nous appelions.
Sort le serviteur.
— N'est-ce pas hier que nous nous sommes parlé?

PREMIER ASSASSIN.

— C'était hier, s'il plaît à votre altesse.

MACBETH.

Eh bien, maintenant — avez-vous réfléchi à mes paroles ? Sachez — que c'est lui qui jusqu'ici vous a relégués — dans une si humble fortune, tandis que vous en accusiez — notre innocente personne. Je vous l'ai démontré — dans notre dernier entretien. Je vous ai prouvé — comment vous avez été dupés, contrecarrés, quels étaient les instruments, — qui les employait, et mille autres choses qui feraient — dire à une moitié d'âme, à un entendement fêlé : — « Voilà ce qu'a fait Banquo. »

PREMIER ASSASSIN.

Vous nous l'avez fait connaître.

MACBETH.

— Oui ; et j'en suis venu ainsi à ce qui est maintenant — l'objet de notre seconde entrevue. Croyez-vous — la patience à ce point dominante dans votre nature — que vous puissiez laisser passer cela? Êtes-vous évangéliques — au point de prier pour ce brave homme et sa postérité, — lui dont la lourde main vous a courbés vers la tombe — et à jamais appauvris?

PREMIER ASSASSIN.

Nous sommes hommes, mon suzerain.

MACBETH.

— Oui, vous passez pour hommes dans le catalogue; — de même que les limiers, les lévriers, les métis, les épagneuls, les mâtins, — les barbets, les caniches, les chiens-loups, sont désignés tous — sous le nom de chiens; mais un classement supérieur — distingue le chien agile, le lent, le subtil, — le chien de garde, le chien de chasse, chacun — selon les qualités que la bienfaisante nature — lui a départies et qui lui font donner — un titre particulier dans la liste — où tous sont communément inscrits. Il en est de même des hommes. — Eh bien, si vous avez une place à part dans le classement, — en dehors des rangs infimes de l'humanité, dites-le; — et alors je confierai à vos consciences un projet — dont l'exécution fera disparaître votre ennemi — et vous attachera notre cœur et notre affection, — sa vie nous faisant à nous-même une santé languissante — que rétablirait sa mort.

SECOND ASSASSIN.

Je suis un homme, mon suzerain, — que les coups avilissants et les rebuffades du monde — ont tellement exaspéré, que je ferais n'importe — quoi pour braver le monde.

PREMIER ASSASSIN.

Et moi, un homme — tellement accablé de désastres, tellement surmené par la fortune, — que je jouerais ma vie sur un hasard — pour l'améliorer ou la perdre.

MACBETH.

Vous savez — tous deux que Banquo était votre ennemi.

DEUXIÈME ASSASSIN.

C'est vrai, monseigneur.

MACBETH.

— Il est aussi le mien, et avec une si sanglante hostilité — que chaque minute de son existence est un coup

— qui menace ma vie. Je pourrais — le balayer de ma vue de vive force, — et mettre la chose sur le compte de ma volonté; mais je ne dois pas le faire, — par égard pour plusieurs de mes amis qui sont aussi les siens, — et dont je puis garder l'affection pour peu que je pleure la chute — de celui que j'aurai moi-même renversé. Voilà pourquoi — je réclame affectueusement votre assistance, — voulant masquer l'affaire aux regards de tous, — pour maintes raisons puissantes.

DEUXIÈME ASSASSIN.

Nous exécuterons, — monseigneur, ce que vous nous commanderez.

PREMIER ASSASSIN.

Dussent nos vies...

MACBETH.

— Votre ardeur rayonne en vous. Dans une heure, au plus, — je vous désignerai le lieu où vous vous posterez, — je vous ferai connaître le meilleur moment pour l'embuscade, — l'instant suprême. Il faut que ce soit fait ce soir, — à une certaine distance du palais, avec cette idée constante — que j'ai besoin de rester pur. Et — (pour qu'il n'y ait ni accroc ni pièce à l'ouvrage) — Fléance, son fils, qui l'accompagne, — et dont l'absence m'est aussi essentielle — que celle du père, devra embrasser, comme lui, la destinée — de cette heure sombre. Consultez ensemble vos résolutions ; — je reviens à vous dans un instant.

DEUXIÈME ASSASSIN.

Nous sommes résolus, monseigneur.

MACBETH.

— Je vous rejoins immédiatement ; restez dans le palais. — L'affaire est conclue... Banquo, si ton âme envolée — doit trouver le ciel, elle le trouvera ce soir.

Ils sortent.

SCÈNE XI

[Une autre salle du palais.]

Entrent lady MACBETH et un SERVITEUR.

LADY MACBETH.
— Banquo a-t-il quitté la cour?
LE SERVITEUR.
— Oui, madame, mais il revient ce soir.
LADY MACBETH.
— Va prévenir le roi que j'attends son bon plaisir — pour lui dire quelques mots.
LE SERVITEUR.
J'y vais, madame.

Sort le serviteur.

LADY MACBETH.
— On a dépensé tout pour ne rien avoir, — quand on a obtenu son désir sans satisfaction. — Mieux vaut être celui qu'on détruit — que de vivre par sa destruction dans une joie pleine de doutes.

Entre MACBETH.

— Qu'avez-vous, monseigneur? Pourquoi restez-vous seul, — faisant vos compagnes des plus tristes rêveries, — et nourrissant des pensées qui auraient bien dû mourir — avec ceux auxquels elles pensent? Les choses sans remède — ne valent plus la réflexion : ce qui est fait est fait.

MACBETH.
— Nous avons entamé, mais non tué, le serpent. — Il rejoindra ses tronçons et redeviendra lui-même, et notre

haine misérable — sera comme auparavant exposée à ses morsures. — Mais — puissions-nous voir craquer la machine des choses et s'abîmer les deux mondes, — plutôt que de manger toujours dans la crainte et de dormir — dans l'affliction de ces rêves terribles — qui nous agitent chaque nuit! Mieux vaudrait être avec le mort — que nous avons envoyé reposer pour gagner notre repos, — que d'être soumis par la torture de l'esprit — à une infatigable angoisse. Duncan est dans son tombeau : — après la fièvre convulsive de cette vie, il dort bien ; — la trahison a tout épuisé contre lui ; l'acier, le poison, — la perfidie domestique, l'invasion étrangère, rien — ne peut le toucher désormais.

LADY MACBETH.

Allons ! — Mon doux seigneur, déridez ce front renfrogné, — soyez serein et enjoué ce soir au milieu de vos convives.

MACBETH.

— Je le serai, mon amour; et vous, soyez de même, je vous prie. — Que vos attentions se concentrent sur Banquo ; — conférez-lui la prééminence par vos regards et par vos paroles. — Temps d'inquiétude, où il nous faut laver nos honneurs au torrent des flatteries, — et faire de notre face le masque de notre cœur, — pour le déguiser!

LADY MACBETH.

Ne pensez plus à cela.

MACBETH.

— Oh! pleine de scorpions est mon âme, chère femme! — Tu sais que Banquo et son Fléance vivent.

LADY MACBETH.

— Mais l'image de l'humanité n'est pas éternelle en eux.

MACBETH.

— Oui, il y a là une consolation : ils sont attaquables.
— Sois donc joyeuse. Avant que la chauve-souris ait fait à tire d'ailes — son tour de cloître, avant qu'à l'appel de la noire Hécate, — l'escarbot aux ailes d'écaille ait de ses bourdonnements sourds — sonné le carillon somnolent du soir, il sera fait — une action d'un formidable éclat.

LADY MACBETH.

Quelle action ?

MACBETH.

— Ah ! chère poule, sois innocente de la confidence — jusqu'à ce que tu applaudisses à l'exécution... Viens, noir fauconnier de la nuit, — bande les yeux sensibles du jour compatissant, — et, de ta main sanglante et invisible, — arrache et mets en pièces le fil de cette grande existence — qui me fait pâlir !... La lumière s'obscurcit, et le corbeau — vole vers son bois favori ; — les bonnes créatures du jour commencent à s'assoupir et à dormir, — tandis que les noirs agents de la nuit se dressent vers leur proie. — Tu t'étonnes de mes paroles ; mais sois tranquille : — les choses que le mal a commencées se consolident par le mal. — Sur ce, viens avec moi, je t'en prie.

Ils sortent.

SCÈNE XII

[Une avenue conduisant à la porte d'entrée du palais.]

Entrent TROIS ASSASSINS.

PREMIER ASSASSIN.

— Mais qui t'a dit de te joindre à nous ?

TROISIÈME ASSASSIN.

Macbeth.

SCÈNE XII.

DEUXIÈME ASSASSIN.

— Nous n'avons pas à nous méfier de lui, puisqu'il nous indique — notre tâche, et tout ce que nous avons à faire, — avec une précision parfaite.

PREMIER ASSASSIN.

Reste donc avec nous. — Le couchant est encore rayé de quelques lueurs du jour. — C'est l'heure où le voyageur attardé presse les éperons — pour gagner à temps l'auberge ; et voici qu'approche — le personnage que nous guettons.

TROISIÈME ASSASSIN.

Écoutez! j'entends les chevaux.

BANQUO, derrière le théâtre.

Éclairez-nous là ! hé !

DEUXIÈME ASSASSIN.

Alors c'est lui : tous — les autres invités qu'on attendait — sont déjà au palais.

PREMIER ASSASSIN.

Ses chevaux s'en retournent.

TROISIÈME ASSASSIN.

— A près d'un mille d'ici; mais il a l'habitude, — comme tout le monde, d'aller d'ici à la porte du palais — en se promenant.

Entrent BANQUO *et* FLÉANCE, *précédés d'un serviteur portant une torche.*

DEUXIÈME ASSASSIN.

Une lumière ! une lumière !

TROISIÈME ASSASSIN.

C'est lui.

PREMIER ASSASSIN.

— Tenons ferme.

BANQUO.

Il y aura de la pluie ce soir.

PREMIER ASSASSIN.

Qu'elle tombe !

Il attaque Banquo.

BANQUO.

— Oh ! trahison ! Fuis, bon Fléance, fuis, fuis, fuis ; — tu peux me venger. O misérable !

Il meurt. Fléance (16) et le serviteur s'échappent.

TROISIÈME ASSASSIN.

— Qui a éteint la lumière ?

PREMIER ASSASSIN.

N'était-ce pas le plus sûr ?

TROISIÈME ASSASSIN.

— Il n'y en a qu'un de tombé ; le fils s'est échappé.

DEUXIÈME ASSASSIN.

— Nous avons manqué la plus belle moitié de notre affaire.

PREMIER ASSASSIN.

— Allons toujours dire ce qu'il y a de fait.

Ils sortent.

SCÈNE XIII

[La grande salle du palais. Un banquet est préparé.]

Entrent MACBETH, lady MACBETH, ROSSE, LENOX, des SEIGNEURS, des gens de service.

MACBETH.

— Vous connaissez vos rangs respectifs, prenez vos places ; pour premier mot — et pour dernier, cordiale bienvenue à tous !

LES SEIGNEURS.

Merci à votre majesté !

SCÈNE XIII.

MACBETH.

— Quant à nous, nous nous mêlerons à la société, — comme l'hôte le plus humble. — Notre hôtesse gardera sa place d'honneur; mais, en temps opportun, — nous irons lui demander la bienvenue.

LADY MACBETH.

— Exprimez pour moi, sire, à tous nos amis — ce que dit mon cœur : ils sont les bienvenus.

Le PREMIER ASSASSIN paraît à la porte de la salle.

MACBETH.

— Vois, ils te répondent par un remercîment du cœur... — Les deux côtés sont au complet. Je vais m'asseoir ici, au milieu. — Faisons des largesses de gaieté; tout à l'heure, nous boirons une rasade — à la ronde...

Bas, à l'assassin.

Il y a du sang sur ton visage.

L'ASSASSIN, bas, à Macbeth.

— C'est celui de Banquo alors.

MACBETH.

— Il est mieux sur toi que dans ses veines. — Est-il expédié ?

L'ASSASSIN.

— Monseigneur, il a la gorge coupée; j'ai fait cela pour lui.

MACBETH.

— Tu es le meilleur des coupe-gorges. Il est bien bon pourtant — celui qui en a fait autant pour Fléance. Si c'est toi, — tu n'as pas ton pareil.

L'ASSASSIN.

Très-royal seigneur, — Fléance s'est échappé.

MACBETH.

— Voilà mon accès qui revient : sans cela, j'aurais été

à merveille, — entier comme un marbre, solide comme un roc, — dégagé et libre comme l'air ambiant. — Mais à présent me voilà claquemuré, encagé, confiné, enchaîné — dans des inquiétudes et des craintes insolentes. Mais Banquo est-il en sûreté?

L'ASSASSIN.

— Oui, mon bon seigneur, en sûreté dans un fossé qu'il occupe, — avec vingt balafres dans la tête, — dont la moindre serait la mort d'une créature.

MACBETH.

Merci pour cela. — Voilà le vieux serpent écrasé; le reptile qui s'est sauvé — est de nature à donner du venin un jour, — mais il n'a pas de dents encore. Va-t'en; demain, — une fois rendu à nous-même, nous t'écouterons.

Sort l'assassin.

LADY MACBETH.

Mon royal maître, — vous n'encouragez pas vos convives : c'est leur faire payer la fête — que de ne pas leur rappeler souvent, tandis qu'elle est en train, — qu'elle est donnée de tout cœur. Pour ne faire que manger, mieux vaut rester chez soi; — hors de là, la courtoisie est la meilleure sauce des mets; — sans elle, la réunion serait fade.

MACBETH.

Douce sermonneuse!... — Allons, qu'une bonne digestion seconde l'appétit, — et que la santé suive.

LENOX.

Plaît-il à votre altesse de s'asseoir?

Le SPECTRE *de* BANQUO *entre et s'asseoit à la place de* MACBETH.

MACBETH.

— La gloire de notre pays aurait eu ici son faîte, — si la gracieuse personne de notre Banquo eût été présente.

— Puissé-je avoir à l'accuser d'une incivilité — plutôt qu'à le plaindre d'un malheur !

ROSSE.

Son absence, sire, — jette le blâme sur sa promesse. Plaît-il à votre altesse — de nous honorer de sa royale compagnie ?

MACBETH.

— La table est au complet.

LENOX.

Voici une place réservée pour vous, sire.

MACBETH.

— Où ?

LENOX.

Ici, mon bon seigneur... Qu'est-ce donc qui émeut votre altesse ?

MACBETH.

— Qui de vous a fait cela ?

LES SEIGNEURS.

Quoi, mon bon seigneur ?

MACBETH.

— Tu ne peux pas dire que je l'aie fait ? Ne secoue pas — contre moi tes boucles sanglantes.

ROSSE.

Messieurs, levez-vous ; son altesse n'est pas bien.

LADY MACBETH.

— Non, dignes amis, asseyez-vous. Mon seigneur est souvent ainsi, — et cela depuis sa jeunesse. De grâce, restez assis. — C'est un accès momentané : rien que le temps d'y songer, — il sera remis. Si vous faites trop attention à lui, — vous l'offenserez, et vous augmenterez son mal ; — mangez et ne le regardez pas... Êtes-vous un homme ?

MACBETH.

— Oui, et un homme hardi à oser regarder en face — ce qui épouvanterait le démon.

LADY MACBETH.

La bonne niaiserie ! — c'est encore une image créée par votre frayeur, — comme ce poignard aérien qui, disiez-vous, — vous guidait vers Duncan ! Oh ! ces effarements et ces tressaillements, — singeries de la terreur, conviendraient bien — à un conte de bonne femme débité au coin d'un feu d'hiver — sous l'autorité d'une grand'mère. C'est la honte même ! — Pourquoi faites-vous toutes ces mines-là ? Après tout, — vous ne regardez qu'un tabouret.

MACBETH.

— Je t'en prie, vois ! examine ! regarde ! là.,. Eh bien ! que dis-tu ? — Bah ! qu'est-ce que cela me fait ? Puisque tu peux secouer la tête, parle... — Ah ! si les cimetières et les tombeaux doivent nous renvoyer — ainsi ceux que nous enterrons, pour monument — nous leur donnerons la panse des milans !

Le spectre disparaît.

LADY MACBETH.

— Quoi ! la folie n'a rien laissé de l'homme ?

MACBETH.

— Aussi vrai que je suis ici, je l'ai vu.

LADY MACBETH.

Fi ! quelle honte !

MACBETH.

— Ce n'est pas d'aujourd'hui que le sang a été versé ; dans les temps anciens, — avant que la loi humaine eût purifié la société adoucie, — oui, et depuis lors, il a été commis des meurtres — trop terribles pour l'oreille. Il fut un temps — où, quand la cervelle avait jailli, l'homme mourait, — et tout était fini. Mais aujourd'hui on ressuscite, — avec vingt blessures mortelles dans le crâne, — et on nous chasse de nos siéges. Voilà qui est plus étrange — que le meurtre lui-même.

LADY MACBETH.

Mon digne seigneur, — vos nobles amis ont besoin de vous.

MACBETH.

J'oubliais... — Ne vous étonnez pas, mes très-dignes amis ; — j'ai une étrange infirmité qui n'est rien — pour ceux qui me connaissent. Allons, amitié et santé à tous ! — Maintenant je vais m'asseoir. Donnez-moi du vin ; remplissez jusqu'au bord !

Entre le Spectre.

— Je bois à la joie de toute la table, — et à notre cher ami Banquo qui nous manque. — Que n'est-il ici ! A lui et à tous notre soif ! — Buvons tous à tous !

LES SEIGNEURS.

Nous vous rendons hommage en vous faisant raison.

MACBETH.

— Arrière ! ôte-toi de ma vue ! que la terre te cache ! — Tes os sont sans moelle ; ton sang est glacé ; — tu n'as pas de regard dans ces yeux — qui éblouissent.

LADY MACBETH.

Ne voyez là, nobles pairs, — qu'un fait habituel. Ce n'est pas autre chose. — Seulement cela gâte le plaisir du moment.

MACBETH.

Tout ce qu'ose un homme, je l'ose. — Approche sous la figure de l'ours velu de Russie, — du rhinocéros armé ou du tigre d'Hyrcanie, — prends toute autre forme que celle-ci, et mes nerfs impassibles — ne trembleront pas. Ou bien redeviens vivant, — et provoque-moi au désert avec ton épée ; — si alors je m'enferme en tremblant, déclare-moi — le marmot d'une fille. Hors d'ici, ombre horrible !

Le spectre disparaît.

— Moqueuse illusion, hors d'ici !... Oui ! c'est cela... Dès qu'il s'en va, — je redeviens homme... De grâce, restez assis.

LADY MACBETH.

— Vous avez fait fuir la gaieté et rompu notre bonne réunion — par ce désordre surprenant.

MACBETH.

De telles choses peuvent-elles arriver — et fondre sur nous, comme un nuage d'été, — sans nous causer un étonnement particulier ? Vous me faites méconnaître — mon propre caractère, — quand je songe que, devant de pareils spectacles, — vous pouvez conserver le rubis naturel de vos joues, — alors que les miennes sont blanches de frayeur.

ROSSE.

Quels spectacles, monseigneur ?

LADY MACBETH.

— Je vous en prie, ne lui parlez pas ; il va de pire en pire ; — toute question l'exaspère. Bonsoir en même temps à tous. — N'attendez pas votre tour de partir, — mais partez tous à la fois.

LENOX.

Bonsoir ; et puisse une meilleure santé — être accordée à sa majesté !

LADY MACBETH.

Affectueux bonsoir à tous !

Sortent les seigneurs et les gens de la suite.

MACBETH.

— Il y aura du sang versé ; on dit que le sang veut du sang. — On a vu les pierres remuer et les arbres parler. — Des augures, des révélations intelligibles ont, — par la voix des pies, des corbeaux et des corneilles, dénoncé — l'homme de sang le mieux caché... Où en est la nuit?

LADY MACBETH.

— A l'heure encore indécise de sa lutte avec le matin.

MACBETH,

— Que dis-tu de Macduff qui refuse de se rendre en personne — à notre solennelle invitation?

LADY MACBETH.

Lui avez-vous envoyé quelqu'un, sire?

MACBETH.

— Non, j'en suis prévenu indirectement; mais j'enverrai. — Il n'y a pas un d'eux chez qui — je ne tienne un homme à mes gages. J'irai demain, — de bonne heure, trouver les sœurs fatidiques. — Il faut qu'elles parlent encore; car je suis maintenant décidé — à savoir le pire, fut-ce par les pires moyens : devant mes intérêts — tout doit céder. J'ai marché — si loin dans le sang que, si je ne traverse pas le gué, — j'aurai autant de peine à retourner qu'à avancer. — J'ai dans dans la tête d'étranges choses qui réclament ma main, — et veulent être exécutées avant d'être méditées.

LADY MACBETH.

— Vous avez besoin du cordial de toute créature, le sommeil.

MACBETH.

— Viens, nous allons dormir. Mon étrange oubli de moi-même — est une timidité novice qui veut être aguerrie par l'épreuve. — Nous sommes encore jeunes dans l'action.

Ils sortent.

SCÈNE XIV

[La bruyère.]

Tonnerre. Hécate entre; les trois Sorcières vont à sa rencontre.

PREMIÈRE SORCIÈRE.

— Eh bien, qu'avez-vous, Hécate ? Vous paraissez irritée.

HÉCATE.

— N'ai-je pas raison de l'être, mégères, quand vous êtes — si insolentes et si effrontées ? Comment avez-vous osé — commercer et trafiquer avec Macbeth — d'oracles et d'affaires de mort, — sans que moi, la maîtresse de vos enchantements, — l'agent mystérieux de tout maléfice, — j'aie été appelée à intervenir — ou à montrer la gloire de notre art ? — Et, qui pis est, vous avez fait tout cela — pour un fils entêté, — rancuneux, colère, qui, comme les autres, — vous aime pour lui-même, non pour vous. — Mais réparez votre faute maintenant : partez — et venez au trou de l'Achéron — me rejoindre demain matin : il doit — s'y rendre pour connaître sa destinée. — Préparez vos vases, vos sortiléges, — vos enchantements, tout enfin. — Moi, je vais dans l'air; j'emploierai cette nuit — à une œuvre terrible et fatale. — Une grande affaire doit être achevée avant midi. — A la pointe de la lune — pend une goutte de vapeur profonde; — je l'attraperai avant qu'elle tombe à terre. — Cette goutte, distillée par des procédés magiques, — fera surgir des apparitions fantastiques — qui, par la force de leurs illusions, — l'entraîneront à sa ruine. — Il insultera le destin, narguera la mort, et mettra — ses espérances au-dessus de la sagesse, de la religion et de la crainte. — Et, vous le savez toutes, la sécurité — est la plus grande ennemie des mortels.

CHANT DERRIÈRE LE THÉATRE.

Venez, venez...

HÉCATE.

— Écoutez, on m'appelle : vous voyez, mon petit esprit — m'attend, assis dans un nuage de brume.

Elle sort.

PREMIÈRE SORCIÈRE.

— Allons, hâtons-nous. Elle sera bientôt de retour.

Sortent les sorcières.

SCÈNE XV

[Fores. Une salle dans le palais.]

Entrent LENOX et un autre SEIGNEUR.

LENOX.

— Mes dernières paroles ont frappé votre pensée — qui peut maintenant conclure. Je répète seulement — que les choses ont été étrangement arrangées. Macbeth — s'est apitoyé sur le gracieux Duncan ?... Pardieu, il était mort !... — Quand au vaillant Banquo, il s'est promené trop tard ?... — Vous pouvez dire, si cela vous plaît, que c'est Fléance qui l'a tué, — car Fléance s'est sauvé... On ne doit pas se promener trop tard. — Comment se refuser à voir tout ce qu'il y a eu de monstrueux — de la part de Malcolm et de Donalbain — à tuer leur auguste père? Exécrable action ! — Combien elle a affligé Macbeth ! N'a-t-il pas immédiatement, — dans une rage pieuse, mis en pièces les deux coupables, — qui étaient esclaves de l'ivresse et captifs du sommeil? — N'est-ce pas là une noble action?... Oui, et fort prudente aussi, — car cela aurait pu irriter un cœur vif — d'entendre ces hommes nier le fait... Bref, je dis — qu'il a bien arrangé les choses; et je pense — que, s'il tenait sous clef les fils de Duncan, — (ce qui n'arrivera pas, s'il plaît à Dieu), ils verraient — ce que c'est que de tuer un père; et Fléance aussi! — Mais, silence! car, pour avoir parlé trop haut et manqué — de paraître à la fête du tyran, j'apprends — que Macduff est en disgrâce. Pouvez-vous me dire, monsieur, — où il s'est réfugié?

LE SEIGNEUR.

Le fils de Duncan, — dont ce tyran usurpe les droits héréditaires, — vit à la cour d'Angleterre, où il est reçu — par le très-pieux Édouard avec tant de grâce — que la malveillance de la fortune ne lui fait — rien perdre des honneurs qui lui sont dus. Macduff aussi — s'est rendu là; il va prier le saint roi de lancer — à son aide Northumberland et le belliqueux Siward, — afin que, grâce à leur secours et à la sanction — du Très-Haut, nous puissions de nouveau — mettre le couvert sur notre table, dormir toutes nos nuits, — délivrer nos fêtes et nos banquets des couteaux sanglants, — rendre un légitime hommage et recevoir de purs honneurs, — toutes satisfactions auxquelles nous ne pouvons qu'aspirer aujourd'hui. Cette nouvelle — a tellement exaspéré le roi, qu'il fait — des préparatifs de guerre.

LENOX.

Avait-il fait mander Macduff?

LE SEIGNEUR.

— Oui, et, Macduff ayant répondu résolûment : « Non, monsieur! » — le messager lui a tourné le dos d'un air nébuleux, — en grondant, comme s'il voulait dire : « Vous déplorerez le moment — où vous m'embarrassez de cette réponse. »

LENOX.

Voilà qui doit bien — engager Macduff à être prudent et à garder la distance — que la sagesse lui indique. Puisse, avant son arrivée, quelque saint ange — voler à la cour d'Angleterre et y révéler — son message, en sorte que la paix bénie — soit rendue au plus vite à notre patrie accablée — sous une main maudite !

LE SEIGNEUR.

Mes prières l'accompagneront !

Ils sortent.

SCÈNE XVI

[Une caverne obscure. Au milieu un chaudron bouillant. Tonnerre.]

Entrent les TROIS SORCIÈRES.

PREMIÈRE SORCIÈRE.

Trois fois le chat tacheté a miaulé.

DEUXIÈME SORCIÈRE.

Trois fois; et une fois le hérisson a grogné.

TROISIÈME SORCIÈRE.

La harpie crie : il est temps ! il est temps !

PREMIÈRE SORCIÈRE.

Tournons en rond autour du chaudron,
Et jetons-y les entrailles empoisonnées.
Crapaud qui, sous la froide pierre,
Endormi trente-un jours et trente-une nuits,
As mitonné dans ton venin,
Bous le premier dans le pot enchanté.

TOUTES TROIS.

Double, double, peine et trouble !
Feu, brûle, et, chaudron, bouillonne !

DEUXIÈME SORCIÈRE.

Filet de couleuvre de marais,
Dans le chaudron bous et cuis.
Œil de salamandre, orteil de grenouille,
Poil de chauve-souris et langue de chien,
Langue fourchue de vipère, dard de reptile aveugle,
Patte de lézard, aile de hibou,
Pour faire un charme puissant en trouble,
Bouillez et écumez comme une soupe d'enfer.

TOUTES TROIS.

Double, double, peine et trouble !
Feu, brûle, et, chaudron, bouillonne !

TROISIÈME SORCIÈRE.

Écaille de dragon, dent de loup,
Momie de sorcière, estomac et gueule
De requin dévorant des mers,
Racine de ciguë arrachée dans l'ombre,
Foie de juif blasphémateur,
Fiel de bouc, branches d'if
Cassées dans une éclipse de lune,
Nez de Turc et lèvre de Tartare,
Doigt d'un marmot étranglé en naissant
Et mis bas par une drôlesse dans un fossé,
Faites une bouillie épaisse et visqueuse ;
Ajoutons les boyaux de tigre,
Comme ingrédient, dans notre chaudron.

TOUTES TROIS.

Double, double, peine et trouble !
Feu, brûle, et, chaudron, bouillonne !

DEUXIÈME SORCIÈRE.

Refroidissons le tout avec du sang de babouin,
Et le charme sera solide et bon.

Entrent HÉCATE *et* TROIS AUTRES SORCIÈRES.

HÉCATE.

— Oh ! c'est bien ! j'approuve votre besogne ; — et chacune aura part au profit. — Maintenant, tout autour du chaudron, — entonnez une ronde comme les elfes et les fées, — pour enchanter ce que vous y avez mis.

CHANSON.

Noirs esprits, etc. (17).

DEUXIÈME SORCIÈRE.

— Au picotement de mes pouces, — je sens qu'un maudit vient par ici. — Ouvrez, serrures, à quiconque frappe !

On frappe. Entre MACBETH.

MACBETH.

— Eh bien ! mystérieuses et noires larves de minuit, — que faites-vous ?

TOUTES TROIS.

Une œuvre sans nom.

MACBETH.

— Je vous en conjure, au nom de la chose que vous professez, — quels que soient vos moyens de savoir, répondez-moi ! — Dussiez-vous déchaîner les vents et les lancer — à l'assaut des églises, dussent les vagues écumantes — détruire et engloutir toutes les marines, — dussent les blés en épis être couchés, et les arbres abattus, — dussent les châteaux s'écrouler sur ceux qui les gardent, — dussent les palais et les pyramides renverser — leurs têtes sur leurs fondements, dussent du trésor — de la nature tomber pêle-mêle tous les germes, — jusqu'à ce que la destruction même soit écœurée, répondez — à ce que je vous demande.

PREMIÈRE SORCIÈRE.

Parle.

DEUXIÈME SORCIÈRE.

Questionne.

TROISIÈME SORCIÈRE.

Nous répondrons.

PREMIÈRE SORCIÈRE.

— Dis, aimes-tu mieux tout savoir de notre bouche — ou de celle de nos maîtres ?

MACBETH.

Appelez-les ! faites-les-moi voir.

PREMIÈRE SORCIÈRE.

— Versons le sang d'une truie qui a mangé — ses neuf pourceaux ; prenons de la graisse — qui a suinté du gibet d'un meurtrier, et jetons-la — dans la flamme.

TOUTES TROIS.

Viens d'en bas ou d'en haut, — et montre-toi adroitement dans ton œuvre.

Tonnerre. Une tête armée d'un casque apparaît hors de terre.

MACBETH.

— Dis-moi, puissance inconnue...

PREMIÈRE SORCIÈRE.

Il connaît ta pensée ; — écoute ses paroles, mais ne dis rien.

LE FANTOME.

— Macbeth ! Macbeth ! Macbeth ! défie-toi de Macduff ! — défie-toi du thane de Fife !... Renvoyez-moi. C'est assez.

Le fantôme redescend.

MACBETH.

— Qui que tu sois, merci de ton bon avis. — Tu as fait vibrer la corde de mon inquiétude. Mais un mot encore.

PREMIÈRE SORCIÈRE.

— Il ne se laisse pas commander... En voici un autre — plus puissant que le premier.

SCÈNE XVI.

Tonnerre. Le fantôme d'un enfant ensanglanté sort de terre.

LE FANTOME.

Macbeth! Macbeth! Macbeth!

MACBETH.

— Je t'écouterais de trois oreilles, si je les avais.

LE FANTOME.

— Sois sanguinaire, hardi — et résolu : ris-toi — du pouvoir de l'homme, car nul être né d'une femme — ne pourra nuire à Macbeth.

Le fantôme redescend.

MACBETH.

— Alors vis, Macduff. Qu'ai-je besoin de te craindre? — Mais, n'importe! Je veux avoir une garantie double — et engager le destin. Tu ne vivras pas! — Ainsi, je pourrai dire à la peur au cœur blême qu'elle ment, — et dormir en dépit de la foudre.

Tonnerre. Le fantôme d'un enfant couronné s'élève, ayant un arbre dans la main.

Quel est celui — qui surgit, pareil au fils d'un roi — et qui porte sur son front enfantin le cercle — fermé de la souveraineté?

LES TROIS SORCIÈRES.

Écoute, mais ne lui parle pas.

LE FANTOME.

— Sois d'humeur léonine, sois fier; et ne t'inquiète pas — de ceux qui ragent, s'agitent ou conspirent; — jamais Macbeth ne sera vaincu, avant que — la grande forêt de Birnam marche contre lui — jusqu'à la haute colline de Dunsinane.

Le fantôme redescend.

MACBETH.

Cela ne sera jamais. — Qui peut faire la presse sur une forêt et sommer un arbre — de détacher sa racine fixée en terre? Douces prédictions! O bonheur! — Révolte, ne lève pas la tête avant que la forêt de — Birnam se lève, et notre Macbeth vivra dans les grandeurs — tout le bail de la nature, pour ne rendre qu'à l'heure — coutumière de la mort le dernier soupir..... Cependant mon cœur — palpite pour savoir encore une chose : dites-moi, autant — que votre art peut le deviner, si la lignée de Banquo régnera — jamais dans ce royaume.

LES TROIS SORCIÈRES.

Ne cherche pas à en savoir davantage.

MACBETH.

— Je veux être satisfait. Si vous me le refusez, — qu'une éternelle malédiction tombe sur vous! Dites-moi tout. — Pourquoi ce chaudron s'enfonce-t-il, et quel est ce bruit?

Symphonie de hautbois.

PREMIÈRE SORCIÈRE.

— Montrez-vous!

DEUXIÈME SORCIÈRE.

— Montrez-vous!

TROISIÈME SORCIÈRE.

— Montrez-vous!

TOUTES TROIS.

— Montrez-vous à ses yeux et affligez son cœur. — Venez, puis disparaissez, ombres légères.

Huit rois paraissent et traversent le théâtre à la file; le dernier avec un miroir à la main. Banquo les suit.

MACBETH.

— Tu ressembles trop à l'esprit de Banquo! A bas! — ta couronne brûle mes prunelles... Tes cheveux, à toi, — autre front cerclé d'or, sont comme ceux du premier... — Le troisième ressemble au précédent... Sales stryges,

— pourquoi me montrez-vous cela?... Un quatrième?... Écartez-vous, mes yeux! — Quoi! cette ligne se prolongera-t-elle jusqu'aux craquements de la fin du monde? — Un autre encore!... Un septième!... Je n'en veux plus voir. — Et pourtant le huitième apparaît, tenant un miroir — qui m'en montre une foule d'autres, et j'en vois — qui portent un double globe et un triple sceptre! — Horrible vision! A présent, je le vois, c'est la vérité; — car voici Banquo, tout barbouillé de sang, qui sourit — et me montre ses enfants dans ces rois... Quoi! en serait-ainsi?

PREMIÈRE SORCIÈRE.

— Oui, seigneur, tout cela est exact... — Mais pourquoi Macbeth reste-t-il ainsi stupéfait? — Allons, mes sœurs, relevons ses esprits, — en lui montrant le meilleur de nos divertissements. — Je vais charmer l'air pour en tirer des sons, — tandis que vous exécuterez votre antique ronde. — Puisse alors ce grand roi reconnaître — que nous avons dignement fêté sa venue!

Musique. Les sorcières dansent et s'évanouissent.

MACBETH.

— Où sont-elles? parties!... Que cette heure funeste — reste à jamais maudite dans le calendrier!... — Entrez, vous qui êtes là, dehors.

Entre Lenox.

LENOX.

Quel est le désir de votre grâce?

MACBETH.

— Avez-vous vu les sœurs fatidiques?

LENOX.

Non, monseigneur.

MACBETH.
— N'ont-elles pas passé près de vous?

LENOX.
Non, vraiment, monseigneur.

MACBETH.
— Infecté soit l'air sur lequel elles chevauchent! — Et damnés soient tous ceux qui les croient!... Jai entendu — un galop de cheval. Qui donc est arrivé?

LENOX.
— Ce sont deux ou trois cavaliers, monseigneur, qui vous apportent — la nouvelle que Macduff s'est enfui en Angleterre.

MACBETH.
Enfui en Angleterre?

LENOX.
Oui, mon bon seigneur.

MACBETH.
— O temps! tu préviens mes exploits redoutés. — L'intention fugace n'est jamais atteinte, — à moins que l'action ne marche avec elle. A l'avenir, — le premier mouvement de mon cœur sera — le premier mouvement de ma main. Aujourd'hui même, — pour couronner ma pensée par un acte, que la résolution prise soit exécutée : — je veux surprendre le château de Macduff, — m'emparer de Fife, passer au fil de l'épée — sa femme, ses petits enfants et tous les êtres infortunés — qui le continuent dans sa race. Pas de niaise forfanterie! —J'accomplirai cette action avant que l'idée refroidisse. — Mais plus de visions!... Où sont ces messieurs? — Allons, conduisez-moi où ils sont.

Ils sortent.

SCÈNE XVII

[Fife (18). Une chambre dans le château de Macduff.]

Entrent lady MACDUFF, son FILS et ROSSE.

LADY MACDUFF.
— Qu'avait-il fait qui l'obligeât à fuir le pays?

ROSSE.
— Vous devez avoir de la patience, madame.

LADY MACDUFF.
Il n'en a pas eu, lui! — Sa fuite a été une folie. A défaut de nos actes, — nos peurs font de nous des traîtres.

ROSSE.
Vous ne savez pas — s'il y a eu de sa part sagesse ou peur.

LADY MACDUFF.
— Sagesse! laisser sa femme, laisser ses enfants, — ses gens et ses titres dans un lieu — d'où il s'enfuit lui-même! Il ne nous aime pas : — il n'a pas même l'instinct de la nature : le pauvre roitelet, — le plus petit des oiseaux, défendra — ses petits dans son nid contre le hibou. — Il n'y a que de la peur, et pas d'affection, — non, pas plus que de sagesse, dans cette fuite — précipitée ainsi contre toute raison.

ROSSE.
Ma chère petite cousine, — je vous en prie, régentez-vous vous-même. Car, pour votre mari, — il est noble, sage, judicieux; il connaît à fond — les crises de notre époque. Je n'ose en dire davantage, — mais ce sont des temps cruels que ceux où nous sommes traîtres — sans le savoir, où nous écoutons les rumeurs — de la crainte, sans savoir ce que nous craignons, — flottant sur une mer farouche et violente — qui nous agite en tout

sens!... Je prends congé de vous : — avant peu, je reviendrai. — Quand une situation est au pire, il faut qu'elle cesse — ou qu'elle se relève... Mon joli cousin, — le ciel vous bénisse !

LADY MACDUFF.

Il a un père, et pourtant il n'a pas de père.

ROSSE.

— Je serais fou de rester plus longtemps ; — je causerais ma disgrâce et vous compromettrais. — Je prends immédiatement congé de vous.

Sort Rosse.

LADY MACDUFF.

Garnement, votre père est mort. — Qu'allez-vous faire ? Comment vivrez-vous ?

L'ENFANT.

— Comme les oiseaux, mère.

LADY MACDUFF.

Quoi ! de vers et de mouches ?

L'ENFANT.

— Je veux dire, de ce que je trouverai ; comme eux.

LADY MACDUFF.

— Pauvre oiseau ! tu ne craindrais jamais le filet, ni la glu, — ni les piéges, ni le trébuchet !

L'ENFANT.

— Pourquoi les craindrais-je, mère ? Ils ne sont pas faits pour les pauvres oiseaux. — Vous avez beau dire, mon père n'est pas mort.

LADY MACDUFF.

— Si, il est mort. Comment remplaceras-tu un père ?

L'ENFANT.

— Et vous, comment remplacerez-vous un mari ?

LADY MACDUFF.

— Ah ! je puis m'en acheter vingt au marché.

SCÈNE XVII.

L'ENFANT.

— Alors vous ne les achèterez que pour les revendre.

LADY MACDUFF.

— Tu parles avec tout ton esprit, et, ma foi, — avec assez d'esprit pour ton âge. —

L'ENFANT.

Est-ce que mon père était un traître, mère?

LADY MACDUFF.

Oui, c'en était un.

L'ENFANT.

Qu'est-ce que c'est qu'un traître?

LADY MACDUFF.

Eh bien, c'est quelqu'un qui fait un faux serment.

L'ENFANT.

Et ce sont des traîtres tous ceux qui font ça?

LADY MACDUFF.

Quiconque le fait est un traître et mérite d'être pendu.

L'ENFANT.

Et tous ceux qui font un faux serment méritent-ils d'être pendus?

LADY MACDUFF.

Tous.

L'ENFANT.

Qui est-ce qui doit les pendre?

LADY MACDUFF.

Eh bien, les honnêtes gens.

L'ENFANT.

Alors les faiseurs de faux serments sont des imbéciles; car ils sont assez nombreux pour battre les honnêtes gens et les pendre.

LADY MACDUFF.

Que Dieu te vienne en aide, pauvre singe! Mais qui te tiendra lieu de père?

L'ENFANT.

Si mon père était mort, vous le pleureriez ; si vous ne le pleuriez pas, ce serait signe que j'en aurais bien vite un nouveau.

LADY MACDUFF.

Pauvre babillard ! comme tu jases !

Entre un MESSAGER.

LE MESSAGER.

— Le ciel vous bénisse, belle dame ! Je ne vous suis pas connu, — bien que je sache parfaitement le rang que vous tenez. — Je soupçonne que quelque danger vous menace. — Si vous voulez suivre l'avis d'un homme qui parle net, — qu'on ne vous trouve pas ici ; fuyez avec vos petits. — Je suis bien brutal, je le sens, de vous effrayer ainsi. — Bien pire serait pour vous l'horrible cruauté — qui menace de si près votre personne. Dieu vous préserve ! — Je n'ose rester plus longtemps.

Sort le messager.

LADY MACDUFF.

Où dois-je fuir ? — Je n'ai pas fait de mal. Mais je me rappelle à présent — que je suis dans ce monde terrestre où faire le mal — passe souvent pour louable, et faire le bien, parfois, — pour une dangereuse folie. Pourquoi donc, hélas ! — me couvrir de cette féminine excuse — que je n'ai pas fait de mal ?... Quels sont ces visages ?

Entrent des ASSASSINS.

PREMIER ASSASSIN.

— Où est votre mari ?

LADY MACDUFF.

Pas dans un lieu assez maudit, j'espère, — pour qu'un homme tel que toi puisse le trouver.

L'ASSASSIN.

C'est un traître.

L'ENFANT.

— Tu mens, scélérat aux oreilles velues!

L'ASSASSIN, le poignardant.

Comment! mauvais œuf! — menu fretin de trahison!

L'ENFANT.

Il m'a tué, mère! — Sauvez-vous, je vous en prie!

Il meurt.

Lady Macduff sort en criant au meurtre, et poursuivie par les assassins.

SCÈNE XVIII

[En Angleterre. Un salle dans le palais du roi.]

Entrent MALCOLM et MACDUFF.

MALCOLM.

— Allons chercher quelque ombre désolée, et là — pleurons toutes les larmes de nos tristes cœurs.

MACDUFF.

Saisissons plutôt — l'épée meurtrière, et comme de braves gens, — couvrons de notre personne nos droits abattus. Chaque matin, — de nouvelles veuves hurlent, de nouveaux orphelins sanglotent, de nouvelles douleurs — frappent la face du ciel qui en retentit, — comme si, par sympathie pour l'Écosse, il répétait dans un cri — chaque syllabe de désespoir.

MALCOLM.

Je suis prêt à déplorer ce que je crois, — à croire ce que je vois et à réparer ce que je pourrai, — dès que je trouverai l'occasion amie. — Ce que vous avez dit peut par hasard être vrai. — Mais ce tyran, dont le seul nom ulcère notre langue, — était autrefois réputé honnête; vous l'avez beaucoup aimé; — il ne vous a pas encore effleuré. Je suis jeune, mais vous pouvez — par moi bien mériter de lui ; et ce serait sage — de sacrifier un pauvre, faible et innocent agneau — pour apaiser un Dieu irrité.

MACDUFF.

— Je ne suis pas un traître.

MALCOLM.

Mais Macbeth en est un. — Une bonne et vertueuse nature peut se démentir — sur un ordre impérial... Mais je vous demande pardon, — mon opinion ne peut changer ce que vous êtes. — Les anges sont brillants toujours, quoique le plus brillant soit tombé ; — quand tout ce qu'il y a d'infâme aurait le front de la vertu, — la vertu n'en devrait pas moins avoir l'air vertueux.

MACDUFF.

J'ai perdu mes espérances.

MALCOLM.

— Peut-être à l'endroit même où j'ai trouvé mes doutes. — Pourquoi avez-vous quitté votre femme et vos enfants, — ces objets si précieux, ces liens d'amour si forts, — avec cette brusquerie, sans même leur dire adieu?... De grâce, — voyez dans mes défiances, non votre déshonneur, — mais ma propre sûreté... Vous pouvez être parfaitement sincère, — quoi que je puisse penser.

MACDUFF.

Saigne, saigne, pauvre patrie ! — Grande tyrannie, établis solidement ta base, — car la vertu n'ose pas te combattre ! Jouis de ton usurpation ; — ton titre est consacré !... Adieu, seigneur ! — Je ne voudrais pas être le misérable que tu penses, — pour tout l'espace de terre qui est dans la griffe du tyran, — dût le riche Orient en être l'appoint.

SCÈNE XVIII.

MALCOLM.

Ne vous offensez pas. — Je ne parle pas ainsi par défiance absolue de vous. — Je crois que notre patrie s'affaisse sous le joug; — elle pleure, elle saigne, et chaque jour de plus ajoute — une plaie à ses blessures. Je crois aussi — que bien des bras se lèveraient pour ma cause; — et ici même le gracieux roi d'Angleterre m'en a offert — des meilleurs, par milliers. Mais, après tout, — quand j'aurai écrasé ou mis au bout de mon épée — la tête du tyran, ma pauvre patrie — verra régner plus de vices qu'auparavant; — elle souffrira plus et de plus de manières que jamais, — sous celui qui lui succédera.

MACDUFF.

Quel sera donc celui-là?

MALCOLM.

— Ce sera moi-même! moi en qui je sens — tous les vices si bien greffés — que, quand ils s'épanouiront, le noir Macbeth — semblera pur comme neige; et la pauvre Écosse — le tiendra pour un agneau, en comparant ses actes — à mes innombrables méfaits.

MACDUFF.

Non! dans les légions même — de l'horrible enfer, on ne trouverait pas un démon plus damné — en perversité que Macbeth.

MALCOLM.

J'accorde qu'il est sanguinaire, — luxurieux, avare, faux, fourbe, — brusque, malicieux, imbu de tous les vices — qui ont un nom. Mais il n'y a pas de fond, non, pas de fond, — à mon libertinage : vos femmes, vos filles, — vos matrones, vos vierges, ne rempliraient pas — la citerne de mes désirs, et mes passions — franchiraient toutes les digues — opposées à ma volonté. Mieux vaut Macbeth — qu'un roi tel que moi.

MACDUFF.

L'intempérance sans bornes — est une tyrannie de la nature : elle a — fait le vide prématuré d'heureux trônes — et la chute de bien des rois. Cependant ne craignez pas — de vous attribuer ce qui est à vous. Vous pourrez — assouvir vos désirs à cœur joie — et passer pour un homme froid au milieu d'un monde aveuglé. — Nous avons assez de dames complaisantes. Il n'y a pas — en vous de vautour qui puisse dévorer — tout ce qui s'offrira à votre grandeur, — aussitôt cette inclination connue.

MALCOLM.

Outre cela, il y a — dans ma nature, composée des plus mauvais instincts, une — avarice si insatiable que, si j'étais roi, — je retrancherais tous les nobles pour avoir leurs terres ; — je voudrais les joyaux de l'un, la maison de l'autre ; — et chaque nouvel avoir ne serait pour moi qu'une sauce — qui me rendrait plus affamé. Je forgerais — d'injustes querelles avec les meilleurs, avec les plus loyaux, — et je les détruirais pour avoir leur bien.

MACDUFF.

L'avarice — creuse plus profondément, elle jette des racines plus pernicieuses — que la luxure éphémère d'un été ; elle est — l'épée qui a tué nos rois. Cependant, ne craignez rien ; — l'Écosse a de quoi combler vos désirs à foison, — rien que dans ce qui vous appartient. Tout cela est supportable, — avec des vertus pour contrepoids.

MALCOLM.

— Des vertus ! mais je n'en ai pas. Celles qui conviennent aux rois, — la justice, la sincérité, la tempérance, la stabilité, — la générosité, la persévérance, la pitié, l'humanité, — la piété, la patience, le courage, la fermeté, — je n'en ai pas même l'arrière-goût ; mais j'abonde — en penchants diversement criminels — que je satisfais par tous les moyens. Oui, si j'en avais le pouvoir, — je verserais dans l'enfer le doux lait de la concorde, — je bouleverserais la paix universelle, je détruirais — toute unité sur la terre.

MACDUFF.

O Écosse! Écosse!

MALCOLM.

— Si un tel homme est fait pour gouverner, parle; — je suis ce que j'ai dit.

MACDUFF.

Fait pour gouverner! — non, pas même pour vivre... O nation misérable — sous un usurpateur au sceptre sanglant, — quand reverras-tu tes jours prospères, — puisque l'héritier le plus légitime de ton trône — reste sous l'interdit de sa propre malédiction, — et blasphème son origine!... Ton auguste père — était le plus saint des rois; la reine qui t'a porté, —. plus souvent à genoux que debout, — est morte chaque jour où elle a vécu. Adieu! — Les vices dont tu t'accuses toi-même — m'ont banni d'Écosse... O mon cœur! — ici finit ton espérance!

MALCOLM.

Macduff, cette noble émotion, — fille de l'intégrité, a effacé de mon âme — les noirs scrupules et réconcilié mes pensées — avec ta loyauté et ton honneur. Le diabolique Macbeth — a déjà cherché par maintes ruses pareilles à m'attirer — en son pouvoir, et une sage prudence me détourne — d'une précipitation trop crédule. Mais que le Dieu d'en-haut — intervienne seul entre toi et moi! Car, dès ce moment, — je me remets à ta direction et — je rétracte mes médisances contre moi-même; j'abjure ici — les noirceurs et les vices que je me suis imputés, — comme étrangers à ma nature. Je suis encore — inconnu à la femme; je ne me suis jamais parjuré; — c'est à peine si j'ai convoité ce qui m'appartenait; —

à aucune époque je n'ai violé ma foi ; je ne livrerais pas en traître — un démon à un autre ; j'aime — la vérité non moins que la vie ; mon premier mensonge, — je viens de le faire contre moi-même; ce que je suis vraiment — est à ta disposition, à celle de mon pauvre pays. — Déjà avant ton arrivée ici, — le vieux Siward, à la tête de dix mille hommes vaillants, — tous réunis sur un même point, allait marcher sur l'Écosse ; — maintenant, nous partirons ensemble. Puisse notre fortune être aussi — bonne que notre cause est juste ! Pourquoi êtes-vous silencieux ?

MACDUFF.

— Il est bien difficile de concilier immédiatement — d'aussi agréables choses et d'aussi désagréables.

Entre un DOCTEUR.

MALCOLM.

— Bien ; nous reparlerons tout à l'heure... Le roi va-t-il venir, dites-moi ?

LE DOCTEUR.

— Oui, seigneur ; il y a là un tas de misérables êtres — qui attendent de lui la guérison ; leur maladie défie — les puissants efforts de l'art, mais il n'a qu'à les toucher, — et telle est la vertu sainte dont le ciel a doué sa main, — qu'ils se rétablissent sur-le-champ.

MALCOLM.

Je vous remercie, docteur.

Sort le Docteur.

MACDUFF.

— De quelle maladie veut-il parler ?

MALCOLM.

On l'appelle le *mal du roi* (19). — C'est une opération tout à fait miraculeuse de ce bon prince, — et que souvent, depuis mon séjour en Angleterre, — je lui ai vu faire. Comment il sollicite le ciel, — lui seul le sait au juste. Le fait est que des gens étrangement atteints, — tout enflés et couverts d'ulcères pitoyables à voir, — vrai désespoir de la chirurgie, sont guéris par lui : — il pend autour de leur cou une pièce d'or — qu'il attache avec de pieuses prières ; et l'on dit — qu'il laisse à la dynastie qui lui succédera — le pouvoir béni de guérir. Outre cette étrange vertu, — il a le céleste don de prophétie ; — et les mille bénédictions suspendues à son trône — le proclament plein de grâce.

Entre ROSSE.

MACDUFF.

Voyez qui vient ici !

MALCOLM.

— Un de mes compatriotes ; mais je ne le reconnais pas encore.

MACDUFF.

— Mon cousin toujours charmant, soyez le bienvenu ici.

MALCOLM.

— Je le reconnais. Dieu de bonté, écarte bien vite — les causes qui nous font étrangers !

ROSSE.

Amen, seigneur.

MACDUFF.

— L'Écosse est-elle encore dans le même état?

ROSSE.

Hélas ! pauvre patrie ! — elle a presque peur de se reconnaître ! Elle ne peut plus — être appelée notre mère, mais notre tombe. Hormis — ce qui n'a pas de conscience, on n'y voit personne sourire : — des soupirs, des gémissements, des cris à déchirer l'air — y sont entendus, mais non remarqués ; le désespoir violent — y semble un délire vulgaire ; la cloche des morts y sonne — sans qu'à peine on demande pour qui ; la vie des hommes de bien — y dure moins longtemps que la fleur de leur chapeau, — elle est finie, avant d'être flétrie.

MACDUFF.

O récit — trop minutieux, et cependant trop vrai !

MALCOLM.

Quel est le malheur le plus récent ?

ROSSE.

— Le malheur vieux d'une heure siffle celui qui en parle ; — chaque minute en enfante un nouveau.

MACDUFF.

Comment va ma femme ?

ROSSE.

— Mais, bien.

MACDUFF.

Et tous mes enfants ?

ROSSE.

Bien aussi.

MACDUFF.

— Le tyran n'a pas attaqué leur repos ?

ROSSE.

— Non ; ils étaient bien en repos quand je les ai quittés.

MACDUFF.

— Ne soyez pas avare de vos paroles : où en sont les choses ?

ROSSE.

— Quand je suis parti pour porter ici les nouvelles — qui n'ont cessé de m'accabler, le bruit courait — que beaucoup de braves gens s'étaient mis en campagne ; — et j'y crois d'autant plus volontiers — que j'ai vu sur pied les forces du tyran. — Le moment de la délivrance est venu ; un regard de vous en Écosse — créerait des sol-

SCÈNE XVIII.

dats, et déciderait nos femmes même à combattre —
pour mettre fin à leurs cruelles angoisses.

MALCOLM.

Qu'elles se consolent! — Nous partons pour l'Écosse.
Sa majesté d'Angleterre — nous a prêté dix mille hommes
et le brave Siward; — pas de plus vieux ni de meilleur
soldat que lui — dans la chrétienté.

ROSSE.

Plût au ciel que je pusse répondre — à ces consolations par d'autres! mais j'ai à dire des paroles — qui
devraient être hurlées dans un désert — où aucune oreille
ne les saisirait.

MACDUFF.

Qui intéressent-elles? — la cause générale? ou ne sont-elles qu'un apanage de douleur — dû à un seul cœur?

ROSSE.

Il n'est pas d'âme honnête — qui ne prenne une part
à ce malheur, bien que la plus grande en — revienne à
vous seul.

MACDUFF.

Si elle doit m'échoir, — ne me la retenez pas; donnez-
la-moi vite.

ROSSE.

— Que vos oreilles n'aient pas de ma voix une horreur éternelle, — si elle leur transmet les accents les
plus accablants — qu'elles aient jamais entendus.

MACDUFF.

Humph! je devine!

ROSSE.

— Votre château a été surpris; votre femme et vos enfants — barbarement massacrés. Vous raconter les détails, — ce serait à la curée de ces meurtres — ajouter
votre mort.

MALCOLM.

Ciel miséricordieux?... — Allons! mon cher, n'enfoncez point votre chapeau sur vos sourcils! — Donnez la parole à la douleur : le chagrin qui ne parle pas — murmure au cœur gonflé l'injonction de se briser.

MACDUFF.

— Mes enfants aussi?

ROSSE.

Femme, enfants, serviteurs, tout — ce qu'ils ont pu trouver.

MACDUFF.

Et il a fallu que je fusse absent! — Ma femme tuée aussi?

ROSSE.

J'ai dit.

MALCOLM.

Prenez courage. — Faisons de notre grande vengeance un remède — qui guérisse cette mortelle douleur.

MACDUFF.

— Il n'a pas d'enfants!... Tous mes jolis petits? — Avez-vous dit tous?... Oh! infernal milan! Tous? — Quoi! tous mes jolis poussins, et leur mère, — dénichés d'un seul coup!

MALCOLM.

— Raisonnez la chose comme un homme.

MAGDUFF.

Oui, — mais il faut bien aussi que je la sente en homme. — Je ne puis oublier qu'il a existé des êtres — qui m'étaient si précieux... Le ciel a donc regardé cela — sans prendre leur parti? Coupable Macduff, — ils ont tous été frappés à cause de toi! Misérable que je suis, — ce n'est pas leur faute, c'est la mienne, — si le meurtre s'est abattu sur leurs âmes. Que le ciel les repose maintenant!

MALCOLM.

— Que ceci soit la pierre où votre épée s'aiguise ! Que la douleur — se change en colère ; n'émoussez pas votre cœur, enragez-le !

MACDUFF.

— Oh ! moi ! me borner à jouer la femme par les yeux — et le bravache par la langue !... Non ! Ciel clément, — coupe court à tout délai ; mets-moi — face à face avec ce démon de l'Écosse, — place-le à la portée de mon épée, et, s'il m'échappe, — ô ciel, pardonne-lui aussi !

MALCOLM.

Voilà de virils accents. — Allons, rendons-nous près du roi ; nos forces sont prêtes ; — il ne nous manque plus que les adieux. Macbeth — est mûr pour la secousse fatale, et les puissances d'en haut — font mouvoir leurs instruments. Acceptez tout ce qui peut vous consoler. — Elle est longue la nuit qui ne trouve jamais le jour ! —

Ils sortent.

SCÈNE XIX

[Dunsinane. Une salle dans le château.]

Entrent un MÉDECIN et une DAME DE SERVICE.

LE MÉDECIN.

J'ai veillé deux nuits avec vous ; mais je ne puis rien apercevoir qui confirme votre rapport. Quand s'est-elle ainsi promenée dernièrement ?

LA DAME DE SERVICE.

Depuis que sa majesté est entrée en campagne. Je l'ai vue se lever de son lit, jeter sur elle sa robe de nuit, ouvrir son cabinet, prendre du papier, le plier, écrire dessus, le lire, ensuite le sceller, et retourner au lit ; tout cela pourtant dans le plus profond sommeil.

LE MÉDECIN.

Grande perturbation de la nature ! Recevoir à la fois les bienfaits du sommeil et agir comme en état de veille. Dans cette agitation léthargique, outre ses promenades et autres actes effectifs, par moment, que lui avez-vous entendu dire?

LA DAME DE SERVICE.

Des choses, monsieur, que je ne veux pas répéter après elle.

LE MÉDECIN.

Vous pouvez me les redire, à moi ; cela est de stricte convenance.

LA DAME DE SERVICE.

Ni à vous, ni à personne, puisque je n'ai pas de témoin pour confirmer mes paroles.

Entre lady MACBETH, avec un flambeau.

Tenez, la voici qui vient ! Justement dans la même tenue ; et, sur ma vie, profondément endormie. Observez-la ; approchez.

LE MÉDECIN.

Comment s'est-elle procuré cette lumière?

LA DAME DE SERVICE.

Ah ! elle l'avait près d'elle ; elle a de la lumière près d'elle continuellement, c'est son ordre...

LE MÉDECIN.

Vous voyez, ses yeux sont ouverts.

LA DAME DE SERVICE.

Oui, mais ils sont fermés à la sensation.

LE MÉDECIN.

Qu'est-ce qu'elle fait là? Regardez comme elle se frotte les mains.

SCÈNE XIX.

LA DAME DE SERVICE.

C'est un geste qui lui est habituel, d'avoir ainsi l'air de se laver les mains. Je l'ai vue continuer à faire cela pendant un quart d'heure.

LADY MACBETH.

Il y a toujours une tache.

LE DOCTEUR.

Écoutez! elle parle : je vais noter tout ce qui lui échappera, pour fixer plus fermement mon souvenir.

LADY MACBETH.

Va-t'en, tache damnée! va-t'en, dis-je... Une! deux! Alors il est temps de faire la chose!... L'enfer est sombre!... Fi! monseigneur, fi! un soldat avoir peur!... A quoi bon redouter qu'on le sache, quand nul ne pourra demander de comptes à notre autorité? Pourtant qui aurait cru que le vieux homme eût en lui tant de sang?

LE MÉDECIN.

Remarquez-vous cela?

LADY MACBETH.

Le thane de Fife avait une femme; où est-elle à présent?... Quoi! ces mains-là ne seront donc jamais propres?... Assez, monseigneur, assez! Vous gâtez tout avec ces frémissements.

LE MÉDECIN.

Allez! allez! vous en savez plus que vous ne devriez!

LA DAME DE SERVICE.

Elle a parlé plus qu'elle n'aurait dû, je suis sûre de cela. Le ciel sait ce qu'elle sait!

LADY MACBETH.

Il y a toujours l'odeur du sang... Tous les parfums d'Arabie ne rendraient pas suave cette petite main! Oh! oh! oh!

LE MÉDECIN.

Quel soupir! Le cœur est douloureusement chargé.

LA DAME DE SERVICE.

Je ne voudrais pas avoir dans mon sein un cœur pareil, pour tous les honneurs rendus à sa personne.

LE MÉDECIN.

Bien, bien, bien.

LA DAME DE SERVICE.

Priez Dieu que tout soit bien, monsieur.

LE MÉDECIN.

Cette maladie échappe à mon art; cependant j'ai connu des gens qui se sont promenés dans leur sommeil et qui sont morts saintement dans leur lit.

LADY MACBETH.

Lavez vos mains, mettez votre robe de nuit, ne soyez pas si pâle... Je vous le répète, Banquo est enterré, il ne peut pas sortir de sa tombe.

LE MÉDECIN.

Serait-il vrai?

LADY MACBETH.

Au lit! au lit! on frappe à la porte. Venez, venez, venez, venez, donnez-moi votre main. Ce qui est fait ne peut être défait : au lit! au lit! au lit!

Sort lady Macbeth.

LE MÉDECIN.

— Ira-t-elle au lit maintenant?

LA DAME DE SERVICE.

Tout droit.

LE MÉDECIN.

— D'horribles murmures ont été proférés,... Des actions contre nature — produisent des troubles contre nature. Les consciences infectées — déchargent leurs secrets sur Les sourds oreillers. — Elle a plus besoin du prêtre que du médecin. — Dieu, Dieu, pardonne-nous à tous!... Suivez-la. — Éloignez d'elle tout ce qui peut être nuisible, — et ayez toujours les yeux sur elle... Sur ce, bonne nuit, — elle a confondu mon âme et effaré mes regards. — Je pense, mais je n'ose parler.

LA DAME DE SERVICE.

Bonne nuit, bon docteur.

Ils sortent.

SCÈNE XX

[Les environs de Dunsinane.]

Entrent, tambours battants, enseignes déployées, MENTETH, CATHNESS, ANGUS, LENOX et des soldats.

MENTETH.

— Les forces anglaises approchent, conduites par Malcolm, — son oncle Siward, et le brave Macduff. — La vengeance brûle en eux : une cause si chère — entraînerait à la charge sanglante et sinistre — l'homme le plus mortifié.

ANGUS.

Nous les rencontrerons sûrement — près de la forêt de Birnam ; c'est par cette route qu'ils arrivent.

CATHNESS.

— Qui sait si Donalbain est avec son frère ?

LENOX.

— Je suis certain que non, monsieur. J'ai la liste de — tous les gentilhommes ; le fils de Siward en est, — ainsi que beaucoup de jeunes imberbes qui font — aujourd'hui leurs premières preuves de virilité.

MENTETH.

Que fait le tyran ?

CATHNESS.

— Il fortifie solidement le donjon de Dunsinane. — Quelques-uns disent qu'il est fou ; d'autres, qui le haïssent moins, — appellent cela une vaillante furie; mais ce qui est certain, — c'est qu'il ne peut pas boucler sa cause défaillante — dans le ceinturon de la règle.

ANGUS.

C'est maintenant qu'il sent — ses meurtres secrets se coller à ses mains. — A chaque instant des révoltes lui jettent à la face sa foi brisée. — Ceux qu'il commande obéissent seulement au commandement, — nullement à l'affection… Il sent maintenant sa grandeur — s'affaisser autour de lui, comme une robe de géant — sur un voleur nain.

MENTETH.

Qui blâmerait — ses sens surmenés de se révolter et de bondir, — quand tout ce qui est en lui se reproche — d'y être?

CATHNESS.

Allons! mettons-nous en marche — pour porter notre obéissance à qui nous la devons. — Allons trouver le médecin de la société malade; — et, réunis à lui, versons, pour purger notre pays, — toutes les gouttes de notre sang.

LENOX.

Versons-en du moins ce qu'il en faudra — pour arroser la fleur souveraine et noyer la zizanie. — Dirigeons notre marche sur Birnam.

Ils sortent.

SCÈNE XXI

[Dunsinane (20). Une salle dans le château.]

Entrent MACBETH, le MÉDECIN, des gens de la suite.

MACBETH.

— Ne me transmettez plus de rapports!… qu'ils désertent tous! — Jusqu'à ce que la forêt de Birnam se transporte à Dunsinane, — je ne puis être atteint par la crainte. Qu'est-ce que le marmouset Malcolm? — N'est-il pas né d'une femme? Les esprits, qui connaissent — toutes les conséquences mortelles, ont prononcé ainsi à mon égard : — «Ne crains rien, Macbeth ; nul homme né d'une femme — n'aura jamais de pouvoir sur toi. » Fuyez donc, thanes traîtres, — et allez vous mêler aux épicuriens anglais. — L'âme par qui je règne et le cœur que je porte — ne seront jamais accablés par le doute ni ébranlés par la peur.

Entre un SERVITEUR.

— Que le diable te noircisse de sa damnation, drôle à face de crème ! — Où as-tu pris cet air d'oie?

LE SERVITEUR.

— Il y a dix mille...

MACBETH.

Oisons, maraud !

LE SERVITEUR.

Soldats, seigneur.

MACBETH.

— Va, pique-toi le visage, et farde de rouge ta peur, — marmot au foie de lis ! Quels soldats, chiffon? — Mort de ton âme ! tes joues de linge — sont conseillères de peur. Quels soldats, face de lait caillé?

LE SERVITEUR.

— Les forces anglaises, sauf votre bon plaisir.

MACBETH.

— Ote ta face d'ici !... Seyton !... Le cœur me lève — quand je vois... Seyton ! allons !... Ce grand coup — va m'exalter pour toujours ou me désarçonner tout de suite. — J'ai assez vécu : le printemps de ma vie — est en proie à la sécheresse, aux feuilles jaunes ; — de tout ce qui doit accompagner le vieil âge, — le respect, l'amour, l'obéissance, les troupes d'amis, — je n'ai plus rien à espérer ; ce qui m'attend à la place, ce sont — des malédictions muettes, mais profondes, des hommages de bouche, murmures — que les pauvres cœurs retiendraient volontiers, s'ils l'osaient !... — Seyton !...

Entre SEYTON.

SEYTON.

— Quel est votre gracieux plaisir?

MACBETH.

Quelles nouvelles encore ?

SEYTON.

— Tous les rapports se confirment, monseigneur.

MACBETH.

— Je combattrai jusqu'à ce que ma chair tombe hachée de mes os... — Donne-moi mon armure.

SEYTON.

Il n'en est pas encore besoin.

MACBETH.

Je veux la mettre. — Qu'on lance encore de la cavalerie; qu'on balaie la contrée d'alentour ; — qu'on pende ceux qui parlent de peur... Donne-moi mon armure... — Comment va votre malade, docteur ?

LE MÉDECIN.

Elle a moins une maladie, monseigneur, — qu'un trouble causé par d'accablantes visions — qui l'empêchent de reposer.

MACBETH.

Guéris-la de cela. — Tu ne peux donc pas traiter un esprit malade, — arracher de la mémoire un chagrin enraciné, — effacer les ennuis inscrits dans le cerveau, — et, grâce à quelque doux antidote d'oubli, — débarrasser le sein gonflé des dangereuses matières — qui pèsent sur le cœur?

SCÈNE XXI.

LE MÉDECIN.

En pareil cas, c'est au malade — à se traiter lui-même.

MACBETH.

— Qu'on jette la médecine aux chiens, je ne veux rien d'elle... — Allons, mettez-moi mon armure ; donnez-moi mon bâton de commandement... — Seyton, fais faire une sortie... Docteur, les thanes me désertent... — Allons ! mon cher, dépêchons !... Si tu pouvais, docteur, examiner — l'eau de mon royaume, découvrir sa maladie, — et lui rendre, en le purgeant, sa bonne santé première, — je jetterais tes louanges à tous les échos, — pour qu'ils les répétassent... Otez-moi mon armure, vous dis-je... — Quelle rhubarbe, quel séné, quelle drogue purgative — pourrait donc faire évacuer d'ici ces Anglais ?... As-tu ouï parler d'eux ?

LE MÉDECIN.

— Oui, mon bon seigneur ; les préparatifs de votre majesté — nous ont donné de leurs nouvelles.

MACBETH.

Qu'on porte mon armure derrière moi... — Je ne craindrai pas la mort ni la ruine — avant que la forêt de Birnam vienne à Dunsinane...

Il sort.

LE MÉDECIN.

— Si j'étais une bonne fois élargi de Dunsinane, — il n'est pas de profits qui m'y feraient revenir.

Il sort.

SCÈNE XXII

[Les environs de Dunsinane. Une forêt à l'horizon].

Entrent, sous des drapeaux, au son du tambour, Malcolm, le vieux Siward et son fils, Macduff, Menteth, Cathness, Angus, Lenox, Rosse, suivis de soldats en marche.

MALCOLM.

— Cousin, j'espère que le jour n'est pas loin — où nous serons en sûreté dans nos foyers.

MENTETH.

Nous n'en doutons nullement.

SIWARD.

— Quelle est cette forêt devant nous?

MENTETH.

La forêt de Birnam (21).

MALCOLM.

— Que chaque soldat coupe une branche d'arbre — et la porte devant lui; par là nous jetterons l'ombre — sur notre force, et nous mettrons en erreur — les éclaireurs ennemis.

LES SOLDATS.

Nous allons le faire.

SIWARD.

— Tout ce que nous apprenons, c'est que le tyran tient toujours — dans Dunsinane avec confiance, et attendra — que nous l'y assiégions.

MALCOLM.

Là est sa suprême espérance; — car, partout où l'occasion s'en offre, — petits et grands lui font défection. — Il n'a plus à son service que des êtres contraints — dont le cœur même est ailleurs.

MACDUFF.

Que nos justes censures — attendent l'événement infaillible ; jusque-là déployons — la plus savante bravoure.

SIWARD.

Le temps approche — où une décision nécessaire nous fera connaître — notre avoir et notre déficit. — Les conjectures de la pensée reflètent ses espérances incertaines : — mais le dénoûment infaillible, ce sont les coups qui doivent le déterminer. — A cette fin précipitons la guerre.

Ils se mettent en marche.

SCÈNE XXIII

[Dunsinane. Intérieur du château].

Entrent, sous les drapeaux, au son du tambour, MACBETH, SEYTON *et des soldats.*

MACBETH.

— Qu'on déploie nos bannières sur les murs extérieurs ; — le cri de garde est toujours : ils viennent ! Notre château est assez fort — pour narguer un siége : qu'ils restent étendus là — jusqu'à ce que la famine et la fièvre les dévorent ! — S'ils n'étaient pas renforcés par ceux qui devraient être des nôtres, — nous aurions pu hardiment aller à eux, barbe contre barbe, — et les faire battre en retraite jusque chez eux... Quel est ce bruit ?

SEYTON.

— Ce sont des cris de femme, mon bon seigneur.

MACBETH.

— J'ai presque perdu le goût de l'inquiétude. — Il fut un temps où mes sens se seraient glacés — au moindre cri nocturne, où mes cheveux, — à un récit lugubre, se seraient dressés et agités — comme s'ils étaient vivants. Je me suis gorgé d'horreurs. — L'épouvante, familière à mes meurtrières pensées, — ne peut plus me faire tressaillir. Pourquoi ces cris?

SEYTON.

— La reine est morte, monseigneur.

MACBETH.

Elle aurait dû mourir plus tard; — le moment serait toujours venu de dire ce mot-là!... — Demain, puis demain, puis demain — glisse à petits pas de jour en jour — jusqu'à la dernière syllabe du registre des temps : — et tous nos hiers n'ont fait qu'éclairer pour des fous — le chemin de la mort poudreuse. Éteins-toi, éteins-toi, court flambeau ! — La vie n'est qu'un fantôme errant, un pauvre comédien — qui se pavane et s'agite durant son heure sur la scène — et qu'ensuite on n'entend plus ; c'est une histoire — dite par un idiot, pleine de fracas et de furie, — et qui ne signifie rien...

Entre un MESSAGER.

— Tu viens pour user de ta langue; ton conte, vite !

LE MESSAGER.

Mon gracieux seigneur, — je voudrais vous rapporter ce que j'affirme avoir vu, — mais je ne sais comment faire.

MACBETH.

Eh bien, parlez, monsieur !

LE MESSAGER.

— Comme je montais ma garde sur la colline, — j'ai regardé du côté de Birnam, et tout à coup il m'a semblé — que la forêt se mettait en mouvement.

MACBETH, *le frappant.*

Misérable menteur !

LE MESSAGER.

— Que j'endure votre courroux, si cela n'est pas vrai ; —

vous pouvez, à trois milles d'ici, la voir qui arrive ; — je le répète, c'est un bois mouvant.

MACBETH.

Si ton rapport est faux, — je te ferai pendre vivant au premier arbre, — jusqu'à ce que la faim te racornisse ; s'il est sincère, — je me soucie peu que tu m'en fasses autant. — Je rétracte ma résolution, et je commence — à soupçonner l'équivoque du démon — qui ment en disant vrai. « Ne crains rien jusqu'à ce que la forêt — de Birnam marche sur Dunsinane ! » Et voici que la forêt — marche vers Dunsinane... Aux armes ! aux armes, et sortons ! — Si ce qu'il affirme est réel, — nul moyen de fuir d'ici, ni d'y demeurer. — Je commence à être las du soleil, et je voudrais — que l'empire du monde fût anéanti en ce moment. — Qu'on sonne la cloche d'alarme !... Vent, souffle ! viens, destruction ! — Nous mourrons du moins, le harnais sur le dos.

Ils sortent.

SCÈNE XXIV

[Une plaine devant le château.]

Entrent, sous les drapeaux, au son des tambours, MALCOLM, le vieux SIWARD, MACDUFF, etc., et des soldats portant des branches d'arbres.

MALCOLM.

— Assez près maintenant ! Jetez vos écrans de feuillage, — et montrez-vous comme vous êtes... Vous, digne oncle, — avec mon cousin, votre noble fils, — vous commanderez notre front de bataille ; le digne Macduff et nous, — nous nous chargeons du reste, — conformément à notre plan.

SIWARD.

Adieu. — Pour peu que nous rencontrions ce soir les

forces du tyran, — je veux être battu, si nous ne savons pas leur tenir tête.

MACDUFF.

— Faites parler toutes nos trompettes ; donnez-leur tout leur souffle, — à ces bruyants hérauts du sang et de la mort.

Ils sortent. Fanfares d'alarme prolongées.

SCÈNE XXV

[Dunsinane. Une autre partie de la plaine.]

MACBETH.

Ils m'ont lié à un poteau ; je ne puis pas fuir, — et il faut que je soutienne la lutte comme un ours... Où est celui — qui n'est pas né d'une femme ? C'est lui que — je dois craindre, ou personne.

Entre le jeune Siward.

LE JEUNE SIWARD.

— Quel est ton nom ?

MACBETH.

Tu seras effrayé de l'entendre.

LE JEUNE SIWARD.

— Non, quand tu t'appellerais d'un nom plus brûlant — que tous ceux de l'enfer.

MACBETH.

Mon nom est Macbeth.

LE JEUNE SIWARD.

— Le diable lui-même ne pourrait prononcer un titre — plus odieux à mon oreille.

MACBETH.

Non, ni plus terrible.

SCÈNE XXV.

LE JEUNE SIWARD.

— Tu mens, tyran abhorré ! Avec mon épée — je vais te prouver ton mensonge.

Ils se battent; le jeune Siward est tué.

MACBETH.

Tu étais né d'une femme... — Je souris aux épées, je nargue les armes — brandies par tout homme né d'une femme.

Il sort.

Fanfare d'alarme. Entre MACDUFF.

MACDUFF.

— Le bruit est de ce côté... Tyran, montre ta face; — si tu n'es pas tué de ma main, — les ombres de ma femme et de mes enfants me hanteront toujours. — Je ne puis pas frapper les misérables Irlandais, dont les bras — sont loués pour porter des bâtons. C'est toi, Macbeth, qu'il me faut; — sinon, je rentrerai au fourreau, sans en avoir essayé la lame, — mon épée inactive. Tu dois être par là. — Ce grand cliquetis semble annoncer un combattant — du plus grand éclat. Fais-le-moi trouver, fortune, — et je ne demande plus rien.

Il sort. Fanfare d'alarme.

Entrent MALCOLM *et le vieux* SIWARD.

SIWARD.

— Par ici, monseigneur ! Le château s'est rendu sans résistance : — les gens du tyran combattent dans les deux armées ; — les nobles thanes guerroient bravement ; — la journée semble presque se déclarer pour vous, — et il reste peu à faire.

MALCOLM.

Nous avons rencontré des ennemis — qui frappent à côté de nous.

SIWARD.

Entrons dans le château, seigneur.

Ils sortent. Fanfare d'alarme.

Rentre MACBETH.

MACBETH.

— Pourquoi jouerais-je le fou romain et me tuerais-je — de ma propre épée ? Tant que je verrai des vivants, ses entailles — feront mieux sur eux.

Rentre MACDUFF.

MACDUFF.

Tourne-toi, limier d'enfer, tourne-toi.

MACBETH.

— De tous les hommes, je n'ai évité que toi seul ; — mais retire-toi, mon âme est déjà trop chargée — du sang des tiens.

MACDUFF.

Je n'ai pas de paroles, — ma voix est dans mon épée, scélérat ensanglanté de forfaits sans nom !

Ils se battent.

MACBETH.

Tu perds ta peine. — Tu pourrais aussi aisément balafrer de ton épée — l'air impalpable que me faire saigner. — Que ta lame tombe sur des cimiers vulnérables : — j'ai une vie enchantée qui ne peut pas céder — à un être né d'une femme.

MACDUFF.

N'espère plus dans ce charme. — Que l'ange que tu as toujours servi — t'apprenne que Macduff a été arraché du — ventre de sa mère avant terme.

MACBETH.

Maudite soit la langue qui me dit cela ! — car elle vient d'abattre en moi le meilleur de l'homme. — Qu'on ne croie plus désormais ces démons jongleurs — qui équivoquent avec nous par des mots à double sens, — qui tiennent leur promesse pour notre oreille, — et la violent pour notre espérance!... Je ne me battrai pas avec toi.

MACDUFF.

— Alors, rends-toi, lâche! — Et vis pour être le spectacle et l'étonnement du siècle. — Nous mettrons ton portrait, comme celui de nos monstres rares, — sur un poteau, et nous écrirons dessous : — « Ici on peut voir le tyran. »

MACBETH.

Je ne me rendrai pas. — Pour baiser la terre devant les pas du jeune Malcolm, — ou pour être harcelé par les malédictions de la canaille! — Bien que la forêt de Birnam soit venue à Dunsinane, — et que tu sois mon adversaire, toi qui n'es pas né d'une femme, — je tenterai la dernière épreuve ; j'étends devant mon corps — mon belliqueux bouclier : frappe, Macduff ; — et damné soit celui qui le premier criera : « Arrête ! assez ! »

Ils sortent en se battant.

Retraite. Fanfare. Rentrent, tambour battant, enseignes déployées, MALCOLM, le vieux SIWARD, ROSSE, LENOX, ANGUS, CATHNESS, MENTETH, et des SOLDATS.

MALCOLM.

— Je voudrais que les amis qui nous manquent fussent ici sains et saufs !

SIWARD.

— Il faut bien en perdre. Et pourtant, à voir ceux qui restent, — une si grande journée ne nous a pas coûté cher.

MALCOLM.

— Macduff nous manque, ainsi que votre noble fils.

ROSSE, à Siward.

— Votre fils, milord, a payé la dette du soldat ; — il

n'a vécu que jusqu'à ce qu'il fût un homme; — à peine sa prouesse lui a-t-elle confirmé ce titre, — au poste immuable où il a combattu, — qu'il est mort comme un homme.

SIWARD.

Il est donc mort?

ROSSE.

— Oui, et emporté du champ de bataille. Votre douleur — ne doit pas se mesurer à son mérite, car alors — elle n'aurait pas de fin.

SIWARD.

A-t-il reçu ses blessures par devant?

ROSSE.

— Oui, de face.

SIWARD.

Eh bien, qu'il soit le soldat de Dieu! — Eussé-je autant de fils que j'ai de cheveux, — je ne leur souhaiterais pas une plus belle mort. — Et voilà son glas sonné.

MALCOLM.

Il mérite plus de regrets; — il les aura de moi.

SIWARD.

Il n'en mérite pas plus. — On dit qu'il est bien parti, et qu'il a payé son écot. — Sur ce, que Dieu soit avec lui!... Voici venir une consolation nouvelle.

Rentre MACDUFF, portant la tête de Macbeth au bout d'une pique.

MACDUFF.

— Salut, roi! car tu l'es.

Il enfonce la pique en terre.

Regarde où se dresse — la tête maudite de l'usurpateur. Notre temps est libre. — Ceux que je vois autour de toi, perles de ta couronne, — répètent mentalement mon salut; — je leur demande de s'écrier tout haut avec moi : — Salut, roi d'Écosse!

SCÈNE XXV.

TOUS.

Salut, roi d'Écosse !

Fanfares.

MALCOLM.

— Nous ne ferons pas une large dépense de temps — avant de compter avec tous vos dévouements — et de nous acquitter envers vous. Thanes et cousins, — dès aujourd'hui soyez comtes; les premiers que jamais l'Écosse — ait désignés par ce titre. Tout ce qui reste à faire — pour replanter à nouveau notre société : — rappeler nos amis exilés qui ont fui — à l'étranger les piéges d'une tyrannie soupçonneuse; — dénoncer les ministres cruels — du boucher qui vient de mourir, et de son infernale reine — qui s'est, dit-on, violemment ôté la vie — de ses propres mains; enfin, tous les actes urgents — qui nous réclament, nous les accomplirons, — avec la grâce de Dieu, dans la mesure, le temps et le lieu voulus. — Sur ce, merci à tous et à chacun. — Nous vous invitons à venir à Scone voir notre couronnement.

Fanfare. Tous sortent.

FIN DE MACBETH.

LE ROI JEAN [22]

PERSONNAGES :

LE ROI JEAN.
LE PRINCE HENRY, son fils, plus tard Henry III.
ARTHUR, duc de Bretagne, fils de Geoffroi, dernier duc de Bretagne et frère aîné du roi Jean.
WILLIAM MARESHALL, COMTE DE PEMBROKE.
GEOFFROI FITZPETER, COMTE D'ESSEX, grand justicier d'Angleterre.
GUILLAUME LONGUE-ÉPÉE, COMTE DE SALISBURY.
ROBERT BIGOT, COMTE DE NORFOLK.
HUBERT DUBOURG.
ROBERT FAULCONBRIDGE, fils de sir Robert Faulconbridge.
PHILIPPE FAULCONBRIDGE, son frère utérin, dit LE BATARD.
JAMES GURNEY, serviteur de lady Faulconbridge.
PIERRE DE POMFRET, prophète.
PHILIPPE, roi de France.
LOUIS, dauphin.
L'ARCHIDUC D'AUTRICHE.
LE CARDINAL PANDOLPHE, légat du pape.
MELUN, seigneur français.
CHATILLON, ambassadeur de France auprès du roi Jean.
DEUX EXÉCUTEURS.

LA REINE-MÈRE ÉLÉONORE, veuve de Henry II.
CONSTANCE, mère d'Arthur.
BLANCHE, fille d'Alphonse, roi de Castille, et nièce du roi Jean.
LADY FAULCONDBRIGE, mère du Bâtard et de Robert Faulconbridge.
SEIGNEURS, DAMES, CITOYENS D'ANGERS, UN SHÉRIF, DES HÉRAUTS; OFFICIERS, SOLDATS, MESSAGERS ET GENS DE SERVICE.

La scène est tantôt en Angleterre, tantôt en France.

SCÈNE I

[Northampton. La salle du trône dans le palais.]

Entrent le roi Jean, la reine-mère Éléonore, Pembroke, Essex, Salisbury et d'autres personnnages, suivis de Chatillon.

LE ROI JEAN.

— Eh bien, Châtillon, parlez, que nous veut la France ?

CHATILLON.

— Ainsi, après le salut d'usage, le roi de France parle — par mon entremise, à ta majesté, — majesté empruntée d'Angleterre !...

ÉLÉONORE.

— Étrange commencement : majesté empruntée !

LE ROI JEAN.

— Silence, bonne mère; écoutez le message.

CHATILLON.

— Philippe de France, suivant les droits et au nom — d'Arthur Plantagenet, fils de feu ton frère Geoffroy, — réclame en toute légitimité — cette belle île et ses territoires, — l'Irlande, Poitiers, l'Anjou, la Touraine et le Maine ; — te demandant de déposer l'épée — qui garde tous ces titres usurpés, — et de la remettre dans la main du jeune Arthur, — ton neveu et ton très-royal souverain.

LE ROI JEAN.

— Quelle est la conséquence, si nous n'y consentons pas?

CHATILLON.

— L'impérieuse contrainte d'une guerre furieuse et sanglante, — afin d'imposer par la force des droits ainsi repoussés par la force.

LE ROI JEAN.

— Ici, nous avons guerre pour guerre, sang pour sang, — contrainte pour contrainte : réponds cela à la France.

CHATILLON.

— Reçois donc par ma bouche le défi de mon roi; — c'est la limite extrême de mes pouvoirs.

LE ROI JEAN.

— Porte-lui le mien et pars en paix. — Apparais comme l'éclair aux yeux de la France; — sinon, avant que tu aies pu annoncer que je serai là, — le tonnerre de mon canon s'y sera fait entendre. — Hors d'ici, donc! sois la trompette de notre colère — et le sinistre augure de votre propre ruine. — Qu'on lui donne une escorte d'honneur; — Pembroke, veillez-y. Adieu, Châtillon.

Châtillon et Pembroke sortent.

ÉLÉONORE, bas au roi Jean.

— Eh bien, mon fils, n'ai-je pas toujours dit — que l'ambitieuse Constance n'aurait point de repos — qu'elle n'eût enflammé la France et le monde entier — pour les droits et la cause de son fils? — Cette affaire aurait pu être prévenue et arrangée — par quelques protestations bien faciles d'amitié; — maintenant, soumise à l'arbitrage de deux royaumes, elle ne peut avoir — qu'une issue terrible et sanglante.

LE ROI JEAN, bas à la reine.

— Nous avons pour nous la force de la possession et celle du droit.

ÉLÉONORE, bas au roi Jean.

— La force de la possession, bien plus que celle du droit ; — sans quoi, cela irait mal pour vous et pour moi : — ma conscience chuchote ici à votre oreille — ce que nul ne doit entendre, — hormis le ciel, vous et moi.

Entre le Shérif du comté de Northampton, qui dit quelques mots à voix basse à Essex.

ESSEX.

— Mon suzerain, il se présente ici, de province, — pour être jugé par vous, le plus étrange procès — dont j'aie jamais ouï parler ; introduirai-je les parties ?

LE ROI JEAN.

— Qu'elles approchent !

Le shérif sort.

Nos abbayes et nos prieurés paieront — les frais de cette expédition.

Le Shérif revient, accompagné de Robert Faulconbridge et du Batard Philippe, son frère.

LE ROI JEAN, aux deux frères.

Quels hommes êtes-vous ?

LE BATARD.

— Moi, votre sujet fidèle, je suis un gentilhomme, — né dans le comté de Northampton, fils aîné, — à ce que je suppose, de Robert Faulconbridge, — un soldat fait chevalier sur le champ de bataille, — de la main de Cœur de Lion, main donneuse d'honneur !

LE ROI JEAN, à Robert.

— Et toi, qui es-tu ?

ROBERT.

— Le fils et l'héritier du même Faulconbridge.

LE ROI JEAN, montrant le Bâtard.

— Celui-ci est l'aîné et tu es l'héritier? — Vous n'êtes pas issus de la même mère, il paraît?

LE BATARD.

— Très-certainement de la même mère, puissant roi, — c'est bien connu, et aussi, je crois, du même père, — mais pour la connaissance certaine de cette vérité-ci, — je vous renvoie au ciel et à ma mère. — J'ai sur ce point les doutes que peuvent avoir tous les enfants des hommes.

ÉLÉONORE.

— Fi, homme grossier! tu diffames ta mère — et tu blesses son honneur par cette défiance.

LE BATARD.

— Moi, madame? Non pas, je n'ai pas de raison pour ça : — c'est là l'argument de mon frère, et non le mien ; — s'il peut le prouver, il me fait déguerpir — de cinq cents belles livres de revenu au moins. — Le ciel préserve l'honneur de ma mère et ma succession!

LE ROI JEAN.

— Voilà un franc gaillard!... Pourquoi, étant le plus jeune, — ton frère réclame-t-il ton héritage?

LE BATARD.

— Je ne sais pas pourquoi, si ce n'est pas pour avoir la succession. — Un beau jour, il m'a accusé de bâtardise ; — ai-je été fait, oui ou non, aussi légitimement que lui? — Je laisse ma mère en répondre sur sa tête. —Mais pour savoir si j'ai été fait aussi bien, sire, — (que la terre soit légère aux os qui ont pris pour moi cette peine!) — comparez nos visages, mon suzerain, et soyez juge vous-même. — Si le vieux sir Robert nous a réellement faits tous deux, — s'il fut bien notre père, et si ce fils-là lui ressemble, — ô vieux père sir Robert, je remercie — à genoux le ciel de ne pas te ressembler!

LE ROI JEAN.

— Ah! quel bonnet à l'envers le ciel nous a envoyé là!

ÉLÉONORE.

— Il ressemble de visage à Cœur de Lion, — et l'accent de sa voix le rappelle : — ne lisez-vous pas quelques traits de mon fils — dans la large organisation de cet homme?

LE ROI JEAN.

— Mon œil a bien examiné son extérieur — et y retrouve parfaitement Richard.

A Robert Faulconbridge.

Parlez, drôle, — pour quel motif réclamez-vous la succession de votre frère?

LE BATARD.

— Parce qu'il a un profil comme celui de mon père! — Avec cette demi-face-là, il veut avoir toutes mes terres : — cinq cents livres par an, pour ce profil d'un liard!

ROBERT.

— Mon gracieux suzerain, quand mon père vivait, — votre frère l'employait beaucoup...

LE BATARD.

— Eh! mais, monsieur, ça ne vous donne pas le droit de prendre mes terres : — votre récit doit dire comment il employait ma mère.

ROBERT.

— Une fois, il expédia mon père comme ambassadeur — en Allemagne, pour y traiter avec l'empereur — des grandes affaires qui intéressaient ce temps-là. — Le roi prit avantage de cette absence, — et, tant qu'elle dura, séjourna chez mon père. — Comment il triompha? j'ai honte de le dire. — Mais la vérité est la vérité : il y avait de vastes étendues de mers et de côtes — entre mon père et ma mère — (je l'ai entendu dire à mon père lui-même), — lorsque le robuste gentilhomme que voilà fut conçu. — A son lit de mort, mon père me légua — ses terres par testament, et jura sur sa mort même — que ce fils de ma mère n'était pas de lui, — ou que, s'il l'était, il était venu au monde — quatorze grandes semaines avant le temps voulu. — Ainsi, mon bon suzerain, faites-moi rendre ce qui m'appartient — suivant la volonté de mon père, la succession de mon père.

LE ROI JEAN.

— Drôle, votre frère est légitime ; la femme de — votre père l'a eu après le mariage ; — si elle a triché, la faute en est à elle. — Cette faute est un des risques que courent tous les maris — le jour où ils prennent femme. Supposez que mon frère, — après avoir, comme vous le dites, pris la peine de faire ce fils-là, — l'eût réclamé de votre père comme son fils, — n'est-il pas vrai, l'ami, que votre père aurait pu garder — ce veau de sa vache, en dépit du monde entier ? — Oui, vraiment, il l'aurait pu. En admettant qu'il fût de mon frère, — mon frère ne pouvait pas le réclamer : — donc, même l'enfant n'étant pas de lui, — votre père ne pouvait le renier. Cela est concluant. — Le fils de ma mère a fait l'héritier de votre père ; — l'héritier de votre père doit avoir les biens de votre père (23).

ROBERT.

— La volonté de mon père sera donc de nul effet — pour déposséder l'enfant qui n'est pas le sien ?

LE BATARD.

— Elle n'aura pas plus l'effet de me déposséder, — qu'elle n'a eu celui de m'engendrer, je présume.

ÉLÉONORE, au Bâtard.

— Qu'aimerais-tu mieux : être un Faulconbridge — et

ressembler à ton frère, pour jouir de tes terres, — ou être réputé le fils de Cœur de Lion, — seigneur de ta haute mine, sans terre aucune?

LE BATARD.

— Madame, si le sort avait voulu que mon frère fût fait comme moi — et moi comme lui, semblable à sir Robert, — si j'avais eu, ainsi que lui, des jambes en forme de deux houssines, — des bras doublés de peau d'anguille, et une face si maigre, — que je n'eusse pas osé m'attacher une rose à l'oreille, — de peur qu'on eût dit : *Regardez ce trois-farthings* (24), — si, en sus de sa tournure, j'avais hérité de tout ce royaume, — je veux ne jamais bouger de cette place, — s'il n'est pas vrai que j'en eusse cédé jusqu'au dernier pouce pour avoir la figure que j'ai; — à aucun prix, je ne voudrais être messire Nabot!

ÉLÉONORE.

— Tu me plais. Veux-tu renoncer à ta fortune, — lui léguer ta terre et me suivre? — Je suis un soldat dont le poste est en France.

LE BATARD, à Robert.

— Frère, prenez mon bien; moi, je prends ma chance. — Votre face vous vaut cinq cents livres par an; — pourtant vendez-la cinq pence, et ce sera cher.

A Éléonore.

— Madame, je vous suivrai jusqu'à la mort.

ÉLÉONORE.

— Non, j'aime mieux que vous alliez là devant moi.

LE BATARD.

— Il est dans les mœurs de notre pays de céder le pas à nos supérieurs.

LE ROI JEAN.

— Quel est ton nom?

LE BATARD.

— Philippe, mon suzerain, voilà mon prénom; —

Philippe, fils aîné de la femme du bon vieux sir Robert !
####### LE ROI JEAN.

— Désormais, porte le nom de celui dont tu portes la figure. — Agenouille-toi, Philippe, mais relève-toi plus grand, — relève-toi sir Richard et Plantagenet.

Le Bâtard s'agenouille, et le roi Jean le sacre chevalier.

####### LE BATARD, se relevant, à Robert.

— Frère... du côté de ma mère, donnez-moi votre main. — Mon père m'a donné l'honneur, le vôtre vous a donné le fonds. — Maintenant, bénie soit l'heure de la nuit ou du jour — où je fus conçu, sir Robert étant absent !

####### ÉLÉONORE.

— Tout l'esprit d'un Plantagenet ! — Je suis ta grand'mère, Richard : donne-moi ce nom.

####### LE BATARD.

— Grand'mère par hasard, madame, mais non par droit. Bah ! qu'est-ce que ça fait ? — C'est à peu près la même chose, quoique du côté gauche. — Qu'importe qu'on soit venu par la fenêtre ou par le guichet ? — Qui n'ose remuer le jour, doit s'insinuer de nuit. — Attrapez comme vous voudrez, tenir, c'est tenir. — De près ou de loin, bien touché, c'est bien tiré ; — et, fait n'importe comment, je suis ce que je suis.

####### LE ROI JEAN, à Robert.

— Va, Faulconbridge ; tu as maintenant ce que tu désires ; — un chevalier sans fonds te fait seigneur foncier.

A la reine-mère.

— Venez, madame. Viens, Richard. Partons vite. — En France ! en France ! La chose est plus qu'urgente.

####### LE BATARD, à Robert.

— Frère, adieu ; que la bonne fortune aille à toi ! — Car tu es venu au monde par la voie de l'honnêteté.

Tous sortent, excepté le Bâtard.

LE BATARD, seul.

— Pour le pas d'honneur que j'ai gagné, — j'ai perdu bien des pieds de terre. — Aussi bien, je puis maintenant faire une lady d'une Jeanneton. — *Bonsoir, sir Richard... Dieu vous garde, l'ami !* — Et si le nom de celui qui me parle est George, je l'appellerai Pierre. — Une élévation récente vous fait toujours oublier le nom des gens ; — il faut trop d'attention et de courtoisie pour vous le rappeler — dans votre position nouvelle... Arrive un voyageur. — Je l'invite, lui et son cure-dent, au dîner de ma seigneurie, — et, quand mon estomac chevaleresque est satisfait, — je me suce les dents et je m'adresse — à mon élégant des pays lointains : *Mon cher Monsieur,* — dis-je d'abord, en m'appuyant comme ça sur le coude, — *je vous conjurerai...* Ici la Question ; — sur ce, vient la Réponse, comme dans le catéchisme : *Oh ! monsieur,* dit la Réponse, *tout à vos ordres ! — à votre disposition ! à votre service, monsieur ! — Non, monsieur,* réplique la Question, *c'est moi, mon doux monsieur, qui suis au vôtre !* — Aussitôt, avant que la Réponse ait su ce que veut la Question, — elle coupe court au dialogue des compliments — et vous parle des Alpes, des Apennins, — des Pyrénées et du Pô ; — et, quand elle a fini, il est presque l'heure de souper. — Voilà ce que c'est que la bonne société, — la seule qui convienne aux aspirations de mon esprit. — Le vrai bâtard de notre temps, — (j'en serai toujours un, quoi que je fasse), — c'est celui qui n'a pas un parfum exotique, — non-seulement dans ses habitudes, dans sa conduite, — dans ses formes, dans son accoutrement extérieur, — mais dans ses mouvements les plus intimes, et qui ne sait pas débiter — ce poison si doux, si doux, si doux aux lèvres du siècle : le mensonge. — Ce poison, j'en veux faire une étude, non pour l'employer, — mais pour y échapper ; — car il doit joncher tous les degrés de mon élévation... — Mais qui donc arrive si vite, en robe de cheval? — Quelle est cette messagère? N'a-t-elle pas un mari — qui ait voulu prendre la peine de jouer de la corne devant elle? — Dieu! c'est ma mère !

Entrent lady FAULCONBRIDGE et JAMES GURNEY.

Eh bien, bonne dame, — qui vous amène si précipitamment ici, à la cour?

LADY FAULCONBRIDGE.

— Où est ton frère? où est-il, ce drôle — qui pourchasse ainsi mon honneur?

LE BATARD.

— Mon frère Robert! le fils du vieux sir Robert? — ce nouveau géant Colbrand (25)! cet homme si formidable! — Est-ce le fils de sir Robert que vous cherchez ainsi?

LADY FAULCONBRIGE.

— Le fils de sir Robert! oui, impertinent garçon, — le fils de sir Robert! pourquoi te gausses-tu de sir Robert? — Il est le fils de sir Robert, et toi aussi !

LE BATARD.

— James Gurney, veux-tu nous laisser un peu?

GURNEY.

— Volontiers, bon Philippe.

LE BATARD.

Philippe! pourquoi ce cri de moineau (26)?... Ah! James, — il court des bruits bien scandaleux; tout à l'heure, je t'en dirai plus long.

Gurney sort.

— Madame, je ne suis pas le fils du vieux sir Robert. — Sir Robert aurait pu manger toute la part qu'il avait en moi — un Vendredi-Saint, sans pour cela rompre son jeûne. — Sir Robert pouvait travailler passablement;

mais, morbleu, disons-le franchement, — était-il capable de me faire? Sir Robert ne l'était pas! — Nous connaissons de sa fabrique... Ainsi, bonne mère, — à qui suis-je redevable de ces membres? — Sir Robert n'a jamais contribué à faire cette jambe-ci.

LADY FAULCONBRIGE.

— T'es-tu donc, toi aussi, ligué avec ton frère, — toi qui, dans ton propre intérêt, devrais défendre mon honneur? — Que signifie cette raillerie, effronté manant?

LE BATARD.

— Dites chevalier! chevalier, bonne mère! comme messire Basilisco (27)! — Oui-dà, je viens d'être armé chevalier; je le sens encore à mon épaule. — Mais, ma mère, je ne suis pas le fils de sir Robert; — j'ai répudié sir Robert et ma succession : — légitimité, nom, tout est parti. — Ainsi, ma bonne mère, faites-moi connaître mon père : — c'est quelque homme convenable, j'espère : qui l'a été, ma mère?

LADY FAULCONBRIDGE.

— As-tu donc renié les Faulconbridge?

LE BATARD.

— Aussi loyalement que je renie le diable.

LADY FAULCONBRIDGE.

— Le roi Richard Cœur de Lion fut ton père : — séduite par une longue et véhémente poursuite, — je lui fis place dans le lit de mon mari : — puisse le ciel ne pas mettre cette transgression à ma charge? — Tu es issu de cette chère faute, — où je fus entraînée par une force au-dessus de la mienne.

LE BATARD.

— Eh bien, par cette lumière, madame, si j'étais encore à naître, — je ne souhaiterais pas un meilleur père. — Certains péchés sont privilégiés sur la terre, — et le vôtre est du nombre. Votre faute n'a point été folie.

— Pouviez-vous ne pas livrer votre cœur, — comme un tribut de soumission à un amour souverain, — à ce Richard dont le lion intrépide n'osa pas affronter la furie et la force incomparables, — et contre qui il ne put défendre son royal cœur (28)? — Celui qui forcément dérobe le cœur des lions — peut aisément conquérir celui d'une femme. Oui, ma mère, — c'est avec tout mon cœur que je te remercie de mon père! — Qu'un vivant ose seulement dire que tu n'as pas bien fait — de m'enfanter ainsi, et j'enverrai son âme en enfer! — Venez, madame, je vais vous présenter à ma famille : — et tout le monde dira que, le jour où Richard fut mon père, — si vous aviez dit non, c'eût été un péché! — Quiconque prétend que c'en fut un de céder, a menti; je lui dis : Ce n'est pas vrai!

Ils sortent.

SCÈNE II

[En France. Devant les murs d'Angers.]

Entrent, d'un côté, à la tête de ses troupes, L'ARCHIDUC D'AUTRICHE, vêtu d'une peau de lion; de l'autre, PHILIPPE, roi de France, et ses troupes; LOUIS, CONSTANCE, ARTHUR; des gens de la suite.

LOUIS, à l'archiduc.

— Devant Angers, brave Autriche, heureux de vous rencontrer!... — Arthur, ton grand prédécesseur, — ce Richard qui déroba le cœur du lion — et qui fit les saintes guerres en Palestine, — fut couché avant l'heure dans la tombe par ce brave duc; — et lui, voulant faire réparation à sa postérité, — il est venu ici, sur nos instances, — pour déployer ses couleurs, enfant, en ta faveur, — et pour punir l'usurpation — de ton oncle dénaturé, l'Anglais Jean : — embrasse-le donc, aime-le et fais-lui fête.

ARTHUR, à l'archiduc.

— Dieu vous pardonnera la mort de Cœur de Lion, — d'autant mieux que vous donnez la vie à ses descendants, — en ombrageant leurs droits sous vos ailes de guerre. — Je vous offre la bienvenue avec une main impuissante, — mais avec un cœur plein d'un amour sans tache. — Soyez le bienvenu devant les portes d'Angers, duc.

LOUIS, à Arthur.

— Noble enfant! qui ne voudrait soutenir tes droits?

L'ARCHIDUC, embrassant Arthur.

— Par ce baiser fervent que je dépose sur ta joue, — je scelle l'engagement qu'a pris mon affection — de ne pas rentrer dans mes États, — avant qu'Angers, et tout ce qui t'appartient en France, — avant que ce rivage à la face blanche et pâle, — qui du pied repousse les marées rugissantes de l'Océan — et tient ses insulaires à l'écart des autres pays, — avant que l'Angleterre, ce champ dont la mer est la haie, — ce boulevard muré d'eau, abrité — et sauvegardé à jamais contre les projets de l'étranger, — avant que ce coin extrême de l'Occident — ne t'ait salué pour son roi! Jusque-là, bel enfant, — je ne penserai pas à mes foyers, et je ne quitterai pas les armes.

CONSTANCE, à l'archiduc.

— Oh! acceptez les remercîments de sa mère, des remercîments de veuve, — jusqu'au jour où votre bras fort aura réussi à lui donner la force — de s'acquitter mieux envers votre dévouement.

L'ARCHIDUC.

— La paix du ciel appartient à ceux qui lèvent leurs épées — pour une guerre si juste et si charitable.

PHILIPPE.

— Eh bien donc, à l'œuvre ! notre canon va être tourné — contre le front de cette ville résistante. — Qu'on appelle nos premiers tacticiens — pour choisir les positions les plus avantageuses. — Dussions-nous laisser devant cette ville nos os royaux — et nous frayer un gué dans le sang français jusqu'à sa grand'place, — nous la soumettrons à cet enfant.

CONSTANCE.

— Attendez la réponse à votre ambassade, — si vous ne voulez pas étourdiment souiller de sang vos épées : — monseigneur Châtillon peut rapporter en paix d'Angleterre — ce droit que nous réclamons ici par la guerre ; — et alors nous nous repentirions de chaque goutte de sang — qu'une ardente précipitation aurait si injustement versée.

Entre CHATILLON.

PHILIPPE.

— Un prodige, madame !... Voyez, sur votre souhait, — voici notre messager Châtillon qui arrive. — Ce que dit l'Angleterre, dis-le brièvement, noble seigneur ; — nous t'attendons froidement : Châtillon, parle.

CHATILLON.

— Eh bien, détournez vos forces de ce misérable siége, — et ébranlez-les pour une tâche plus imposante. — L'Anglais, impatient de vos justes demandes, — s'est mis sous les armes : les vents contraires, — dont j'ai attendu le loisir, lui ont donné le temps — de débarquer ses légions aussitôt que moi : — il marche en toute hâte sur cette ville ; — ses forces sont considérables, ses soldats confiants. — Avec lui vient la reine-mère, — une Até qui l'excite au sang et au combat ; — avec elle est sa nièce, madame Blanche d'Espagne, — ainsi qu'un bâtard du roi défunt. — Tous les esprits aventureux de la contrée, — fougueux, présomptueux, ardents volontaires, — avec des visages de femmes et des courages de dragons farouches ; — ont vendu leurs fortunes au pays natal, — et portant fièrement leur patrimoine sur leur dos, — sont venus ici chercher de nouvelles fortunes. — Bref, ces cœurs intrépides, — que viennent d'amener les transports anglais, — sont la plus brave élite qui ait jamais flotté sur la marée montante — pour porter l'outrage et la ruine dans la chrétienté.

Les tambours battent.

— L'interruption de leurs tambours grossiers — coupe court à mes explications : ils approchent — pour parlementer ou pour combattre. Ainsi préparez-vous.

PHILIPPE.

— Comme cette expédition est imprévue !

L'ACHIDUC.

— Plus elle est inattendue, plus — nous devons surexciter notre énergie pour la défense. — Car le courage s'exalte avec l'occasion. — Qu'ils soient donc les bienvenus, nous sommes prêts.

Entrent le roi JEAN, la reine-mère ÉLÉONORE, BLANCHE, le BATARD, PEMBROKE et des soldats.

LE ROI JEAN.

— Paix à la France, si la France en paix nous laisse — entrer dans notre légitime succession ! — Sinon, que la France saigne, et que la paix remonte au ciel, — tandis que nous, agent de la colère de Dieu, nous punirons — cette dédaigneuse insolence qui rejette sa paix au ciel !

PHILIPPE.

— Paix à l'Angleterre, si ces guerriers retournent — de France en Angleterre pour y vivre en paix ! — Nous aimons l'Angleterre, et c'est pour le salut de l'Angleterre — que nous suons ici sous le poids de notre armure. — La tâche que nous avons devrait être ta besogne, à toi; — mais tu es si loin d'aimer l'Angleterre — que tu as renversé son roi légitime, — rompu l'ordre de succession, — bravé le pouvoir enfant, et violé — la virginale vertu de la couronne !

Montrant Arthur.

— Tiens, reconnais-tu le visage de ton frère Geoffroy ? — Ces yeux, ce front, ont été moulés sur les siens : — ici est résumée en petit — la grandeur qui mourut en Geoffroy, et la main du temps — donnera à cet abrégé d'aussi augustes proportions. — Ce Geoffroy naquit ton frère aîné, — et voici son fils. L'Angleterre était le droit de Geoffroy, — et le droit de Geoffroy est celui d'Arthur, par la grâce de Dieu. — Comment se fait-il donc que tu sois appelé roi, — quand le sang de la vie bat encore dans ces tempes — à qui est due la couronne que tu t'arroges ?

LE ROI JEAN.

— De qui donc, France, tiens-tu ce haut pouvoir — d'exiger de moi une réponse à tes questions?

PHILIPPE.

— De ce Juge suprême qui fait naître — au cœur d'un pouvoir fort — la bonne pensée d'examiner les taches et les affronts faits au droit. — Ce Juge m'a fait le gardien de cet enfant : — c'est avec sa sanction que j'accuse ton forfait, — et par son aide que je prétends le châtier.

LE ROI JEAN.

— Fi ! tu usurpes l'autorité.

PHILIPPE.

— Excuse... j'abats un usurpateur.

LA REINE-MÈRE, à Philippe.

— Qui donc appelles-tu usurpateur, France ?

CONSTANCE, à Philippe.

— Laisse-moi répondre.

A la reine-mère.

Ton fils qui usurpe.

LA REINE-MÈRE.

— Arrière, insolente! Ton bâtard doit être roi, apparemment, — pour que tu puisses être reine et faire échec au monde!

CONSTANCE.

— Mon lit fut toujours aussi fidèle à ton fils — que le tien le fut à ton mari; et — il y a plus de ressemblance, dans les traits, entre cet enfant et son père Geoffroy — que, dans le caractère, entre toi et Jean, Jean qui te ressemble — comme la pluie à l'eau, comme le diable à sa mère! — Mon fils, un bâtard! Sur mon âme, je crois — que son père n'a pas été aussi loyalement mis au monde : — il n'a pu l'être, si tu étais sa mère!

LA REINE-MÈRE, à Arthur.

— Voilà une bonne mère, enfant, qui salit ton père!

CONSTANCE.

— Voilà une bonne grand'mère, enfant, qui voudrait te salir!

L'ARCHIDUC.

— Paix!

LE BATARD, montrant l'archiduc.

Écoutez le crieur.

L'ARCHIDUC, au bâtard.

Qui diable es-tu?

LE BATARD.

— Quelqu'un qui vous endiablerait, monsieur, — s'il pouvait vous attraper seul, vous et votre peau.

Montrant la peau de lion que l'archiduc porte par-dessus son armure.

— Vous êtes le lièvre dont parle l'adage — et dont toute la valeur est de tirer la barbe aux lions morts. — Je roussirai votre pelure, si je vous attrappe. — L'ami, veillez-y ; sur ma foi, je le ferai, sur ma foi !

BLANCHE.

— Oh ! la robe du lion sied bien — à celui qui a dérobé au lion sa robe !

LE BATARD.

— Elle va aussi bien à son dos — que les souliers du grand Alcide à un âne. — Mais je vous ôterai ce poids des épaules, mon âne, — ou j'en ajouterai un qui les fera craquer !

L'ARCHIDUC.

— Quel est donc ce craqueur qui assourdit nos oreilles — de tant de bruits superflus ? — Roi Philippe, décidez ce que nous allons faire.

PHILIPPE.

— Femmes et fous, rompez là votre entretien. — Roi Jean, voici notre résumé : — au nom d'Arthur, je réclame de toi — l'Angleterre et l'Irlande, l'Anjou, la Touraine, le Maine : — veux-tu les céder et mettre bas les armes ?

LE ROI JEAN.

— Ma vie plutôt !... Je te défie, France. — Arthur de Bretagne, remets-toi entre mes mains : — et tu recevras de mon tendre amour — plus que ne pourra jamais obtenir la main couarde de la France. — Soumets-toi, garçon !

LA REINE-MÈRE.

Viens à ta grand'mère, enfant !

CONSTANCE.

— Oui, qu'il aille à sa grand'mère, l'enfant ! — qu'il donne un royaume à grand'maman, et grand'maman lui — donnera une prune, une cerise et une figue ! — Cette bonne grand'maman !

ARTHUR, sanglotant, à Constance.

Assez, ma bonne mère! — Je voudrais être couché bien bas dans mon tombeau! — Je ne mérite pas tout ce fracas qu'on fait pour moi.

LA REINE-MÈRE.

— Sa mère lui a tant fait honte, pauvre enfant, qu'il pleure!

CONSTANCE, à la reine-mère.

— Que cela soit ou non, honte à vous! — C'est le mal que lui fait sa grand'mère, et non la honte que lui fait sa mère, — qui arrache de ses pauvres yeux ces perles qui émeuvent le ciel — et que le ciel acceptera comme une sorte de paiement! — Oui, le ciel, gagné par ces limpides pierreries, — lui fera justice et vous châtiera.

ÉLÉONORE.

— O monstrueuse calomniatrice du ciel et de la terre!

CONSTANCE.

— O insulteuse monstrueuse du ciel et de la terre! — Ne m'appelle pas calomniatrice! Toi et ton Jean, vous usurpez — les domaines, les couronnes et les droits — de cet enfant opprimé. Lui, le fils de ton fils aîné, — il n'est malheureux que par toi. — Tes péchés sont frappés dans ce pauvre enfant : — la loi d'en haut l'atteint, — parce qu'il n'est encore que la seconde génération — sortie de tes entrailles pécheresses!

LE ROI JEAN.

— Folle, assez!

CONSTANCE.

Un dernier mot.

A la reine-mère.

— Non-seulement il est châtié pour ton péché, — mais Dieu a fait de toi et de ton péché le châtiment — de ton descendant : châtié pour toi, — il est châtié par toi! Ton péché, à la fois son injure — et la tienne, est le porte-glaive de ton péché. — Toute la punition est pour cet enfant, — et à toi toute la faute. Malheur à toi!

LA REINE-MÈRE.

— Imprudente grondeuse, je peux produire — un testament qui annule les titres de ton fils.

CONSTANCE.

— Et qui en doute? un testament! un méchant testament, — l'expression de la volonté d'une femme, la volonté gangrenée d'une grand'mère!

PHILIPPE.

— Silence, madame! Arrêtez-vous, ou soyez plus modérée! — Il ne nous sied pas d'encourager de notre présence — d'aussi malsonnantes réparties. — Qu'une fanfare amène sur les remparts — les hommes d'Angers : qu'ils nous disent — de qui ils admettent les titres, d'Arthur ou de Jean!

La trompette sonne. Des CITOYENS d'Angers se montrent sur les murs.

UN CITOYEN.

— Qui est-ce qui nous appelle sur ces murs?

PHILIPPE.

— C'est la France, au nom de l'Angleterre.

LE ROI JEAN.

C'est l'Angleterre au nom d'elle-même. — Hommes d'Angers, mes bien-aimés sujets...

PHILIPPE.

— Hommes d'Angers, bien-aimés sujets d'Arthur, — notre trompette vous a convoqués à ce pacifique pourparler...

LE ROI JEAN.

— Dans votre intérêt. Ainsi écoutez-nous d'abord. — Ces drapeaux de la France, qui sont déployés là — sous les yeux et en vue de votre ville, — n'ont marché jusqu'ici que pour vous nuire. — Ces canons ont les entrailles pleines de colères; — déjà ils sont montés et prêts à cracher — contre vos murs leur indignation de fer. — Tous les préparatifs faits par les Français pour un siége sanglant, — toutes leurs menées hostiles — frappent les yeux de votre ville par vos portes entr'ouvertes; — et, sans notre approche, ces pierres endormies, — qui vous enlacent comme d'une ceinture, — auraient été déjà, par la secousse de leur artillerie, — jetées à bas de leur lit de ciment, — laissant une large brèche ouverte — à tant de forces sanguinaires pour l'assaut de votre repos! — Mais nous, votre roi légitime, — nous sommes venu, par une marche pénible et rapide, — leur faire échec devant vos portes, — et sauver des écorchures le front menacé de votre cité; — et à notre aspect, voyez! voilà les Français étonnés qui daignent parlementer, — et maintenant, au lieu des boulets cerclés de feu — qui devaient porter dans vos murailles le désordre de la fièvre, — ils ne vous lancent que de douces paroles enveloppées de fumée — qui doivent porter à vos oreilles l'erreur perfide! — Accordez-leur la confiance qu'ils méritent, bons citoyens, — et laissez-nous entrer. Votre roi, dont les forces surmenées — sont épuisées par l'action d'une marche rapide, — implore un asile dans les murs de votre cité.

PHILIPPE, prenant Arthur par la main.

— Quand j'aurai parlé, répondez-nous à tous deux. — Regardez! Celui que je tiens de cette main droite, sous une protection — que le vœu le plus sacré lui assure, — c'est le jeune Plantagenet, — fils du frère aîné de cet homme, — et qui doit régner sur lui et sur tous ses domaines. — C'est pour l'équité foulée aux pieds — que devant votre ville nous foulons ces plaines de nos pas belliqueux, — et nous ne sommes votre ennemi — qu'autant que notre zèle hospitalier — pour la cause de cet enfant opprimé — nous y contraint religieusement. Décidez-vous donc — à rendre votre juste hommage — à celui qui y a droit, je veux dire à ce jeune prince : — et alors nos armes, semblables à un ours muselé, — n'auront plus de terrible que l'aspect ; — la malice de nos canons sera vainement dépensée — contre les nuées invulnérables du ciel ; — puis, faisant sans trouble une bienheureuse retraite, — sans une entaille à nos épées, sans une fêlure à nos casques, — nous rapporterons chez nous ce sang généreux — que nous étions venus verser contre votre ville, — et nous vous laisserons en paix, vous, vos enfants et vos femmes. — Mais, si vous dédaignez follement notre offre, — ce n'est pas l'enceinte de vos murs décrépits — qui vous garantira contre nos messagers de guerre, — quand même tous ces Anglais disciplinés — seraient réfugiés dans leur rude circonférence. — Parlez donc : recevrons-nous de votre ville ce titre de maître — que nous venons de réclamer pour notre protégé ? — ou devons-nous donner le signal à notre rage, — et marcher dans le sang sur nos possessions ?

LE CITOYEN.

— Je serai bref. Nous sommes les sujets du roi d'Angleterre ; — c'est pour lui et pour ses droits que nous tenons cette ville.

LE ROI JEAN.

— Reconnaissez donc le roi, et faites-moi entrer.

LE CITOYEN.

— Cela, nous ne le pouvons pas : nous ne prouverons notre loyauté — qu'à celui qui prouvera sa royauté ; jusque là, — nous tiendrons nos portes barricadées contre le monde entier.

LE ROI JEAN.

— La couronne d'Angleterre ne prouve-t-elle pas la royauté ? — Si cela ne suffit pas, je vous amène comme témoins — trente mille braves de race anglaise !

SCÈNE II.

LE BATARD, à part.

— Bâtards et autres.

LE ROI JEAN.

Prêts à consacrer notre titre de leurs vies.

PHILIPPE.

— Autant de braves, aussi bien nés que ceux-là...

LE BATARD, à part.

— Il y a bien aussi quelques bâtards !

PHILIPPE.

Sont là pour lui donner un démenti.

LE CITOYEN.

— Jusqu'à ce que vous ayez décidé quel est le titulaire le plus digne, — nous, au nom du plus digne, nous vous refusons le titre à tous deux.

LE ROI JEAN.

— Alors, que Dieu pardonne leurs péchés à toutes les âmes — qui, avant la chute de la rosée du soir, s'envoleront — vers leur éternelle demeure, — dans cette redoutable contestation du roi de notre royaume !

PHILIPPE.

— Amen, amen ! En selle, chevaliers ! Aux armes !

LE BATARD.

— Saint Georges, toi qui as si bien étrillé le dragon, et qui, depuis lors, — es resté assis sur son dos à la porte de mon hôtesse, — apprends-nous quelque bon coup d'estoc...

A l'archiduc.

L'ami, si j'étais chez vous, — dans votre antre, en compagnie de votre lionne, — j'ajouterais à votre peau de lion une tête de bête à corne, — et je ferais de vous un monstre.

L'ARCHIDUC.

Paix ! c'est assez !

LE BATARD.

— Oh ! tremblez ! vous entendez le lion rugir !

LE ROI JEAN.

— Montons dans la plaine ! Nous y développerons — dans le meilleur ordre tous nos régiments.

LE BATARD.

— Hâtons-nous donc pour prendre l'avantage du terrain.

PHILIPPE, qui vient de parler bas à Louis.

— C'est cela ! Vous, sur l'autre hauteur, — vous tiendrez le reste en réserve... Dieu et notre droit !

Ils sortent.

Fanfares d'alarme. Mouvement de troupes, puis retraite. Un HÉRAUT DE FRANCE s'avance au son de la trompette vers les portes d'Angers et s'adresse aux habitants, qui se pressent au haut des remparts.

LE HÉRAUT.

— Hommes d'Angers ! ouvrez vos portes toutes grandes, — et recevez le jeune Arthur, duc de Bretagne. — Il vient, par le bras de la France, de faire — un long avenir de larmes à bien des mères anglaises, — dont les fils sont épars sur la poussière ensanglantée, — à bien des veuves, dont les maris étreignent, — dans un froid embrassement, la terre décolorée ; — et la victoire, obtenue avec peu de perte, joue — avec les étendards dansants des Français, — qui s'avancent, triomphalement déployés, — pour entrer chez vous en conquérants et pour proclamer — Arthur de Bretagne roi d'Angleterre et le vôtre !

Un HÉRAUT D'ANGLETERRE entre avec des trompettes.

LE HÉRAUT.

— Réjouissez-vous, hommes d'Angers, sonnez vos cloches. — Le roi Jean, votre roi et roi d'Angleterre, approche, — vainqueur dans cette chaude et cruelle journée ! — Nos armures, qui se sont éloignées d'ici brillantes comme l'argent, — s'en reviennent dorées de sang français ; — il n'est pas de panache attaché à un casque anglais — qui ait été abattu par une lance française ; — nos couleurs reviennent dans les mêmes mains — qui les ont déployées quand nous nous sommes mis en marche ; — et, comme une troupe joyeuse de chasseurs, ils arrivent, — nos robustes Anglais, ayant tous les mains teintes — du sang de leurs ennemis éteints. — Ouvrez vos portes, et donnez entrée aux vainqueurs

HUBERT, du haut des remparts.

— Hérauts, du haut de nos tours, nous avons pu voir, — depuis le commencement jusqu'à la fin, le choc et le recul — des deux armées : — leur égalité n'a pu être mise en doute par les yeux les plus exercés. — Le sang a payé le sang, et les coups ont répondu aux coups ; — la force a résisté à la force, et la puissance a tenu tête à la puissance. — Les deux rivaux sont égaux, et nous les aimons également. — Il faut qu'un des deux l'emporte ; tant qu'ils resteront dans cet équilibre, — nous garderons notre ville contre tous les deux, et pour tous les deux.

Rentrent, d'un côté, le roi JEAN, suivi de son armée et accompagné de BLANCHE, de la reine-mère ÉLÉONORE, et du BATARD ; de l'autre, PHILIPPE, LOUIS, L'ARCHIDUC, suivis de troupes.

LE ROI JEAN, à Philippe.

— France, as-tu encore du sang à perdre ? — Laisseras-tu couler enfin le fleuve de notre droit ? — Ce fleuve, dont tu gênes le passage par tes obstacles, — s'élancera hors de son lit natal et débordera, — dans son cours troublé, jusque sur tes terres riveraines, — si tu ne laisses ses eaux argentées continuer — leur progrès pacifique jusqu'à l'Océan.

PHILIPPE.

— Angleterre, tu n'as pas sauvé une goutte de sang — de plus que nous, Français, dans cette chaude épreuve; — tu as perdu plutôt davantage. Je le jure, par ce bras — qui gouverne la contrée que domine ce climat! — nous ne déposerons pas les armes que la justice nous a fait prendre, — avant que nous t'ayons soumis, toi contre qui nous les prenons, — ou que nous ayons grossi d'un chiffre royal le nombre des morts, — ornant ainsi la liste, qui supputera les pertes de cette guerre, — d'un nom de roi accolé au carnage!

LE BATARD.

— Ah! majesté, comme ta gloire s'exalte! — Quand le riche sang des rois est en feu, — alors, la mort double d'acier ses mâchoires décharnées; — elle a pour dents et pour crocs les épées des soldats, — et, dévorant la chair des hommes, elle se repaît — des querelles indécises des rois. — Pourquoi ces fronts augustes restent-ils ainsi ébahis? — Rois, criez donc : Massacre! Retournez dans la plaine rougie, — puissants égaux, génies enflammés! — Que la confusion de l'un assure — la paix de l'autre! Jusque-là, guerre, sang et mort!

LE ROI JEAN, à Hubert.

— Lequel des deux partis les habitants veulent-ils admettre?

PHILIPPE.

— Parlez, citoyens, pour l'Angleterre : qui voulez-vous pour roi?

HUBERT.

— Le roi d'Angleterre, quand nous le connaîtrons.

PHILIPPE.

— Reconnaissez-le en nous, qui soutenons ici ses droits.

LE ROI JEAN.

— En nous qui sommes le grand lieutenant de nous-
même, — et qui vous apportons céans la possession de
notre personne, — nous, seigneur et maître de notre présence, d'Angers et de vous !

HUBERT.

— Une puissance au-dessus de la nôtre conteste tout
cela ; — et, tant que la chose sera incertaine, nous enfer-
merons — notre premier doute sous les forts verroux de
nos portes, — souverainement dominés par nos scrupules,
jusqu'à ce que nos scrupules résolus — aient été éclairés
et détrônés par le vrai souverain !

LE BATARD.

— Par le ciel, ces gueux d'Angevins vous narguent,
rois ; — et ils restent tranquillement dans leurs créneaux,
— comme en un théâtre d'où ils observent, bouche
béante, — les scènes et les actes de mort où vous vous
ingéniez. — Que vos royales majestés se laissent diriger
par moi : — faites comme les mutins de Jérusalem (29),
— soyez amis pour le moment, et dirigez de concert —
contre cette ville vos plus rudes moyens de destruction.
— Que les canons de France et d'Angleterre, chargés
jusqu'à la gueule, — soient mis en batterie sur Angers
du couchant et du levant, — jusqu'à ce que leur gron-
dement épouvantable ait écrasé — les côtes de pierre de
cette cité présomptueuse. — Je voudrais les voir jouer incessamment sur ces drôles, — jusqu'à ce que leurs ruines démantelées — les laissassent aussi nus que l'air. —
Cela fait, séparez vos forces un instant unies, — et que vos
drapeaux mêlés se quittent de nouveau : — alors, tour-
nez-vous face à face, pointe contre pointe, — et bientôt
la fortune aura choisi — dans un des côtés l'heureux
mignon — à qui, pour première faveur, elle accordera
la journée — en lui donnant le baiser d'une glorieuse

victoire. — Comment trouvez-vous ce conseil fantasque, puissants souverains ? — Ne sent-il pas quelque peu sa politique ?

LE ROI JEAN.

— Eh bien, par le ciel qui pend au-dessus de nos têtes, — il me plaît fort.

A Philippe.

France, si nous mêlions nos forces — et si nous rasions cette ville d'Angers jusqu'au sol ? — Il sera temps ensuite de nous battre à qui en sera roi.

LE BATARD, à Philippe.

— Offensé comme nous par cette ville obstinée, — si tu as l'étoffe d'un roi, tourne la bouche de ton artillerie, — comme nous la nôtre, vers ces murs impertinents. — Quand nous les aurons jetés bas, — eh bien, alors, défions-nous les uns les autres, — et travaillons-nous pêle-mêle pour le ciel ou l'enfer !

PHILIPPE.

— Qu'il en soit ainsi !... Parlez, par où attaquerez-vous ?

LE ROI JEAN.

— Nous, c'est de l'ouest que nous enverrons la destruction — au cœur de la cité.

L'ARCHIDUC.

— Moi, du nord.

PHILIPPE.

Notre tonnerre lancera du sud — l'éclair de ses boulets.

LE BATARD, à part.

— O l'habile stratégie ! Du nord au sud, — l'Autriche et la France se tireront dans le nez l'une de l'autre. — Encourageons-les...

Haut.

Allons, partons, partons !

HUBERT.

—Écoutez-nous, grands rois; daignez patienter un moment, — et je vous montrerai la paix, l'alliance la plus attrayante. — Gagnez cette cité sans coup ni blessure : — laissez mourir dans leurs lits tous ces vivants, — qui sont venus ici, essoufflés, se sacrifier sur le champ de bataille. — Ne vous obstinez pas, mais écoutez-moi, puissants rois!

LE ROI JEAN.

—Parlez à loisir : nous sommes prêts à écouter.

HUBERT.

—Cette fille d'Espagne que voilà (30), madame Blanche, — est parente du roi d'Angleterre. Comptez les années — du dauphin Louis et de cette aimable vierge. — Si l'amour n'est qu'un désir en quête de beauté, — où la trouvera-t-il plus éclatante que chez Blanche? — Si l'amour est une passion vouée à la recherche de la vertu, — où la trouvera-t-il plus pure que chez Blanche? — Si l'amour est une ambitieuse aspiration à une haute alliance, — qui donc a dans les veines un plus noble sang que madame Blanche? — Ainsi qu'elle, le jeune Louis est complet en toute choses, — beauté, vertu, naissance; — ou s'il ne l'est pas, la raison, c'est que lui et elle font deux; — et, quant à elle, s'il lui manque quelque chose, — ce qui lui manque, c'est de ne faire qu'un avec lui. — Il est la moitié de l'homme idéal — qui doit être achevé par elle; — elle est la perfection partagée — dont il est le complément suprême. — Oh! comme ces deux sources argentines, quand elles se joindront, — glorifieront leurs rives! — Vous, rois, vous serez les deux côtés unis par ces deux courants. — Oui, mariez ces deux princes, — et vous serez la double digue qui les protégera. — Cette union aura plus d'effet que vos batteries — sur nos portes closes :

devant cette alliance, — bien plus vite que devant la violence de la poudre, — nous ouvrirons tout grand le passage, — et nous vous donnerons accès; mais, sans cela, — sachez-le, les mers ne sont pas aussi sourdes dans leur rage, — les lions plus résolus, les montagnes et les rocs — plus immuables, non, ni la mort elle-même — plus acharnée dans sa fureur meurtrière, — que nous, pour défendre cette cité!

LE BATARD.

Voyez donc comme cet adversaire — secoue hors de ses guenilles le squelette — de l'antique mort! Cet être-là est bien embouché, vraiment. — Comme il vous crache meurtres, montagnes, rocs et mers! — Il cause aussi familièrement de lions rugissants, — qu'une fille de treize ans d'un petit de sa chienne! — De quel canonier tient-il donc ce sang ardent? — Sa parole est un vrai coup de canon avec fumée et ricochet. — Il donne la bastonnade avec sa langue; — nos oreilles en sont tout étrillées : un mot de lui — assomme mieux qu'un coup de poing français! — Morbleu! je n'ai jamais été aussi houspillé de paroles, — depuis la première fois que j'ai appelé le père de mon frère : papa!

Philippe, Louis et l'Archiduc causent à voix basse.

LA REINE-MÈRE, à part, au roi Jean.

— Mon fils, prêtons-nous à ce rapprochement, faisons ce mariage, — donnons à notre nièce une dot convenable : — car, par ce nœud-là, tu attacheras sûrement — la couronne encore mal assurée sur ta tête; — et ce faible rejeton n'aura plus assez de soleil pour mûrir — la fleur qui promet le fruit de la puissance. — Je vois dans les regards du Français une disposition à céder. — Vois comme ils chuchotent! Presse-les, tandis que leurs âmes — sont capables de cette ambition, — de peur que leur zèle, en train de fondre, — ne se raffermisse et ne se consolide — sous le souffle orageux des prières de la pitié et du remords.

HUBERT.

— Pourquoi leurs majestés ne répondent-elles pas — à ces offres amicales de notre ville menacée ?

PHILIPPE, au roi Jean.

— Parle d'abord, Angleterre, toi qui as commencé — les pourparlers avec cette cité. Que dis-tu ?

LE ROI JEAN, à Philippe.

— Si le Dauphin, ton fils princier, — peut lire : *J'aime !* dans ce livre de beauté, — la dot de Blanche vaudra celle d'une reine ; — car l'Anjou, la belle Touraine, le Maine, le Poitou, et, — excepté la ville que nous assiégeons ici, — tout ce qui, de ce côté de la mer, — relève de notre couronne et de notre pouvoir, — doreront son lit nuptial. Devenue par là aussi riche — de titres, d'honneurs et de dignités — qu'elle l'était déjà de beauté, d'éducation et de noblesse, — elle marchera de pair avec la première princesse du monde.

PHILIPPE, à Louis.

— Que dis-tu, mon enfant ? Regarde bien le visage de la dame.

LOUIS.

— C'est ce que je fais, monseigneur, et je découvre dans sa prunelle — une merveille, un merveilleux miracle : — l'ombre de moi-même formée dans ses yeux ; — une ombre produite par un soleil ! — Je jure que je ne me suis jamais tant aimé — que depuis que je me vois en effigie — exposé sur le chevalet de son œil flatteur.

Il parle bas à Blanche.

LE BATARD.

— Exposé sur le chevalet de son œil flatteur ! — Et, sans doute aussi, pendu au pli de son front rembruni,

— après avoir été mis par son cœur à la question ! Notre amoureux se voit — puni comme un traître qu'il est. Quel malheur pourtant — qu'un pareil nigaud soit exposé, mis à la question, et pendu — en si aimable lieu !

BLANCHE, au Dauphin.

— La volonté de mon oncle à cet égard est la mienne. — S'il voit en vous quelque chose de sympathique — qui suffise à vous attirer sa sympathie, — je puis aisément transmettre cette sympathie à mon inclination, — ou, si vous voulez, pour parler plus nettement, — l'imposer à mon amour. — Je ne veux pas vous flatter, monseigneur, de cette idée — que tout ce que je vois en vous est digne d'amour, — mais je me borne à vous dire — que, même en vous donnant pour juge la plus ladre critique, — je ne trouve rien en vous qui mérite l'horreur.

LE ROI JEAN.

— Que disent ces jouvenceaux ? Que dit ma nièce ?

BLANCHE.

— Qu'elle est engagée d'honneur à faire toujours — ce que vous daignerez en tous temps décider dans votre sagesse.

LE ROI.

— Parlez donc, Dauphin : pouvez-vous aimer madame ?

LOUIS.

— Ah ! demandez-moi plutôt si je puis m'abstenir de l'aimer, — car je l'aime très-évidemment.

LE ROI JEAN.

— Eh bien, je te donne avec elle — le Vexin, la Touraine, le Maine, — le Poitou et l'Anjou, cinq provinces, — et en outre, — trente mille marcs pesants, argent anglais ! — Philippe de France, si cela t'est agréable, —

SCÈNE II.

commande à ton fils et à ta fille de joindre leurs mains.

PHILIPPE.

— Nous en sommes charmés... Jeunes princes, unissez vos mains.

Blanche et le Dauphin se donnent la main.

L'ARCHIDUC.

— Et vos lèvres aussi ! Je suis bien sûr — de l'avoir fait, le jour où j'ai été fiancé.

Blanche et le Dauphin s'embrassent.

PHILIPPE.

— Maintenant, citoyens d'Angers, ouvrez vos portes ; — accueillez cette alliance que vous venez de former, — car les rites du mariage vont être célébrés — sur-le-champ à la chapelle de Sainte-Marie. — Madame Constance n'est pas dans notre compagnie ? — Non. Je suis sûr qu'elle n'y est pas ; car sa présence — aurait grandement troublé l'union qui vient de se former. — Où est-elle ? où est son fils ? Qui le sait, me le dise !

LOUIS.

— Elle est dans la tente de votre altesse, triste et désolée.

PHILIPPE.

— Et, sur ma foi, le traité que nous avons conclu — va donner à sa tristesse un faible soulagement.

Au roi Jean.

— Frère d'Angleterre, comment pourrions-nous satisfaire — cette veuve ?... Nous étions venus pour lui donner une satisfaction ; — et cette satisfaction, Dieu le sait, nous l'avons faussée — à notre propre avantage.

LE ROI JEAN.

Nous remédierons à tout : — car nous allons créer le jeune Arthur duc de Bretagne — et comte de Richemond ; en même temps nous le faisons seigneur — de cette riche et belle ville... Qu'on appelle madame Constance ; — que quelque prompt messager lui dise de venir — à notre solennité !...

A Philippe.

Je suis convaincu — que, sans combler la mesure de ses désirs, — nous la satisferons suffisamment pour empêcher ses cris. — Allons nous préparer, autant que le permettra la hâte, — pour cette cérémonie imprévue et improvisée.

Tous sortent excepté LE BATARD. Hubert et tous les citoyens d'Angers
se retirent du haut des remparts.

LE BATARD, seul.

— Monde fou ! rois fous ! convention folle ! — Jean, pour mettre fin aux prétentions d'Arthur sur tout un empire, — en cède volontairement une partie ! — Et le Français, dont l'armure était bouclée par la conscience, — le Français, que le dévouement et l'humanité avaient amené sur le champ de bataille — comme le soldat de Dieu, s'est concerté — avec ce changeur de résolutions, avec ce démon sournois, — avec cet entremetteur qui casse la tête à l'honneur, — avec ce faiseur quotidien de faux serments qui les exploite tous, — rois, mendiants, vieillards, jeunes gens, jeunes filles, — et qui, n'ayant plus à souiller — ici-bas que le titre de vierge, le vole à la vierge pauvre, — avec ce seigneur au doux visage et caressant : l'Intérêt ! — L'Intérêt, cet égarement du monde ! — Le monde, bien équilibré, — se mouvait en ligne droite sur un terrain aplani, — quand l'Intérêt, cette infime pierre d'achoppement qui fausse toute impulsion, — l'a fait dévier de son cours impartial, — de sa direction, de son élan, de sa ligne, de son but ! — Ce tricheur, l'Intérêt, — ce ruffian, cet agioteur, cette parole toujours changeante ; — s'est dressé devant le volage

Français — et l'a rejeté, loin de sa mission libératrice, — d'une guerre résolue et honorable — à la paix la plus ignoble et la plus infâme ! — Et moi-même, pourquoi est-ce que je déblatère contre l'Intérêt ? — c'est seulement parce qu'il ne m'a pas encore caressé ; — ce n'est point que j'aurais la force de fermer la main, — si ses beaux anges d'or voulaient faire connaissance avec ma paume ; — c'est simplement que, ma main n'ayant pas encore été tentée, — je dois, en ma qualité de pauvre, déblatérer contre le riche. — Oui, tant que je serai misérable, je déblatérerai, — et ne trouverai de faute qu'au riche ; — quand je serai riche, j'aurai pour vertu de ne trouver de vices qu'à la misère. — Puisque les rois violent leurs serments selon leur commodité, — Intérêt, sois mon Dieu ! car je veux t'adorer (31) !

Il sort.

SCÈNE III

[La tente du roi de France].

Entrent CONSTANCE, ARTHUR et SALISBURY.

CONSTANCE, à Salisbury.

— Partis pour se marier ! partis pour se jurer la paix ! — un sang parjure uni à un sang parjure ! partis pour être amis ! — Louis aura Blanche, et Blanche ces provinces ? — Cela n'est pas, tu as mal dit, mal entendu. — Réfléchis bien ; répète-moi ton récit. — C'est impossible. Toi, tu dis simplement : Cela est. — Je suis convaincue que je puis ne pas être convaincue par toi ; car ta parole — n'est que le vain souffle d'un homme vulgaire. — Crois-moi, je ne te crois pas, homme ; — j'ai un serment de roi pour garant du contraire. — Tu seras puni pour m'avoir ainsi alarmée : — car je suis malade, et accessible à la peur, — accablée de tourments, et remplie de peur, — veuve, et sujette à la peur, — femme, et née pour la peur. — Tu auras beau m'avouer maintenant que tu n'as fait que plaisanter; — mes esprits troublés ne pourront plus m'accorder de trève, — ils frémiront et trembleront tout le jour. — Qu'as-tu à hocher ainsi la tête? — Pourquoi jettes-tu ce regard si triste sur mon fils? — Que veut dire cette main sur ton cœur? — Pourquoi ton œil retient-il ce larmoiement lamentable — qui déborde comme un ruisseau superbe? — Est-ce que ces tristes signes confirmeraient tes paroles? — Répète donc, alors, non pas tout ton premier récit, — mais ce simple mot que ton récit est vrai!

SALISBURY.

— Aussi vrai que vous devez, je crois, trouver faux — ceux qui sont cause que je vous dis vrai!

CONSTANCE.

— Oh! puisque tu m'enseignes à croire à cette douleur, — enseigne aussi à cette douleur à me faire mourir. — Que cette croyance et ma vie se heurtent, — comme les furies de deux désespérés — qui, au premier choc, tombent et meurent! — Louis épouse Blanche! Oh! mon enfant, alors, où en es-tu? — La France amie de l'Angleterre! qu'advient-il de moi?

A Salisbury.

— L'ami, va-t-en! Je ne puis endurer ta vue : — cette nouvelle t'a rendu le plus affreux des hommes!

SALISBURY.

— Quel autre mal ai-je fait, bonne dame, — que de vous raconter le mal fait par d'autres?

CONSTANCE.

— Ce mal est si odieux en lui-même — qu'il rend malfaisants tous ceux qui en parlent.

ARTHUR.

— Je vous en supplie, madame, résignez-vous.

CONSTANCE.

— O toi qui me dis de me résigner, si tu étais horrible — et difforme, si, calomniant le ventre de ta mère, — tu étais couvert de signes fâcheux et de taches repoussantes, — boiteux, niais, voûté, noir, monstrueux, — couvert de verrues hideuses et de marques choquantes, — tout cela me serait égal. Je me résignerais alors! — Car alors je ne t'aimerais pas; et toi, — indigne de ta haute naissance, tu ne mériterais pas une couronne. — Mais tu es beau, et à ta naissance, cher enfant, — la nature et la fortune se sont unies pour te faire grand. — Pour les dons de la nature, tu peux rivaliser avec les lis — et la rose à demi ouverte. Mais la fortune, oh! — elle est corrompue, pervertie, tournée contre toi. — Elle vit dans un incessant adultère avec Jean, ton oncle! — De sa main dorée, elle a entraîné la France — à fouler sous ses pieds le noble respect de la souveraineté, — et a su faire de sa majesté l'entremetteuse de leurs amours! — La France est l'entremetteuse de la fortune et du roi Jean, — de la fortune, cette catin, de Jean, cet usurpateur! — L'ami, dis-moi, est-ce que le chef de la France n'est pas parjure? — Crache-lui donc le venin de tes paroles; sinon, passe ton chemin, — et laisse à leur isolement ces douleurs que seule — je suis tenue de subir!

SALISBURY.

Pardonnez-moi, madame; — je ne puis sans vous me rendre auprès des rois.

CONSTANCE.

— Tu le peux, et tu le feras : je n'irai pas avec toi. — J'apprendrai à mes douleurs à être fières : car le malheur est fier et exalte sa victime. — Qu'ils viennent à moi, les rois! — Qu'ils s'assemblent devant la majesté de ma douleur ! — Elle est si grande que l'énorme terre ferme — peut seule la supporter ! Moi et ma douleur, nous nous asseyons ici. — Voici mon trône, dites aux rois de venir le saluer (32) !

Elle se jette par terre.

Entrent le roi JEAN, PHILIPPE, LOUIS, BLANCHE, *la* REINE-MÈRE ÉLÉONORE, LE BATARD, L'ARCHIDUC, *et des* COURTISANS.

PHILIPPE, à Blanche de Castille.

— C'est vrai, ma charmante fille ; et ce jour bien heureux — sera à jamais célébré en France. — Pour le solenniser, le soleil glorieux — s'arrête dans sa course, et, imitant l'alchimiste, — par la splendeur de son radieux regard, change — la maigre terre fangeuse — en or étincelant. — L'avenir, en en ramenant l'anniversaire, — le regardera certainement comme un jour de fête.

CONSTANCE, se levant.

— Comme un jour néfaste, et non un jour de fête ! — Qu'a-t-il donc mérité, ce jour ? Qu'a-t-il fait — pour être inscrit en lettres d'or — sur le calendrier, parmi les grandes époques ? — Ah ! plutôt chassons ce jour de la semaine, — ce jour de déshonneur, d'oppression, de parjure ; — ou, s'il doit y rester, que les femmes grosses — prient le ciel de ne pas être délivrées ce jour-là, — de peur que leurs espérances n'avortent dans un monstre ! — que les marins ne redoutent le naufrage que ce jour-là ! — que les marchés faits ce jour-là soient les seuls violés ! — que toutes les choses commencées ce jour-là viennent à mauvaise fin ! — Oui, que, ce jour-là, la loyauté même se change en fausseté creuse !

PHILIPPE.

— Par le ciel, madame, vous n'aurez pas de motif — de maudire les beaux résultats de ce jour. — Ne vous ai-je point engagé ma couronne ?

CONSTANCE.

— Vous m'avez donné pour une couronne un simulacre — de couronne qui, soumis à la touche, — est reconnu sans valeur. Vous vous êtes parjuré, parjuré! — Vous êtes venu le bras levé pour verser le sang de mes ennemis ; — et maintenant, le bras tendu, vous alliez ce sang au vôtre. — Le poing fermé et le sourcil froncé de la guerre — se détendent en amicales caresses et en une paix fardée ; — et c'est de notre oppression que s'est faite cette ligue. — Aux armes, ciel, aux armes contre ces princes parjures ! — Une veuve crie : Ciel, sois mon époux ! — Ne laisse pas les heures de ce jour sacrilége — terminer en paix ce jour ; mais, avant le coucher du soleil, — lance la discorde armée entre ces rois parjures ! — Entends-moi ! oh ! entends-moi !

L'ARCHIDUC.

Paix, madame Constance !

CONSTANCE.

— Guerre ! guerre ! pas de paix ! la paix est pour moi une guerre. — O Limoges !... O Autrichien (33) ! tu déshonores — ta sanglante dépouille, toi, manant ! toi, misérable ! toi, poltron, — toi, petit en vaillance, grand en vilenie ! — toi, toujours fort du côté du plus fort ! — toi, champion de la fortune, qui ne te bats jamais — que quand cette capricieuse maîtresse est là — pour t'apprendre à te sauver ! tu t'es parjuré, — toi aussi, et tu flagornes la force ! Quel bouffon es-tu donc ? — bouffon rampant qui faisais le matamore et qui pestais et qui jurais — pour ma défense ! Maroufle à sang froid, — ne parlais-tu pas comme un tonnerre en ma faveur ? — N'étais-tu pas mon soldat juré, me disant de me confier — à ton étoile, à ta fortune et à ta puissance ? — Et voilà que tu passes à mes ennemis ! — Tu portes une peau de lion ; jette-la par pudeur, — et pends une peau de veau à ces lâches épaules !

L'ARCHIDUC.
— Oh ! si un homme me disait ces paroles-là, à moi !

LE BATARD, à l'Archiduc.
— Et pends une peau de veau à ces lâches épaules.

L'ARCHIDUC, au Bâtard.
— Tu n'oserais pas le répéter, drôle, sur ta vie !

LE BATARD.
— Et pends une peau de veau à ces lâches épaules !

LE ROI JEAN, au Bâtard.
— Nous n'aimons pas ça : tu t'oublies.

Entre le cardinal PANDOLPHE.

PHILIPPE.
— Voici le saint légat du pape.

PANDOLPHE, saluant les deux rois.
— Salut, oints du Seigneur, délégués du ciel ! — Près de toi, roi Jean, ma sainte mission est celle-ci : — Moi, Pandolphe, cardinal de la belle Milan, — et ici légat du pape Innocent, — je demande pieusement, en son nom, — pourquoi tu te révoltes si obstinément — contre l'Église, notre sainte mère ; et pourquoi tu éloignes violemment — Étienne Langton, archevêque de — Cantorbéry, du saint siége auquel il est élu ? — Voilà ce qu'au nom de notre Saint-Père susdit, — le pape Innocent, je te demande, à toi.

LE ROI JEAN.
— Quel est donc le titre terrestre qui peut soumettre à un interrogatoire — le libre souffle d'un roi sacré ? — Tu ne peux pas, cardinal, imaginer un titre — aussi futile, aussi indigne, aussi ridicule, — que celui de pape, pour me sommer de répondre. — Dis-lui cela ; et, de la

part de l'Angleterre, — ajoute ceci : qu'aucun prêtre italien — ne percevra jamais ni dîmes, ni taxes dans nos domaines, — et que, comme nous sommes le chef suprême sous le ciel, — nous entendons, seul sous ses auspices, — sans l'assistance d'aucun bras mortel, — défendre cette suprématie, — par laquelle nous régnons. — Dis cela au pape, sans plus d'égards — pour lui et pour son autorité usurpée.

PHILIPPE.

— Frère d'Angleterre, vous blasphémez.

LE ROI JEAN.

— Continuez, vous et tous les rois de la chrétienté, — à vous laisser mener grossièrement par ce prêtre intrigant, — sous l'effroi d'une malédiction qu'une monnaie peut racheter, — et à acquérir, par les mérites de l'or vil, rebut et poussière, — le pardon frelaté d'un homme — qui, dans cette vente, ne vend que son propre pardon ; — continuez, vous et tous les autres, qu'on mène si grossièrement, — à entretenir de vos revenus cette sorcellerie jongleuse. — Que m'importe ! seul, je m'oppose seul au pape, — et je tiens ses amis pour mes ennemis.

PANDOLPHE.

— Eh bien, en vertu du pouvoir légitime que je possède, — sois maudit et excommunié (34) ! — Béni soit le révolté — qui refusera allégeance à un hérétique ! — Il sera réputé de conduite méritoire, — canonisé et sanctifié, — celui qui, par quelque secret moyen, te retirera — ton exécrable vie.

CONSTANCE.

Oh ! permettez — que pour un moment Rome fasse place à mes malédictions ! — Bon père cardinal, criez amen — à mes imprécations perçantes : car, sans ma douleur, — nulle langue n'a le pouvoir de bien le maudire.

PANDOLPHE.

— C'est au nom de la loi, madame, que je le maudis.

CONSTANCE.

— Et moi aussi! Mais, quand la loi ne peut plus faire droit, — la justice veut qu'elle cède le pas à la douleur. — La loi ne peut pas rendre à mon enfant son royaume ; — car celui qui tient son royaume tient aussi la loi. — Donc, quand la loi elle-même n'est que l'injustice absolue, — de quel droit couperait-elle la parole à mes malédictions?

PANDOLPHE.

— Philippe de France, sous peine d'être maudit, — lâche la main de cet archi-hérétique, — et menace sa tête de toute la puissance de la France, — s'il ne se soumet pas à Rome.

LA REINE-MÈRE, à Philippe.

— Pâlirais-tu, Français? ne lâche pas sa main.

CONSTANCE.

— Attention, démon. Prends garde que le Français n'ait un remords, — et que, dégageant sa main, il ne fasse perdre une âme à l'enfer!

L'ARCHIDUC.

— Roi Philippe, écoute le cardinal.

LE BATARD, à Philippe, montrant l'archiduc.

— Et pends une peau de veau à ces lâches épaules!

L'ARCHIDUC.

— Ruffian, il faut bien que j'empoche ces outrages — puisque...

LE BATARD, à l'archiduc.

Ils peuvent fort bien tenir dans tes culottes.

LE ROI JEAN.

— Philippe, qu'as-tu à dire au cardinal?

CONSTANCE.

— Qu'a-t-il à dire autrement que comme le cardinal?

SCÈNE III.

LOUIS.

— Réfléchissez, mon père : choisissez — entre l'anathème accablant de Rome — et le léger sacrifice du bon vouloir anglais. — Risquez le moins dangereux.

BLANCHE.

C'est l'anathème de Rome.

CONSTANCE.

— O Louis! tiens bon : le démon te tente ici — sous la forme d'une nouvelle mariée en déshabillé.

BLANCHE.

— Madame Constance, ce n'est pas votre conscience, — c'est votre exigence qui parle.

CONSTANCE.

Oh! si tu reconnais mon exigence, — qui n'existe que par la mort de la conscience, — tu dois en venir à cette conclusion, — que la conscience revivrait par la mort de mon exigence. — Voulez-vous abattre mon exigence? ressuscitez la conscience; — mais, si vous abattez la conscience, vous ranimez mon exigence.

LE ROI JEAN.

— Le roi est ému et ne répond pas.

CONSTANCE, à Philippe.

— Oh! éloigne-toi de lui et réponds bien.

L'ARCHIDUC.

— Faites cela, roi Philippe. Ne traînez pas la chose plus longtemps.

LE BATARD, à l'archiduc.

— Et toi, rustre exquis, ne traîne rien qu'une peau de veau!

PHILIPPE.

— Je suis perplexe, et je ne sais que dire.

PANDOLPHE.

— Ce que tu vas dire peut te rendre plus perplexe encore, — si tu te fais excommunier et maudire.

PHILIPPE, au cardinal.

— Très-révérend père, mettez-vous à ma place, — et dites-moi comment vous vous conduiriez vous-même. — Sa main royale et la mienne viennent de se joindre; — et nos âmes intimement unies ont été mariées, accouplées et liées — avec toute la religieuse force des serments sacrés. — Le dernier souffle qui ait eu son de parole — a été un serment de fidélité, de paix, d'amitié, de véritable amour — entre nos deux empires et nos royales personnes. — Pour nous serrer les mains à la conclusion de ce royal pacte d'alliance, — nous avons à peine pris le temps de les laver... — Dieu sait, en effet, combien, un peu avant cette trêve, — le carnage les avait barbouillées et souillées — de son pinceau, et avec quelle couleur la vengeance y avait peint — l'effroyable querelle de deux rois irrités!... — Et ces mains, à peine purifiées, si récemment, si fortement unies par un mutuel amour, — se détacheraient de cette étreinte et de cette bonne réconciliation! — Nous pourrions ainsi ruser avec l'honneur, nous moquer du ciel, — et, par notre inconstance, faire de nous des enfants — qui n'ont voulu que jouer à la main chaude! — Nous pourrions abjurer la foi jurée, faire marcher — une horde sanglante sur le lit nuptial de la paix qui sourit, — et susciter la révolte sur le front serein — de la loyauté pure! O saint homme, — mon révérend père, qu'il n'en soit pas ainsi! — Du haut de votre grâce, imaginez, décrétez, imposez — quelque douce décision; et alors c'est avec bonheur — que nous nous soumettrons à votre bon plaisir, en restant amis!

PANDOLPHE, à Philippe.

— Toute forme est difformité, tout ordre est désordre, — qui n'est pas contraire à l'amitié anglaise. — Ainsi, aux armes! sois le champion de notre Église! — ou que l'Église notre mère profère sa malédiction, — malédiction maternelle, sur son fils révolté! — France, tu pourrais tenir un serpent par la langue, — un lion furieux par sa griffe meurtrière, — un tigre à jeun par les dents : — ce serait plus sûr que de serrer pacifiquement la main que tu tiens.

PHILIPPE.

— Je puis dégager ma main, mais non mon honneur.

PANDOLPHE.

— Tu fais ainsi de l'honneur l'ennemi de l'honneur; — tu mets en guerre civile serment contre serment, — ta parole contre ta parole. Oh! tiens d'abord — envers le ciel le vœu que tu as fait au ciel, — d'être le champion de notre Église. — Ce que tu as juré depuis, tu l'as juré contre toi-même, — et tu ne peux toi-même l'accomplir. — Car c'est un tort de faire loyalement — ce que tu as juré à tort; — et c'est faire loyalement que de ne pas faire — ce qui dans l'exécution tend au mal. — Le meilleur acte de l'erreur, — c'est d'errer de nouveau : tout en déviant, — la déviation ramène au droit chemin; — le mensonge guérit le mensonge, de même que l'inflammation refroidit l'inflammation — dans les veines brûlantes de celui qu'on cautérise. — C'est la religion qui oblige à tenir les vœux, — mais tu as juré contre la religion. — Ainsi, tu as juré contre ce que tu avais juré; — tu as, en garantie de ta foi, opposé un serment — à un serment. Or, un serment fait — sans conviction n'est plus un serment quand il est un parjure; — autrement quelle dérision ce serait de jurer! — Par ton nouveau serment, tu te rends parjure, — et d'autant plus parjure si tu le tiens. — Ainsi, ton dernier vœu, opposé au premier, — est une rébellion de toi-même contre toi-même; — et tu ne peux pas remporter une plus belle victoire — qu'en armant tout ce qu'il y a en toi de noble constance

— contre ces suggestions lâches et imprudentes. — Pour cette belle résolution, nos prières te viendront en aide — si tu ne les dédaignes pas; mais, autrement, sache — que nos malédictions menacent de tomber sur toi — si pesamment que tu ne pourras pas les secouer — et que, de désespoir, tu mourras sous leur sombre fardeau!

L'ARCHIDUC.

— Rébellion! pure rébellion!

LE BATARD.

Oui-dà? — Est-ce qu'on ne trouvera pas une peau de veau pour te fermer cette bouche-là?

LOUIS.

— Mon père, aux armes!

BLANCHE, au Dauphin.

Le jour de ton mariage! — contre le sang que tu viens d'épouser! — Est-ce qu'à notre repas de noces on servira des hommes égorgés? — Est-ce que les stridentes trompettes et les tambours grossièrement bruyants — feront, avec leurs clameurs d'enfer, le concert de notre fête? — O mon mari, écoute-moi! Hélas! que cet appel — est nouveau dans ma bouche!... Par ce nom — que jusqu'aujourd'hui ma langue n'avait jamais prononcé, — je t'en supplie à genoux, ne prends pas les armes — contre mon oncle.

CONSTANCE.

Oh! sur mes genoux — endurcis à force de génuflexions, je t'en prie, toi, — vertueux Dauphin, n'altère pas la décision — prononcée d'avance par le ciel.

BLANCHE.

— C'est maintenant que je verrai si tu m'aimes. Quel motif pourrait être — auprès de toi plus fort que le titre d'épouse?

CONSTANCE.

— Ce qui fait l'orgueil de qui fait ton orgueil, — l'honneur! Oh! ton honneur, Louis, ton honneur!

SCÈNE III.

LOUIS, à Philippe.

— Je m'étonne que votre majesté semble si froide, — quand de si graves intérêts la pressent.

PANDOLPHE.

— Je vais lancer l'anathème sur sa tête.

PHILIPPE, au cardinal.

— Tu n'en auras pas besoin...

Au roi Jean.

Angleterre, je me sépare de toi.

CONSTANCE.

— O brillant retour de la majesté bannie !

LA REINE-MÈRE.

— O noire trahison de l'inconstance française !

LE ROI JEAN, à Philippe.

— France, tu pleureras cette heure avant une heure.

LE BATARD.

— Pour peu que ce vieil horloger, le temps, ce vieux fossoyeur, le temps, — y mette de la complaisance, certes la France pleurera !

BLANCHE.

— Le soleil est couvert de sang ! beau jour, adieu ! — De quel côté dois-je aller ? — Je suis avec l'un et l'autre : les armées ont chacune une de mes mains, — et, liée que je suis à toutes deux, — elles me démembrent par un arrachement convulsif.

Au Dauphin.

— Époux, je ne puis prier pour ton triomphe.

Au roi Jean.

— Oncle, il faut que je prie pour ta défaite.

A Philippe.

— Père, je ne puis te souhaiter la fortune.

A la reine-mère Éléonore.

— Aïeule, je ne veux pas souhaiter que tes souhaits réussissent. — Quel que soit le vainqueur, je perdrai à la victoire, — et je suis sûre de la perte, avant que la partie soit jouée.

LOUIS.

— Sois avec moi, ma dame! Avec moi est ta fortune.

BLANCHE.

— Ce qui donnera vie à ma fortune peut détruire ma vie.

LE ROI JEAN, au Bâtard.

— Cousin, va rassembler nos forces.

Le Bâtard sort.

A Philippe.

— Français, je suis embrasé d'une fureur brûlante, — d'une rage dont la flamme ne peut plus — être éteinte que dans le sang, — le sang de la France, et son sang le plus cher.

PHILIPPE.

— Ta rage n'embrasera que toi, et tu seras — en cendres avant que notre sang en ait noyé la flamme. — Prends garde à toi, tu es en danger.

LE ROI JEAN.

— Pas plus que celui qui me menace... Aux armes! en avant!

Ils sortent.

SCÈNE IV

[Une plaine près d'Angers. Fanfares d'alarmes. Mouvements de troupes sur la scène.]

Entre le BATARD, portant la tête de l'Archiduc (35).

LE BATARD.

— Sur ma vie, cette journée devient prodigieusement chaude. — Quelque démon aérien plane dans les airs, —

et verse ici-bas la destruction. Tête d'Autrichien, repose là, — tandis que Philippe va respirer.

Il jette la tête à terre.

Entrent le roi JEAN, conduisant ARTHUR prisonnier, et HUBERT.

LE ROI JEAN.

— Hubert, garde cet enfant...
Au Bâtard.
Philippe, terminons! — Ma mère est assaillie dans notre tente, — et prise, j'en ai peur.

LE BATARD.

Monseigneur, je l'ai délivrée : — son altesse est en sûreté, ne craignez rien. — En avant, mon suzerain! Avec un léger effort — nous amènerons cette besogne à une heureuse fin.

Ils sortent.

Mouvements de troupes. Retraite. On voit revenir le roi JEAN, accompagné de la REINE-MÈRE et d'HUBERT qui tient ARTHUR par la main, puis le BATARD, et des LORDS ANGLAIS.

LE ROI JEAN, à la reine-mère.

— Ce sera ainsi, votre grâce restera en arrière, — avec cette forte garde.
A Arthur.
Cousin, n'aie pas l'air triste : — ta grand'mère t'aime, et ton oncle sera — aussi tendre pour toi que l'était ton père.

ARTHUR.

— Oh! ma mère en mourra de chagrin!

LE ROI JEAN, au Bâtard.

— Cousin, pars pour l'Angleterre; prends vite les devants; — et, avant notre venue, aie soin de secouer les sacs — de ces accapareurs d'abbés; remets en liberté — leurs anges d'argent emprisonnés : il faut que la guerre affamée — soit nourrie par le sein plantureux de la paix. — Use de nos pouvoirs dans toute leur étendue.

LE BATARD.

— Ni cloche, ni bréviaire, ni cierge ne me fera reculer, — quand l'or et l'argent me font signe d'avancer. — Je laisse votre altesse.....

A la reine-mère.

Grand'mère, — si jamais je me souviens d'être dévot, — je prierai pour votre beau salut. Sur ce, je baise votre main.

LA REINE-MÈRE.

— Adieu, gentil cousin.

LE ROI JEAN.

Cher cousin, adieu !

Le Bâtard sort.

LA REINE-MÈRE, à Arthur.

— Viens ici, petit parent; écoute, un mot !

Arthur quitte la main d'Hubert et va à la reine-mère, qui l'emmène à l'écart. Les lords se retirent au fond de la scène.

LE ROI JEAN.

— Viens ici, Hubert.

Hubert s'approche du roi.

O mon doux Hubert, — nous te devons beaucoup. Dans cette enceinte de chair — il est une âme qui te compte pour son créancier, — et qui veut te payer ton dévouement avec usure. — Ah! mon bon ami, ton serment volontaire — vit là, tendrement caressé dans mon cœur. — Donne-moi ta main... J'avais une chose à te dire ; — mais je la réserve pour un meilleur moment. — Par le ciel, Hubert, j'ai presque honte — de te dire quelle sincère estime j'ai de toi.

HUBERT.

— Je suis bien obligé à votre majesté.

LE ROI JEAN.

— Bon ami, tu n'as pas encore de motif pour dire cela,

— mais tu en auras, et, si tardif qu'il soit, le temps — arrivera où je pourrai te faire du bien. — J'avais une chose à te dire... mais laissons-la. — Le soleil est dans le ciel, et le jour éclatant, — escorté de tous les plaisirs du monde, — est trop frivole et trop brillamment paré — pour ma salle d'audience... Si la cloche nocturne, — avec sa langue de fer et sa bouche de bronze, — sonnait une heure à l'oreille engourdie de la nuit, — si nous étions ici dans un cimetière, — et si tu étais possédé de mille ressentiments; — si cette sombre humeur, la mélancolie, — t'avait desséché, épaissi, alourdi le sang, — (le sang qui, pour peu qu'il parcoure et chatouille les veines de l'homme, — lui imprime aux yeux un rire idiot — et lui contracte les joues sous une folle gaieté, — émotion odieuse à mes projets ;) — ou bien si tu pouvais me voir sans yeux, — m'entendre sans oreilles et me répliquer sans voix, employant la pensée seule, — sans le regard, sans l'ouïe, sans ce murmure funeste de la parole, — alors, en dépit du jour qui nous couve de sa vigilance, — je verserais dans ton sein mes pensées; — mais je n'en ferai rien..... Ah! pourtant je t'aime fort; — et, ma foi, je crois que tu m'aimes fort.

HUBERT.

— Si fort que, quelque chose que vous me disiez d'entreprendre, — quand ma mort serait au bout de l'exécution, — par le ciel, je la ferais !

LE ROI JEAN.

Eh! ne sais-je pas que tu la ferais ? — Bon Hubert ! Hubert ! Hubert ! jette les yeux — sur ce jeune garçon : je te le dirai, mon ami, — c'est un vrai serpent sur mon chemin : — partout où se pose mon pied, il est là, — rampant devant moi. Me comprends-tu ? — Tu es son gardien.

HUBERT.

Et je le garderai si bien — qu'il ne fera pas de mal à votre majesté.

LE ROI JEAN.

— La mort !

HUBERT.

Monseigneur ?

LE ROI JEAN.

Une tombe !

HUBERT.

Il ne vivra pas.

LE ROI JEAN.

Assez ! — Je puis être gai à présent... Hubert, je t'aime... — Allons, je ne te dirai pas ce que j'entends faire pour toi. — N'oublie pas...

Il s'avance vers la reine-mère.

Madame, adieu ; — je vais envoyer ces forces auprès de votre majesté.

LA REINE-MÈRE.

— Que ma bénédiction aille avec toi !

LE ROI JEAN, à Arthur.

Cousin, partez pour l'Angleterre... — Hubert sera votre homme ; il vous servira — avec tout le respect qui vous est dû... Holà ! vous autres, à Calais !

Tous sortent.

SCÈNE V

[La tente du roi de France.]

Entrent PHILIPPE, LOUIS, PANDOLPHE et des COURTISANS.

PHILIPPE.

— Ainsi, par un rugissement de la tempête sur les flots, — les voiles vaincues de toute l'armada — ont été séparées les unes des autres et dispersées.

SCÈNE V.

PANDOLHE.

— Courage et patience! tout ira bien.

PHILIPPE.

— Qu'est-ce qui peut aller bien après notre désastre? — Ne sommes-nous pas battus? Angers n'est-il pas perdu? — Arthur fait prisonnier? un grand nombre de nos chers amis tués? — Et l'Anglais sanglant n'est-il pas parti pour l'Angleterre, — surmontant toute opposition, en dépit de la France?

LOUIS.

— Ce qu'il a conquis, il l'a fortifié. — Une si ardente promptitude, dirigée avec tant d'habileté, — un ordre, si sage dans une course si furieuse, — est sans exemple. Qui a lu ou entendu — le récit d'une action semblable?

PHILIPPE.

— Je supporterais volontiers cet éloge de l'Angleterre, — si nous pouvions y trouver une leçon pour nos hontes. — Regardez qui vient ici. La tombe d'une âme, — qui retient, malgré lui, l'éternel esprit — dans la vile prison d'une haleine oppressée!

Constance entre les cheveux en désordre.

PHILIPPE, à Constance.

— Je t'en prie, noble femme, viens avec moi.

CONSTANCE.

— Ah! voilà! voilà donc l'issue de votre paix!

PHILIPPE.

— Patience, bonne dame! Courage, gentille Constance!

CONSTANCE.

— Non, je repousse tout conseil, tout redressement, — excepté celui qui met fin à tout conseil, le vrai redressement, — la mort, la mort! O aimable, adorable mort! — infection embaumée! saine pourriture! — lève-toi de la couche de l'éternelle nuit, — toi, horreur et effroi de la postérité, — et je baiserai tes os affreux, — et je mettrai mes prunelles dans tes creux orbites, — et je ferai des bagues à mes doigts de tes vers familiers, — et je me boucherai la gorge avec ta poussière fétide, — pour être, comme toi, une monstrueuse charogne. — Marche en grinçant sur moi, et je croirai que tu me souris, — et je te câlinerai comme ta femme. Bien-aimée du malheur, — oh! viens à moi!

PHILIPPE.

O belle affliction, calmiez-vous!

CONSTANCE.

— Non, non, je ne veux pas, tant que j'aurai un souffle pour crier. — Oh! que ma langue n'est-elle dans la bouche du tonnerre! — Alors, je ferais frémir le monde d'émotion, — et je réveillerais en sursaut ce cruel squelette — qui ne peut pas entendre une faible voix de femme — et qui dédaigne une invocation vulgaire :

PANDOLPHE.

— Madame, ce que vous proférez est folie, et non douleur.

CONSTANCE.

— Tu es impie de me calomnier ainsi. — Je ne suis pas folle! Ces cheveux que j'arrache sont à moi; — mon nom est Constance, et j'étais la femme de Geoffroy; — Arthur est mon fils, et il est perdu. — Je ne suis pas folle... Plût au ciel que je le fusse! — car alors il est probable que je m'oublierais moi-même! — Oh! si je pouvais l'être, quel chagrin j'oublierais! — Prêche-moi une philosophie qui me rende folle, — et tu seras canonisé, cardinal; — car, tant que je ne suis pas folle, tant que je suis sensible à la douleur, — ce qu'il y a en moi de raisonnable m'explique — comment je puis être délivrée de tant de maux, — et me conseille de me tuer ou de me pendre. — Si j'étais folle, j'oublierais mon fils, — ou je le prendrais follement pour une poupée. — Je ne suis pas folle : je ressens trop bien, trop bien, — les tortures variées de toutes mes calamités.

Elle se couvre de sa chevelure et sanglote.

PHILIPPE.

— Relevez ces tresses... Oh! que d'amour je remarque — dans cette éclatante multitude de cheveux ! — Si, par hasard, ses yeux laissent tomber une larme argentée, — dix mille fils d'or se collent — à cette larme dans une commune douleur, — amis vrais, inséparables, fidèles, — qu'attache la calamité !

CONSTANCE, *s'arrachant les cheveux et les jetant au vent.*

— En Angleterre, si vous voulez.

PHILIPPE.

Relevez vos cheveux.

CONSTANCE.

— Oui, je vais le faire... Et pourquoi le ferais-je? — Quand je les ai arrachés de leurs liens, je me suis écriée : — *Oh! si ces mains pouvaient affranchir mon fils — comme elles rendent à ces cheveux leur liberté!* — Mais, maintenant, je porte envie à leur liberté, — et je vais les remettre dans leurs liens, — puisque mon pauvre enfant est prisonnier. — Père cardinal, je vous ai entendu dire — que nous reverrons et que nous reconnaîtrons les êtres aimés dans le ciel. — Si cela est vrai, je reverrai mon fils : — car, depuis Caïn, le premier enfant mâle, — jusqu'à celui qui ne respire que d'hier, — il n'est jamais né d'aussi gracieuse créature. — Mais, maintenant, le ver du chagrin va le dévorer en bouton, — et chasser de ses joues sa beauté native, — et il aura la mine creusée d'un spectre — et la livide maigreur de la fièvre, — et il mourra ainsi, et il ressuscitera ainsi, — et, quand je le rencontrerai dans la cour des cieux, — je ne le reconnaîtrai plus! Ainsi, jamais, jamais, — je ne dois revoir mon joli Arthur!

PANDOLPHE.

— Vous considérez trop cruellement la douleur.

CONSTANCE.

— Il me parle, lui, qui n'a jamais eu de fils!

PHILIPPE.

— Vous raffolez autant de votre douleur que de votre enfant.

CONSTANCE.

— La douleur occupe la place de mon fils absent; — elle couche dans son lit; elle va et vient avec moi; — elle prend ses jolis airs, me répète ses mots, — me rappelle toutes ses grâces — et habille ses vêtements vides de sa forme. — J'ai donc bien raison de raffoler de la douleur! — Adieu; si vous aviez fait la même perte que moi, — je vous consolerais mieux que vous ne le faites.

Elle arrache sa coiffure.

— Je ne veux pas garder cette parure sur ma tête, — quand il y a un tel désordre dans mon esprit. — O Seigneur! mon fils, mon Arthur, mon bel enfant! — Ma vie! ma joie! ma nourriture! mon univers! — soutien de mon veuvage! remède de ma douleur!

Elle sort.

PHILIPPE.

— Je crains quelque acte de désespoir, et je vais la suivre.

Il sort.

LOUIS.

— Il n'est rien dans ce monde qui puisse me faire une joie. — La vie m'est fastidieuse comme un conte deux fois dit, — dont on assomme l'oreille déjà sourde d'un homme assoupi. — L'amertume de la honte m'a tellement gâté le goût des douces choses, — qu'elles ne renferment pour moi que honte et qu'amertume.

PANDOLPHE.

— Avant la cure d'une forte maladie, — c'est au moment même du retour à la santé — que la crise est la plus forte : les maux qui prennent congé de nous — nous prouvent surtout à leur départ leur malignité. — Qu'avez-vous donc perdu en perdant cette journée?

LOUIS.

— Tous mes jours de gloire, de joie et de bonheur.

PANDOLPHE.

— Si vous aviez gagné la journée, certes vous les auriez perdus. — Mais non! non! C'est quand la fortune veut le plus de bien aux hommes, — qu'elle les regarde de son œil le plus menaçant. — C'est étrange de penser combien le roi Jean a perdu — par ce qu'il tient pour une conquête si claire. — N'êtes-vous pas désolé qu'il ait Arthur pour prisonnier?

LOUIS.

— Aussi cordialement qu'il est heureux de l'avoir.

PANDOLPHE.

— Votre pensée est tout aussi juvénile que votre sang. — A présent, écoutez-moi, je vais vous parler avec un esprit prophétique; — le souffle même de ma parole — va balayer la moindre poussière, le moindre fétu, le plus léger obstacle — du sentier qui doit mener — vos pas droit au trône d'Angleterre! Ainsi, suivez-moi bien : — Jean a pris Arthur, et, — tant que la flamme de la vie se jouera dans les veines de cet enfant, — il est impossible que l'usurpateur Jean ait une heure, — une minute, que dis-je? un souffle de calme répit. — Un sceptre saisi d'une main effrénée — doit être gardé aussi violemment qu'il a été acquis. — Celui qui se tient sur une place glissante — n'a pas scrupule de s'accrocher au plus vil appui. — Pour que Jean se soutienne, il faut qu'Arthur tombe. — Ainsi soit-il, puisqu'il n'en peut être autrement.

LOUIS.

— Mais que gagnerai-je à la chute du jeune Arthur?

PANDOLPHE.

— Vous! au nom de madame Blanche, votre femme, — vous pourrez réclamer tous les droits d'Arthur.

LOUIS.

— Et les perdre tous avec la vie, comme Arthur.

PANDOLPHE.

— Que vous êtes peu mûr et novice pour ce vieux monde! — C'est pour vous que Jean complote, avec vous que les événements conspirent. — Car celui qui plonge sa sûreté dans le sang innocent, — n'y trouve jamais qu'une sûreté sanglante et perfide. — Cet acte, si méchamment conçu, refroidira pour lui les cœurs — de tous ses sujets et glacera leur zèle, — au point qu'ils caresseront la plus petite occasion — qui s'offrira pour faire échec à son règne. — Il n'y aura pas d'exhalaison naturelle dans le ciel, — pas de caprice de la nature, pas de journée hors de saison, — pas d'orage ordinaire, pas d'événement habituel, — qui ne soient dépouillés de leur cause naturelle — et considérés comme des météores, des prodiges, des signes, — des monstres, des présages et des voix du ciel — dénonçant clairement la vengeance d'en haut contre Jean!

LOUIS.

— Il se peut qu'il ne touche pas à la vie du jeune Arthur — et qu'il se tienne pour rassuré par son emprisonnement.

PANDOLPHE.

— Ah! seigneur, dès la première nouvelle de votre approche, — si le jeune Arthur n'est pas déjà expédié, — il meurt; et alors tous les cœurs — se révoltent contre Jean; — tous baisent aux lèvres le changement inconnu, — et expriment un venin de révolte et de fureur — du bout des doigts ensanglantés de Jean. — Il me semble que je vois déjà l'émeute partout sur pied. — Oh! mais comme les choses s'arrangent pour vous mieux — que je ne l'ai dit! Le bâtard Faulconbridge — est maintenant en Angleterre, mettant l'église à sac — et offensant la charité. S'il y avait seulement là — douze Français, ils seraient comme un appeau qui attirerait dix mille Anglais, — ou comme une menue boule de neige qui en roulant — devient une montagne. O noble Dauphin, — venez avec moi près du roi... C'est merveilleux — tout ce qu'on peut tirer de ce mécontentement, — maintenant que toutes les âmes débordent de griefs. — Il faut partir pour l'Angleterre ; je vais aiguiser le roi.

LOUIS.

— Les puissants raisonnements font les actions étranges. Allons ! — Si vous dites oui, le roi ne dira pas non.

Ils sortent.

SCÈNE VI

[Un cachot.]

Entrent HUBERT et deux EXÉCUTEURS.

HUBERT, au premier exécuteur.

— Faites-moi rougir ces fers...

Au second exécuteur.

Et toi, aie soin de te tenir — sous la tapisserie. Quand je frapperai du pied — le sein de la terre, vous vous élancerez, — et vous attacherez solidement à cette chaise l'enfant — que vous trouverez avec moi. — Soyez vigilants. Sortez, et attention !

PREMIER EXÉCUTEUR.

— J'espère que vous vous porterez garant de cette action.

HUBERT.

—Scrupules malséants! N'ayez pas peur, faites.
Les exécuteurs sortent.
—Jeune gars, venez ici; j'ai à vous parler.

Entre ARTHUR.

ARTHUR.

—Bonjour, Hubert.

HUBERT.

Bonjour, petit prince.

ARTHUR.

—Aussi petit prince que possible, ayant tant de titres — pour être un grand prince... Vous êtes triste.

HUBERT.

—En effet, j'ai été plus gai.

ARTHUR.

Dieu me pardonne! — Personne, il me semble, ne devrait être triste que moi. — Pourtant je me souviens, quand j'étais en France, — il y avait de jeunes gentilshommes qui voulaient être tristes comme la nuit, — simplement par affectation. Foi de chrétien! — si j'étais hors de prison à garder les moutons, — je serais aussi gai que le jour serait long; — et je le serais même ici, si je ne soupçonnais pas — que mon oncle me veut encore du mal. — Il a peur de moi, et moi de lui. — Est-ce ma faute si je suis fils de Geoffroy? — Non, vraiment, non; et plût au ciel — que je fusse votre fils, pourvu que je fusse aimé de vous, Hubert.

HUBERT, à part.

—Si je lui parle, avec son innocent babil, — il va réveiller ma pitié, tout enterrée qu'elle est. — Donc, soyons brusque, et dépêchons.

ARTHUR.

—Êtes-vous malade, Hubert? Vous êtes pâle aujour-

SCÈNE VI.

d'hui. — En vérité, je voudrais que vous fussiez un peu malade, — pour que je pusse passer toute la nuit à veiller près de vous. — Je vous garantis que je vous aime plus que vous ne m'aimez.

HUBERT, à part.

— Ses paroles prennent possession de mon cœur.

Haut.

— Lisez ceci, jeune Arthur.

Il lui tend un papier.

A part, s'essuyant les yeux.

Allons! larmoiement stupide! — Mettrait-il à la porte l'inflexible torture? — Il faut en finir, de peur que ma résolution ne s'échappe — de mes yeux en tendres larmes de femmelette.

Haut, à Arthur.

— Ne pouvez-vous pas lire? N'est-ce pas bien écrit?

ARTHUR.

— Trop bien, Hubert, pour une œuvre aussi hideuse! — Faut-il que vous me brûliez les deux yeux avec un fer rouge?

HUBERT.

— Il le faut, jeune enfant.

ARTHUR.

Et le ferez-vous?

HUBERT.

Et je le ferai.

ARTHUR.

— En aurez-vous le cœur? Quand vous — aviez seulement un mal de tête, — j'ai noué mon mouchoir autour de votre front, — (le plus beau que j'eusse, une princesse l'avait brodé pour moi), — et je ne vous l'ai jamais redemandé. — Et, la nuit, je vous tenais la tête avec ma main ; — et, veillant à vous comme la minute à l'heure, — je ne cessais de vous alléger le poids du temps, — en vous disant : *Que désirez-vous? où est votre mal?* — ou encore : *Quel bon office puis-je accomplir pour vous?* — Bien des fils de pauvres gens seraient restés couchés tranquilles, — et ne vous auraient pas dit un mot affectueux ; — mais vous, vous avez eu pour garde-malade un prince. — Après tout, vous pouvez croire que ma tendresse était une tendresse simulée, — et la traiter de ruse : croyez ce que vous voudrez. — S'il a plu au ciel que vous me maltraitiez, — eh bien, faites-le... Voulez-vous m'enlever les yeux? — ces yeux qui n'ont jamais eu, qui n'auront — jamais pour vous même un regard maussade !

HUBERT.

Je l'ai juré ! — Il faut que je les brûle avec un fer chaud.

ARTHUR.

— Ah ! nul être humain, si ce n'est dans cet âge de fer, ne voudrait faire cela. — Le fer lui-même, quoique ardent et rouge, — en approchant de ces yeux, boirait mes larmes — et éteindrait sa brûlante fureur — dans le débordement de mon innocence ; — oui, et après, il se consumerait en rouille — rien que pour avoir contenu le feu qui devait blesser mes yeux. — Êtes-vous donc un plus dur obstiné que le fer forgé ? — Ah ! si un ange était venu à moi — et m'avait dit qu'Hubert m'enlèverait les yeux, — je ne l'aurais pas cru : pas d'une autre bouche que celle d'Hubert !

HUBERT, frappant du pied.

— Arrivez.

Les deux EXÉCUTEURS entrent avec des cordes, des fers, etc.

HUBERT.

Faites ce que je vous dis.

ARTHUR.

— Oh ! sauvez-moi, Hubert, sauvez-moi ! Mes yeux

sont aveuglés, — rien qu'à l'horrible aspect de ces hommes de sang.

HUBERT, aux exécuteurs.

— Donnez-moi le fer, vous dis-je, et attachez-le ici.

Hubert prend le fer rouge. Les deux exécuteurs saisissent Arthur pour le lier sur la chaise.

ARTHUR, aux exécuteurs.

— Hélas! qu'avez-vous besoin d'être si furieusement rudes? — je ne vais pas résister; je vais rester pétrifié. — Au nom du ciel, Hubert, ne me faites pas attacher! — Voyons, écoutez-moi, Hubert, renvoyez ces hommes, — et je vais m'asseoir aussi tranquille qu'un agneau : — je ne bougerai pas, je ne regimberai pas, je ne dirai pas un mot, — je ne regarderai pas le fer avec colère. — Jetez seulement ces hommes dehors, et je vous pardonnerai — toutes les tortures auxquelles vous me soumettrez.

HUBERT, aux exécuteurs.

— Allez! tenez-vous dehors! laissez-moi seul avec lui.

PREMIER EXÉCUTEUR.

— Je suis ravi de n'être pour rien dans une pareille action.

Les exécuteurs sortent.

ARTHUR.

— Hélas! je viens donc de chasser un ami! — Il a une mine farouche, mais un bon cœur.

A Hubert.

— Laissez-le revenir, que sa compassion puisse — rendre vie à la vôtre.

HUBERT.

Allons, garçon, préparez-vous.

ARTHUR.

— Il n'y a donc plus de remède?

HUBERT.

Non, pas d'autre pour vous que de perdre les yeux.

ARTHUR.

— O ciel!... s'il y avait seulement dans les vôtres un atome, — un grain de poussière, un moucheron, un cheveu égaré, — un rien qui gênât ce sens si précieux! — alors, sentant combien les moindres choses sont douloureuses là, — vous seriez forcé de trouver votre infâme projet bien horrible.

HUBERT.

— Est-ce là votre promesse? Allons, retenez votre langue.

ARTHUR.

— Hubert, le cri de deux langues — ne serait pas de trop pour défendre deux yeux. — Ne me dites pas de retenir ma langue, ne me le dites pas, Hubert. — Ou bien, Hubert, si vous voulez, coupez-moi la langue, — à condition que je garde mes yeux. Oh! épargnez mes yeux, — quand ils ne me serviraient à rien qu'à vous regarder toujours. — Tenez, sur ma parole, l'instrument s'est refroidi ; — il ne ferait plus de mal.

HUBERT.

Je puis le réchauffer, enfant.

ARTHUR.

— Non, ma foi : le feu est mort de chagrin — de se voir, lui créé pour notre bien-être, employé — à des violences imméritées. Voyez plutôt vous-même : — il n'y a plus rien de malfaisant dans cette braise ; — le souffle du ciel en a chassé la flamme, — et a jeté dessus les cendres du repentir.

HUBERT.

— Mais je puis la ranimer de mon souffle, enfant.

ARTHUR.

— Si vous le faites, vous n'arriverez qu'à la faire rou-

SCÈNE VI.

gir — et éclater de honte devant vos procédés, Hubert : — peut-être même vous jettera-t-elle aux yeux des étincelles, — et, comme un chien qui est réduit à se battre, — s'attaquera-t-elle au maître qui ne cesse de l'exciter. — Toutes les choses que vous vouliez employer pour me faire du mal — vous refusent office : seul, vous êtes exempt — de cette pitié qui atteint le feu et le fer atroces, — ces créatures connues pour leurs impitoyables fonctions.

HUBERT.

— Soit! vois et vis!... Je ne voudrais pas toucher tes yeux — pour tous les trésors que ton oncle possède. — Pourtant j'avais juré, et j'avais résolu, enfant, — de te les brûler avec ce fer-ci.

ARTHUR.

— Ah! maintenant vous êtes reconnaissable, Hubert! Tout à l'heure — vous étiez déguisé.

HUBERT.

Paix! plus un mot. — Adieu! Il faut que votre oncle vous croie mort. — Je vais charger ces chiens d'espions de faux rapports. — Toi, joli enfant, dors sans crainte, et sois sûr — qu'Hubert, pour tous les biens du monde, — ne te fera pas de mal.

ARTHUR.

O ciel!... je vous remercie, Hubert.

HUBERT.

— Silence! plus un mot! Sortons ensemble secrètement. — Je m'expose pour toi à un grand danger (36).

Ils sortent.

SCÈNE VII

[La grand salle du palais.]

Entrent le roi JEAN, couronné, PEMBROKE, SALISBURY, et d'autres lords. Le roi monte sur son trône.

LE ROI JEAN.

— Ici nous nous asseyons de nouveau, de nouveau couronné, — et nous sommes vu, j'espère, par des yeux réjouis.

PEMBROKE.

— Ce second sacre, sauf le bon plaisir de votre altesse, — était superflu. Vous aviez été couronné déjà, — et cette majesté suprême ne vous avait pas été arrachée; — la foi des hommes n'avait pas été entachée de révolte; — le pays n'avait pas été troublé par de nouvelles ambitions, — par le désir d'un changement ou d'un état meilleur.

SALISBURY.

— Ainsi s'entourer d'une double pompe, — c'est chamarrer un titre déjà assez riche, — c'est dorer l'or raffiné, c'est peindre le lis, — c'est jeter un parfum sur la violette, — c'est polir la glace, c'est ajouter une nouvelle couleur — à l'arc-en-ciel, ou chercher à illuminer — avec un flambeau l'œil magnifique du firmament! — autant d'excès inutiles et ridicules.

PEMBROKE.

— N'était que votre bon plaisir royal doit être obéi, — cet acte-là est comme un vieux conte raconté de nouveau, — et qui, à la dernière redite, devient fastidieux, — ressassé qu'il est hors de propos.

SALISBURY.

— Il défigure la face antique et bien connue — de la

bonne vieille forme ; — et, comme un vent capricieux dans la voile, — il fait flotter en tous sens la pensée ; — il surprend et alarme la réflexion ; — il indispose la saine opinion, et rend suspect le droit — en le couvrant d'un manteau de si nouvelle façon.

PEMBROKE.

— Les ouvriers qui tâchent de faire mieux que le bien — perdent leur talent par leur ambition ; — souvent, en palliant une faute, — on l'aggrave par le palliatif même : — c'est ainsi qu'une pièce mise à un léger accroc — fait plus mal, en cachant le défaut, — que ne faisait le défaut avant d'être ainsi réparé.

SALISBURY.

— Avant votre second couronnement, — nous avions murmuré notre avis à cet effet ; mais il a plu à votre altesse — de n'en pas tenir compte, et nous sommes tous satisfaits — puisque toutes nos volontés doivent — s'arrêter à la volonté de votre altesse.

LE ROI JEAN.

— Je vous ai confié quelques-unes des raisons — de ce double couronnement, et je les crois fortes ; — je vous en communiquerai, quand ma crainte sera moindre, — de plus fortes, de plus fortes encore. En attendant, indiquez-moi — quelque abus que vous voudriez voir réformer, — et vous verrez bien quel empressement — je mettrai à écouter et à vous accorder vos requêtes.

PEMBROKE.

— Eh bien, moi, qui suis la voix d'eux tous, — et qui puis révéler à fond la pensée de leurs cœurs, — en leur nom et au mien, mais surtout — au nom de votre salut qui est pour moi-même et pour eux — la plus forte préoccupation, je vous demande instamment — la délivrance d'Arthur. Sa captivité — excite les lèvres murmurantes du mécontentement — à vous jeter ce dangereux argument : — Si ce qu'enfin vous possédez en paix vous appartient en droit, — pourquoi alors la crainte, qui, dit-on, suit — les pas du coupable, vous porterait-elle à enfermer — votre tendre parent, et à étouffer ses jours — dans une barbare ignorance, en refusant à sa jeunesse — le riche avantage d'une bonne éducation? — Afin que vos ennemis du jour n'aient plus ce prétexte — pour embellir les occasions, ayons ceci à répliquer, — que vous nous avez engagés à demander la liberté d'Arthur. — Oui, nous vous la demandons, non pas pour notre bien seulement, — mais parce que notre intérêt, dépendant du vôtre, — considère comme votre intérêt de le mettre en liberté.

LE ROI JEAN.

— Qu'il en soit ainsi! je confie sa jeunesse à votre direction.

Entre Hubert.

LE ROI JEAN.

Quelles nouvelles avez-vous, Hubert?

Le roi entraîne Hubert à l'écart et cause à voix basse avec lui.

PEMBROKE, montrant Hubert aux lords.

— C'est là l'homme qui devait faire l'action sanglante ; — il a montré son ordre à un de mes amis ; — l'image d'une perversité odieuse — vit dans son regard ; son aspect mystérieux — révèle l'émotion d'un cœur bien troublé ; — et j'ai grand'peur que la chose, dont nous craignions — qu'il ne fût chargé, ne soit faite.

SALISBURY.

— Les couleurs du roi vont et viennent — entre son projet et sa conscience, — comme des hérauts entre deux fronts de bataille menaçants. — Son émotion est si mûre qu'il faut qu'elle crève.

PEMBROKE.

— Et, quand elle crèvera, j'ai peur qu'il n'en sorte, — hideuse suppuration, la mort d'un doux enfant.

LE ROI JEAN, s'avançant.

— Nous ne pouvons retenir le bras fort de la mortalité.
— Mes bons lords, bien que ma volonté d'accorder soit toujours vivante, — c'en est fait : l'objet de votre demande n'existe plus. — Il nous apprend qu'Arthur est décédé cette nuit.

SALISBURY.

— Nous craignions en effet que sa maladie ne fût incurable.

PEMBROKE.

— En effet, nous savions combien il était près de sa mort, — avant que l'enfant lui-même se sentît malade. — Il faudra répondre de cela, ici ou ailleurs.

LE ROI JEAN, aux seigneurs.

— Pourquoi penchez-vous sur moi des fronts si solennels? — Croyez-vous que je tienne les ciseaux de la destinée? — Est-ce que j'ai pouvoir sur les pulsations de la vie?

SALISBURY, aux autres lords.

— La sinistre tricherie est visible; et il est honteux — que la grandeur la commette si grossièrement.

Au roi.

— Puisse ce jeu-là vous réussir, et, sur ce, adieu!

PEMBROKE.

— Arrête, lord Salisbury : je pars avec toi; — je vais chercher l'héritage de ce pauvre enfant, — le petit royaume d'une tombe forcée. — A l'être qui devait animer cette île tout entière, — trois pieds de terre suffisent. Mauvais monde, en attendant! — Cela ne peut pas se supporter ainsi : cela va faire éclater — toutes nos douleurs, et avant peu, je le soupçonne.

Les lords sortent.

LE ROI JEAN.

— Ils brûlent d'indignation. Je me repens. — Il n'est

pas de fondement sûr établi dans le sang ; — pas d'existence certaine obtenue par la mort des autres.

Entre un COURRIER.

— Tu as la frayeur dans les yeux. Où est ce sang — que j'ai vu habiter dans ces joues ? — Un ciel si sombre ne s'éclaircit pas sans orage. — Lâche ton averse... Comment vont-ils en France ?

LE COURRIER.

— De France en Angleterre... Jamais de telles forces, — pour une expédition à l'étranger, — ne se sont levées du sein d'un pays, — ils ont su copier votre rapidité : — car, quand vous devriez apprendre qu'ils se préparent, — la nouvelle vient qu'ils sont tous arrivés.

LE ROI JEAN.

— Où donc notre police s'est-elle soûlée ? — où a-t-elle dormi ? où est donc la vigilance de ma mère, — qu'une telle armée a pu être rassemblée en France, — sans qu'elle en ait rien appris ?

LE COURRIER.

Mon suzerain, son oreille — est bouchée par la poussière : le premier avril est morte votre noble mère. — Et, à ce que j'apprends, monseigneur, — madame Constance était morte trois jours avant — dans une frénésie ; j'ai appris cela vaguement — par la voix de la rumeur : est-ce vrai ou faux, je ne sais pas.

LE ROI JEAN.

— Arrête ton essor, occasion redoutable ! — Oh ! fais une ligue avec moi, jusqu'à ce que j'aie satisfait — mes pairs mécontents. Quoi ! ma mère morte ! — Comme mon empire va mal en France ! — Et sous les ordres de qui est venue cette armée française — dont tu me donnes pour certain le débarquement ici ?

SCÈNE VII.

LE MESSAGER.

— Sous ceux du Dauphin.

Entrent le BATARD et PIERRE DE POMFRET.

LE ROI JEAN.

Tu m'as tout étourdi — avec ces mauvaises nouvelles.
Au Bâtard.
Eh bien, que dit le monde — de vos mesures? N'essayez pas de me bourrer — encore la tête de mauvaises nouvelles, car elle en est déjà pleine.

LE BATARD.

— Soit! si vous avez peur d'entendre le pire, — que le pire tombe inouï sur votre tête!

LE ROI JEAN.

— Excusez-moi, cousin : j'étais suffoqué — par la marée montante; mais maintenant je reprends haleine — au-dessus du flot, et je puis donner audience — à toutes les voix, quoi qu'elles veuillent me dire.

LE BATARD.

— Comment je me suis démené au milieu du clergé, — les sommes que j'ai ramassées l'expliqueront. — Mais, comme je traversais le pays pour revenir, — j'ai trouvé le peuple étrangement disposé, — possédé de rumeurs, occupé de rêves bizarres, — ne sachant ce qu'il craint, mais plein de crainte. — Et voici un prophète que — j'amène avec moi des rues de Pomfret où je l'ai rencontré, — ayant sur ses talons des centaines de gens — à qui il chantait, en rimes grossières et malsonnantes, — qu'avant midi, le jour de l'Ascension prochaine, — votre altesse aurait déposé sa couronne.

LE ROI JEAN, à Pierre.

— Visionnaire, qui donc te faisait parler ainsi?

PIERRE DE POMFRET.

— La prescience que cette vérité s'accomplira.

LE ROI JEAN.

—Hubert, loin de moi cet homme! emprisonne-le; — et qu'à midi, le jour même où il dit — que je dois céder la couronne, il soit pendu! — Mets-le en lieu sûr, et reviens, — car j'ai besoin de toi.

Hubert sort avec Pierre de Pomfret.

LE ROI JEAN, *continuant, au Bâtard.*

O mon gentil cousin, — as-tu appris les nouvelles? sais-tu qui est arrivé?

LE BATARD.

—L'armée française, milord : tous n'ont que cela à la bouche. — En outre, j'ai rencontré lord Bigot et lord Salisbury, — les yeux aussi rouges qu'un feu nouvellement allumé, — et d'autres encore, qui allaient chercher le tombeau — d'Arthur, tué cette nuit, disaient-ils, — à votre suggestion.

LE ROI JEAN.

Gentil parent, va, — élance-toi au milieu de leurs groupes, — j'ai un moyen de regagner leur affection, — amène-les-moi.

LE BATARD.

Je vais les chercher.

LE ROI JEAN.

— Oui, mais va vite, le pied le meilleur en avant. — Oh! il ne faut pas que j'aie des sujets ennemis, — quand des étrangers hostiles alarment mes villes — par la terrible pompe d'une puissante invasion! — Sois Mercure, mets des ailes à tes talons, — et, comme la pensée, reprends ton vol d'eux à moi.

LE BATARD.

—L'esprit du temps m'enseignera la promptitude.

Il sort.

LE ROI JEAN.

—C'est parler en noble et vaillant gentilhomme.

Au courrier.

— Suis-le, car il aura peut-être besoin — de quelque courrier entre moi et les pairs, — et ce sera toi.

LE COURRIER.

De grand cœur, mon suzerain.

Il sort.

LE ROI JEAN.

— Ma mère morte !

HUBERT rentre.

HUBERT.

— Milord, on dit que cinq lunes ont été vues cette nuit, — quatre fixes, et la cinquième tourbillonnant autour — des quatre autres dans un merveilleux mouvement.

LE ROI JEAN.

— Cinq lunes ?

HUBERT.

Les vieillards et les matrones vont dans les rues, — faisant là-dessus d'inquiétantes prophéties ; — la mort du jeune Arthur est dans toutes les bouches. — En causant de lui, tous secouent la tête, — et se chuchotent à l'oreille : — celui qui parle serre le poignet de son auditeur, — tandis que celui qui écoute prend un air effaré, — fronçant les sourcils, hochant la tête, roulant les yeux. — J'ai vu un forgeron s'arrêter ainsi avec son marteau, — tandis que son fer refroidissait sur l'enclume, — pour avaler, bouche béante, le rapport d'un tailleur — qui, ses ciseaux et sa mesure à la main, — debout dans des pantoufles que son vif empressement — lui avait fait chausser de travers, — parlait de milliers de Français belliqueux — rangés déjà en bataille dans le Kent. — Un autre artisan, maigre et pas lavé, — est venu couper son récit, et parler de la mort d'Arthur.

LE ROI JEAN.

— Pourquoi cherches-tu à m'obséder de ces frayeurs?
— Pourquoi insistes-tu tant sur la mort du jeune Arthur?
— C'est ta main qui l'a assassiné : j'avais de puissants motifs — pour le souhaiter mort, mais tu n'en avais aucun pour le tuer.

HUBERT.

— Aucun, milord? Comment! Ne m'y aviez-vous pas provoqué?

LE ROI JEAN.

— C'est la malédiction des rois d'être assistés — par des esclaves qui prennent une boutade pour un ordre — de forcer le domicile sanglant d'une vie, — toujours prêts à comprendre comme une loi — un clin d'œil de l'autorité, et à voir une intention — menaçante du souverain quand par hasard il fronce le sourcil, — plutôt par humeur que par réflexion.

HUBERT.

— Voici votre signature et votre sceau à l'appui de ce que j'ai fait.

LE ROI JEAN.

— Oh! quand le dernier compte entre le ciel et la terre — devra être réglé, alors cette signature et ce sceau — déposeront contre nous pour notre damnation! — Que de fois la vue des instruments du mal — fait faire le mal! Si tu n'avais pas été là, — compagnon marqué par la main de la nature, — noté et désigné pour faire une action honteuse, — ce meurtre ne me serait jamais venu à l'esprit. — Mais, remarquant ton horrible aspect, — te trouvant bon pour une sanglante vilenie — et tout disposé, tout fait pour un emploi hasardeux, — je me suis vaguement ouvert à toi sur la mort d'Arthur, — et toi, pour te faire chérir d'un roi, — tu n'as pas eu scrupule de détruire un prince!

SCÈNE VII.

HUBERT.

— Milord...

LE ROI JEAN.

Si tu avais seulement hoché la tête, ou fait une pause, — quand je t'ai dit obscurément ce que j'entendais, — ou si tu avais jeté un regard de doute sur ma face, — comme pour me dire de m'expliquer en termes précis, — une honte profonde m'aurait frappé de mutisme et fait briser là, — et tes appréhensions auraient produit en moi des appréhensions ; — mais tu m'as compris par mes signes, — et tu as répondu en signes au crime. — Oui, sans objection, tu as laissé consentir ton cœur — et, conséquemment, ta rude main à commettre — l'action que nos deux bouches avaient horreur de nommer ! — Hors d'ici ! et que je ne te revoie jamais ! — Mes nobles m'abandonnent ; et mon autorité est bravée, — jusqu'à mes portes, par les bandes d'une puissance étrangère. — Et, même au sein de ce domaine de chair, — jusque dans cet empire, dans cette région de sang et de souffle, — l'hostilité et la guerre civile règnent — entre ma conscience et la mort de mon cousin (37).

HUBERT.

— Armez-vous contre vos autres ennemis, — je vais faire la paix entre votre âme et vous : — le jeune Arthur est vivant. Ma main — est encore une main vierge et pure, — elle n'est pas colorée de taches de sang cramoisi. — Dans mon cœur n'est jamais entrée encore — la terrible motion d'une pensée meurtrière : — et vous avez calomnié la nature dans mes traits — qui, malgré leur rude aspect, — couvrent pourtant une âme trop belle — pour le boucher d'un enfant innocent.

LE ROI JEAN.

— Arthur est vivant ? Oh ! va vite trouver les pairs, — jette cette nouvelle sur leur rage enflammée, — et apprivoise-les à l'obéissance! — Pardonne les commentaires que ma colère a faits — sur ta physionomie, car ma rage était aveugle, — et l'horrible vision imaginaire du sang — te présentait à moi plus hideux que tu n'es. — Oh! ne réponds pas, mais ramène dans mon cabinet — les lords irrités ; va en toute hâte, — ma prière même est trop lente : cours plus vite.

Ils sortent.

SCÈNE VIII

[Devant un donjon.]

ARTHUR paraît au haut de la muraille.

ARTHUR.

— Le mur est bien haut, et pourtant je vais sauter jusqu'en bas. — Bonne terre, sois clémente, et ne me fais pas de mal. — Presque personne, personne, puis-je dire, ne me connaît ici; pour qui me connaîtrait, — ce costume de mousse m'a déguisé tout à fait. — J'ai peur, et pourtant je me risquerai. — Si je parviens en bas sans me briser les membres, — je trouverai mille moyens de m'échapper. — Autant mourir en fuyant que mourir en restant.

Il saute.

— A moi! L'esprit de mon oncle est dans ces pierres. — Que le ciel prenne mon âme, et que l'Angleterre garde mes os!

Il meurt (38).

Entrent PEMBROKE, SALISBURY et BIGOT.

SALISBURY.

— Milords, je l'ai rencontré à Saint-Edmunsbury. —

C'est notre salut, et nous devons vite accepter — cette offre favorable d'un temps de périls.

PEMBROKE.

— Qui a apporté cette lettre de la part du cardinal?

SALISBURY.

— Le comte de Melun, un noble seigneur de France, — dont les assurances personnelles sont, sur les sympathies du Dauphin, — plus explicites encore que ces lignes.

BIGOT.

— Allons donc le joindre dès demain matin.

SALISBURY.

— Ou plutôt partons tout de suite : car il nous faudra — deux longues journées de marche, milords, avant de le joindre.

Entre le BATARD.

LE BATARD.

— Charmé de vous rencontrer encore une fois aujourd'hui, messeigneurs les mécontents ! — Le roi, par ma bouche, réclame votre présence immédiatement.

SALISBURY.

— Le roi s'est dépossédé de nous. — Nous ne voulons pas doubler son manteau souillé et chétif — de nos purs honneurs, ni suivre son pas — qui laisse une empreinte de sang partout où il se porte. — Retourne lui dire cela : nous n'en savons que trop.

LE BATARD.

— Quoi que vous pensiez, de bonnes paroles seraient plus convenables, je pense.

SALISBURY.

— C'est notre ressentiment, et non notre courtoisie, qui raisonne à présent.

LE BATARD.

— Mais il y a peu de raison dans votre ressentiment;

—vous auriez donc raison d'avoir de la courtoisie à présent.

PEMBROKE.

— Monsieur, monsieur, l'impatience a ses priviléges.

LE BATARD.

— C'est vrai : le privilége de blesser qui l'éprouve, et pas d'autre.

SALISBURY.

— Voici la prison.

Il aperçoit le corps d'Arthur.

Qui donc est étendu là?

PEMBROKE.

— O mort, enorgueillie d'une beauté princière et pure ! — La terre n'avait donc pas un trou pour cacher cette action !

SALISBURY.

— Le meurtre, comme s'il avait horreur de son forfait, — le laisse à découvert pour exciter la vengeance.

BIGOT.

— Ou bien, après avoir destiné cette beauté à la tombe, — il l'a trouvée trop splendidement auguste pour une tombe.

SALISBURY, au Bâtard.

— Sir Richard, qu'en pensez-vous? Avez-vous jamais vu, — lu ou entendu, pouviez-vous imaginer, — pouvez-vous presque croire, même en le voyant, — ce que vous voyez? Est-ce que votre pensée pourrait, sans cette réalité, — en imaginer une pareille? Voici le faîte suprême, — le cimier, la couronne, ou plutôt la couronne de la couronne, — des armes du meurtre; voici la plus sanglante infamie, — la plus farouche sauvagerie, le coup le plus hideux — que jamais la colère à l'œil muré ou la rage hagarde — ait offert aux larmes du remords attendri.

PEMBROKE.

— Tous les meurtres passés sont excusés par celui-ci : — il est si unique, si incomparable — qu'il donnera de la sainteté et de la pureté — aux crimes encore à venir des temps, — et qu'il tournera en plaisanterie le plus funèbre carnage — par l'exemple de cet atroce spectacle.

LE BATARD.

— C'est une œuvre damnée et sanglante, — l'action sacrilége d'une main brutale, — si c'est l'œuvre d'une main.

SALISBURY.

— Si c'est l'œuvre d'une main ! — Nous avions une sorte de lumière sur ce qui arriverait : — l'exécution de cette infamie est de la main d'Hubert ; — le plan et l'idée sont du roi. — Aussi j'interdis à mon âme l'obéissance à ce roi ; — je m'agenouille devant cette ruine d'une chère vie, — et j'exhale, devant cette perfection sans haleine, — l'encens d'un vœu sacré : le vœu — de ne jamais goûter les jouissances de ce monde, — de ne jamais me laisser corrompre par le plaisir, — de ne pas connaître le bien-être ni le loisir, — avant que j'aie glorifié mon bras — en l'élevant à la hauteur de la vengeance !

PEMBROKE et BIGOT.

— Nos âmes confirment religieusement tes paroles.

Entre Hubert.

HUBERT.

— Milords, je me suis échauffé à courir à votre recherche. — Arthur est vivant ! le roi vous envoie demander.

SALISBURY.

— Oh ! voilà un impudent qui ne rougit pas devant la mort.

A Hubert.

— Hors d'ici, odieux scélérat, va-t'en !

HUBERT.
—Je ne suis pas un scélérat.

SALISBURY, tirant son épée.
Faut-il que je vole la loi?

LE BATARD.
—Votre épée brille, monsieur; rengaînez-la.

SALISBURY.
— Non, pas avant que je lui aie fait un fourreau de la peau d'un assassin!

HUBERT.
—Arrière, lord Salisbury, arrière, vous dis-je!—Par le ciel, je crois mon épée aussi affilée que la vôtre.—Je ne souhaite pas, milord, que vous vous oubliiez vous-même,—ni que vous provoquiez le danger de ma légitime défense;—je craindrais, en ne tenant compte que de votre rage, d'oublier—votre valeur, votre grandeur, votre noblesse.

BIGOT.
— Loin d'ici, fumier! Oserais-tu braver un noble?

HUBERT.
— Pas pour ma vie; mais j'oserais défendre—mon innocence contre un empereur.

SALISBURY.
—Tu es un meurtrier.

HUBERT.
Ne me forcez pas à l'être;—jusqu'ici je ne le suis pas. Qui dit une erreur—ne dit pas vrai; qui ne dit pas vrai, ment.

PEMBROKE.
—Coupons-le en morceaux.

LE BATARD.
Gardez la paix, vous dis-je.

SALISBURY.
—Écartez-vous, ou je vous écorche, Faulconbridge.

LE BATARD.

— Mieux vaudrait pour toi écorcher le diable, Salisbury. — Si seulement tu me regardes de travers, si tu bouges ton pied, — ou si tu enseignes à ta fureur étourdie à me faire outrage, — je t'abats mort. Relève vite ton épée, — sinon je vais vous écraser, toi et ta broche, — à vous faire croire que le diable est sorti de l'enfer.

BIGOT.

— Que vas-tu faire, renommé Faulconbridge? Seconder un scélérat, un meurtrier !

HUBERT.

— Lord Bigot, je ne suis ni l'un ni l'autre.

BIGOT.

Qui donc a tué ce prince?

HUBERT.

— Il n'y a pas une heure que je l'ai laissé bien portant : — je l'honorais, je l'aimais, et j'épuiserai ma vie — à pleurer la perte d'une vie si chère.

SALISBURY.

— Ne vous fiez pas à l'humidité menteuse de ses yeux : — car la trahison n'est pas à court de ces larmoiements ; — et, lui, exercé au métier, il les fait ressembler — aux effusions de la pitié et de l'innocence. — Partez avec moi, vous tous dont les âmes ont horreur — des exhalaisons infectes du charnier ; — car je suis suffoqué de cette odeur de crime.

BIGOT.

— Allons à Bury, près du Dauphin !

PEMBROKE, à Hubert.

— Dis au roi qu'il peut venir nous demander là.

Les lords sortent.

LE BATARD.

— Voilà un monde parfait!...

A Hubert.

Aviez-vous connaissance de cette belle œuvre? — Si c'est toi qui as commis cet acte de mort — hors de la portée infinie de la pitié sans bornes, — tu es damné, Hubert!

HUBERT.

Écoutez-moi seulement, monsieur...

LE BATARD.

Ah! je vais te le dire : — tu es un aussi noir damné... non, il n'y aurait rien de si noir, — tu es plus profondément damné que le prince Lucifer; — il n'y a pas encore un démon d'enfer aussi hideux — que tu le seras, si tu as tué cet enfant.

HUBERT.

— Sur mon âme...

LE BATARD.

Pour peu que tu aies consenti — à cet acte, le plus cruel de tous, tu n'as plus qu'à désespérer, — et, si tu as besoin d'une corde, le plus petit fil, — que l'araignée ait jamais filé de ses entrailles, — suffira pour t'étrangler; un jonc sera — un gibet pour te pendre; ou, si tu veux te noyer, — mets seulement un peu d'eau dans une cuiller, — et ce sera tout un océan — pour suffoquer un misérable tel que toi! — Je te soupçonne bien gravement.

HUBERT.

— Si par action, par consentement ou par pensée, — je suis coupable d'avoir dérobé le souffle suave — que contenait cette argile si belle, — je veux que l'enfer n'ait pas assez de supplices pour me torturer! — Je l'avais laissé bien portant.

LE BATARD.

Va, emporte-le dans tes bras. — Je suis tout étourdi, il me semble, et j'ai perdu mon chemin — au milieu des épines et des dangers de ce monde.

Hubert prend dans ses bras le cadavre.

— Comme tu enlèves aisément toute l'Angleterre ! — De cette dépouille de la royauté morte, — la vie, le droit et la foi de tout ce royaume — se sont envolés au ciel. Et maintenant, l'Angleterre n'a plus — qu'à lacérer, à dissiper et à déchirer à belles dents — les biens fastueux d'un empire en déshérence. — Maintenant, pour cet os rongé de majesté, — le molosse de la guerre hérisse sa crinière furieuse, — et jappe à la douce vue de la paix. — Maintenant, les forces du dehors et les mécontentements du dedans — coalisés se mettent en ligne ; et l'immense confusion, — comme le corbeau planant sur une bête défaillante, — épie la chute imminente du pouvoir arraché. — Heureux maintenant celui dont le manteau et la ceinture — pourront résister à cette tempête !... Emporte cet enfant — et suis-moi vite ; je vais près du roi. — Nous allons avoir mille affaires sur les bras, — et le ciel lui-même fait sombre mine à la terre.

Ils sortent.

SCÈNE IX

[Une salle dans un palais.]

Entrent le roi JEAN, PANDOLPHE, portant la couronne, et des GENS de la suite.

LE ROI JEAN.

— Ainsi j'ai remis dans votre main — le nimbe de ma gloire.

PANDOLPHE.

Reprenez-la — de ma main, comme tenant désormais du pape — votre grandeur et votre autorité souveraine.

Il rend la couronne au roi.

LE ROI JEAN.

— Maintenant, tenez votre parole sacrée ; allez trouver les Français, — et employez tout le pouvoir que vous tenez de sa sainteté — à arrêter leur marche avant que nous ayons pris feu. — Nos nobles mécontents se révoltent, — notre peuple se refuse à l'obéissance — et du fond de l'âme, jure allégeance et amour — à un sang étranger, à une royauté du dehors. — Vous seul pouvez contenir — ce débordement d'humeurs irritées. — Ne tardez donc pas ; car la maladie est si grave — que le remède doit être administré sur-le-champ — pour ne pas avoir à lutter contre d'incurables suites.

PANDOLPHE.

— C'est mon souffle qui a provoqué cette tempête, — sur votre résistance obstinée au pape ; — mais, puisque vous êtes un converti soumis, — ma voix va faire rentrer dans le silence l'ouragan de la guerre — et rétablir le beau temps dans votre orageux pays. — Après votre serment d'obéissance au pape, — prêté, rappelez-vous-le bien, aujourd'hui jour de l'Ascension, — je vais trouver les Français et leur faire déposer les armes.

Il sort.

LE ROI JEAN.

— C'est le jour de l'Ascension ? Le prophète n'avait-il pas — dit que le jour de l'Ascension, avant midi, — j'aurais cédé ma couronne ? Je viens justement de le faire. — Je supposais que ce serait par contrainte ; — mais, grâce au ciel, c'est volontairement.

Entre le BATARD.

LE BATARD.

— Tout le Kent s'est rendu ; le château de Douvres seul — y tient encore ; Londres a reçu, — comme un hôte ami, le Dauphin et ses forces. — Vos nobles, sans vouloir vous entendre, sont allés — offrir leurs services à votre ennemi, — et une folle épouvante chasse en désordre — le petit nombre de vos douteux amis.

LE ROI JEAN.

— Est-ce que mes lords n'ont pas voulu revenir à moi, — quand ils ont su qu'Arthur était vivant?

LE BATARD.

— Ils l'ont trouvé mort et jeté dans la rue : — coffret vide, d'où le joyau de la vie — avait été volé et emporté par quelque main infernale.

LE ROI JEAN.

— Ce scélérat d'Hubert m'avait dit qu'il vivait.

LE BATARD.

— Sur mon âme, il a dit ce qu'il croyait. — Mais pourquoi vous affaissez-vous? pourquoi avez-vous l'air triste? — Soyez grand en action, comme vous l'avez été en pensée. — Que le monde ne voie pas la peur et la triste méfiance — gouverner le mouvement d'un regard royal! — Marchez au pas du temps; soyez de flamme avec la flamme; — menacez qui vous menace, et faites face aux bravades — de l'intimidation fanfaronne : ainsi les regards inférieurs, — qui empruntent leur expression aux grands, — grandiront par votre exemple et s'animeront — d'un indomptable esprit de résolution. — En avant! soyez brillant comme le dieu de la guerre, — quand il veut être en tenue de campagne. — Montrez l'audace et l'aspiration de la confiance. — Quoi! faudra-t-il qu'ils viennent chercher le lion dans son antre, — et l'y traquer, et l'y faire trembler? — Oh! que cela ne soit pas dit! En plaine! Élancez-vous — de ces portes au-devant de la révolte, — et empoignez-la avant qu'elle ait approché.

LE ROI JEAN.

— J'ai vu le légat du pape, — et j'ai fait avec lui une

paix heureuse : — il m'a promis de licencier les troupes — que commande le Dauphin.

LE BATARD.

O inglorieuse ligue ! — Quoi ! quand notre sol est foulé, — nous enverrons de pacifiques mots d'ordre, nous proposerons un compromis, — une explication, des pourparlers, une infâme trève, — à l'invasion armée ! Un garçon imberbe, — un fat dorloté dans la soie, bravera nos plaines, — il essaiera sa valeur sur un sol belliqueux — en narguant l'air de ses couleurs nonchalamment déployées, — et il ne trouvera pas de résistance ! Ah ! mon prince, aux armes ! — Peut-être le cardinal ne pourra-t-il pas obtenir votre paix ; — même s'il l'obtient, qu'il soit au moins dit — qu'on nous a vus préparés à la défense.

LE ROI JEAN.

— Prends le commandement de cette affaire.

LE BATARD.

— En avant donc et bon courage ! Je sais bien, moi, — que nos forces pourraient tenir tête à un plus fier ennemi.

Ils sortent.

SCÈNE X

[Une plaine près de Saint-Edmunsbury.]

Entrent en armes LOUIS, SALISBURY, MELUN, PEMBROKE, BIGOT, et des SOLDATS.

LOUIS, à Melun, en lui remettant un papier.

— Messire de Melun, faites faire une copie de ceci, — et mettez-la en sûreté dans nos archives : — puis, rendez l'original à ces lords, — afin qu'ayant notre traité écrit, —

ils puissent, comme nous, en en relisant les articles, — se rappeler à quoi nous nous sommes engagés par serment, — et que tous nous gardions notre foi ferme et inviolable.

SALISBURY.

— Elle ne sera jamais violée de notre côté. — Mais, noble Dauphin, bien que nous ayons juré — un dévouement spontané et une fidélité volontaire — à votre gouvernement, pourtant, croyez-moi, prince, — je ne me réjouis pas de ce que les plaies de l'époque — réclament pour appareil la révolte méprisée, — et de ce qu'il faille guérir l'ulcère invétéré d'une seule blessure — en en faisant de nouvelles. Oh! cela me navre l'âme — que je doive tirer ce fer de mon côté — pour être faiseur de veuves, et dans ce pays, hélas! — où le nom de Salisbury est appelé — à la rescousse et à la défense de l'honneur. — Mais telle est la corruption du temps — que, pour rendre la santé et la force à nos droits, — nous ne pouvons agir qu'avec le bras même — de l'inflexible injustice et du désordre outrageant. — N'est-ce pas pitié, ô mes tristes amis, — que nous, les fils, les enfants de cette île, — nous soyons nés pour voir cette heure sinistre — où nous marchons sur son sein chéri — derrière un étranger, et où nous grossissons — les rangs de ses ennemis...

Il essuie une larme.

(Je ne puis m'empêcher de m'interrompre et de pleurer — sur la flétrissure d'une telle nécessité!...) — pour faire honneur à la noblesse d'une terre lointaine — et pour suivre des couleurs inconnues, ici! — quoi! ici! — O ma nation, si tu pouvais t'éloigner! — si les bras de Neptune qui t'étreignent — pouvaient t'emporter des lieux où tu te reconnais — et t'entraîner sur une côte païenne! — Là du moins, ces deux armées chrétiennes pourraient mêler — dans les veines de l'alliance leur sang furieux, — au lieu de le verser ainsi dans une lutte fratricide !

Il fond en larmes.

LOUIS.

— Tu montres en ceci un noble caractère; — et les grands sentiments qui se soulèvent dans ton sein — en font un cratère de noblesse. — Oh! quel généreux combat tu as soutenu — entre la nécessité et ces beaux scrupules ! — Laisse-moi essuyer cette rosée de l'honneur — qui se répand argentée sur tes joues. — Mon cœur s'est attendri aux pleurs d'une femme, — qui ne sont qu'un débordement vulgaire; — mais cette effusion de larmes viriles, — cette averse que soulève la tempête de l'âme, — éblouit mes regards et me rend plus stupéfait — que si j'avais vu la voûte des cieux — se sillonner partout de brûlants météores. — Relève ton front, illustre Salisbury, — et exhale tout cet orage dans un soupir de ce grand cœur ; — laisse ces larmes aux yeux enfants de ceux — qui n'ont jamais vu le monde géant enragé — et qui n'ont affronté la fortune que dans les fêtes — animées par la volupté, la joie et la causerie. — Viens, viens, tu enfonceras ta main — dans la bourse de la riche prospérité — aussi avant que Louis lui-même... Et vous aussi, nobles, — vous tous qui unissez à nos forces le nerf des vôtres... — Il m'a semblé à l'instant qu'un ange parlait, — et voyez! voici justement le saint légat qui arrive à grands pas, — pour nous donner de la main d'en haut la garantie du ciel, — et pour mettre le nom du droit sur nos actions — par une parole sacrée.

Entre PANDOLPHE, suivi d'un cortége.

PANDOLPHE.

— Salut, noble prince de France! — Voici ce que j'ai à te dire : le roi Jean s'est réconcilié — avec Rome; son âme s'est enfin rendue, — après avoir si longtemps résisté à la sainte Église, — à la grande métropole, au siége de Rome. — Maintenant donc, replie tes drapeaux menaçants, — et apprivoise l'ardeur sauvage de la farouche guerre ; — que, comme un lion nourri à la main, — elle se couche doucement aux pieds de la paix, — n'ayant plus rien de terrible que l'apparence.

LOUIS.

— Votre grâce me pardonnera, je ne reculerai pas. — Je suis de trop haute naissance pour être possédé, — pour être un subalterne qu'on contrôle, — ou bien l'officieux serviteur, l'instrument — d'une puissance souveraine, quelle qu'elle soit ! — C'est vous qui avez rallumé de votre souffle le brandon éteint de la guerre — entre ce royaume châtié et moi-même, — et qui avez apporté les aliments à cet incendie : — il est trop grand maintenant pour pouvoir être éteint — par ce même faible vent qui l'a allumé. — Vous m'avez appris à voir le droit sous sa vraie face, — vous m'avez instruit de mes titres à ce domaine, — que dis-je ? vous m'avez jeté cette entreprise au cœur, — et vous venez maintenant me dire que Jean a fait — sa paix avec Rome ! Que me fait cette paix ? — Par la grâce de mon lit nuptial, — je réclame, moi, après le jeune Arthur, cette terre comme mienne ; — et, maintenant qu'elle est à moitié conquise, il faut que je recule — parce que Jean a fait sa paix avec Rome ! — Est-ce que je suis l'esclave de Rome ? Quel denier Rome a-t-elle déboursé, — quels hommes a-t-elle fournis, quelles munitions envoyées — pour aider à cette expédition ? N'est-ce pas moi — qui en supporte toute la charge ? Quels autres que moi, — et ceux qui sont sujets à mon appel, — suent dans cette affaire et soutiennent cette guerre ? — Est-ce que je n'ai pas entendu ces insulaires crier — *Vive le roy !* quand j'ai passé devant leurs villes ? — Est-ce que je n'ai pas les meilleures cartes — pour gagner la facile partie jouée ici pour une couronne? — Et j'abandonnerais maintenant les points déjà concédés! — Non, non, sur mon âme, cela ne sera pas dit.

PANDOLPHE.

— Vous ne voyez que le dehors de cet ouvrage-là.

LOUIS.

— Dehors ou dedans, je ne m'en retournerai pas, — tant que je n'aurai pas obtenu de mon entreprise toute la gloire — qui fut promise à ma vaste espérance, — avant que j'eusse formé ce vaillant front de bataille — et réuni cette brûlante élite du monde — pour dominer la victoire et pour conquérir la renommée — jusque dans la gueule du danger et de la mort!

On entend une trompette.

— De quoi vient nous sommer cette vigoureuse fanfare?

Entre le BATARD, suivi d'une escorte.

LE BATARD.

— Conformément au loyal droit des gens, — je demande audience. J'ai mission de parler.

A Pandolphe.

— Mon saint seigneur de Milan, je viens de la part du roi — apprendre ce que vous avez fait pour lui : — et, selon votre réponse, je connais la mesure — des pouvoirs accordés à ma parole.

PANDOLPHE.

— Le Dauphin oppose un refus obstiné, — et ne veut accorder aucune trêve à mes prières. — Il dit tout nettement qu'il ne déposera pas les armes.

LE BATARD.

— Par tout le sang qu'a jamais respiré la fureur, — le jouvenceau parle bien.

SCÈNE X.   267

Au Dauphin.

Sur ce, écoutez notre roi anglais ; — car c'est sa majesté qui vous parle en moi. — Le roi est préparé, et il a raison de l'être : — les simagrées indécentes de votre attaque, — cette mascarade harnachée, cette équipée insensée, — cette effronterie imberbe et ces troupes gamines — le font sourire : et il est tout préparé — à donner le fouet à vos guerriers nains et à votre armée pygmée — en les chassant de ses domaines. — Le bras, qui a pu vous bâtonner à votre porte même — et qui vous a forcés à faire le saut périlleux, — à vous plonger, comme des baquets, dans des puits cachés, — à vous blottir dans le fumier de vos étables, — à vous encaquer, comme des pions, dans des boîtes à échecs, — à faire l'amour aux truies, à chercher un asile parfumé — dans les caves et dans les prisons, à frissonner et à trembler — rien qu'au cri de votre coq national — que vous preniez pour la voix d'un Anglais armé, — ce bras victorieux qui vous a punis jusque dans votre logis, — croyez-vous donc qu'il soit plus faible ici ? — Non, sachez-le, le vaillant monarque est en armes, — planant comme l'aigle au-dessus des créneaux de son aire, — pour fondre sur l'ennemi qui approche.

A Salisbury et aux lords.

— Et vous, dégénérés, vous, ingrats rebelles, — vous, sanguinaires Nérons qui déchirez le sein — de votre mère chérie, l'Angleterre, rougissez de honte : — car vos propres femmes, vos filles au pâle visage — arrivent, comme des amazones, courant derrière nos tambours ; — leurs dés se sont changés en gantelets de fer, — leurs aiguilles en lances, et leur douceur de cœur — en humeur farouche et sanglante !

LOUIS.

—Finis là ta bravade, et tourne les talons en paix. — Nous convenons que tu as la langue mieux pendue que nous : porte-toi bien ; — notre temps nous semble trop précieux pour le dépenser — avec un braillard tel que toi.

PANDOLPHE.

Laissez-moi parler.

LE BATARD.

— Non, je veux parler.

LOUIS.

Nous n'écouterons ni l'un ni l'autre. — Qu'on batte le tambour, et que la voix de la guerre — plaide pour nos intérêts et pour notre présence ici !

LE BATARD.

— Sans doute, vos tambours crieront, quand on les battra, — comme vous, quand vous serez battus.

Au Dauphin.

Éveille seulement — l'écho avec la clameur de ton tambour, — et aussitôt un tambour, déjà sous les baguettes, — te renverra une réplique tout aussi retentissante. — Donne un second roulement, et un autre roulement, — aussi bruyant que le tien, ira frapper l'oreille du ciel — et narguer le tonnerre à la voix profonde. Car, — sans plus se fier à ce légat chancelant — dont il s'est servi plutôt par jeu que par besoin, — il approche, le belliqueux Jean ; et sur son front — siége la mort décharnée, dont l'office aujourd'hui — est de dévorer les Français par milliers !

LOUIS.

— Faites battre nos tambours, que nous voyions un peu ce danger-là.

LE BATARD.

— Tu le verras bien, Dauphin, sois-en sûr.

Tous sortent.

SCÈNE XI

[Le champ de bataille.]

Entrent le roi JEAN et HUBERT.

LE ROI JEAN.

— Comment va la journée pour nous? Oh! dis-moi, Hubert.

HUBERT.

— Mal, j'en ai peur : comment se trouve votre majesté?

LE ROI JEAN.

— Cette fièvre qui me tourmente depuis si longtemps — m'accable. Oh! mon cœur est malade.

Entre un COURRIER.

LE COURRIER, au roi.

— Milord, votre vaillant cousin, Faulconbridge, — prie votre majesté de quitter le champ de bataille, — et de lui faire savoir par quelle route vous partirez.

LE ROI JEAN.

— Dis-lui, celle de Swinstead. Je vais à l'abbaye, là!

LE COURRIER.

— Ayez bon courage : les grands renforts — que le Dauphin attendait ici — ont fait naufrage, il y a trois nuits, sur les sables de Goodwin. — Cette nouvelle vient justement d'être apportée à Richard. — Les Français se battent avec froideur et font retraite.

LE ROI JEAN.

— Hélas! cette fièvre tyrannique m'embrase, — et ne me permet pas de fêter cette bonne nouvelle. — En marche pour Swinstead! à ma litière, vite (39)! — La faiblesse s'empare de moi, et je suis défaillant.

Ils sortent.

Entrent Salisbury, Pembroke, Bigot *et d'autres.*

SALISBURY.

— Je ne croyais pas le roi si riche d'amis.

PEMBROKE.

— Revenons à la charge! Rendons l'ardeur aux Français; — s'ils succombent, nous succombons aussi.

SALISBURY.

— Ce diable de bâtard, Faulconbridge, — en dépit de notre dépit, maintient seul la lutte.

PEMBROKE.

— On dit que le roi Jean, gravement malade, a quitté le champ de bataille.

Entre Melun, *blessé et porté par des soldats.*

MELUN.

— Conduisez-moi aux révoltés d'Angleterre que je vois ici.

SALISBURY.

— Quand nous étions heureux, nous avions d'autres noms.

PEMBROKE.

— C'est le comte de Melun!

SALISBURY.

Blessé à mort.

MELUN.

— Fuyez, nobles Anglais, vous êtes trahis et perdus; — dégagez-vous du rude trou d'aiguille de la rébellion, — et rendez votre hospitalité à la loyauté bannie; — cherchez le roi Jean et tombez à ses pieds! — Car, si le Français est le maître dans cette éclatante journée, — il entend vous récompenser des peines que vous prenez — en faisant tomber vos têtes. Il l'a juré, — ainsi que moi et beaucoup d'autres, — sur l'autel de Saint-Edmundsbury, — sur ce même autel où nous vous avions juré — une tendre amitié et un éternel dévouement.

SALISBURY.

— Est-il possible ? Serait-il vrai ?

MELUN.

— N'ai-je pas la hideuse mort devant les yeux ? — Je ne garde plus qu'un reste de vie — qui saigne, comme une figure de cire — fond en se déformant devant le feu. — Quelle est la chose au monde qui me ferait mentir, — au moment où tout mensonge m'est forcément inutile ? — Pourquoi donc serais-je faux, puisqu'il est vrai — que je dois mourir ici, et vivre hors d'ici par la vérité seule ? — Je le répète, dans le cas où Louis triomphe, — il est parjure si jamais vos yeux — voient une nouvelle aurore poindre à l'Orient. — Et, dès cette nuit même, dont déjà le souffle contagieux et sombre — fume au-dessus de la crête brûlante — du vieux soleil faible et épuisé de jour, — dès cette nuit fatale, vous rendrez le dernier soupir, — payant ainsi par la fin traîtresse de toutes vos vies — l'amende de votre trahison coupable — qui aura donné la victoire à Louis. — Ne m'oubliez pas auprès d'un certain Hubert qui est avec votre roi. — Mon amitié pour lui, et puis ce souvenir — que mon grand-père était Anglais, — ont engagé ma conscience à confesser tout cela. — Pour récompense, je vous en prie, emmenez-moi d'ici, — loin du bruit et de la rumeur du champ de bataille, — que je puisse recueillir en paix le reste de mes pensées — et séparer mon âme de ce corps — dans la méditation et les désirs pieux (40) !

SALISBURY.

— Nous te croyons... Et maudite soit mon âme, — s'il n'est pas vrai que je suis charmé de cette belle — et heureuse occasion — de revenir sur les pas d'une désertion damnée! — Faisons comme le flot qui décroît et se retire : — laissons là nos débordements et notre cours irrégulier — pour redescendre dans les limites que nous avons franchies, — et courons paisiblement en toute obéissance — à notre grand roi Jean, notre Océan à nous!

A Melun.

— Mon bras va aider à t'emporter d'ici, — car je vois les cruelles angoisses de la mort — dans tes yeux... En marche, mes amis! Élan nouveau, — heureux changement qui nous ramène à l'ancien droit!

Ils sortent en emmenant Melun.

SCÈNE XII

[Le camp français.]

Entrent Louis et sa suite.

LOUIS.

— Il m'a semblé que le soleil du ciel avait regret de se coucher, — et qu'il s'arrêtait à faire rougir l'ouest du firmament, — tandis que les Anglais mesuraient à reculons leur propre terrain — dans une molle retraite. Oh! que nous avons bravement fini, — alors qu'avec une volée de notre canonnade, inutile — après une si sanglante besogne, nous leur avons dit adieu, — et que nous avons replié gaiement nos drapeaux déchirés, — derniers occupants, et presque maîtres du champ de bataille!

Entre un COURRIER.

LE COURRIER.
— Où est mon prince, le Dauphin?

LOUIS.
Ici. Quelles nouvelles?

LE COURRIER.
— Le comte de Melun est tué. Les lords anglais, — persuadés par lui, ont fait une désertion nouvelle; — et le renfort que vous désiriez depuis si longtemps — est perdu, naufragé, sur les sables de Goodwin.

LOUIS.
— Ah! affreuses et perfides nouvelles! Maudit sois-tu jusqu'au cœur! — Je ne croyais pas être ce soir aussi triste — que ceci m'a fait... Qui donc m'avait dit — que le roi Jean s'était enfui, une heure ou deux avant — que la nuit tombante eût séparé nos armées fatiguées?

LE COURRIER.
— Quiconque a dit cela, milord, a dit vrai.

LOUIS.
— C'est bien; tenons-nous cette nuit dans un bon campement et sous bonne garde. — Le jour ne sera pas levé aussi tôt que moi — pour tenter l'heureuse chance de demain.

Ils sortent.

SCÈNE XIII

[Les environs de l'abbaye de Swinstead. Il fait nuit.]

Entrent le BATARD et HUBERT, par deux côtés opposés.

HUBERT.
— Qui va là? Parle! hé! parle vite, ou je tire.

LE BATARD.
— Ami... Qui es-tu, toi?

HUBERT.
Du parti de l'Angleterre.

LE BATARD.
— Où vas-tu?

HUBERT.
— Qu'est-ce que ça te fait? Pourquoi ne m'occuperais-je pas — de tes affaires, aussi bien que toi des miennes?

LE BATARD.
— Hubert, je suppose!

HUBERT.
Tu as parfaitement supposé. — Je veux bien à tout hasard te croire — de mes amis, toi qui connais si bien ma voix. — Qui es-tu?

LE BATARD.
Qui tu voudras. Tu peux, s'il te plaît, — me faire l'amitié de croire — que je descends par un côté des Plantagenets.

HUBERT.
— Désobligeante mémoire! C'est toi et la nuit sans yeux — qui m'avez mis dans l'ambarras... Brave soldat, pardonne-moi — si l'accent de ta voix — n'a pas été reconnu par mon oreille.

LE BATARD.
— Approche, approche. Trêve de compliments. Quelles nouvelles?

HUBERT.
— Justement, je marchais par ici, à la face sombre de la nuit, — pour vous trouver.

LE BATARD.
Vite donc! quelles nouvelles?

HUBERT.
— Oh! monsieur, une nouvelle à l'avenant de la nuit, — sombre, effrayante, désespérante, horrible!

LE BATARD.

— Montre-moi donc la plaie de cette mauvaise nouvelle. — Je ne suis pas une femme, je ne m'évanouirai pas.

HUBERT.

— Le roi, je le crains, a été empoisonné par un moine. — Je l'ai quitté presque sans voix, et je me suis échappé — pour vous informer de ce malheur, afin que — vous soyez mieux armé pour cette crise soudaine — que si vous aviez tardé à l'apprendre.

LE BATARD.

— Comment a-t-il pris ce poison? Qui l'avait goûté pour lui?

HUBERT.

— Un moine, je vous dis : un scélérat résolu, — dont les entrailles ont crevé brusquement. Pourtant le roi — parle encore, et par aventure, il pourrait en revenir.

LE BATARD.

— Qui as-tu laissé près de sa majesté?

HUBERT.

— Comment! vous ne savez pas que les lords sont tous revenus, — accompagnés du prince Henry, — et qu'à sa prière le roi leur a pardonné? — Ils sont tous autour de sa majesté.

LE BATARD.

— Arrête ton indignation, ciel tout-puissant, — et ne nous impose pas des épreuves au dessus de nos forces! — Je te dirai, Hubert, que, cette nuit, la moitié de mes troupes, — en passant les sables, ont été surprises par la marée, — et que les lames du Lincoln les ont dévorées. — Moi-même, bien monté, j'ai pu à peine échapper. — En marche, va devant! Conduis-moi au roi. — Je crains qu'il ne soit mort, avant que j'arrive.

Ils sortent.

SCÈNE XIV

[Le jardin de l'abbaye de Swinstead.]

Entrent le prince HENRY, SALISBURY et BIGOT.

HENRY.

— Il est trop tard. La vie est atteinte dans tout son sang — par la corruption ; et sa cervelle, organe pur — que quelques-uns supposent être la frêle demeure de l'âme, — annonce, par les commentaires incohérents qu'elle fait, — la fin de la vie mortelle.

Entre PEMBROKE.

PEMBROKE.

— Le roi parle encore. Il est persuadé — que, si on l'amenait en plein air, — cela calmerait l'action brûlante — du terrible poison qui l'envahit.

HENRY.

— Qu'on l'amène ici, dans le jardin. — Est-il toujours en délire?

PEMBROKE.

Il est plus calme — que quand vous l'avez quitté. Tout à l'heure il chantait.

HENRY.

— O vanité de la maladie ! les angoisses extrêmes, — dès qu'elles persistent, ne se sentent plus. — La mort, après avoir ravagé la partie matérielle, — la laisse insensible et fait le siége — de l'esprit, qu'elle harcèle et heurte — avec des légions de fantaisies étranges — qui, en affluant et se pressant à ce poste suprême, — se détruisent les unes les autres... C'est étrange que la mort puisse chanter! — Moi, je suis l'oiseau né de ce cygne pâle et défaillant, — qui entonne l'hymne funèbre de sa propre mort, — et qui tire d'un fragile tuyau d'orgue le chant — qui berce son corps et son âme pour l'éternité.

SALISBURY.

— Prenez courage, prince ; car vous êtes venu au monde — pour donner figure à l'ébauche — qu'il a laissée si informe et si grossière.

Entrent BIGOT et des GENS DE SERVICE, apportant le roi JEAN dans une chaise.

LE ROI JEAN.

— Oui, certes, mon âme a maintenant les coudées franches ; — elle n'a pas besoin pour sortir de fenêtres ni de portes. — Il y a dans mon sein un été si chaud — que toutes mes entrailles s'émiettent en poussière. — Je ne suis plus qu'une forme griffonnée à la plume — sur un parchemin, et je me racornis — sous l'action du feu.

HENRY.

Comment se trouve votre majesté ?

LE ROI JEAN.

— Mal : empoisonné, mort, abandonné, perdu ! — Et nul de vous ne veut dire à l'hiver — d'enfoncer ses doigts glacés dans ma mâchoire, — nul ne veut faire couler les rivières de mon royaume — à travers mon sein brûlé, nul ne veut supplier le Nord — de donner à mes lèvres desséchées le baiser de sa bise — et de me soulager par le froid ! je ne demande pas beaucoup, — j'implore le plus froid soulagement ; et vous êtes assez avares — et assez ingrats pour me le refuser.

HENRY.

— Oh ! pourquoi mes larmes n'ont-elles quelque vertu — qui puisse vous guérir !

LE ROI JEAN.

Le sel qu'elles contiennent est trop chaud. — En moi

est un enfer où le poison — est enfermé, comme un démon, pour torturer — une vie condamnée sans sursis.

Entre le BATARD.

LE BATARD.

— Oh! je suis tout brûlant de ma course violente — et de mon vif empressement à voir votre majesté.

LE ROI JEAN.

— Ah! cousin, tu es venu pour me fermer les yeux : — l'attache de mon cœur est rompue et brûlée; — toutes les voiles qui faisaient voguer ma vie — sont réduites à un fil mince comme un cheveu ; — mon cœur n'est plus arrêté que par un pauvre fil — qui tiendra tout au plus jusqu'à ce que tu aies dit ta nouvelle : — et alors tout ce que tu vois ne sera plus qu'un tas de terre, — fantôme d'une royauté évanouie!

LE BATARD.

— Le Dauphin se prépare à marcher ici, — et Dieu sait comment nous lui répliquerons ; — car, cette nuit même, la meilleure partie de mes troupes, — avec qui j'avais pu faire bonne retraite, — a été brusquement emportée et dévorée — par une inondation inattendue.

Le roi Jean meurt (41).

SALISBURY.

— Vous murmurez ces nouvelles mortes à une oreille aussi morte... — Mon suzerain! mon seigneur!... Tout à l'heure un roi, maintenant ceci!

HENRY.

— Telle doit être ma carrière, et telle ma fin! — Quelle sûreté y a-t-il dans le monde, quel espoir, quel point fixe, — quand ce qui était roi tout à l'heure est maintenant boue!

LE BATARD, tourné vers le cadavre.

— Te voilà donc parti! Je ne reste en arrière — qu'afin

de faire pour toi l'office de vengeur; — et alors mon âme ira t'assister au ciel, — comme elle t'a toujours servi sur la terre.

Aux lords.

— Et vous, maintenant, vous, astres, désormais rentrés dans votre sphère légitime, — où sont vos forces ? Prouvez votre retour à la loyauté, — et repartez sur-le-champ avec moi — pour chasser la désolation et le déshonneur éternel — hors des faibles portes de notre patrie défaillante. — Attaquons vite, ou vite nous serons attaqués : — le Dauphin fait rage sur nos talons.

SALISBURY.

— Il paraît que vous n'en savez pas aussi long que nous. — Le cardinal Pandolphe se repose à l'abbaye, — depuis une demi-heure. Il vient de quitter le Dauphin, — et il apporte de sa part des propositions de paix — que nous pouvons accepter avec honneur et profit : — le prince est disposé à abandonner sur-le-champ cette guerre.

LE BATARD.

— Il le sera encore plus, s'il nous voit — tous bien fortifiés pour la défense.

SALISBURY.

— Mais c'est en quelque sorte une affaire faite : — il a déjà renvoyé bon nombre de transports — à la côte, et remis sa cause et sa querelle — à la décision du cardinal. — Cette après-midi, si vous le trouvez bon, — nous courrons tous auprès de celui-ci, vous, les autres lords et moi, — pour conclure heureusement cette négociation.

LE BATARD.

— Soit !

A Henry.

Et vous, mon noble prince, — accompagné par les

grands dont l'absence n'est pas nécessaire, — vous suivrez les funérailles de votre père.

HENRY.

— C'est à Worcester que son corps doit être enterré (42); — telle est sa dernière volonté.

LE BATARD.

Il faut donc le porter là. — Et ensuite, puisse votre bien-aimée personne assumer heureusement — le pouvoir héréditaire pour la gloire du pays! — C'est à genoux, avec une entière soumission — que je vous lègue mes fidèles services — et mon impérissable dévouement.

SALISBURY.

— Et nous vous faisons de même l'offre de notre amour, — qui demeurera à jamais sans tache.

HENRY.

— J'ai une âme tendre qui voudrait vous remercier, — et qui ne sait comment le faire, autrement qu'avec des larmes.

LE BATARD.

— Oh! ne payons au temps que la douleur nécessaire, — car il a déjà reçu l'avance de nos chagrins. — Jamais l'Angleterre n'est tombée, jamais elle — ne tombera aux pieds superbes d'un conquérant, — sans que d'abord elle l'ait aidé à porter le coup contre elle-même. — Maintenant que ses chefs sont revenus à elle, — les trois coins du monde peuvent se ruer en armes sur nous, — et nous braverons leur choc. Nul malheur ne nous arrivera, — tant que l'Angleterre se restera fidèle à elle-même (43).

Ils sortent.

FIN DU ROI JEAN.

LA TRAGÉDIE

DU ROY RICHARD TROISIÈME

contenant, ses complots perfides contre son frère
Clarence : le pitoyable meurtre de ses innocents
neveux : son usurpation tyrannique : avec le cours
entier de sa vie détestée et de sa mort
très-méritée.

Comme elle a été jouée récemment par
les serviteurs du Très-Honorable Lord Chambellan.

A LONDRES

Imprimé par *Valentin Sims* pour *André Wise*,
demeurant au Cimetière Saint-Paul, à l'enseigne de
L'Ange.

1597

PERSONNAGES :

LE ROI ÉDOUARD IV.

ÉDOUARD, PRINCE DE GALLES, fils du roi.

RICHARD, DUC D'YORK, autre fils du roi.

GEORGE, DUC DE CLARENCE, frère du roi.

RICHARD, d'abord duc de Glocester, puis roi sous le nom de Richard III, autre frère du roi.

LE JEUNE FILS de Clarence.

HENRY, COMTE DE RICHMOND, plus tard Henry VII.

LE CARDINAL BOURCHIER, ARCHEVÊQUE DE CANTORBÉRY.

THOMAS ROTHERAM, ARCHEVÊQUE D'YORK.

JOHN MORTON, ÉVÊQUE D'ÉLY.

LE DUC DE BUCKINGHAM.

LE DUC DE NORFOLK.

LE COMTE DE SURREY, fils du duc de Norfolk.

LE COMTE RIVERS, frère de la reine Élisabeth.

LE MARQUIS DE DORSET, fils de la reine Élisabeth.

LORD GREY, autre fils de la reine.

LE COMTE D'OXFORD.

LORD HASTINGS.

LORD STANLEY.

LORD LOVEL.

SIR THOMAS VAUGHAN.

SIR RICHARD RATCLIFF.

SIR WILLIAM CATESBY.

SIR JAMES TYRREL.

SIR JAMES BLOUNT.

SIR WALTER HERBERT.

SIR ROBERT BRAKENBURY, lieutenant de la Tour.

CHRISTOPHE URSWICK, prêtre.

LE LORD-MAIRE de Londres.

LE SHÉRIF de Wiltshire.

LA REINE ÉLISABETH, femme d'Édouard IV.

MARGUERITE, veuve du roi Henry VI.

LA DUCHESSE D'YORK, mère d'Édouard IV, de Clarence et de Richard III.

LADY ANNE, veuve du prince de Galles, puis femme de Richard III.

LA JEUNE FILLE de Clarence.

LORDS, COURTISANS, GENTILSHOMMES; UN MESSAGER D'ÉTAT, UN PRÊTRE, UN GREFFIER; BOURGEOIS; ASSASSINS, MESSAGERS, SOLDATS; SPECTRES.

La scène est en Angleterre.

SCÈNE I

[Londres. Une place.]

Entre Richard.

RICHARD.

— Donc, voici l'hiver de notre déplaisir — changé en glorieux été par ce soleil d'York ; — voici tous les nuages qui pesaient sur notre maison — ensevelis dans le sein profond de l'Océan ! — Donc, voici nos tempes ceintes de victorieuses guirlandes, — nos armes ébréchées pendues en trophée, — nos alarmes sinistres changées en gaies réunions, — nos marches terribles en délicieuses mesures ! — La guerre au hideux visage a déridé son front, — et désormais, au lieu de monter des coursiers caparaçonnés — pour effrayer les âmes des ennemis tremblants, — elle gambade allègrement dans la chambre d'une femme — sous le charme lascif du luth. — Mais moi qui ne suis pas formé pour ces jeux folâtres, — ni pour faire les yeux doux à un miroir amoureux, — moi qui suis rudement taillé et qui n'ai pas la majesté de l'amour — pour me pavaner devant une nymphe aux coquettes allures, — moi en qui est tronquée toute noble proportion, — moi que la nature décevante a frustré de ses attraits, — moi qu'elle a envoyé avant le temps — dans le monde des vivants, difforme, inachevé, — tout au plus à moitié fini, — tellement estropié et contrefait — que les chiens aboient quand je m'arrête près d'eux! — eh bien, moi, dans cette molle et languissante époque de paix, — je n'ai d'autre plaisir pour passer les heures — que d'épier mon ombre au soleil — et de décrire ma propre difformité. — Aussi, puisque je ne puis être l'amant — qui charmera ces temps beaux parleurs, — je suis déterminé à être un scélérat — et à être le trouble-fête de ces jours frivoles. — J'ai, par des inductions dangereuses, — par des prophéties, par des calomnies, par des rêves d'homme ivre, — fait le complot de créer entre mon frère Clarence et le roi — une haine mortelle. — Et, pour peu que le roi Édouard soit aussi honnête et aussi loyal — que je suis subtil, fourbe et traître, — Clarence sera enfermé étroitement aujourd'hui même, — en raison d'une prédiction qui dit que G — sera le meurtrier des héritiers d'Édouard. — Replongez-vous, pensées, au fond de mon âme! Voici Clarence qui vient.

Entrent CLARENCE, entouré de gardes, et BRAKENBURY.

RICHARD, continuant.

— Frère, bonjour! que signifie cette garde armée — qui accompagne votre grâce?

CLARENCE.

Sa majesté, — s'intéressant à la sûreté de ma personne, m'a donné — cette escorte pour me conduire à la Tour.

RICHARD.

— Et pour quelle cause?

CLARENCE.

Parce que mon nom est George.

RICHARD.

— Hélas! milord, ce n'est pas votre faute. — Ce sont vos parrains que le roi devrait mettre en prison pour cela. — Oh! sans doute, sa majesté a quelque intention

— de vous faire baptiser de nouveau à la Tour. — Mais de quoi s'agit-il, Clarence? puis-je le savoir?

CLARENCE.

— Oui, Richard, quand je le saurai : car je proteste — que je n'en sais rien encore. Mais, autant que j'ai pu le comprendre, — il écoute des prophéties et des rêves; — il arrache la lettre G de l'alphabet, — en disant qu'un sorcier l'a prévenu — que sa lignée serait déshéritée par G, — et, parce que mon nom de George commence par G, — il en conclut dans sa pensée que ce serait par moi. — Ce sont ces sornettes-là, m'a-t-on dit, et d'autres pareilles qui ont décidé son altesse à me faire mettre en prison.

RICHARD.

— Ah! c'est ce qui arrive quand les hommes sont gouvernés par des femmes. — Ce n'est pas le roi qui vous envoie à la Tour, — Clarence, c'est milady Grey, sa femme ; c'est elle — qui l'entraîne à ces extrémités. — N'est-ce pas elle, et ce respectable bonhomme, — Antony Woodville, son frère, — qui lui ont fait envoyer lord Hastings à la Tour — d'où il sort aujourd'hui même? — Nous ne sommes pas en sûreté, Clarence, nous ne sommes pas en sûreté.

CLARENCE.

— Par le ciel, je le crois, il n'y a de sécurité pour personne, — que pour les parents de la reine et pour les messagers nocturnes — qui se démènent entre le roi et mistress Shore. — N'avez-vous pas su quelles humbles supplications — lord Hastings lui a adressées, à elle, pour sa délivrance?

RICHARD.

— C'est en se plaignant humblement à cette déité — que milord chambellan a obtenu sa liberté. — Vous l'avouerai-je? Je pense que notre unique moyen — de rester en faveur auprès du roi — est d'être les gens de cette femme et de porter sa livrée. — La jalouse et caduque veuve et celle-ci, — depuis que notre frère les a sacrées grandes dames, — sont de puissantes commères dans cette monarchie.

BRAKENBURY.

— Je supplie vos grâces de me pardonner. — Sa majesté m'a formellement commandé — de ne laisser aucun homme, de quelque rang qu'il soit, — avoir un entretien particulier avec son frère.

RICHARD.

— Vraiment! s'il plaît à votre révérence, Brakenbury, — vous pouvez prendre part à tout ce que nous disons. — Nous ne parlons pas en traîtres, l'ami! nous disons que le roi — est sage et vertueux, et que la noble reine — est nantie d'un bel âge, qu'elle est blanche et pas jalouse. — Nous disons que la femme de Shore a le pied joli, — la lèvre cerise, — l'œil charmant, et le langage plus qu'agréable; — enfin que les parents de la reine sont des gentilshommes achevés. — Qu'en dites-vous, monsieur? Pouvez-vous nier tout cela?

BRAKENBURY.

— Je n'ai rien à faire moi-même, milord, avec tout cela.

RICHARD.

— Rien à faire avec mistress Shore? Je te le dis, camarade, — celui qui a quelque chose à faire avec elle, hormis un seul, — aura raison de le faire dans le plus grand secret.

BRAKENBURY.

— Hormis un seul! qui donc, milord?

RICHARD.

— Son mari, faquin! Voudrais-tu me trahir?

BRAKENBURY.

— Je supplie votre grâce de me pardonner, et aussi d'interrompre cet entretien avec le noble duc.

CLARENCE.

— Nous connaissons tes devoirs, Brakenbury, et nous obéirons.

RICHARD.

— Nous sommes la valetaille de la reine, et nous devons obéir. — Frère, adieu! je me rends auprès du roi. — Et, quelque commission que vous me donniez, — fût-ce d'appeler sœur la veuve du roi Édouard, — je la remplirai, pour hâter votre élargissement. — En attendant, cet outrage profond à la fraternité — me touche plus profondément que vous ne pouvez l'imaginer.

CLARENCE.

— Il ne nous plaît pas beaucoup à tous deux, je le sais.

RICHARD.

— Allez, votre emprisonnement ne sera pas long. — Je vous délivrerai, ou je serai enfermé pour vous. — Jusque-là, prenez patience.

CLARENCE.

Je le dois forcément; adieu.

Sortent Clarence, Brakenbury et les gardes.

RICHARD.

— Va, suis le chemin par lequel tu ne reviendras jamais, — simple et naïf Clarence! Je t'aime tellement — que je veux au plus vite envoyer ton âme au ciel, — si le ciel veut accepter ce présent de nos mains... — Mais qui vient ici? Hastings, le nouveau délivré!

Entre Hastings.

HASTINGS.

— Bonjour à mon gracieux lord!

RICHARD.

— Aussi bon jour à mon cher lord chambellan! — Vous êtes le très-bienvenu à ce grand air. — Comment votre seigneurie a-t-elle supporté l'emprisonnement?

HASTINGS.

— Avec patience, noble lord, comme il convient aux prisonniers. — Mais j'espère vivre, milord, pour remercier — ceux qui ont été cause de mon emprisonnement.

RICHARD.

— Sans doute, sans doute; et Clarence l'espère bien aussi; — car ceux qui ont été vos ennemis sont les siens, — et ils l'ont emporté sur lui, comme sur vous.

HASTINGS.

— Tant pis que l'aigle soit en cage, — quand les milans et les buses pillent en liberté.

RICHARD.

— Quelles nouvelles au dehors?

HASTINGS.

— Pas de nouvelle aussi mauvaise au dehors qu'au dedans. — Le roi est malade, faible et mélancolique, — et ses médecins craignent fortement pour lui.

RICHARD.

— Voilà, par saint Paul, une mauvaise nouvelle en effet! — Oh! il a suivi longtemps un régime funeste, — et il a par trop épuisé sa royale personne : — c'est chose bien douloureuse à penser! — Mais quoi! est-il au lit?

HASTINGS.

Oui.

RICHARD.

— Allez le trouver; je vais vous suivre.

Hastings sort.

— Il ne peut pas vivre, j'espère; mais il ne doit pas mourir — que George n'ait été expédié en train de poste pour le ciel. — Je vais chez le roi, pour exciter encore sa haine contre Clarence — par des mensonges acérés d'arguments puissants, — et, si je n'échoue pas dans mon projet profond, — Clarence n'a pas un jour de plus à vivre. — Cela fait, que Dieu prenne le roi Édouard à sa merci, — et me laisse le monde pour m'y démener! — Alors j'épouserai la fille cadette de Warwick... — Qu'importe que j'aie tué son mari et son père? — Le moyen le plus prompt de faire réparation à cette donzelle, — c'est de devenir moi-même son mari et son père. — Je serai l'un et l'autre, non pas tant par amour — que dans un but secret — que je dois atteindre en l'épousant. — Mais me voilà toujours à mettre la charrue avant les bœufs. — Clarence respire encore; Édouard vit encore et règne. — Quand ils ne seront plus là, alors je ferai le compte de mes bénéfices.

Il sort.

SCÈNE II

[Londres. Une rue.]

Des GENTILSHOMMES entrent, portant, entre deux haies de hallebardiers, le corps du roi Henry VI, déposé dans un cercueil ouvert. Lady ANNE conduit le deuil.

LADY ANNE, aux gentilshommes.

— Déposez, déposez votre honorable fardeau, — si toutefois l'honneur peut être enseveli dans un cercueil; — laissez-moi me répandre en lamentations funèbres — sur la chute prématurée du vertueux Lancastre.

La procession s'arrête. Les gentilshommes posent le cercueil à terre.

— Pauvre image glacée d'un saint roi! — Pâles cendres de la maison de Lancastre! — Restes ensanglantés de ce sang royal! — Qu'il me soit permis de supplier ton ombre — d'entendre les cris de la pauvre Anne, —

la femme de ton Édouard, de ton fils assassiné, — poignardé par la même main qui t'a fait ces blessures! — Tiens! par ces fenêtres d'où ta vie s'échappe, — je verse le baume inefficace de mes pauvres yeux. — Oh! maudite soit la main qui t'a fait ces trous! — maudit le cœur qui a eu ce cœur-là! — maudit le sang qui a fait couler ce sang! — puissent sur l'odieux misérable — qui nous rend misérables par ta mort, — tomber des calamités plus terribles — que je n'en puis souhaiter aux serpents, aux araignées, aux crapauds, — à tous les reptiles venimeux qui vivent! — Si jamais il a un enfant, que cet enfant soit un avorton — prodigieux, venu au jour avant terme, — qui, par son aspect hideux et contre nature, — épouvante à première vue sa mère pleine d'espoir, — et soit l'héritier de son malheur, à lui! — Si jamais il a une femme, qu'elle devienne, — par sa mort, plus malheureuse — que je ne le suis par celle de mon jeune seigneur et par la tienne! — Allons! marchez maintenant vers Chertsey avec le saint fardeau — que vous avez emporté de Saint-Paul pour être enterré là. — Et, chaque fois que son poids vous fatiguera, — reposez-vous, tandis que je me lamenterai sur le cadavre du roi Henry!

Les porteurs enlèvent le corps et se mettent en marche.

Entre RICHARD.

RICHARD, *se plaçant devant le cortége.*

— Arrêtez, vous qui portez le corps, et posez-le à terre.

LADY ANNE.

— Quel noir magicien évoque ici ce démon — pour empêcher les actes charitables du dévouement?

RICHARD.

— Manants, déposez le cadavre, ou, par saint Paul, — je ferai un cadavre de qui désobéira.

PREMIER GENTILHOMME.

— Milord, retirez-vous et laissez passer le cercueil.

RICHARD.

— Chien malappris! arrête donc quand je le commande. — Lève ta hallebarde plus haut que ma poitrine, — ou, par saint Paul, je t'abats à mes pieds, — et je t'écrase, gueux, pour ta hardiesse.

Les porteurs déposent le corps.

LADY ANNE.

— Quoi! vous tremblez? vous avez tous peur? — Hélas, je ne vous blâme pas, car vous êtes mortels, — et les yeux mortels ne peuvent pas endurer le démon. — Arrière, toi, horrible ministre de l'enfer! — Tu n'avais de pouvoir que sur son corps mortel. — Son âme, tu ne peux l'avoir. Ainsi, va-t'en!

RICHARD.

— Douce sainte, au nom de la charité, moins de malédictions!

LADY ANNE.

— Hideux démon, au nom de Dieu, hors d'ici! Ne nous trouble pas. — Tu as fait ton enfer de la terre heureuse. — Tu l'as remplie d'imprécations et de blasphèmes profonds. — Si tu aimes à contempler tes actes affreux, — regarde ce chef-d'œuvre de tes boucheries! — Oh! messieurs, voyez, voyez! Les blessures de Henry mort — ouvrent leurs bouches glacées et saignent de nouveau (45)! — Rougis, rougis, amas de noires difformités, — car c'est ta présence qui aspire le sang — de ces veines froides et vides où le sang n'est plus. — Ton forfait, inhumain, monstrueux, — provoque ce déluge monstrueux. — O Dieu, qui fis ce sang, venge cette mort! — O terre, qui bois ce sang, venge cette mort! — Ciel, foudroie le meurtrier de tes éclairs; — ou bien, terre, ouvre ta gueule béante, et mange-le vivant, —

comme tu engloutis le sang de ce bon roi — qu'a égorgé son bras gouverné par l'enfer !

RICHARD.

— Belle dame, vous ne connaissez pas les règles de la charité — qui rend le bien pour le mal, les bénédictions pour les malédictions !

LADY ANNE.

— Scélérat, tu ne connais aucune loi, ni divine, ni humaine : — il n'est pas de bête si féroce qui ne connaisse l'impression de la pitié.

RICHARD.

— Je ne la connais pas, je ne suis donc pas une bête.

LADY ANNE.

— O miracle ! entendre les démons dire la vérité !

RICHARD.

— Miracle plus grand ! voir les anges si furieux ! — Veuillez permettre, perfection divine de la femme, — que que je me justifie à loisir — de ces crimes supposés.

LADY ANNE.

— Veuille toi-même, infection gangrenée de l'homme, — permettre que, pour ces crimes reconnus, — je maudisse à loisir ta maudite personne.

RICHARD.

— Beauté que la langue ne peut décrire, donne-moi — patiemment le temps de m'excuser.

LADY ANNE.

— Monstre que la pensée ne peut rêver, tu n'as plus, — pour excuse valable, qu'à te pendre.

RICHARD.

— Par un pareil désespoir, je m'accuserais moi-même.

LADY ANNE.

— Non ! par ce désespoir, tu t'excuserais, — en vengeant dignement sur toi-même — tant d'autres indignement assassinés par toi.

RICHARD.

— Et si je ne les avais pas assassinés ?

LADY ANNE.

Eh bien, ils ne seraient pas morts ; — mais ils le sont, et par toi, diabolique scélérat!

RICHARD.

— Je n'ai pas tué votre mari.

LADY ANNE.

Il est donc vivant?

RICHARD.

— Non, il est mort, tué de la main d'Édouard.

LADY ANNE.

— Par la gorge de ton âme, tu mens! La reine Marguerite a vu — ton couperet meurtrier tout fumant de son sang, — et tu le tournais contre elle-même, — quand tes frères en ont repoussé la pointe.

RICHARD.

— J'étais provoqué par son langage calomnieux — qui rejetait leur crime sur ma tête innocente.

LADY ANNE.

— Tu étais provoqué par ton âme sanguinaire — qui ne rêva jamais que boucheries. — N'as-tu pas tué ce roi?

RICHARD.

Je vous l'accorde.

LADY ANNE.

— Tu me l'accordes, porc-épic? Que Dieu m'accorde donc aussi — ta damnation pour ce forfait! — Oh! il était affable, doux et vertueux !

RICHARD.

—D'autant plus digne du roi du ciel qui l'a.

LADY ANNE.

— Il est dans le ciel, où tu n'iras jamais.

RICHARD.

— Qu'il me remercie d'avoir aidé à l'y envoyer, — car sa place était plutôt là que sur la terre.

LADY ANNE.

— C'est en enfer seulement qu'est la tienne !

RICHARD.

— J'ai une place ailleurs, si vous me permettez de l'indiquer.

LADY ANNE.

— Quelque donjon.

RICHARD.

Votre chambre à lit !

LADY ANNE.

— Que l'insomnie habite la chambre où tu couches !

RICHARD.

— Elle y habitera, madame, jusqu'à ce que je couche avec vous.

LADY ANNE.

— Je l'espère bien.

RICHARD.

Je le sais bien... Voyons, gentille lady Anne, — faisons trêve à cette joute piquante de nos esprits, — et revenons un peu à une méthode plus calme. — La cause de la mort prématurée — de ces Plantagenets, Henry et Édouard, — n'est-elle pas aussi blâmable que l'instrument ?

LADY ANNE.

— Tu es la cause qui a produit l'effet maudit.

RICHARD.

— C'est votre beauté qui a été la cause de cet effet : — votre beauté, qui me hantait dans mon sommeil — et qui me ferait entreprendre le meurtre du monde entier — pour pouvoir vivre une heure sur votre sein charmant.

LADY ANNE.

— Si je croyais cela, je te déclare, homicide,— que ces ongles arracheraient cette beauté de mes joues.

RICHARD.

— Mes yeux ne supporteraient pas ce ravage de votre beauté. — Vous ne la flétririez pas, si j'étais là. — Elle m'anime comme le soleil anime l'univers ; — elle est mon jour, ma vie.

LADY ANNE.

— Qu'une nuit noire assombrisse ton jour, et la mort ta vie !

RICHARD.

— Ne te maudis pas toi-même, belle créature ; tu es l'un et l'autre.

LADY ANNE.

— Je le voudrais, pour me venger de toi.

RICHARD.

— Lutte contre nature ! — Te venger de qui t'aime !

LADY ANNE.

— Lutte juste et raisonnable ! — Me venger de qui a tué mon mari !

RICHARD.

— Celui qui t'a privée, belle dame, de ton mari — l'a fait pour t'en procurer un meilleur.

LADY ANNE.

— Un meilleur ! il n'en existe pas sur la terre.

RICHARD.

— Il en est un qui vous aime plus qu'il ne vous aimait.

LADY ANNE.

— Nommé-le.

RICHARD.

Plantagenet.

LADY ANNE.

Eh! c'était lui.

RICHARD.

— C'en est un du même nom, mais d'une nature meilleure.

LADY ANNE.

— Où est-il?

RICHARD.

Ici.

Lady Anne lui crache au visage.

Pourquoi craches-tu sur moi?

LADY ANNE.

— Je voudrais que ce fût pour toi du poison mortel!

RICHARD.

— Jamais poison n'est venu de si doux endroit.

LADY ANNE.

— Jamais poison ne dégoutta sur un plus hideux crapaud. — Hors de ma vue! tu blesses mes yeux.

RICHARD.

— Tes yeux charmants ont blessé les miens.

LADY ANNE.

— Que ne sont-ils des basilics pour te frapper à mort!

RICHARD.

— Je le voudrais, afin de mourir tout d'un coup; — car maintenant ils me tuent d'une mort vivifiante. — Tes yeux ont tiré des miens des pleurs amers — et terni mes regards de leur enfantine ondée. — Jamais je n'avais versé une larme de pitié, — pas même quand mon père York et Édouard sanglotaient — en entendant les cris douloureux de Rutland — frappé à coups d'épée par le noir Clifford; — pas même lorsque ton vaillant père faisait, comme un enfant, — le triste récit de la mort de mon père, — s'interrompant vingt fois pour soupirer et gémir, — et que tous les auditeurs avaient les joues mouillées — comme des arbres inondés de pluie ! A ces tristes moments, — mes yeux virils refoulaient une humble larme. — Eh bien, ce que ces douleurs n'avaient pu faire, — ta beauté l'a fait : elle m'a aveuglé de pleurs (46). — Jamais je n'avais supplié ami ni ennemi, — jamais ma langue n'avait pu apprendre un doux mot caressant. — Mais maintenant ta beauté est le domaine que je souhaite ! — Mon cœur si fier sollicite, et presse ma langue de parler.

Elle le regarde avec dédain.

— Ah ! n'enseigne pas un tel dédain à ta lèvre : car elle a été faite — pour le baiser, ma dame, et non pour le mépris. — Si ton cœur rancuneux ne peut pardonner, — tiens, je te prête cette épée effilée ; — si tu veux la plonger dans cette poitrine loyale — et en faire partir l'âme qui t'adore, — j'offre mon sein nu au coup mortel — et je te demande la mort humblement, à genoux.

Il découvre sa poitrine. Anne dirige l'épée contre lui, puis la laisse tomber.

— Non ! ne t'arrête pas ; car j'ai tué le roi Henry... — Mais c'est ta beauté qui m'y a provoqué ! — Allons, dépêche-toi : c'est moi qui ai poignardé le jeune Édouard !...

Anne relève l'épée vers lui.

— Mais c'est ta face divine qui m'a poussé !

Elle laisse tomber l'épée.

— Relève cette épée ou relève-moi !

LADY ANNE.

— Debout, hypocrite ! Quoique je souhaite ta mort, — je ne veux pas être ton bourreau.

RICHARD.

— Alors dis-moi de me tuer moi-même, et je le ferai.

LADY ANNE.

— Je te l'ai déjà dit.

RICHARD.

C'était dans ta fureur. — Répète-le moi ; et aussitôt —

cette main qui, par amour pour toi, a tué ton amant, — tuera, par amour pour toi, un plus tendre amant; — tu seras complice de ce double meurtre.

LADY ANNE.
— Que je voudrais connaître ton cœur!

RICHARD.
Il est représenté par — ma langue.

LADY ANNE.
L'un et l'autre sont faux, j'en ai peur.

RICHARD.
Alors jamais homme — n'a été vrai.

LADY ANNE.
Allons, allons, remettez votre épée.

RICHARD.
— Dites donc que la paix est faite.

LADY ANNE.
Vous le saurez — plus tard.

RICHARD.
Mais puis-je vivre dans l'espérance?

LADY ANNE.
Tous les hommes — y vivent, j'espère.

RICHARD.
Daignez porter cet anneau.

LADY ANNE, mettant l'anneau à son doigt.
— Prendre n'est pas donner.

RICHARD.
— Vois, comme cet anneau enlace ton doigt; — ainsi ton sein enferme mon pauvre cœur. — Garde-les tous deux, car tous deux sont à toi. — Maintenant, si ton malheureux et dévoué serviteur peut — encore implorer une faveur de ta gracieuse bonté, — tu assures son bonheur à jamais.

LADY ANNE.
— Quelle est cette faveur?

RICHARD.

— Qu'il vous plaise de laisser cette tâche funèbre — à celui qui a plus que vous sujet de prendre le deuil, — et de vous rendre immédiatement à Crosby-Place. — Là, après avoir solennellement enterré — ce noble roi au monastère de Chertsey — et arrosé son tombeau de mes larmes de repentir, — j'irai vous rendre mes plus humbles devoirs. — Pour diverses raisons secrètes, je vous en supplie, — accordez-moi cette grâce.

LADY ANNE.

— De tout mon cœur; je suis bien joyeuse — de vous voir devenu si pénitent. — Tressel, et vous, Berkley, venez avec moi.

RICHARD.

— Dites-moi adieu.

LADY ANNE.

C'est plus que vous ne méritez, — mais, puisque vous m'apprenez à vous leurrer, — figurez-vous que je vous ai dit adieu déjà.

Lady Anne, Tressel et Berkley sortent.

RICHARD.

— Emportez le corps, messieurs (47).

UN GENTILHOMME.

A Chertsey, noble lord?

RICHARD.

— Non, à White-Friars. Attendez-moi là.

Le cortége sort avec le corps.

RICHARD, seul.

— A-t-on jamais courtisé une femme de cette façon? — A-t-on jamais gagné une femme de cette façon? — Je l'aurai, mais je ne la garderai pas longtemps. — Comment! moi, qui ai tué son mari et son père, — la prendre ainsi au plus fort de son horreur, — quand elle a la malédiction à la bouche, les pleurs dans les yeux, — et, près d'elle, le sanglant témoin à décharge de sa haine ; — avoir contre moi Dieu, sa conscience, ce funèbre obstacle, — pour moi, comme soutiens de ma cause, — rien que le diable et d'hypocrites regards, — et néanmoins la gagner !... tout un monde pour rien !... — Ah ! — A-t-elle oublié déjà ce brave prince, — Édouard, son seigneur qu'il y a trois mois — j'ai, dans une boutade furieuse, poignardé à Tewksbury ? — le gentilhomme le plus doux et le plus aimable, — formé des prodigalités de la nature ! — jeune, vaillant, sage, à coup sûr vraiment royal ! — Le vaste univers n'en pourrait pas produire un pareil. — Et pourtant elle consent à abaisser ses regards sur moi — qui ai moissonné le printemps doré de ce doux prince, — et qui l'ai faite veuve pour un lit de douleur, — sur moi qui tout entier ne vaux pas une moitié d'Édouard, — sur moi qui boite et qui suis difforme comme vous voyez ! — Je gagerais mon duché contre le denier d'un mendiant — que je me suis mépris jusqu'ici sur ma personne. — Sur ma vie elle trouve en moi — ce que je ne puis trouver, un homme merveilleusement agréable. — Je veux faire la dépense d'un miroir, — et entretenir une vingtaine ou deux de tailleurs — pour étudier les modes qui pareront mon corps. — Puisque je me suis insinué dans mes propres faveurs, — je ferai quelques petits frais pour m'y maintenir. — Mais, d'abord, fourrons le camarade là-bas dans son tombeau, — et puis revenons gémir près de nos amours ! — En attendant que j'achète un miroir, resplendis, beau soleil, — que je puisse voir mon ombre en marchant !

Il sort.

SCÈNE III

[Londres. Un appartement dans le palais.]

Entrent la reine ÉLISABETH, lord RIVERS et lord GREY.

RIVERS.
— Prenez patience, madame : nul doute que sa majesté — ne recouvre bientôt sa santé accoutumée.

GREY.
— Votre anxiété aggrave son mal. — Aussi, au nom du ciel, conservez bonne espérance — et soutenez le roi par des paroles vives et gaies.

ÉLISABETH.
— S'il était mort, que m'arriverait-il?

GREY.
— Nul autre malheur que la perte d'un tel maître.

ÉLISABETH.
— La perte d'un tel maître contient tous les malheurs.

GREY.
— Le ciel vous a bénie en vous donnant un excellent fils — pour vous consoler, quand le roi ne sera plus.

ÉLISABETH.
— Ah! il est bien jeune, et sa minorité — est confiée à la tutelle de Richard de Glocester, — un homme qui ne nous aime pas, ni moi, ni aucun de vous.

RIVERS.
— C'est donc conclu? Il sera protecteur?

ÉLISABETH.
— C'est décidé, mais non conclu encore. — Mais ce le sera certainement, si le roi succombe.

Entrent Buckingham et Stanley.

GREY.
— Voici les lords Buckingham et Stanley.

BUCKINGHAM, à Élisabeth.
— Bonjour à votre royale grâce !

STANLEY.
— Dieu fasse votre majesté aussi joyeuse qu'elle l'a été.

ÉLISABETH.
— Mon bon lord Stanley, la comtesse de Richmond — aurait de la peine à dire amen à votre bonne prière. — Pourtant, Stanley, quoiqu'elle soit votre femme — et qu'elle ne m'aime pas, soyez sûr, mon bon lord, — que je ne vous en veux pas de sa fière arrogance.

STANLEY.
— Je vous en supplie, ne croyez pas — aux jalouses calomnies de ses faux accusateurs, — ou, si les rapports contre elle sont fondés, — passez-lui des faiblesses que cause, je pense, — une hypocondrie maladive, et non une hostilité raisonnée.

ÉLISABETH.
— Avez-vous vu le roi, aujourd'hui, milord Stanley?

STANLEY.
— A l'instant. Le duc de Buckingham et moi, — nous venons de faire visite à sa majesté.

ÉLISABETH.
— Y a-t-il des chances pour son rétablissement, milords?

BUCKINGHAM.
— Bon espoir, madame. Le roi parle avec gaieté.

ÉLISABETH.
— Que Dieu lui accorde la santé! Avez-vous causé avec lui?

SCÈNE III.

BUCKINGHAM.

— Oui, madame : il désire réconcilier — le duc de Glocester avec vos frères, — et ceux-ci avec milord chambellan. — Il vient de les mander tous en sa royale présence.

ÉLISABETH.

— Dieu veuille que tout aille bien !... Mais cela ne sera jamais. — Notre bonheur, je le crains, a atteint son apogée.

Entrent Richard, Hastings et Dorset.

RICHARD.

— Ils me font du tort, et je ne le souffrirai pas. — Quels sont ceux qui se plaignent au roi — que je leur fais sombre mine, vrai Dieu! et que je ne les aime pas? — Par saint Paul, ils aiment bien faiblement sa grâce, — ceux qui lui remplissent les oreilles de ces rumeurs discordantes! — Parce que je ne sais pas flatter, parler le beau langage, — sourire au nez des gens, caresser, tromper, cajoler, — faire en saluant le plongeon français, et singer la courtoisie, — je dois être tenu pour un ennemi plein de rancune! — Est-ce qu'un homme sincère, qui ne pense pas à mal, ne peut pas vivre — sans être injurié ainsi dans sa franchise — par des maîtres Jacques soyeux, sournois, intrigants?

GREY.

— A qui, dans toute cette réunion, parle votre grâce?

RICHARD.

— A toi, qui n'as ni honnêteté, ni grâce. — Quand t'ai-je injurié? Quand t'ai-je fait du tort?

S'adressant aux autres lords.

— Ou à toi? ou à toi? ou à aucun de votre faction? — Peste soit de vous tous! Sa majesté, — que Dieu la préserve plus longtemps que vous ne désirez! — ne peut pas respirer tranquille un moment, — que vous n'alliez la troubler de vos plaintes impudentes.

ÉLISABETH.

— Frère de Glocester, vous vous méprenez sur les faits. — C'est de son propre mouvement, — sans être provoqué par aucune sollicitation, — que le roi, préoccupé sans doute de cette haine intime — que vous témoignez, dans votre conduite extérieure, — contre mes enfants, contre mes frères et contre moi-même, — s'est décidé à vous mander, afin de pénétrer — le fond de votre mauvais vouloir et de le dissiper.

RICHARD.

— Je ne puis rien dire. Le monde est si dégénéré, — que des roitelets viennent piller là où l'aigle n'oserait percher! — Depuis que tous les Jeannots sont devenus gentilshommes, — bien des gentilshommes sont devenus des Jeannots.

ÉLISABETH.

— Allons! allons! nous savons ce que vous voulez dire, frère Glocester. — Vous enviez mon élévation et celle de mes parents. — Dieu veuille que nous n'ayons jamais besoin de vous!

RICHARD.

— En attendant, Dieu veut que nous ayons besoin de vous. — C'est par vos manœuvres que mon frère est emprisonné, — moi disgracié, et toute la noblesse — tenue en mépris, tandis qu'on fait chaque jour — de grandes promotions pour anoblir ceux — qui, il y a deux jours, valaient à peine un noble!

ÉLISABETH.

—Par Celui qui du tranquille bonheur dont je jouissais — m'a élevée à ces grandeurs soucieuses, je jure — que je n'ai jamais excité sa majesté — contre le duc de Clarence, et que j'ai au contraire — plaidé sa cause en avocat zélé! — Milord, vous me faites une injure outrageante, — en me comprenant dans tous ces vils soupçons!

RICHARD.

— Pouvez-vous nier que vous ayez été la cause — du récent emprisonnement de milord Hastings?

RIVERS.

— Elle le peut, milord, car...

RICHARD.

— Elle le peut, lord Rivers? Eh! qui l'ignore? — Elle peut faire mieux que nier cela : — elle peut vous pousser à plus d'une haute fonction, — et puis nier que sa main vous aide, — et attribuer tous ces honneurs à votre grand mérite. — Ne le peut-elle pas? Elle en serait bien marrie!

RIVERS.

— Marrie de quoi?

RICHARD.

— A coup sûr, ce n'est pas d'avoir un roi pour mari. — Un joli garçon, un beau parti, après tout. — Je crois que votre grand'mère a fait un plus mauvais mariage.

ÉLISABETH.

— Milord de Glocester, j'ai supporté trop longtemps — vos brusques reproches et vos amères railleries. — Par le ciel, j'informerai sa majesté — de ces grossiers outrages que j'ai maintes fois endurés. — J'aimerais mieux être une servante de village — que d'être une grande reine à cette condition — d'être ainsi harcelée, outragée, assaillie. — Je trouve peu de joie à être reine d'Angleterre.

La reine MARGUERITE entre au fond du théâtre et s'y arrête, sans être aperçue.

MARGUERITE, à part.

— Et puisse ce peu de joie être diminué encore, mon

Dieu, je t'en supplie! — Tes honneurs, ton rang, ton trône, me sont dûs.

RICHARD, à Élisabeth.

— Ah! vous me menacez de tout dire au roi? — Dites, ne vous gênez pas. Songez-y, ce que j'ai déclaré, — je le soutiendrai en présence du roi. — Je risque l'aventure d'être envoyé à la Tour. — Il est temps de parler : on a tout à fait oublié mes services.

MARGUERITE, à part.

— Fi, démon! Je me les rappelle trop bien. — Tu as tué Henry, mon mari, à la Tour, — et Édouard, mon pauvre fils, à Tewksbury.

RICHARD, à Élisabeth.

— Avant que vous fussiez reine, avant même que votre mari fût roi, — j'étais le cheval de trait de ses grandes affaires, — le sarcleur de ses fiers adversaires, — le bienfaiteur libéral de ses amis. — Pour royaliser son sang, j'ai versé le mien.

MARGUERITE, à part.

— Oui, et un sang bien meilleur que le sien ou le tien.

RICHARD.

— Pendant tout ce temps-là, vous et votre mari Grey, — vous conspiriez pour la maison de Lancastre... — Et vous aussi, Rivers!... Votre mari — n'a-t-il pas été tué du côté de Marguerite à Saint-Albans? — Laissez-moi vous remettre en mémoire, si vous l'oubliez, — ce que vous étiez alors, et ce que vous êtes, — et, en même temps, ce que j'étais et ce que je suis.

MARGUERITE, à part.

— Un infâme meurtrier! Tu l'es toujours.

RICHARD.

— Ce pauvre Clarence abandonna son père Warwick, — oui, et se parjura... Que le ciel le lui pardonne!

SCÈNE III.

MARGUERITE, à part.

— Que Dieu l'en punisse!

RICHARD.

— Afin de combattre pour les droits d'Édouard à la couronne. — Et, en récompense, voilà le pauvre lord encagé! — Plût à Dieu que mon cœur fût de roche comme celui d'Édouard, — ou le cœur d'Édouard tendre et compatissant comme le mien! — Je suis trop puérilement naïf pour ce monde!

MARGUERITE, à p rt.

— Enfuis-toi de honte aux enfers et quitte ce monde, — archidémon! C'est là qu'est ton royaume!

RIVERS.

— Milord de Glocester, dans ces jours difficiles — où vous nous accusez d'avoir été des ennemis, — nous avons suivi notre maître d'alors, notre roi légitime. — Nous en ferions autant pour vous, si vous étiez notre roi.

RICHARD.

— Si je l'étais? J'aimerais mieux être portefaix. — Loin de mon cœur une telle pensée!

ÉLISABETH.

— Par le peu de joie que vous auriez, dites-vous, milord, — à être roi de ce pays, — vous pouvez vous figurer le peu de joie — que j'ai à en être la reine.

MARGUERITE, à part.

— Elle a peu de joie, en effet, la reine d'Angleterre! — Moi, qui la suis, je suis sans joie. — Je ne puis me contenir plus longtemps.

Elle s'avance.

— Écoutez-moi, pirates tapageurs qui vous battez — pour le partage de ce que vous m'avez volé. — Qui de vous ne tremble pas en me regardant? — Reine, si je ne vous fais plus courber comme sujets, — détrônée par vous, je vous fais frissonner comme rebelles.

A Glocester.

— Ah! noble manant, ne te détourne pas.

RICHARD.

— Hideuse sorcière ridée, que viens-tu me montrer?

MARGUERITE.

— Le spectre de ce que tu as flétri. — Je te le ferai voir, avant de te laisser partir.

GLOCESTER.

— N'as-tu pas été bannie sous peine de mort?

MARGUERITE.

— Oui; mais je trouve le bannissement plus pénible — que la mort que je risque ici. — Toi, tu me dois un mari et un fils; — et toi, un royaume; et vous tous, allégeance. — Les chagrins que j'ai vous appartiennent de droit, — et tous les plaisirs que vous usurpez sont à moi!

RICHARD.

— Les malédictions que mon noble père lança sur toi, — alors que, couronnant de papier son front martial, — tu fis, à force d'outrages, couler des torrents de ses yeux — et que, pour les sécher, tu lui donnas un chiffon — trempé dans le sang innocent du joli Rutland, — ces malédictions, prononcées alors contre toi — du fond d'une âme amère, sont toutes tombées sur toi : — et c'est par Dieu, non par nous, qu'a été châtiée ton action sanglante.

ÉLISABETH.

— Ainsi le Dieu juste fait droit à l'innocent!

HASTINGS.

— Oh! ce fut la plus noire action d'égorger ce marmot, la plus impitoyable dont on ait jamais parlé.

RIVERS.

— Les tyrans même pleurèrent, quand elle leur fut contée.

DORSET.

— Pas un homme qui n'en ait prophétisé le châtiment!

BUCKINGHAM.

— Northumberland qui était présent pleurait.

MARGUERITE.

— Quoi! vous étiez à vous chamailler, avant que je vinsse, — prêts à vous prendre tous à la gorge, — et voilà que vous tournez toutes vos haines contre moi! — Les terribles malédictions d'York ont-elles donc prévalu à ce point sur le ciel — que la mort de Henry, la mort de mon aimable Édouard, — la perte de leur royaume, mon douloureux bannissement, — ne soient que la réplique à la perte de ce maussade bambin! — Les malédictions peuvent-elles percer les nuages et entrer au ciel? — Alors, nuages sombres, faites de la place à mes malédictions ailées! — Qu'à défaut de la guerre, votre roi périsse par la débauche, — comme le nôtre a péri par le meurtre pour le faire roi!

A Élisabeth.

— Qu'Édouard, ton fils, aujourd'hui prince de Galles, — pour Édouard, notre fils, naguère prince de Galles, — meure dans sa jeunesse par une aussi brusque violence! — Toi-même, qui es reine, puisses-tu, pour moi qui fus reine, — survivre à ta gloire, ainsi que moi, misérable! — Puisses-tu vivre longtemps, à pleurer la perte de tes enfants, — et à ton tour en voir une autre — parée de tes droits, comme tu t'es installée dans les miens! — Que tes jours de bonheur meurent longtemps avant ta mort! — Et puisses-tu, après de longues heures de désespoir, — mourir, n'étant plus ni mère, ni épouse, ni reine d'Angleterre!

Aux courtisans.

— Rivers, et toi, Dorset, vous étiez là, — et tu y étais

aussi, lord Hastings, quand mon fils — fut frappé de leurs poignards sanglants. Je prie Dieu — que nul de vous ne vive son âge naturel, — et que vous soyez tous fauchés par quelque accident imprévu !

RICHARD.

— As-tu fini ta conjuration, horrible sorcière flétrie ?

MARGUERITE.

— J'allais te lâcher ! Arrête, chien ! car tu m'entendras. — Si le ciel tient en réserve des châtiments plus terribles — que tous ceux que je puis te souhaiter, — oh ! qu'il les garde jusqu'à ce que tes crimes soient mûrs, — et qu'alors il précipite son indignation — sur toi, le perturbateur de la paix du pauvre monde ! — Que le ver du remords ronge éternellement ton âme ! — Puisses-tu, tant que tu vivras, suspecter tes amis comme des traîtres, — et prendre les traîtres les plus profonds pour tes plus chers amis ! — Que le sommeil ne ferme jamais ton œil funèbre, — si ce n'est pour qu'un rêve accablant — t'épouvante par un enfer d'affreux démons ! — Avorton marqué par le diable ! Pourceau dévorant ! — Toi qui fus désigné à ta naissance — pour être l'esclave de la nature et le fils de l'enfer ! — Calomnie douloureuse de la grossesse de ta mère ! — Progéniture abhorrée des reins de ton père ! — Guenille de l'honneur ! toi, exécrable...

RICHARD.

— Marguerite !

MARGUERITE.

Richard !

RICHARD.

Quoi ?

MARGUERITE.

Je ne t'appelle pas.

RICHARD.

— Je te demande pardon, alors ; je croyais — que tu m'avais appelé de tous ces noms odieux.

MARGUERITE.

— Oui, certes; mais je n'attendais pas de réponse. — Oh! laisse-moi finir la période de mes malédictions!

RICHARD.

— Je l'ai achevée, moi, par : Marguerite!

ÉLISABETH, à Marguerite.

— Ainsi, vous avez exhalé vos malédictions contre vous-même.

MARGUERITE.

— Pauvre reine en peinture! Vaine effigie de ma fortune! — Pourquoi donc verses-tu tout ce miel sur la monstrueuse araignée — dont la toile meurtrière t'enveloppe de toutes parts? — Folle! folle! Tu repasses le couteau qui te tuera. — Un jour viendra où tu souhaiteras — que je t'aide à maudire ce crapaud tout bossu de venin!

HASTINGS.

— Fausse prophétesse, cesse tes imprécations frénétiques, — de crainte que, pour ton malheur, tu ne lasses notre patience.

MARGUERITE.

— Infamie sur vous tous! Vous avez lassé la mienne.

RIVERS.

— Vous n'auriez que ce que vous méritez, si l'on vous rappelait vos devoirs.

MARGUERITE.

— Je ne puis avoir ce que je mérite que si, tous, vous me rendez les vôtres, — vous rappelant que je suis votre reine et que vous êtes mes sujets. — Oh! donnez-moi ce que je mérite, et rappelez-vous ces devoirs-là.

DORSET.

— Ne discutez point avec elle; c'est une lunatique.

MARGUERITE.

— Silence! maître marquis, vous êtes impudent. —

Vos titres, nouvellement frappés, ont à peine cours. — Oh! qu'un jour votre jeune noblesse sache — ce que c'est que de les avoir perdus et d'être misérable! — Ceux qui sont placés haut sont secoués par maints coups de vent, — et, s'ils tombent, ils se brisent en pièces.

RICHARD.

— Bonne leçon, morbleu! Retenez-la, retenez-la, marquis.

DORSET.

— Elle vous touche, milord, autant que moi.

RICHARD.

— Certes, et beaucoup plus. Mais je suis né si haut — que mon aire, bâtie sur la cime du cèdre, — joue avec l'ouragan et brave le soleil.

MARGUERITE.

— Et jette le soleil dans l'ombre! Hélas! hélas! — témoin mon fils, plongé maintenant dans l'ombre de la mort! — mon fils dont ta nébuleuse colère a étouffé les resplendissants rayons — dans d'éternelles ténèbres. — Votre aire est construite dans notre nid. — O Dieu, qui vois cela, ne le souffre pas. — Conquise par le sang, qu'elle soit perdue de même!

BUCKINGHAM.

— Silence! silence! par pudeur, sinon par charité!

MARGUERITE.

— N'invoquez près de moi ni la charité, ni la pudeur. — Vous avez agi avec moi sans charité, — et vous vous êtes faits sans pudeur les bouchers de mes espérances. — La charité qu'on me fait n'est qu'outrage; mon existence que honte. — Ah! que du moins cette honte fasse vivre éternellement la rage de ma douleur!

BUCKINGHAM.

— Finissez! Finissez!

MARGUERITE.

— O princier Buckingham, je te baise la main, — en signe d'alliance et d'amitié : — que le succès t'accompagne, toi et ta noble maison ! — Tes vêtements ne sont pas tachés de notre sang, — et tu n'es pas sous le coup de mes malédictions.

BUCKINGHAM.

— Ni personne ici. Les malédictions ne dépassent pas — les lèvres de ceux qui les profèrent.

MARGUERITE.

— Je veux croire, moi, qu'elles montent jusqu'au ciel — et qu'elles éveillent Dieu dans l'ineffable paix de son sommeil. — O Buckingham, prends garde à ce chien-là ! — Vois-tu, quand il flatte, c'est pour mordre, et, quand il mord, — le venin de sa dent brûle et tue. — N'aie pas affaire à lui ! prends garde à lui ! — Le crime, la mort et l'enfer ont mis sur lui leurs marques, — et tous leurs ministres le suivent.

RICHARD.

— Que dit-elle, milord de Buckingham ?

BUCKINGHAM.

— Rien dont je me soucie, mon gracieux lord.

MARGUERITE.

— Quoi ! tu réponds par le dédain à mes affectueux conseils, — et tu cajoles le diable que je te dénonce ? — Oh ! souviens-toi seulement de mes paroles le jour — où il te fendra le cœur de désespoir ; — tu diras alors : La pauvre Marguerite était prophétesse ! — Vivez donc, vous qui m'écoutez, sujets à sa haine, — lui, à la vôtre, tous, à celle de Dieu !

Elle sort.

HASTINGS.

— Mes cheveux se dressent d'entendre ses malédictions.

RIVERS.

— Et les miens aussi : je me demande pourquoi elle est en liberté.

RICHARD.

— Je ne puis pas la blâmer. Par la sainte mère de Dieu, — elle a été trop mal traitée, et je me repens, — pour ma part, de ce que je lui ai fait.

ÉLISABETH.

— Je ne lui ai jamais fait de mal, que je sache.

RICHARD.

— Mais vous avez tout le profit de son mal. — J'ai été trop chaud pour le bonheur de quelqu'un — qui est trop froid pour se le rappeler à présent. — C'est comme Clarence, morbleu! le voilà bien récompensé! — On l'a mis pour sa peine à engraisser sur le fumier! — Dieu pardonne à ceux qui en sont la cause!

RIVERS.

— Conclusion vertueuse et chrétienne, — prier pour ceux qui nous ont fait souffrir !

RICHARD.

— C'est chez moi une habitude, et elle est raisonnée.

A part.

— Si j'avais maudit cette fois, je me serais maudit moi-même.

Entre CATESBY.

CATESBY.

— Madame, sa majesté vous demande,

A Richard.

— ainsi que votre grâce,

Aux courtisans.

et vous, mes nobles lords.

ÉLISABETH.

— J'y vais, Catesby... Milords, venez-vous avec moi?

RIVERS.

— Nous suivons votre grâce, madame.

Tous sortent, excepté Richard.

RICHARD, seul.

— Je fais le mal, et je suis le premier à brailler. — Les méfaits que j'accomplis en secret, — je les rejette, comme autant de charges accablantes sur d'autres. — Moi seul ai mis à l'ombre Clarence : — je le pleure devant un tas d'oisons — ayant nom Stanley, Hastings, Buckingham, — et je leur dis que c'est la reine et ses alliés — qui excitent le roi contre le duc mon frère. — Et ils le croient ! et ils me poussent — à la vengeance contre Rivers, Vaughan et Grey. — Alors je soupire, et, avec une phrase de l'Écriture, — je leur dis que Dieu nous enjoint de faire le bien pour le mal. — Et ainsi j'habille ma vilenie toute nue — avec de vieux centons volés au livre sacré, — et j'ai l'air d'un saint, quand je fais au mieux le diable !

Entrent deux assassins.

— Mais silence : Voici mes exécuteurs. — Eh bien ! mes braves, mes solides et vaillants compères ? — Allez-vous de ce pas dépêcher la chose ?

PREMIER ASSASSIN.

— Oui, milord ; et nous venons chercher le warrant — qui doit nous introduire où il est.

RICHARD.

— C'est juste. Je l'ai ici sur moi.

Il leur donne le warrant.

— Quand vous aurez fini, gagnez Crosby-Place. — Mais brusquez l'exécution, mes maîtres, — soyez inexorables, ne le laissez pas plaider : — car Clarence parle bien, et peut-être — pourrait-il émouvoir la pitié dans vos cœurs, si vous l'écoutiez.

PREMIER ASSASSIN.

— Bah ! bah ! milord, nous ne nous arrêterons pas à bavarder. — Les parleurs ne sont pas des hommes d'action. Soyez sûr — que nous allons jouer du bras, et non de la langue.

RICHARD.

— Vous pleurez des pierres de moulin, quand les niais pleurent des larmes : — je vous aime, enfants... A votre besogne, vite. — Allez, allez, dépêchez.

PREMIER ASSASSIN.

Nous obéissons, noble lord.

Ils sortent.

SCÈNE IV

[Londres. Une chambre dans la Tour.]

Entrent CLARENCE et BRAKENBURY (48).

BRAKENBURY.

— Pourquoi votre grâce a-t-elle aujourd'hui cet air accablé?

CLARENCE.

— Oh! j'ai passé une nuit misérable, — pleine de rêves si effrayants et de visions si horribles — que, foi de chrétien, — fût-ce pour acheter un monde d'heureux jours, — je ne voudrais pas en traverser une pareille, — tant j'ai éprouvé d'épouvantables terreurs.

BRAKENBURY.

— Quel était votre rêve, milord? dites-le-moi, je vous en prie.

CLARENCE.

— Il me semblait que j'étais échappé de la Tour — et embarqué pour passer en Bourgogne, — en compagnie de mon frère Glocester. — Il m'avait engagé à aller de ma cabine — sur le pont ; là, nous regardions du côté de l'Angleterre, — et nous nous rappelions mille mauvais moments — que nous avions eus durant les guerres d'York et de Lancastre. — Comme nous marchions — sur le plancher chancelant du tillac, — il m'a semblé que Glocester faisait un faux pas et tombait, — et que, comme je cherchais à le retenir, il me poussait par-dessus le bord — au milieu des vagues bouleversées de l'Océan. — O Dieu! quelle douleur c'était de se noyer! — quel affreux bruit d'eau dans mes oreilles! — quels spectacles hideux de mort devant mes yeux! — Il me semblait voir mille effrayantes épaves; — des milliers d'hommes que rongeaient les poissons; — des lingots d'or, de grandes ancres, des monceaux de perles, — des pierres inestimables, des joyaux sans prix, — épars au fond de la mer. — Il y en avait dans des têtes de mort, et, dans les trous — qu'avaient occupés des yeux, étaient fourrées — des pierreries étincelantes qui de leurs regards dérisoires — couvaient le fond boueux de l'abîme — et narguaient les ossements dispersés près d'elles.

BRAKENBURY.

— Aviez-vous donc, au moment de la mort, — le loisir de contempler ces secrets de l'abîme?

CLARENCE.

— Il me semblait l'avoir. Maintes fois je tâchai — de rendre l'esprit; mais toujours le flot jaloux — refoulait mon âme, l'empêchait — de gagner l'espace vide et libre de l'air, — et l'étouffait dans ma poitrine pantelante — qui crevait presque pour la cracher.

BRAKENBURY.

— Et vous ne vous êtes pas éveillé dans cette cruelle agonie?

CLARENCE.

— Non! non! mon rêve se prolongeait au delà de la vie. — Oh! alors la tempête commençait pour mon âme!

— Je croyais franchir le fleuve mélancolique — avec le sinistre batelier dont parlent les poëtes, — et entrer dans le royaume de l'éternelle nuit. — Le premier qui, là, saluait mon âme étrangère — était mon grand beau-père, le renommé Warwick. — Il disait tout haut : « Quel châtiment cette noire monarchie — a-t-elle pour le parjure du traître Clarence ? » — Et puis il s'évanouissait... Alors arrivait errante — une ombre semblable à un ange, ayant une lumineuse chevelure — toute collée de sang; elle s'écriait : — « Clarence est arrivé, le fourbe, le fuyard, le parjure Clarence, — qui m'a poignardé aux champs de Tewksbury ; — saisissez-le, furies, et livrez-le à vos tortures ! » — Aussitôt, il m'a semblé qu'une légion d'affreux démons — m'environnait, en me hurlant aux oreilles — des cris tellement hideux, qu'au bruit — je me suis éveillé tout tremblant, et, pendant quelque temps, — je n'ai pu m'empêcher de croire que j'étais en enfer, — tant mon rêve m'avait fait une impression terrible!

BRAKENBURY.

— Il n'est pas étonnant, milord, qu'il vous ait épouvanté : — je suis effrayé moi-même, il me semble, de vous l'entendre raconter.

CLARENCE.

— O Brakenbury! Toutes ces choses — qui maintenant déposent contre mon âme, — je les ai faites pour l'amour d'Édouard; et vois comme il m'en récompense! — O Dieu! si mes prières profondes ne peuvent t'apaiser, — et si tu veux un châtiment pour mes offenses, — n'assouvis ta colère que sur moi seul. — Oh! épargne ma femme innocente et mes pauvres enfants!... — Je t'en prie, doux gardien, reste près de moi. — Mon âme est appesantie, et je voudrais dormir.

Clarence se retire au fond du théâtre et se jette sur un lit.

BRAKENBURY.

— Je resterai, milord. Que Dieu accorde à votre grâce un bon sommeil! — La douleur dérange le temps et les heures du repos; — elle fait de la nuit le matin, et de l'après-midi la nuit. — Les princes ont leurs titres pour seules gloires, — des honneurs extérieurs pour des labeurs intérieurs : — en échange d'imaginations insaisissables, — ils ne saisissent bien souvent qu'un monde d'implacables soucis; — si bien qu'entre leurs titres et un nom vulgaire, — il n'y a de différence que le bruit extérieur! —

Entrent les DEUX ASSASSINS.

PREMIER ASSASSIN.

Holà! quelqu'un!

BRAKENBURY.

— Que veux-tu, l'ami? Et comment es-tu venu ici? —

PREMIER ASSASSIN.

Je veux parler à Clarence et je suis venu ici sur mes jambes.

BRAKENBURY.

Quoi! si bref?

DEUXIÈME ASSASSIN.

Cela vaut mieux, monsieur, que d'être fastidieux. Montrons-lui notre commission, et plus un mot.

Il remet un papier à Brakenbury qui le lit.

BRAKENBURY.

— Je reçois ici l'ordre de remettre — le noble duc de Clarence entre vos mains. — Je ne veux pas discuter l'intention de ceci, — car je veux en être innocent. — Voici le duc couché et endormi, et voici les clefs. — Je vais trouver le roi, et lui signifier — que je vous ai ainsi remis mes fonctions.

PREMIER ASSASSIN.

— Vous le pouvez, monsieur : c'est un acte sage. — Portez-vous bien.

Sort Brakenbury.

DEUXIÈME ASSASSIN.

Quoi! allons-nous le poignarder quand il dort?

PREMIER ASSASSIN.

Non! il dirait à son réveil que nous avons agi lâchement.

DEUXIÈME ASSASSIN.

A son réveil? Eh! imbécile! il ne s'éveillera jamais qu'au jour du grand jugement.

PREMIER ASSASSIN.

Eh bien! alors il dira que nous l'avons poignardé endormi.

DEUXIÈME ASSASSIN.

L'énoncé de ce mot : jugement, a fait naître en moi une sorte de remords.

PREMIER ASSASSIN.

Comment! tu as peur?

DEUXIÈME ASSASSIN.

Pas de le tuer, puisque nous avons un warrant, mais d'être damné pour l'avoir tué, ce dont aucun warrant ne peut me préserver.

PREMIER ASSASSIN.

Je te croyais résolu.

DEUXIÈME ASSASSIN.

Je le suis aussi : à le laisser vivre.

PREMIER ASSASSIN.

Je vais retourner près du duc de Glocester, et lui conter ça.

DEUXIÈME ASSASSIN.

Non, je t'en prie, arrête un peu : j'espère que ce pieux

accès me passera; il ne me dure jamais plus de vingt secondes.

PREMIER ASSASSIN.

Comment te sens-tu maintenant?

DEUXIÈME ASASSSIN.

Il y a encore en moi une certaine lie de conscience.

PREMIER ASSASSIN.

Songe à notre récompense quand l'action sera faite.

DEUXIÈME ASSASSIN.

Allons! il meurt! J'avais oublié la récompense.

PREMIER ASSASSIN.

Où est ta conscience maintenant?

DEUXIÈME ASSASSIN.

Dans la bourse du duc de Glocester.

PREMIER ASSASSIN.

Dès qu'il ouvre sa bourse pour nous donner notre récompense, ta conscience s'envole.

DEUXIÈME ASSASSIN.

N'importe : qu'elle s'en aille! Elle a peu ou point de chance de trouver un gîte.

PREMIER ASSASSIN.

Et si elle te revient?

DEUXIÈME ASSASSIN.

Je ne veux plus me mêler d'elle. Elle est chose trop dangereuse : elle fait d'un homme un couard. Un homme ne peut voler qu'elle ne l'accuse; un homme ne peut jurer qu'elle ne l'arrête; un homme ne peut coucher avec la femme de son voisin qu'elle ne le dénonce. C'est un esprit à la face rouge de honte, qui se mutine dans le cœur de l'homme, et qui l'obstrue partout d'obstacles. Elle m'a fait une fois restituer une bourse pleine d'or que j'avais trouvée par hasard. Elle ruine quiconque la garde; elle a été chassée des villes et des cités comme un être dangereux; et tout homme qui entend vivre à l'aise tâche de ne se fier qu'à lui-même et de vivre sans elle.

PREMIER ASSASSIN.

Morbleu, la voici à mon coude, qui m'exhorte à ne pas tuer le duc.

DEUXIÈME ASSASSIN.

Rejette la diablesse dans ton imagination et ne la crois pas : elle ne veut s'insinuer près de toi que pour te faire soupirer.

PREMIER ASSASSIN.

Je suis solidement bâti : elle ne viendra pas à bout de moi.

DEUXIÈME ASSASSIN.

C'est parler comme un grand garçon qui respecte sa réputation. Allons! nous mettons-nous à la besogne?

PREMIER ASSASSIN.

Attrappe-le à la boule avec le pommeau de ton épée, et ensuite jetons-le dans le tonneau de Malvoisie, dans la chambre voisine.

DEUXIÈME ASSASSIN.

Oh! l'excellente idée! faire de lui une mouillette!

PREMIER ASSASSIN.

Doucement! il s'éveille.

DEUXIÈME ASSASSIN.

Frappe.

PREMIER ASSASSIN.

Non! raisonnons un peu avec lui.

CLARENCE.

— Où es-tu, geôlier? donne-moi une coupe de vin. —

PREMIER ASSASSIN.

Vous aurez du vin à discrétion, milord, tout à l'heure.

CLARENCE.

Au nom du ciel, qui es-tu?

PREMIER ASSASSIN.

Un homme comme vous.

CLARENCE.

Mais pas royal, comme je le suis.

DEUXIÈME ASSASSIN.

En revanche, loyal, comme vous ne l'êtes pas.

CLARENCE.

— Ta voix est un tonnerre ; mais ton regard est humble.

PREMIER ASSASSIN.

— Ma voix est celle du roi ; mon regard est mon regard.

CLARENCE.

— Qu'elles sont ténébreuses, tes paroles, et qu'elles sont funèbres ! — Vos yeux me menacent : pourquoi êtes-vous si pâles ? — Qui vous a envoyés ici ? Dans quel but venez-vous ?

LES DEUX ASSASSINS.

Pour... pour... pour...

CLARENCE.

Pour m'assassiner ?

LES DEUX ASSASSINS.

Oui, oui.

CLARENCE.

— A peine avez-vous le cœur de le dire ; — vous ne pouvez donc avoir le cœur de le faire. — En quoi, mes amis, vous ai-je offensés ?

PREMIER ASSASSIN.

— Nous ? vous ne nous avez pas offensés ; mais c'est le roi.

CLARENCE.

— Je me réconcilierai avec lui.

DEUXIÈME ASSASSIN.

— Jamais, milord : ainsi préparez-vous à mourir.

CLARENCE.

— Êtes-vous choisis entre la foule des hommes — pour

égorger l'innocent? Quel est mon crime? — Où est la preuve qui m'accuse? — Quel jury légal a transmis son verdict — au juge farouche? Qui a prononcé — l'amère sentence de mort contre le pauvre Clarence? — Avant que je sois convaincu dans les formes de la loi, — me menacer de mort est la chose la plus illégale. — Au nom de la rédemption que vous espérez, — par le précieux sang du Christ versé pour nos péchés (49), — je vous somme de sortir et de ne pas lever la main sur moi. — L'action que vous entreprenez est damnable.

PREMIER ASSASSIN.

— Ce que nous voulons faire, nous le faisons d'après un commandement.

DEUXIÈME ASSASSIN.

— Et celui qui a commandé est notre roi.

CLARENCE.

— Vassal erroné! Le grand Roi des rois — a, dans les tables de sa loi, commandé ceci : — Tu ne tueras point. Voulez-vous donc — fouler aux pieds son édit pour exécuter celui d'un homme? — Prenez garde; car il tient le châtiment dans ses mains, — pour le précipiter sur la tête de ceux qui violent sa loi!

DEUXIÈME ASSASSIN.

— Et c'est ce châtiment qu'il précipite sur toi, — comme coupable de parjure et de meurtre. — Tu avais fait le serment de combattre — pour la maison de Lancastre.

PREMIER ASSASSIN.

— Et, traître au nom de Dieu, — tu as brisé ce vœu; et, de ta lame perfide, — tu as déchiré les entrailles du fils de ton souverain!

DEUXIÈME ASSASSIN.

— Que tu avais juré d'aimer et de défendre!

SCÈNE IV.

PREMIER ASSASSIN.

— Comment peux-tu nous opposer la loi formidable de Dieu — que tu as toi-même si chèrement violée?

CLARENCE.

— Hélas! pour qui ai-je commis cette mauvaise action? — Pour Édouard, pour mon frère, pour sa cause. — Il ne vous envoie pas me tuer pour cela; — car il est engagé autant que moi dans ce crime. — Si Dieu veut châtier une action, — oh! sachez-le, il le fait publiquement; — n'enlevez pas la querelle à son bras fort : — il n'a pas besoin de moyens indirects ou illégitimes — pour retrancher ceux qui l'ont offensé.

PREMIER ASSASSIN.

— De qui donc te fis-tu le sanglant ministre — quand tu frappas à mort ce vaillant précoce, — le brave Plantagenet, ce princier novice?

CLARENCE.

— De mon amour pour mon frère, du diable et de ma rage.

PREMIER ASSASSIN.

— Eh bien, c'est notre amour pour ton frère, notre devoir et tes crimes — qui nous provoquent ici même à te tuer.

CLARENCE.

— Si vous aimez mon frère, ne me haïssez pas. — Je suis son frère, et je l'aime bien. — Si vous êtes payés pour ceci, retirez-vous — et je vous enverrai à mon frère Glocester, — qui vous récompensera mieux pour ma vie — qu'Édouard pour la nouvelle de ma mort.

DEUXIÈME ASSASSIN.

— Vous vous trompez : votre frère Glocester vous hait.

CLARENCE.

— Oh! non, il m'aime, et je lui suis cher : — allez à lui de ce pas.

LES DEUX ASSASSINS.

Oui, nous y allons.

CLARENCE.

— Dites-lui de ma part que, quand notre père, le prince d'York — bénit ses trois fils de son bras victorieux — et nous recommanda, du fond de son âme, de nous aimer mutuellement, — il ne prévoyait guère toutes ces discordes dans nos affections. — Rappelez cela à Glocester, et il pleurera.

PREMIER ASSASSIN.

— Oui, des meules de moulin : c'est ce qu'il nous a appris à pleurer.

CLARENCE.

— Oh! ne le calomniez pas ; car il est bon.

PREMIER ASSASSIN.

— Comme le givre pour la récolte... Allons! vous vous trompez, — c'est lui qui nous envoie ici pour vous détruire.

CLARENCE.

— C'est impossible : il a pleuré mon malheur! — il m'a serré dans ses bras! il a juré, en sanglotant, — qu'il travaillerait à ma délivrance!

PREMIER ASSASSIN.

— Eh! c'est ce qu'il fait, quand il vous délivre — de la servitude de cette terre aux joies du ciel.

SECOND ASSASSIN.

— Faites votre paix avec Dieu, car vous allez mourir, milord.

CLARENCE.

— Quoi! vous avez dans vos âmes cette sainte pensée — de m'engager à faire ma paix avec Dieu, — et vous êtes assez aveugles à vos propres âmes — pour vous mettre en guerre avec Dieu, en m'assassinant (50)? —

Ah! mes maîtres, réfléchissez : celui qui vous a poussés — à faire cette action vous haïra pour l'avoir faite.

DEUXIÈME ASSASSIN.

— Que faut-il faire?

CLARENCE.

Vous laisser fléchir, et sauver vos âmes! — Qui de vous, s'il était le fils d'un prince, — privé de sa liberté, comme je le suis maintenant, — voyant venir à lui deux meurtriers tels que vous, — n'implorerait pas la vie? — Comme vous la mendieriez, — si vous étiez dans ma détresse!

PREMIER ASSASSIN.

— Nous laisser fléchir? ce serait lâche et digne d'une femme.

CLARENCE.

— Ne pas se laisser fléchir est bestial, sauvage, diabolique.

Au second assassin.

— Mon ami, je surprends de la pitié dans tes regards. — Oh! si tes yeux ne sont pas trompeurs, — range-toi de mon côté et implore pour moi. — Un prince qui mendie, quel mendiant n'en aurait pas pitié?

SECOND ASSASSIN.

— Détournez la tête, milord.

PREMIER ASSASSIN.

— Tiens, et tiens!

Il poignarde Clarence.

Si cela ne suffit pas, — je vais te noyer dans le tonneau de Malvoisie, là au fond.

Il sort en entraînant le corps.

DEUXIÈME ASSASSIN.

— Action sanglante et désespérément dépêchée! — Que je voudrais, comme Pilate, me laver les mains — de ce lamentable et criminel assassinat!

Rentre le PREMIER ASSASSIN.

PREMIER ASSASSIN.

— Eh bien! à quoi penses-tu, que tu ne m'as pas aidé? — Par le ciel! le duc apprendra comme tu as été lâche.

SECOND ASSASSIN.

— Que ne peut-il apprendre que j'ai sauvé son frère! — Prends, toi, toute la récompense, et répète-lui ce que je dis : — Je me repens de l'assassinat du duc.

PREMIER ASSASSIN.

— Et moi, non!... Va-t'en, couard que tu es!

Le second assassin sort.

— Maintenant, je vais cacher le cadavre dans quelque trou, — jusqu'à ce que le duc donne des ordres pour sa sépulture; — et, quand j'aurai reçu mon salaire, je décampe : — car ceci va s'ébruiter, et alors je ne dois pas être là.

Il sort.

SCÈNE V

[Londres. Une chambre dans le palais.]

Entre le roi ÉDOUARD, malade et soutenu, la reine ÉLISABETH, DORSET, RIVERS, HASTINGS, BUCKINGHAM, GREY, et d'autres COURTISANS.

ÉDOUARD, s'asseyant.

— C'est cela... Allons! j'ai fait un bon travail aujourd'hui. — Vous, mes pairs, conservez l'union que je viens de former. — J'attends chaque jour une ambassade — de mon Rédempteur pour me racheter de ce monde, — et mon âme partira plus paisible pour le ciel — puisque j'ai rétabli la paix parmi mes amis sur la terre. — Rivers et Hastings, serrez-vous la main : — ne dissimulez plus de haine, jurez-vous amitié.

RIVERS, donnant la main à Hastings.

— Par le ciel! mon âme est purgée de toute rancune, — et je scelle de ma main la sincère affection de mon cœur.

HASTINGS.

— Puissé-je être aussi heureux que je suis vrai en faisant le même serment!

ÉDOUARD.

— Gardez-vous de plaisanter devant votre roi, — de peur que celui qui est le roi suprême des rois — ne confonde votre fausseté cachée, et ne vous condamne — à finir l'un par l'autre.

HASTINGS.

—Puisse ma prospérité être aussi sûre que ce serment de parfaite affection!

RIVERS.

— Et la mienne, que mon affection pour Hastings est cordiale!

ÉDOUARD, à la reine.

— Madame, vous n'êtes pas vous-même sans reproche en tout ceci, — ni votre fils Dorset, ni vous, Buckingham; — vous avez tous été factieux les uns contre les autres. — Femme, aimez lord Hastings, laissez-lui baiser votre main; — et ce que vous faites, faites-le sans arrière-pensée.

ÉLISABETH.

— Voici ma main, Hastings.

Hastings baise la main de la reine.

Jamais je ne me souviendrai — de nos anciennes haines : je le jure sur mon bonheur et sur celui des miens!

ÉDOUARD, montrant Hastings à Dorset.

— Dorset, embrassez-le!... Hastings, aimez le marquis!

Hastings et Dorset s'embrassent.

DORSET.

— Ce traité d'amitié, j'en fais ici le vœu, — sera pour moi inviolable.

HASTINGS.

— Pour moi aussi, je le jure!

ÉDOUARD.

— Maintenant, princier Buckingham, scelle cette alliance — en embrassant les parents de ma femme, — et rendez-moi heureux par votre union.

BUCKINGHAM, à la reine.

— Si jamais Buckingham retourne sa haine — contre votre grâce, s'il ne vous chérit pas — d'une légitime affection, vous et les vôtres, que Dieu me punisse — par la haine de ceux dont j'attends le plus d'amour! — Qu'au moment où j'aurai le plus besoin d'un ami — et où je serai le plus sûr de son amitié, — je le trouve profond, creux, traître et plein de ruse! — Voilà ce que je demande au ciel, — si jamais je suis froid dans mon amour pour vous et pour les vôtres!

ÉDOUARD.

— Ton vœu, princier Buckingham, — est un délicieux cordial pour mon cœur malade. — Il ne manque plus ici que notre frère Glocester — pour faire l'heureuse conclusion de cette alliance.

BUCKINGHAM.

— Justement, voici le noble duc qui vient.

Entre RICHARD (51).

RICHARD.

— Salut à mon roi souverain et à ma reine! — A vous, nobles pairs, un vrai bonjour!

ÉDOUARD.

— Un bon jour, en effet, comme nous l'avons passé!
— Glocester, nous avons fait une œuvre charitable; — grâce à nous, entre les pairs écumants de rancunes, — l'inimitié s'est changée en paix, la haine en franche affection.

RICHARD.

— Bénie soit cette œuvre, mon souverain! — Si, dans cette cohue auguste, il est quelqu'un ici — qui, sur de faux rapports ou sur d'injustes soupçons, — me tienne pour ennemi, — si, à mon insu ou dans un accès de rage, — il m'est arrivé de commettre une offense grave — envers quelqu'un dans cette cour, je lui demande — une amicale réconciliation. — C'est pour moi la mort que d'avoir une inimitié; — je hais cela, et je désire l'affection de tous les gens de bien.

A la reine.

— A vous d'abord, madame, je demande une paix sincère — que je paierai du plus respectueux dévouement; — à vous aussi, mon noble cousin Buckingham, — si jamais quelque grief s'est logé entre nous deux; — à vous, lord Rivers, à vous, Dorset, — qui, sans que je le mérite, m'avez toujours fait sombre mine; — à vous, lord Woodwille, et à vous, lord Scales (52); — ducs, comtes, lords, gentilshommes, à vous tous! — Je ne connais pas un Anglais vivant — à qui j'en veuille plus, au fond de l'âme, — qu'à l'enfant qui vient de naître: — je rends grâce à Dieu de mon humilité.

ÉLISABETH.

— Ce jour sera dans l'avenir célébré comme un jour de fête. — Dieu veuille que tous nos différends soient complètement arrangés! — Mon souverain seigneur, je supplie votre altesse — de rappeler en grâce notre frère Clarence.

RICHARD.

— Quoi! madame, suis-je venu ici offrir mon amitié — pour être ainsi bafoué en présence du roi? — Qui ne sait pas que le cher duc est mort?

Tous tressaillent.

— Vous lui faites outrage, en insultant ainsi à son cadavre!

ÉDOUARD.

— Qui ne sait pas que le duc est mort! Eh! qui donc sait qu'il l'est?

ÉLISABETH.

— Ciel qui vois tout, quel monde est celui-ci?

BUCKINGHAM.

— Lord Dorset, suis-je aussi pâle que vous tous?

DORSET.

— Oui, mon bon lord, et il n'est personne ici — dont les joues n'aient perdu leur rouge couleur.

ÉDOUARD.

— Clarence est mort? L'ordre était révoqué.

RICHARD.

— Le pauvre homme! il est mort de votre premier ordre. — Celui-là, un Mercure ailé le portait. — Le contre-ordre était porté par quelque cul-de-jatte, — qui, trop lent, est arrivé pour le voir enterrer. — Dieu veuille que quelqu'un, moins noble et moins loyal que lui, — plus proche des pensées sanglantes, et moins proche du sang royal, — quelqu'un que le soupçon n'a pas atteint encore, — n'ait pas mérité pire que le malheureux Clarence!

Entre STANLEY.

STANLEY, se jetant au genoux du roi.

— Une faveur, mon souverain, une faveur pour tous mes services!

ÉDOUARD.

— Je t'en prie, laisse-moi : mon âme est pleine de tristesse.

STANLEY.

— Je ne me lèverai pas que votre altesse ne m'ait entendu.

ÉDOUARD.

— Alors, dis vite ce que tu désires.

STANLEY.

— Mon souverain, la grâce d'un de mes gens — qui a tué aujourd'hui un insolent gentilhomme — de la suite du duc de Norfolk.

ÉDOUARD.

— Quoi! ma bouche aurait condamné mon frère à mort, — et elle prononcerait le pardon d'un esclave! — Mon frère n'avait tué personne ; sa faute n'était qu'une pensée, — et sa peine pourtant a été une mort cruelle. — Qui m'a demandé grâce pour lui? Qui, dans ma fureur, — s'est agenouillé à mes pieds et m'a dit de réfléchir?— Qui m'a parlé de fraternité? Qui m'a parlé d'amour? — Qui m'a rappelé comment il avait, pauvre âme! — abandonné le puissant Warwick, et combattu pour moi? — Qui m'a transporté dans les champs de Tewskbury — au moment où je fus terrassé par Oxford, et où il me sauva la vie — en s'écriant : « Cher frère, vivez et soyez roi! » — Qui m'a rappelé comment, alors que nous étions tous deux étendus sur la terre, — presque morts de froid, il m'enveloppa — dans ses propres vêtements, et s'abandonna, — transi et nu, à la nuit glacée? — Tout cela, une colère brutale et coupable — l'avait arraché de mon souvenir, et pas un de vous — n'a eu la charité de m'y faire penser! — Mais qu'un de vos charretiers, qu'un de vos vassaux ivres — ait fait un meurtre, et ait mutilé — l'image sainte de notre bien-aimé Rédempteur, — vous

voilà vite à genoux, implorant le pardon ! le pardon ! —
Et moi, injuste aussi, il faut que je vous l'accorde ! — Et
pour mon frère, pas un n'a voulu parler, — pas même
moi, ingrat ! qui ne me suis rien dit à moi-même — pour
lui, pauvre âme ! Les plus fiers de vous tous — avaient
été ses obligés pendant sa vie, — et pas un de vous n'a
intercédé pour sa vie ! — O Dieu ! j'ai peur que ta justice ne nous punisse tous, — moi, et vous, et les miens,
et les vôtres, pour ceci ! — Allons, Hastings, aide-moi
jusqu'à mon cabinet. O — pauvre Clarence !

Le roi sort appuyé sur Hastings, et suivi de la reine, de Rivers, de Dorset et de Grey.

RICHARD, à Buckingham.

— Voilà le fruit de la précipitation. N'avez-vous pas re-
marqué — comme tous ces coupables parents de la reine
— ont pâli, en apprenant la mort de Clarence ? — Oh !
ils la réclamaient sans cesse auprès du roi. — Dieu la
vengera...... Allons, milords ; venez-vous — consoler
Édouard par notre compagnie ?

BUCKINGHAM.

— Nous suivons votre grâce.

Tous sortent.

SCÈNE VI

[Toujours à Londres. — Une salle dans un palais.]

La Duchesse d'York entre avec le Fils et la Fille de Clarence.

LE FILS.

— Dites donc, bonne grand'mère, est-ce que notre
père est mort ?

LA DUCHESSE.

— Non, mon enfant.

LA FILLE.

— Pourquoi donc vous tordez-vous les mains et vous battez-vous la poitrine, — et criez-vous : « O Clarence, mon malheureux fils ! »

LE FILS.

— Pourquoi nous regardez-vous, et secouez-vous la tête, — et nous appelez-vous orphelins, pauvres petits abandonnés, — si notre père est toujours en vie ?

LA DUCHESSE.

— Mes jolis cousins, vous vous trompez tous les deux ; — ce qui m'afflige, c'est la maladie du roi, — que j'ai bien peur de perdre, et non la mort de votre père. — Ce serait du chagrin perdu de pleurer un être perdu.

LE FILS.

— Vous avouez donc, grand'mère, qu'il est mort ? — Oh ! c'est la faute du roi mon oncle : — Dieu le punira ; je vais faire — des prières bien sérieuses à cet effet.

LA FILLE.

— Et moi aussi.

LA DUCHESSE.

— Paix, enfants, paix ! Le roi vous aime : — naïfs et simples, innocents que vous êtes, — vous ne pouvez pas deviner qui a causé la mort de votre père.

LE FILS.

— Si, grand'mère : car mon bon oncle Glocester — m'a dit que le roi, provoqué par la reine, — avait inventé des calomnies pour le mettre en prison ; — et, quand mon oncle a dit ça, il a pleuré, — et il m'a beaucoup plaint, et il m'a baisé tendrement sur la joue ; — il m'a dit de compter sur lui comme sur mon père, — et qu'il m'aimerait autant que son enfant.

LA DUCHESSE.

— Ah ! se peut-il que la perfidie dérobe de si douces formes — et cache un vice profond sous un masque si vertueux! — Il est mon fils, oui! et aussi ma honte! — Mais ce n'est pas à mes mamelles qu'il a sucé cette perfidie!

LE FILS.

— Est-ce que vous croyez, grand'mère, que mon oncle ne disait pas la vérité?

LA DUCHESSE.

— Oui, mon enfant.

LE FILS.

— Je ne peux pas le croire... Écoutez! Quel est ce bruit-là?...

Entre la REINE ÉLISABETH d'un air égaré. RIVERS et DORSET la suivent.

ÉLISABETH.

— Ah! qui pourrait m'empêcher de pleurer et de gémir, — d'accuser mon sort et de me tourmenter? — Je veux m'allier au noir désespoir contre mon âme — et devenir l'ennemie de moi-même!

LA DUCHESSE.

— Pourquoi cette scène de brusque désolation?

ÉLISABETH.

— Pour achever un acte de tragique violence. — Édouard, mon seigneur, ton fils, notre roi, est mort. — Pourquoi reste-t-il des branches quand la racine a disparu? — Pourquoi les feuilles qui n'ont plus leur sève ne se dessèchent-elles pas? — Si c'est vivre que vous voulez, lamentez-vous; si c'est mourir, hâtez-vous : — que nos âmes puissent rattraper celle du roi de leurs ailes rapides; — que nous puissions, sujets obéissants, l'escorter — dans son nouveau royaume d'immuable repos!

LA DUCHESSE.

— Ah! j'ai autant de part dans ta douleur — que j'avais de droits sur ton noble Édouard. — Jusqu'ici, pleurant la mort de mon digne mari, — j'avais vécu à regarder ses images ; — mais maintenant, les deux miroirs, où je retrouvais sa ressemblance auguste, — sont mis en pièces par la mort méchante, — et, pour consolation, je n'ai plus qu'une glace trompeuse — où j'ai la tristesse de ne voir que ma honte. — Tu es veuve, mais tu restes mère, — et tu as encore la consolation de tes enfants, — tandis que la mort a enlevé mon mari de mes bras, — et arraché de mes faibles mains mes deux béquilles, — Clarence et Édouard ! Oh ! que de motifs j'ai, — ton malheur n'étant que la moitié du mien, — de dominer tes plaintes et de noyer tes pleurs dans les miens !

LE FILS DE CLARENCE, à la reine.

— Ah ! tante ! vous n'avez pas pleuré pour la mort de notre père : — pourquoi vous aiderions-nous de nos larmes filiales ?

LA FILLE.

— Pas un cri n'a répondu à notre détresse orpheline : — eh bien, que votre douleur douairière reste sans écho !

ÉLISABETH.

— Je ne veux pas de secours à mes lamentations ! — Le désespoir en moi n'est pas aride : — il peut faire affluer toutes ses sources dans mes yeux, — jusqu'à ce que, gouvernée par la lune humide, — la marée de mes larmes submerge le monde ! — Ah ! mon mari ! mon cher seigneur Édouard !

LES ENFANTS.

— Ah ! notre père ! notre cher seigneur Clarence !

LA DUCHESSE.

— Hélas ! mes deux enfants ! Édouard ! Clarence !

ÉLISABETH.

— Quel autre soutien avais-je qu'Édouard ? Et il n'est plus !

LES ENFANTS.

— Quel autre soutien avions-nous que Clarence? Et il n'est plus!

LA DUCHESSE.

— Quels autres soutiens avais-je qu'eux deux? Et ils ne sont plus!

ÉLISABETH.

— Jamais veuve ne fit une perte si chère!

LES ENFANTS.

— Jamais orphelins ne firent une perte si chère!

LA DUCHESSE.

— Jamais mère ne fit une perte si chère! — Hélas! Je suis mère pour toutes ces angoisses : — les malheurs qu'ils se partagent, moi, je les ai entiers!

Montrant Élisabeth.

— Elle pleure un Édouard, et moi aussi. — Je pleure un Clarence, et elle, non.

Montrant le fils et la fille de Clarence.

— Ces enfants pleurent Clarence, et moi je le pleure aussi. — Je pleure un Édouard, et eux, ils ne le pleurent pas. — Hélas! c'est sur moi, triplement désolée, — que vous trois vous versez toutes vos larmes! Je suis la nourrice de votre douleur, — et je l'allaite de sanglots!

DORSET, à Élisabeth.

— Remettez-vous, chère mère. Dieu s'offense — de vous voir accueillir son œuvre par ces tristes remercîments. — Dans le commun de la vie, cela passe pour ingratitude — de rendre de mauvaise grâce — ce qu'une main bienfaisante a généreusement prêté. — C'est une ingratitude bien plus grande d'accuser ainsi le ciel — parce qu'il réclame le prêt royal que vous teniez de lui.

RIVERS.

— Madame, songez, en mère vigilante, — au jeune prince votre fils. Envoyez-le vite chercher. — Faites-le

couronner : il est pour vous la consolation vivante.
— Noyez votre désespoir dans le tombeau d'Édouard mort, — et arborez votre joie sur le trône d'Édouard vivant (53).

Entrent RICHARD, BUCKINGHAM, STANLEY, HASTINGS, RATCLIFF
et autres.

RICHARD, à Élisabeth.

— Consolez-vous, ma sœur : nous avons tous sujet — de pleurer l'astre rayonnant qui vient de s'obscurcir; — mais nul ne peut réparer ses pertes par des pleurs.

A la duchesse d'York.

— Madame ma mère, je vous demande bien pardon, — je n'avais pas vu votre grâce... J'implore humblement — à vos genoux votre bénédiction.

LA DUCHESSE.

— Que Dieu te bénisse et mette dans ton cœur la douceur, — l'amour, la charité, l'obéissance et la fidélité au devoir !

RICHARD, à part.

— *Amen!* Et qu'il me fasse mourir vieux bonhomme !
— C'est la conclusion de toute bénédiction maternelle.
— Je m'étonne que sa grâce l'ait oubliée.

BUCKINGHAM.

— Vous, sombres princes, et vous, pairs au cœur attristé, — qui portez le poids accablant de la douleur commune, — soutenez-vous mutuellement par un mutuel amour. — Si avec ce roi nous perdons une moisson, — son fils nous en offre une autre. — Puisque la rancune qui enflait vos cœurs — en a été arrachée, puisque toutes les fractures ont été rejointes, — préservons bien doucement, maintenons avec amour cette union récente! — Il serait bon, ce me semble, d'envoyer immédiatement à Ludlow — chercher le jeune roi et de le faire — conduire à Londres par une petite escorte, pour le couronner.

RIVERS.

— Pourquoi par une petite escorte, milord de Buckingham ?

BUCKINGHAM.

— Parbleu, milord, de peur que, dans une foule, — la blessure de la haine, à peine fermée, ne se rouvrît : — le péril en serait d'autant plus grand — que l'État est faible et non encore gouverné. — Quand tous les chevaux ont la bride sur le cou — et peuvent diriger leur course où ils veulent, — mon avis est qu'on doit prévenir — le danger du mal comme le mal lui-même.

RICHARD.

— J'espère que le roi a fait la paix entre nous tous ; — le raccommodement est ferme et sincère chez moi.

RIVERS.

— Et chez moi aussi ; et chez tous, je pense. — Mais, puisqu'il est tout frais encore, il ne faut pas — l'exposer au danger d'une rupture — qui serait fort possible au milieu d'une compagnie nombreuse. — Aussi je pense, avec le noble Buckingham, — qu'il est convenable de n'envoyer — que peu de monde chercher le prince (54).

HASTINGS.

— Je le pense aussi.

RICHARD.

— Soit. Allons décider — quels seront ceux qui devront courir immédiatement à Ludlow.

A la reine.

— Madame,

A la duchesse.

et vous, ma mère, irez-vous — donner votre avis sur cette importante affaire ?

Tous sortent, excepté Richard et Buckingham.

BUCKINGHAM.

— Milord, quels que soient ceux qui vont chercher le prince, — au nom du ciel, ne restons ici ni l'un ni l'autre. — En chemin, comme prologue à l'histoire dont nous venons de parler, — je saisirai l'occasion — d'écarter du prince l'altière famille de la reine.

RICHARD.

— O mon autre moi-même, mon conseil d'État, — mon oracle, mon prophète!... Mon cher cousin, — je me laisse diriger comme un enfant. — A Ludlow donc! Ne restons pas en arrière.

Ils sortent.

SCÈNE VII

[Toujours à Londres. — Une rue.]

DEUX CITOYENS entrent et se rencontrent.

PREMIER CITOYEN.

— Bonjour, voisin; où courez-vous si vite?

DEUXIÈME CITOYEN.

— Je le sais à peine moi-même, je vous jure, — savez-vous la nouvelle?

PREMIER CITOYEN.

Oui : le roi est mort.

DEUXIÈME CITOYEN.

— Mauvaise nouvelle, par Notre-Dame. Rarement le successeur vaut mieux. — J'en ai peur, j'en ai peur, cela va faire chanceler le monde.

Entre un TROISIÈME CITOYEN.

TROISIÈME CITOYEN.

— Voisins, Dieu vous assiste!

PREMIER CITOYEN.

Bonjour, monsieur.

TROISIÈME CITOYEN.

— La nouvelle de la mort du bon roi Édouard se confirme-t-elle ?

DEUXIÈME CITOYEN.

— Oui, monsieur, elle n'est que trop vraie : Dieu nous garde, en attendant !

TROISIÈME CITOYEN.

— Alors, mes maîtres, préparez-vous à voir du trouble dans le monde.

PREMIER CITOYEN.

— Non, non. Par la grâce de Dieu, son fils régnera.

TROISIÈME CITOYEN.

— Malheur au pays qui est gouverné par un enfant !

DEUXIÈME CITOYEN.

— Il y a espoir d'être gouvernés, d'abord, — pendant sa minorité, par un conseil sous son nom, — et puis, par lui-même dès que les années l'auront mûri. — Alors, et jusqu'alors, nous serons bien gouvernés, j'en suis sûr !

PREMIER CITOYEN.

— L'État était dans la même situation lorsque Henry VI — fut couronné à Paris à l'âge de neuf ans.

TROISIÈME CITOYEN.

— Dans la même situation, dites-vous ? Non, non, mes braves amis, Dieu le sait ; — car alors l'Angleterre était riche en politiques fameux — et en graves conseillers ; alors le roi — avait pour protéger sa grâce des oncles vertueux.

PREMIER CITOYEN.

— Eh bien, celui-ci en a également, et du côté de son père et du côté de sa mère.

TROISIÈME CITOYEN.

— Plût au ciel que tous ses oncles fussent du côté de son père, — ou, mieux encore, qu'il n'en eût aucun de ce côté ! — Leurs prétentions rivales auprès du roi — nous froisseront tous, si Dieu n'y met bon ordre. — Oh ! le duc de Glocester est bien dangereux ; — les fils et les frères de la reine sont hautains et arrogants. — Si, au lieu de gouverner, ils étaient gouvernés eux-mêmes, — notre pays malade retrouverait quelque soulagement.

PREMIER CITOYEN.

— Allons, allons, nous voyons la chose en noir : tout ira bien.

TROISIÈME CITOYEN.

— Quand les nuages se montrent, les hommes sages mettent leur manteau. — Quand les feuilles tombent, c'est qu'alors l'hiver approche. — Quand le soleil se couche, qui ne s'attend à la nuit? — Des orages intempestifs font prévoir une disette. — Tout peut aller bien; mais, si Dieu le veut ainsi, — c'est plus que nous ne méritons ou que je n'espère.

DEUXIÈME CITOYEN.

— A vrai dire, la crainte remplit tous les cœurs. — Vous ne pouvez causer avec personne — qui n'ait l'air accablé et tout effrayé.

TROISIÈME CITOYEN.

— A la veille des révolutions, c'est toujours ainsi. — Par un instinct divin, les esprits des hommes pressentent — le danger imminent, comme on voit — s'enfler les lames à l'approche d'un ouragan. — Mais confions tout à Dieu!... Où allez-vous?

DEUXIÈME CITOYEN.

— Eh! parbleu! nous avons été mandés par les juges.

TROISIÈME CITOYEN.

— Et moi aussi. Je vous ferai compagnie.

Ils sortent.

SCÈNE VIII

[Londres. — Une chambre dans le palais.]

Entrent l'Archevêque d'York, le jeune Duc d'York, la Reine Élisabeth et la Duchesse d'York.

L'ARCHEVÊQUE.

— La nuit dernière, m'a-t-on dit, ils ont couché à Northampton ; — ils seront ce soir à Stony-Stratford. — Demain ou après, ils seront ici.

LA DUCHESSE.

— Je désire de tout mon cœur voir le prince. — J'espère qu'il a bien grandi depuis que je ne l'ai vu.

ÉLISABETH.

— Mais j'ai appris que non. On dit que mon fils York — est devenu presque aussi grand que lui.

LE DUC D'YORK.

— C'est vrai, ma mère ; mais je voudrais que cela ne fût pas.

LA DUCHESSE.

— Pourquoi, mon cher cousin ? il est bon de grandir.

LE DUC D'YORK.

— Grand'mère, un soir que nous étions à souper, — mon oncle Rivers fit la remarque que je grandissais — plus que mon frère. « Ah ! dit mon oncle Glocester, — » petites herbes ont de la grâce, mauvaises herbes crois- » sent vite. » — Et, depuis ce temps-là, il me semble que je ne voudrais pas grandir si rapidement, — puisque les fleurs embaumées sont lentes et les mauvaises herbes hâtives.

LA DUCHESSE.

— Ma foi ! ma foi ! celui qui t'a objecté ce proverbe — y fait lui-même exception : — c'était dans sa jeunesse un être tellement malingre, — tellement lent à croître, tellement en retard, — que, si sa règle était vraie, il serait la grâce même.

L'ARCHEVÊQUE.

— Et certes, c'est ce qu'il est aussi, gracieuse madame.

LA DUCHESSE.

— Je veux bien l'espérer. Mais il faut toujours que les mères s'inquiètent.

LE DUC D'YORK.

— Ma foi, si je m'en étais souvenu, — j'aurais pu lancer à sa grâce, mon oncle, une raillerie — sur sa croissance, qui aurait mieux porté que la sienne.

LA DUCHESSE.

— Comment, mon petit York? dis-moi cela, je t'en prie.

LE DUC D'YORK.

— Parbleu! on dit que mon oncle grandissait si vite, — qu'à l'âge de deux heures, il pouvait grignoter une croûte. — Moi, il a fallu que j'eusse deux ans accomplis avant d'avoir une dent. — Grand'mère, ç'aurait été là une plaisanterie mordante.

LA DUCHESSE.

— Je t'en prie, mon joli York, qui t'a conté cela?

LE DUC D'YORK.

— Sa nourrice, grand'mère.

LA DUCHESSE.

— Sa nourrice! Comment! elle était morte avant que tu fusses né.

LE DUC D'YORK.

— Si ce n'était pas elle, je ne puis dire qui me l'a dit.

ÉLISABETH.

— Petit bavard! Allons, vous êtes trop malicieux.

L'ARCHEVÊQUE.

— Bonne madame, ne grondez pas l'enfant.

ÉLISABETH.

— Les murs ont des oreilles.

Entre un COURRIER.

L'ARCHEVÊQUE.

Voici un courrier. — Quelles nouvelles?

LE COURRIER.

Des nouvelles, milord, — qu'il me coûte de révéler.

ÉLISABETH.

Comment est le prince?

LE COURRIER.

— Bien, madame, en bonne santé.

LA DUCHESSE.

Quelles sont donc tes nouvelles?

LE COURRIER.

— Lord Rivers et lord Grey sont envoyés en prison à Pomfret, — et, avec eux, sir Thomas Vaughan.

LA DUCHESSE.

— Qui les a fait arrêter?

LE COURRIER.

Les puissants ducs — de Glocester et de Buckingham.

L'ARCHEVÊQUE.

Et pour quelle offense?

LE COURRIER.

— J'ai déclaré tout ce que je savais. — Pourquoi, par quel motif ces nobles ont-ils été arrêtés? — c'est ce que j'ignore absolument, mon gracieux lord.

ÉLISABETH.

— Hélas! je vois la ruine de ma maison! — Le tigre vient de saisir la douce biche. — L'insultante tyrannie commence à empiéter — sur le trône innocent et désarmé. — Salut, destruction, meurtre, massacre! — Je vois la fin du monde tracée comme sur une carte.

LA DUCHESSE.

— Jours maudits d'agitations et de querelles, — que de fois mes yeux vous ont vus renaître! — Mon mari a perdu la vie pour gagner la couronne; — mes fils, secoués sans cesse du faîte à l'abîme, — m'ont fait jouir de leurs succès et pleurer de leurs revers. — Et, quand ils sont enfin établis, quand les discordes intérieures — ont été balayées, eux-mêmes, les vainqueurs, ils — se font la guerre, frère contre frère, — sang contre sang, chacun contre soi-même. O dénaturée — et frénétique haine, arrête là ta fureur damnée : — sinon, puissé-je mourir pour ne plus voir la mort!

ÉLISABETH, prenant le duc d'York par la main.

— Viens, viens, mon enfant. Allons dans le sanctuaire. — Madame, adieu.

LA DUCHESSE.

Arrêtez, je vais avec vous.

ÉLISABETH.

— Vous n'avez pas de raison pour cela.

L'ARCHEVÊQUE, à la reine.

Venez, ma gracieuse dame. — Et emportez avec vous votre trésor et tous vos biens. — Pour moi, je remets à votre grâce — les sceaux que je gardais. Et puisse le ciel me traiter — aussi bien que je vous servirai, vous et les vôtres! — Venez, je vais vous conduire au sanctuaire.

Ils sortent.

SCÈNE IX

[Londres. — Une rue.]

Les trompettes sonnent. Entrent le PRINCE DE GALLES, RICHARD de GLOCESTER, BUCKINGHAM, le CARDINAL BOURCHIER, et autres.

BUCKINGHAM.

— Soyez le bien venu, doux prince, dans Londres, votre chambre royale (55)!

RICHARD.

— Bienvenu, mon cher cousin, souverain de mes pensées! — La fatigue de la route vous a rendu mélancolique.

LE PRINCE.

— Non, mon oncle : mais nos contrariétés pendant le voyage — l'ont rendu fastidieux, pénible, accablant. — Je voudrais plus d'oncles ici pour me recevoir.

RICHARD.

— Doux prince, la vertu immaculée de votre âge — n'a pas encore plongé dans la perfidie du monde. — Vous ne pouvez distinguer d'un homme — que ses dehors extérieurs ; et, Dieu le sait, — ils s'accordent rarement, pour ne pas dire jamais, avec le cœur. — Ces oncles que vous voudriez ici étaient des hommes dangereux ; — votre grâce ne faisait attention qu'à leurs paroles sucrées, — et ne voyait pas le poison de leurs cœurs. — Dieu vous garde d'eux et d'aussi faux amis !

LE PRINCE.

— Dieu me garde de faux amis! Mais ils ne l'étaient pas.

RICHARD.

— Milord, voici le maire de Londres qui vient vous saluer.

Entre le LORD MAIRE, suivi de son cortége.

LE LORD MAIRE.
— Que Dieu accorde à votre grâce la santé et d'heureux jours !

LE PRINCE.
— Je vous remercie, mon bon lord ! Merci à vous tous.

Le lord maire et son cortége se retirent.

— Je croyais que ma mère et mon frère York — seraient depuis longtemps venus à notre rencontre. — Fi ! quel traînard que ce Hastings, qui n'arrive pas — nous dire s'ils viennent ou non.

Entre HASTINGS.

BUCKINGHAM.
— Justement le voici qui arrive tout en sueur.

LE PRINCE.
— Soyez le bienvenu, milord. Eh bien, notre mère viendra-t-elle ?

HASTINGS.
— La reine, votre mère, et votre frère York — sont entrés dans un sanctuaire : — pour quel motif, Dieu le sait ; moi, je l'ignore. Le tendre prince — aurait bien voulu venir avec moi au-devant de votre grâce, — mais sa mère l'a retenu de force.

BUCKINGHAM.
— Fi ! quel procédé déplacé et désobligeant ! — Lord cardinal, votre grâce veut-elle aller — engager la reine à envoyer immédiatement — le duc d'York à son auguste frère ? — Si elle refuse, lord Hastings, allez-y aussi, — et arrachez-le de force de ses bras jaloux.

LE CARDINAL.
— Milord de Buckingham, si ma faible éloquence —

peut obtenir le duc d'York de sa mère, — attendez-le ici dans un moment. Mais si elle résiste — à mes douces instances, le Dieu du ciel nous préserve — d'enfreindre le saint privilége — du sanctuaire béni! Je ne voudrais pas, pour tout ce royaume, — être coupable d'un si grand péché.

BUCKINGHAM.

— Vous vous obstinez sans raison, milord, — à défendre si cérémonieusement la tradition. — Pesez la chose avec le gros bon sens de notre âge : — vous ne violez pas le sanctuaire en vous emparant du prince. — Le bénéfice de l'asile est toujours accordé — à ceux qui, par leurs actions, l'ont rendu nécessaire, — et à ceux qui ont assez de jugement pour le réclamer. — Mais le prince ne l'a ni réclamé ni rendu nécessaire; — et aussi, dans mon opinion, il n'y a pas droit. — Ainsi, en l'enlevant de la retraite qui pour lui n'en est pas une, — vous ne violez ni charte ni privilége. — J'ai souvent entendu parler de sanctuaire offert à des hommes ; — mais à des enfants, jamais.

LE CARDINAL.

— Milord, votre opinion domine pour cette fois la mienne : — allons, lord Hastings, venez-vous avec moi?

HASTINGS.

— Je pars, milord.

LE PRINCE.

— Mes bons lords, faites toute la diligence possible.

Le cardinal et lord Hastings sortent.

— Dites donc, oncle Glocester, si notre frère arrive, — où logerons-nous jusqu'au jour de notre couronnement?

RICHARD.

— Dans le lieu qui semblera le plus convenable à

votre royale personne. — Si je puis vous donner un conseil, votre altesse — fera bien de se reposer un jour ou deux à la Tour : — là, elle choisira le séjour qui lui plaira, et qui sera jugé le plus favorable — à sa santé et à ses amusements.

LE PRINCE.

— Je n'aime pas la Tour du tout. — Milord, est-ce bien Jules César qui l'a bâtie ?

RICHARD.

— C'est lui, mon gracieux lord, qui en a jeté les fondements. — Mais elle a été reconstruite par les âges suivants.

LE PRINCE.

— Est-ce un fait constaté par les archives ou seulement par la tradition — successive des âges, que c'est César qui l'a bâtie ?

BUCKINGHAM.

— Par les archives, mon gracieux lord.

LE PRINCE.

— Mais, supposons, milord, que la vérité ne fût pas enregistrée. — Il suffirait, ce me semble, qu'elle fût racontée par toutes les générations, — pour vivre d'âge en âge — jusqu'au dernier jour du monde.

RICHARD, à part.

— Si sage, si jeune, jamais, dit-on, on ne vit longtemps.

LE PRINCE.

— Que dites-vous, mon oncle ?

RICHARD.

— Je dis que, sans qu'il soit besoin de caractères, la renommée vit longtemps.

A part.

— Ainsi, comme l'antique vice Iniquité (56), — j'attribue deux sens au même mot.

LE PRINCE

— Ce Jules César était un fameux homme. — Les trésors que sa valeur a légués à son esprit, — son esprit les a consignés pour faire vivre sa valeur. — La mort n'a pas vaincu ce vainqueur : — car maintenant il vit dans la gloire, sinon dans la vie. — Je vous dirai un chose, mon cousin Buckingham.

BUCKINGHAM.

— Quoi, mon gracieux lord?

LE PRINCE.

— Si je vis jusqu'à ce que je sois homme, — je veux faire de nouveau triompher nos anciens droits sur la France, — ou mourir en soldat, après avoir vécu en roi.

RICHARD, à part.

— A court été printemps précoce!

Entrent le LE DUC D'YORK, HASTINGS et le CARDINAL.

BUCKINGHAM.

— Enfin, heureusement, voici le duc d'York.

LE PRINCE.

— Richard d'York! comment se porte notre frère bien-aimé?

LE DUC D'YORK.

— Bien, mon redoutable seigneur : c'est ainsi que je dois vous appeler désormais.

LE PRINCE.

— Hélas! oui, frère : à notre grand chagrin, comme au vôtre! — elle est si récente encore la mort de celui qui pouvait conserver ce titre, — et qui vient de perdre en mourant la majesté royale!

RICHARD.

— Comment se porte notre cousin, le noble lord d'York?

LE DUC D'YORK.

— Je vous remercie, gentil oncle. Oh! milord, — vous disiez que les mauvaises herbes croissent vite : — voyez, le prince mon frère m'a dépassé de beaucoup.

RICHARD.

— C'est vrai, milord.

LE DUC D'YORK.

Il est donc mauvais?

RICHARD.

— Oh! mon bon cousin, je ne dois pas dire ça.

LE DUC D'YORK.

— Il a donc moins que moi sujet de vous en vouloir.

RICHARD.

— Il peut me commander, lui, comme mon souverain : — tandis que vous, vous n'avez sur moi que le pouvoir d'un parent.

LE DUC D'YORK.

— Je vous en prie, oncle, gratifiez-moi de ce poignard.

RICHARD.

— De mon poignard, petit cousin? avec plaisir.

LE PRINCE.

— Mendier ainsi, frère!

LE DUC D'YORK.

— Bah! de mon bon oncle! Une chose qu'il me donnera, j'en suis sûr, — et sans regret, car ce n'est qu'un joujou.

RICHARD.

— Je veux faire à mon cousin un cadeau plus considérable.

LE DUC D'YORK.

— Un cadeau plus considérable? Oh! l'épée par-dessus le marché!

RICHARD.
— Volontiers, gentil cousin, si elle était assez légère.
LE DUC D'YORK.
— Oh! alors, je le vois, vous ne voulez faire que de légers cadeaux. — Pour les choses de poids, vous diriez au mendiant : nenni!
RICHARD.
— Elle est trop pesante pour vous à porter.
LE DUC D'YORK.
— Je la porterais légèrement, fût-elle plus pesante encore.
RICHARD.
— Vous voudriez donc avoir ma lame, petit lord?
LE DUC D'YORK.
— Je le voudrais, pour vous remercier du nom que vous me donnez.
RICHARD.
— Lequel?
LE DUC D'YORK.
Petit!
LE PRINCE.
— Milord d'York sera toujours taquin en parole : — mon oncle, vous aurez la grâce de le supporter.
LE DUC D'YORK.
— De me porter, vous voulez dire, et non de me supporter. — Oncle, mon frère se moque de vous et de moi; — parce que je suis petit comme un singe, — il croit que vous devriez me porter sur vos épaules.
BUCKINGHAM.
— Avec quel piquant esprit il raisonne! — Pour mitiger le sarcasme qu'il jette à son oncle, — il se raille lui-même gentiment, adroitement. — Si malin et si jeune, c'est merveilleux!

SCÈNE IX.

RICHARD, au prince.

— Mon gracieux lord, vous plairait-il de vous remettre en route ? — Moi et mon bon cousin Buckingham, — nous allons trouver votre mère pour la supplier — de vous rejoindre à la Tour et de vous y faire fête.

LE DUC D'YORK.

— Quoi, vous voulez aller à la Tour, milord?

LE PRINCE.

— Milord protecteur dit qu'il le faut.

LE DUC D'YORK.

— Je ne dormirai pas tranquille à la Tour.

LE PRINCE.

— Pourquoi! qu'y craindriez-vous?

LE DUC D'YORK.

— Ma foi! le spectre irrité de mon oncle Clarence : — ma grand'mère m'a dit qu'il avait été assassiné là.

LE PRINCE.

— Je n'ai pas peur des oncles morts.

RICHARD.

Ni vivants, j'espère.

LE PRINCE.

— S'ils étaient encore vivants, je suis sûr que je n'aurais pas à les craindre. — Mais, marchons, milord, et, le cœur accablé, — en pensant à eux, rendons-nous à la Tour.

Sortent le prince de Galles, le duc d'York, Hastings, le Cardinal et les courtisans.

BUCKINGHAM.

— Pensez-vous, milord, que ce petit bavard d'York — n'ait pas été excité par son artificieuse mère — à vous railler et à vous bafouer de cette façon offensante?

RICHARD.

— Sans doute, sans doute. Oh! c'est un petit parleur,

— hardi, vif, ingénieux, présomptueux, capable. — C'est sa mère de la tête aux pieds.

BUCKINGHAM.

— Bien! laissons-les tranquilles. — Approche, cher Catesby. Tu as juré — solennellement d'exécuter ce que nous méditons, — comme de cacher soigneusement ce que nous t'avons confié. — Tu as entendu nos raisons, chemin faisant : — que crois-tu? Ne serait-ce pas chose facile de faire — entrer William lord Hastings dans le projet — que nous avons d'installer ce noble duc — sur le trône royal de cette île fameuse?

CATESBY.

— Il aime tant le prince, en souvenir de son père, — qu'on ne pourra l'entraîner à rien contre lui.

BUCKINGHAM.

— Et Stanley? qu'en penses-tu? voudra-t-il?

CATESBY.

— Il fera tout comme Hastings.

BUCKINGHAM.

— Eh bien, arrêtons-nous à ceci : cher Catesby, — va trouver lord Hastings, sonde-le sur notre projet, comme sur une chose en l'air, — et convoque-le pour demain à la Tour, — afin de figurer au couronnement (57). — Si tu le trouves bien disposé pour nous, — encourage-le et dis-lui toutes nos raisons. — S'il est de plomb et de glace, froid et malveillant, — sois de même : romps là l'entretien, — et viens nous instruire de son inclination; — car demain nous tiendrons deux conseils séparés, — où tu seras appelé toi-même à un haut emploi.

RICHARD.

— Fais mes compliments à lord William : dis-lui, Catesby, — que la dangereuse bande de ses vieux ennemis — sera saignée demain au château de Pomfret; — et recommande à milord, en réjouissance de cette bonne nouvelle, — de donner à mistress Shore un tendre baiser de plus.

BUCKINGHAM.
— Bon Catesby, termine rondement cette affaire.

CATESBY.
— Avec tout le zèle possible, mes bons lords.

RICHARD.
— Catesby, aurons-nous de vos nouvelles avant de nous coucher?

CATESBY.
— Oui, milord.

RICHARD.
— Vous nous trouverez tous deux à Crosby-House.

Catesby sort.

BUCKINGHAM.
— Maintenant, milord, que devons-nous faire, si nous nous apercevons — que Hastings ne se prête pas à notre complot?

RICHARD.
— Lui trancher la tête, mon cher : nous ferons quelque chose... — Toi, aie soin, quand je serai roi, de me réclamer — le comté d'Hereford et tous les biens-meubles — dont le roi mon frère était en possession.

BUCKINGHAM.
— Je réclamerai cette promesse de votre grâce.

RICHARD.
— Attends-toi à la voir exécuter de tout cœur. — Allons, soupons de bonne heure, que nous puissions ensuite — digérer congrument nos complots.

Ils sortent.

SCÈNE X

[Devant la maison de lord Hastings.]

Entre un COURRIER.

LE COURRIER, frappant à la porte.

— Milord! milord!

HASTINGS, de l'intérieur.

Qui frappe?

LE COURRIER.

Quelqu'un de la part de lord Stanley.

HASTINGS, de l'intérieur.

— Quelle heure est-il?

LE COURRIER.

Sur le coup de quatre heures.

HASTINGS entre.

HASTINGS.

— Est-ce que ton maître ne peut pas dormir, ces longues nuits-ci?

LE COURRIER.

— Cela semblerait, d'après ce que j'ai à vous dire. — D'abord, il fait ses compliments à votre noble seigneurie.

HASTINGS.

— Et après?

LE COURRIER.

— Et après il vous envoie dire qu'il a rêvé cette nuit — que le sanglier lui avait arraché son casque; — qu'en outre on tient deux conseils, — et qu'il se pourrait que les déterminations prises dans l'un — vous fissent repentir, vous et lui, d'être de l'autre. — Il envoie donc demander s'il convient à votre seignuerie – de monter à cheval avec lui sur-le champ, – et de courir à franc étrier vers le nord, – pour éviter les dangers que son âme pressent.

HASTINGS.

— Va, l'ami, va, retourne à ton seigneur. — Dis-lui de ne pas s'alarmer de ces deux conseils séparés. — Son honneur et moi, nous sommes dans l'un, — et dans l'autre est mon excellent ami Catesby : — il ne peut s'y rien passer qui nous touche, — sans que j'en sois informé. — Dis-lui que ses craintes sont creuses et sans fondement. — Quant à ses rêves..., je m'étonne qu'il ait la faiblesse — de prendre au sérieux les moqueries d'un sommeil agité. — Fuir le sanglier avant que le sanglier nous poursuive, — ce serait exciter le sanglier à nous courir sus — et à chasser sur une piste qu'il ne voulait pas suivre. — Va, dis à ton maître de se lever et de venir me joindre : — nous irons ensemble à la Tour, — où il verra que le sanglier nous traitera gentiment.

LE COURRIER.

— Je pars, milord, et je lui répéterai ce que vous dites.

Il sort.

Entre CATESBY.

CATESBY.

— Mille bons lendemains à mon noble lord !

HASTINGS.

— Bonjour, Catesby. Vous êtes sur pied de bonne heure. — Quelles nouvelles, quelles nouvelles dans notre empire chancelant ?

CATESBY.

— Oui, vraiment, milord, ce monde est bien vacillant : — et je crois qu'il ne se tiendra droit — que quand Richard portera la guirlande royale.

HASTINGS.

— Comment! la guirlande? Veux-tu dire la couronne?

CATESBY.

— Oui, mon bon lord.

HASTINGS, portant la main à sa tête.

— Cette couronne-ci tombera de mes épaules, — avant que je voie la couronne si odieusement déplacée. — Çà, as-tu pu soupçonner qu'il y aspire?

CATESBY.

— Oui, sur ma vie : et il espère vous trouver à l'avant-garde — de son parti, pour la lui faire gagner. — Sur ce, il vous envoie cette bonne nouvelle — qu'aujourd'hui même, vos ennemis, — les parents de la reine, doivent mourir à Pomfret.

HASTINGS.

— Vrai! je ne prendrai pas le deuil pour cette nouvelle; — ils ont toujours été mes adversaires. — Mais que je donne ma voix à Richard — pour fermer aux héritiers de mon maître leur légitime succession, — non! je ne le ferai pas, Dieu le sait, quand je devrais mourir!

CATESBY.

— Dieu garde votre seigneurie dans ces gracieuses intentions!

HASTINGS.

— Mais quant à ceux qui m'avaient attiré la haine de mon maître, — je rirai douze mois de suite — d'avoir assez vécu pour assister à leur tragédie. — Sache-le, Catesby, avant que je sois plus vieux de quinze jours, — j'en ferai expédier encore d'autres qui n'y pensent guère.

CATESBY.

— C'est une triste chose de mourir, mon gracieux

lord, — lorsqu'on n'y est pas préparé et qu'on ne s'y attend pas.

HASTINGS.

— Oh! monstrueuse, monstrueuse! Et c'est ce qui arrive — à Rivers, à Vaughan, à Grey ; et il en sera ainsi — pour d'autres encore, qui se croient en sûreté — comme toi et moi, nous, tu le sais, si chers — au prince Richard et à Buckingham !

CATESBY.

— Les deux princes vous placent bien haut dans leur estime.

A part.

— Si haut qu'ils lui mettront la tête par-dessus certain pont.

HASTINGS.

— Je le sais, et certes je l'ai mérité !

Entre STANLEY.

HASTINGS.

— Allons ! allons ! où est donc votre épieu, mon cher? — Vous avez peur du sanglier, et vous allez ainsi désarmé?

STANLEY.

— Bonjour, milord... Bonjour, Catesby. — Vous pouvez rire, mais, par la sainte Croix, — je n'aime pas ces conseils séparés, moi !

HASTINGS.

— Milord, je tiens à ma vie autant que vous à la vôtre, — et jamais de ma vie, je vous jure, — elle ne m'a été plus précieuse qu'à présent : — croyez-vous que, si je ne savais pas notre situation parfaitement sûre, — je serais aussi triomphant que je le suis?

STANLEY.

— Les lords qui sont à Pomfret étaient joyeux — quand

ils partirent en cavalcade de Londres ; — ils supposaient leur situation parfaitement sûre, — et, en vérité, ils n'avaient aucune cause de se méfier. — Pourtant vous voyez comme le jour, pour eux, est vite devenu sombre. — Cette brusque estocade de la rancune m'inquiète. — Dieu veuille que je sois un couard alarmiste ! — Eh bien, nous rendons-nous à la Tour ? Le jour est commencé.

HASTINGS, le prenant à part.

— Venez! venez! deux mots à vous!... Savez-vous l'événement, milord ? — Aujourd'hui, les lords dont vous parlez sont décapités.

STANLEY.

— Ils étaient, pour leur loyauté, plus dignes de porter eur tête — que certains de leurs accusateurs de porter leur chapeau. — Mais, venez, milord, partons.

Entre un POURSUIVANT D'ARMES.

HASTINGS.

— Marchez devant ; j'ai à causer avec ce brave garçon.
Stanley et Catesby sortent.

— Eh bien, drôle? Comment va le monde avec toi ?

LE POURSUIVANT D'ARMES.

— D'autant mieux que votre seigneurie daigne me le demander.

HASTINGS.

— Je puis te le dire, l'ami, il va mieux avec moi — que la dernière fois que nous nous sommes rencontrés ici même. — Alors j'allais à la Tour comme prisonnier, — à l'instigation des parents de la reine; — mais maintenant, je puis te le dire, garde cela pour toi, — aujourd'hui ces ennemis-là sont mis à mort, — et je suis dans une meilleure situation que jamais.

SCÈNE X.

LE POURSUIVANT D'ARMES.

— Dieu maintienne les choses à la satisfaction de votre honneur !

HASTINGS.

— Grand merci, mon brave : tiens, bois ceci à ma santé. —

Il lui jette sa bourse.

LE POURSUIVANT D'ARMES.

Je remercie votre honneur.

Sort le poursuivant d'armes.

Entre un PRÊTRE.

LE PRÊTRE.

— Bonne rencontre, milord ! Je suis heureux de voir votre seigneurie.

HASTINGS.

— Merci, bon sir John, merci de tout mon cœur. — Je vous suis bien redevable pour votre dernier office : — venez le prochain jour de Sabbath, et vous serez content de moi.

Entre BUCKINGHAM.

BUCKINGHAM.

— Quoi ! en conversation avec un prêtre, lord chambellan ? — Vos amis de Pomfret ont besoin d'un prêtre, — mais votre honneur n'a pas de confession qui le presse.

HASTINGS.

— Sur ma foi, quand j'ai rencontré ce saint homme, — les gens dont vous parlez me sont revenus à l'esprit. — Eh bien, allez-vous à la Tour ?

BUCKINGHAM.

— Oui, milord ; mais je ne peux pas y rester longtemps. — J'en sortirai avant votre seigneurie.

HASTINGS.

— Bien probablement ; car j'y reste à dîner.

BUCKINGHAM, à part.

— Et à souper aussi, quoique tu n'en saches rien.

Haut.

— Allons, venez-vous ?

HASTINGS.

Je vous suis, milord.

Ils sortent.

SCÈNE XI

[Pomfret. Devant le château.]

Entre RATCLIFF, suivi d'une escorte qui emmène RIVERS, GREY et VAUGHAN à l'exécution.

RATCLIFF.

— Allons, faites sortir les prisonniers.

RIVERS.

— Sir Richard Ratcliff, laisse-moi te dire ceci : — Aujourd'hui tu vas voir un sujet — mourir pour la vérité, pour le droit et pour la loyauté.

GREY.

— Dieu garde le prince de toute votre clique ! — Vous êtes une bande de damnés vampires.

VAUGHAN.

— Il en est parmi vous qui un jour crieront malheur pour tout ceci.

RATCLIFF.

— Dépêchons : la limite de votre vie est franchie.

RIVERS.

— O Pomfret, Pomfret ! O toi, prison sanglante, — fatale et néfaste aux nobles pairs ! — Ici, dans l'enceinte coupable de tes murs, — Richard II a été haché à mort ; —

et, nouvel opprobre à ton hideux séjour, — nous allons te donner à boire notre sang innocent.

GREY.

— La voilà tombée sur nos têtes, la malédiction de Marguerite, — celle qu'elle a lancée contre Hastings, contre vous, contre moi, — pour être restés impassibles tandis que Richard poignardait son fils.

RIVERS.

— Elle a maudit Richard aussi! Elle a maudit Buckingham aussi! — Elle a maudit Hastings aussi! Oh! souviens-toi, mon Dieu, — d'exaucer ses prières contre eux, comme en ce moment contre nous. — Quant à ma sœur, quant aux princes ses fils, — contente-toi, Dieu cher, de notre sang pur, — qui, tu le sais, va être versé injustement.

RATCLIFF.

— Hâtons-nous : l'heure de votre mort est déjà passée.

RIVERS.

— Viens, Grey, viens, Vaughan, embrassons-nous ici! — Au revoir dans le ciel!

Tous sortent.

SCÈNE XII

[Londres. Une salle dans la Tour.]

Entrent Buckingham, Stanley, Hastings, l'Évêque d'Ély, Ratcliff, Lovel, et d'autres conseillers. Tous prennent place autour d'une table. Les huissiers du conseil sont présents.

HASTINGS.

— Aujourd'hui, nobles pairs, l'objet de notre réunion — est de décider la question du couronnement. — Au nom de Dieu, parlez : à quand la journée royale?

BUCKINGHAM.

— Tout est-il préparé pour la royale cérémonie?

STANLEY.

— Tout ; il ne reste qu'à désigner le moment.

L'ÉVÊQUE.

— Demain, à mon avis, serait un jour heureux.

BUCKINGHAM.

— Qui connaît là-dessus les intentions de milord protecteur? — Qui est le plus avant dans la confidence du noble duc?

L'ÉVÊQUE.

— C'est votre grâce, croyons-nous, qui connaît le mieux sa pensée.

BUCKINGHAM.

— Nous connaissons tous deux nos visages; quant à nos cœurs, — il ne connaît pas plus le mien que moi le vôtre, — et je ne connais pas plus le sien, milord, que vous le mien. — Lord Hastings, vous êtes étroitement liés, vous et le duc.

HASTINGS.

— Je sais, (et j'en remercie sa grâce), que le duc m'aime bien. — Mais, quant à ses projets sur le couronnement, — je ne l'ai pas sondé, et il ne m'a signifié — en aucune façon son gracieux désir à ce sujet. — Mais vous, mon noble lord, vous pouvez fixer l'époque, — et je voterai au nom du duc. — J'ose affirmer qu'il ne le prendra pas en mauvaise part.

Entre RICHARD DE GLOCESTER.

L'ÉVÊQUE.

— Justement, voici le duc lui-même.

RICHARD.

— Mes nobles lords et cousins, bonjour à tous! — J'ai dormi longtemps; mais je pense — que mon absence n'a fait écarter aucune des grandes questions — qui se seraient conclues en ma présence.

BUCKINGHAM.

— Si vous n'étiez venu à point nommé, milord, — lord William Hastings aurait prononcé, — je veux dire voté pour vous, sur le couronnement du roi.

RICHARD.

— Personne ne pouvait le faire plus hardiment que lord Hastings. — Sa seigneurie me connaît bien et m'aime bien. — Milord d'Ély, la dernière fois que j'ai été à Holborn, — j'ai vu de belles fraises, là, dans votre jardin ; — je vous prie de m'en envoyer chercher quelques-unes.

L'ÉVÊQUE.

— Ma foi ! oui, de tout mon cœur, milord.

Sort l'évêque d'Ély.

RICHARD, prenant Buckingham à part.

— Cousin Buckingham, un mot. — Catesby a sondé Hastings sur notre affaire : il a trouvé ce têtu-là si chaud — qu'il veut perdre la tête plutôt que de consentir — à ce que l'enfant de son maître, comme il l'appelle pieusement, — perde ses droits au trône d'Angleterre.

BUCKINGHAM.

Retirez-vous un moment ; je sortirai avec vous.

Sortent Richard et Buckingham.

STANLEY.

— Nous n'avons pas encore fixé le jour triomphal. — Demain, à mon avis, c'est trop tôt. — Pour moi, je ne suis pas aussi bien préparé — que je le serais si l'on retardait le jour.

Rentre l'ÉVÊQUE D'ÉLY.

L'ÉVÊQUE.

— Où est milord protecteur ? J'ai envoyé chercher — ces fraises.

HASTINGS.

— Sa grâce paraît joyeuse et bien disposée ce matin. — Il faut que milord ait en tête une idée qui lui plaît, — pour nous avoir dit bonjour d'un air si enjoué. — Je crois qu'il n'y a jamais eu dans toute la chrétienté — un homme qui puisse moins que lui cacher ses affections ou ses haines. — Par sa figure, vous connaîtrez tout de suite son cœur.

STANLEY.

— Et qu'avez-vous jugé de son cœur, — d'après la mine qu'il a montrée ce matin?

HASTINGS.

— Morbleu! ceci : qu'il n'en veut à personne ici; — car, si cela était, il l'aurait montré dans ses regards.

Rentrent RICHARD *et* BUCKINGHAM.

RICHARD.

— Je vous le demande à tous : dites-moi ce que méritent — ceux qui conspirent ma mort par les pratiques diaboliques — d'une sorcellerie damnée, et qui ont soumis — mon corps à leurs charmes infernaux?

HASTINGS.

— La tendre affection que je porte à votre grâce, milord, — m'enhardit le premier, dans cette noble assemblée, — à prononcer la condamnation des coupables : quels qu'ils soient, — je dis, milord, qu'ils ont mérité la mort.

RICHARD, *montrant son bras gauche mis à nu.*

— Eh bien, que vos yeux soient témoins du mal qu'on m'a fait. — Voyez comme je suis ensorcelé : regardez, mon bras — est desséché comme un rameau flétri! — C'est la femme d'Édouard, cette monstrueuse sorcière, — et sa complice, cette garce, cette catin de Shore, — qui m'ont ainsi marqué de leurs sortiléges!

HASTINGS.

— Si elles ont commis cette action, mon noble lord...

RICHARD.

— Si! C'est toi, protecteur de cette damnée catin, — qui oses me parler de *si*? Tu es un traître! — A bas sa tête!... Ah! je jure par saint Paul — que je ne dînerai pas que je ne l'aie vue à bas! — Lovel et Ratcliff, veillez à ce que ce soit fait. — Quant aux autres, que ceux qui m'aiment se lèvent et me suivent!

Richard et Buckingham sortent, suivis des conseillers. Lovel et Ratcliff restent seuls avec Hastings.

HASTINGS.

— Pitié, pitié pour l'Angleterre! mais non pas pour moi! — Niais que je suis, j'aurais pu prévenir ceci. — Stanley avait rêvé que le sanglier lui arrachait son casque, — et j'en ai ri, et j'ai dédaigné de fuir. — Trois fois aujourd'hui mon cheval a bronché sous son caparaçon, — et s'est cabré en voyant la Tour, — comme s'il répugnait à me porter à la boucherie. — Oh! c'est maintenant que j'ai besoin du prêtre qui me parlait tantôt! — Que je me repens maintenant d'avoir dit à ce poursuivant d'armes, — d'un ton si triomphant, que mes ennemis — étaient égorgés aujourd'hui à Pomfret, — et que j'étais plus que jamais sûr d'être en grâce et en faveur! — O Marguerite! Marguerite! voici ton écrasante malédiction — qui tombe sur la tête misérable du pauvre Hastings!...

RATCLIFF.

— Allons! allons! dépêchez! Le duc voudrait dîner. — Faites une courte confession. Il lui tarde de voir votre tête.

HASTINGS.

— O grâce éphémère des hommes mortels! — toi que nous poursuivons bien plus ardemment que la grâce de

Dieu! — celui qui bâtit son espérance dans l'air de tes doux yeux — vit comme un matelot ivre au haut d'un mât, — toujours près d'être précipité par chaque secousse — dans les entrailles fatales de l'abîme.

LOVEL.

— Allons! allons! dépêchez. Cela ne sert à rien de s'exclamer.

HASTINGS.

— O sanguinaire Richard! Misérable Angleterre! — Je te prédis les temps les plus terribles — que le siècle le plus malheureux ait jamais vus! — Allons, menez-moi au billot et portez-lui ma tête. — J'en vois sourire à ma chute qui bientôt seront morts.

Ils sortent.

SCÈNE XIII

[Londres. Les remparts de la Tour.]

Entrent RICHARD *et* BUCKINGHAM, *couverts d'armures toutes rouillées, et dans un étonnant désordre.*

RICHARD.

— Allons! cousin, peux-tu ainsi trembler et changer de couleur, — étouffer ta respiration au milieu d'un mot, — recommencer ensuite, puis t'arrêter encore, — comme si tu étais égaré, et fou de terreur?

BUCKINGHAM.

— Peuh! je sais contrefaire le plus profond tragédien, — parler, regarder en arrière, épier de tous côtés, — frissonner et tressaillir au mouvement d'un fétu — en affectant une inquiétude profonde : les airs de spectre — sont à mon service, comme les sourires forcés : — ils sont également prêts à faire leur office, — à toute heure, pour parer mes stratagèmes. — Mais Catesby est-il parti?

RICHARD.

— Oui. Tiens, le voici qui ramène le maire.

Entrent le lord Maire et Catesby.

BUCKINGHAM.

— Laissez-moi seul l'entretenir... Lord maire...

RICHARD.

— Veillez au pont-levis, là-bas.

BUCKINGHAM.

Écoutez! écoutez! le tambour!

RICHARD.

— Catesby, inspectez les remparts.

BUCKINGHAM.

—Lord maire, la raison pour laquelle nous vous avons envoyé...

RICHARD.

— Tourne-toi, défends-toi, voici les ennemis.

BUCKINGHAM.

— Dieu et notre innocence nous protégent et nous gardent!

Entrent Lovel et Ratcliff, portant la tête de Hastings.

RICHARD.

— Laissez passer. Ce sont des amis : Ratcliff et Lovel!

LOVEL.

— Voici la tête de cet ignoble traître, — ce dangereux et trop peu suspect Hastings!

RICHARD.

— J'ai aimé cet homme si tendrement, que je ne puis m'empêcher de pleurer. — Je l'avais toujours pris pour la plus candide créature, — pour le chrétien le plus inoffensif qui eût jamais respiré sur la terre; — j'en avais fait le livre où mon âme enregistrait — l'histoire de ses plus secrètes pensées : — il coloriait ses vices d'une telle apparence de vertu — que, sauf une faute visible et patente, — je veux dire son commerce avec la femme de Shore, — il vivait sans être entaché de soupçon.

BUCKINGHAM.

— Allons! allons! c'était bien le traître le plus caché, le plus abrité — qui vécut jamais.

Au lord Maire.

Auriez-vous pu imaginer ou même croire, — si, grâce à la protection divine, — nous n'étions encore vivants pour vous le dire, que ce traître subtil — avait comploté de nous assassiner aujourd'hui, — dans la salle du conseil, moi et mon bon lord Glocester? —

LE MAIRE.

Quoi! Vraiment?

RICHARD.

— Çà! nous prenez-vous pour des Turcs et pour des infidèles? — Pensez-vous que nous aurions, contrairement aux formes de la loi, — procédé aussi brusquement à la mort du misérable, — si l'extrême péril de la circonstance, — la paix de l'Angleterre et le salut de nos personnes, — ne nous avaient forcés à cette exécution?

LE MAIRE.

— Alors bien vous advienne! Il avait mérité sa mort. — Et vos grâces ont bien fait — de donner cette leçon aux traîtres qui machineraient de pareils attentats. — Je n'ai jamais attendu de lui rien de meilleur, — depuis qu'il s'était ainsi lié avec mistress Shore.

RICHARD.

— Pourtant, notre volonté n'était pas qu'il mourût — avant que votre seigneurie fût là pour assister à sa fin : — mais l'empressement affectueux de nos amis — a prévenu votre arrivée, un peu contre nos intentions. — Nous aurions voulu, milord, que vous eussiez entendu — le traître parler et confesser sous la terreur — les moyens et le plan de ses trahisons, — pour que vous pussiez les faire connaître — aux citoyens qui pourraient — mal interpréter nos actes et déplorer sa mort.

LE MAIRE.

— Mais, mon bon lord, la parole de votre grâce suffit : — c'est comme si je l'avais vu et entendu parler. — Et je ne doute pas, très-nobles princes, — de faire comprendre à nos fidèles citoyens — la justice de vos procédés dans cette affaire.

RICHARD.

— C'est dans ce but que nous désirions la présence de votre seigneurie, — afin d'éviter la censure d'un monde détracteur.

BUCKINGHAM.

— Mais, puisque vous êtes venu trop tard au gré de nos intentions, — vous pourrez du moins attester, d'après notre dire, ce qu'elles étaient. — Sur ce, mon bon lord maire, nous vous disons adieu.

Sort le lord Maire.

RICHARD.

— Allez après lui ! après lui, cousin Buckingham. — C'est à Guildhall que le maire court en toute hâte. — Là, quand vous trouverez le moment favorable, — insinuez la bâtardise des enfants d'Édouard. — Dites à tous comment Édouard mit à mort un citoyen, — seulement pour avoir dit qu'il ferait de son fils — l'héritier de la couronne, ne voulant réellement parler que de sa maison — qui avait ce mot pour enseigne. — En outre, faites valoir son odieuse luxure, — son appétit bestial, qui, dans ses fantaisies de débauche, — s'étendait jusqu'à leurs servantes, jusqu'à leurs filles, jusqu'à leurs femmes, — partout où son œil en délire et son cœur effréné — désignaient une proie à sa toute-puissance. — Puis, au besoin, ramenez leurs pensées vers ma personne. — Dites-leur que, quand ma mère devint grosse — de cet insatiable Édouard, le noble York, — mon auguste père, faisait alors la guerre en France, — et qu'il reconnut, par une juste computation du temps, — que cette progéniture n'était pas de son fait : — la chose apparut vite dans les traits de l'enfant — qui ne ressemblait nullement au noble duc, mon père. — Pourtant touchez cela légèrement, comme une chose en l'air; — car, vous le savez, milord, ma mère vit encore.

BUCKINGHAM.

— Soyez tranquille, milord; je jouerai l'orateur — comme si les honoraires d'or, pour lesquels je plaide, — m'étaient destinés à moi-même ! Et sur ce, milord, adieu.

RICHARD.

— Si vous réussissez, amenez-les au château de Baynard; — vous m'y trouverez bien entouré — de révérends pères et de savants évêques.

BUCKINGHAM.

— Je pars. Vers trois ou quatre heures, — comptez sur les nouvelles qui doivent venir de Guildhall.

Buckingham sort.

RICHARD.

— Lovel, va en toute hâte chez le docteur Shaw.

A Catesby.

— Toi, va chez frère Penker. Dites-leur à tous deux — de venir me retrouver, avant une heure d'ici, au château de Baynard.

Lovel et Catesby sortent.

— Maintenant, rentrons pour donner l'ordre secret — de mettre les marmots de Clarence à l'abri des regards, —

et recommander que personne au monde n'ait — accès près des princes, à quelque heure que ce soit.

Il sort.

Entre un GREFFIER.

LE GREFFIER.

— Voici l'acte d'accusation de ce bon lord Hastings, — écrit en grosse de ma plus belle main, — afin que lecture en soit faite aujourd'hui à Saint-Paul. — Remarquez l'enchaînement des choses. — J'ai mis onze heures à copier cet acte, — car c'est hier soir qu'il m'a été envoyé par Catesby. — On avait bien mis autant de temps à rédiger l'original, — et pourtant il n'y a pas cinq heures que lord Hastings vivait, — n'étant encore ni accusé ni interrogé, libre, au grand air! — Le beau monde que voilà, en attendant! Qui donc serait assez grossier — pour ne pas voir cette supercherie palpable? — Mais qui donc aussi serait assez hardi pour ne pas dire qu'il ne la voit pas? — Le monde est méchant; et tout doit aller bien mal, — quand d'aussi vilaines actions ne doivent être vues que par la pensée.

Il sort.

SCÈNE XIV

[Londres. La cour du château de Baynard.]

Entrent RICHARD et BUCKINGHAM. Ils se rencontrent.

RICHARD.

— Eh bien! eh bien! que disent les citoyens?

BUCKINGHAM.

— Eh bien, par la sainte mère de notre Seigneur, — les citoyens restent cois; ils ne disent pas un mot.

RICHARD.

— Avez-vous touché la bâtardise des enfants d'Édouard?

BUCKINGHAM.

— Oui. J'ai parlé de son engagement avec lady Lucy, — et de son autre engagement en France par procuration; — de l'insatiable voracité de ses désirs, — de ses violences sur les femmes de la cité; — de sa tyrannie pour des riens; et de sa propre bâtardise, — par ce fait qu'il a été conçu quand votre père était en France — et qu'il n'avait aucune ressemblance avec le duc. — En même temps j'ai rappelé vos traits, — à vous, véritable image de votre père, — tant par votre forme que par votre noblesse d'âme. — J'ai exposé toutes vos victoires en Écosse, — votre discipline dans la guerre, votre sagesse dans la paix, — votre générosité, votre vertu, votre belle humilité!.... — Enfin, rien de ce qui pouvait servir à vos projets — n'a été omis ni traité négligemment dans mon discours. — Et, quand ma harangue a tiré à sa fin, — j'ai sommé ceux qui aimaient le bien de leur pays, — de crier : *Dieu sauve Richard, roi d'Angleterre!*

RICHARD.

— Et l'ont-ils fait?

BUCKINGHAM.

— Non, que Dieu m'assiste! Ils n'ont pas dit un mot; — mais, ainsi que de muettes statues, ou des pierres animées, — ils se sont regardés tous fixement, pâles comme la mort. — Quand j'ai vu ça, je les ai réprimandés, — et j'ai demandé au maire ce que signifiait ce silence obstiné. — Il m'a donné pour réponse que le peuple n'était pas habitué — à être harangué par d'autres que par le recorder. — Alors celui-ci a été chargé de répéter mon discours : — *Voici ce que dit le duc, voici ce que conclut le duc,* a-t-il crié, — mais sans ajouter de lui-même un mot d'approbation ; — quand il a eu fini, des gens de ma suite, — au fond de la salle, ont jeté leurs bonnets en l'air, — et une dizaine de voix ont crié : *Dieu sauve le roi Richard!* — Aussitôt, j'ai pris avantage de ces quelques cris : — « *Merci, chers citoyens et amis,* » ai-je dit, — *ces applaudissements, ces cris de joie una-* » *nimes,* — *prouvent votre sagesse et votre amour pour* » *Richard.* » — Puis j'ai rompu là, et je m'en suis allé.

RICHARD.

— Quelles bûches que ces muets! Ils n'ont pas voulu parler? — Est-ce que le maire et ses confrères ne viendront pas?

BUCKINGHAM.

— Le maire est ici à deux pas. Affectez quelque crainte. — Ne vous laissez haranguer qu'après de vives instances. — Alors, ayez soin d'avoir à la main un livre de prières — et de paraître entre deux hommes d'église; — car je ferai à ce sujet une pieuse homélie. — Et ne vous laissez pas aisément gagner à notre requête. — Jouez la vierge : répondez toujours non, et prenez.

RICHARD.

— Je rentre. Si vous savez plaider aussi bien pour leur compte — que je saurai dire non pour le mien, — nul doute que nous n'amenions la chose à une heureuse issue.

BUCKINGHAM.

— Allez! allez! sur la terrasse. Voici le lord maire qui frappe.

Sort Richard.

Entrent le lord MAIRE, les ALDERMEN et les CITOYENS.

BUCKINGHAM.

— Soyez le bienvenu, milord. Je fais antichambre ici. — Je crois que le duc ne veut pas qu'on lui parle.

Entre CATESBY.

BUCKINGHAM.

— Eh bien ! Catesby, que dit votre maître à ma requête ?

CATESBY.

— Il prie votre grâce, mon noble lord, — de venir le voir demain ou après. — Il est enfermé avec deux révérends pères, — absorbé dans une divine méditation, — et désire qu'aucune requête mondaine — ne le dérange de ces pieux exercices.

BUCKINGHAM.

— Retournez, mon bon Catesby, vers le gracieux duc ; — dites-lui que moi-même, le maire et les aldermen, — nous sommes venus conférer avec sa grâce — sur de graves sujets, sur des matières de haute importance — qui n'intéressent rien moins que notre bien à tous.

CATESBY.

— Je vais l'en informer sur-le-champ.

Il sort.

BUCKINGHAM.

— Ah ! ah ! milord, ce prince-là n'est pas un Édouard ; — il n'est pas à se bercer sur un voluptueux lit de repos; — il est à genoux, en méditation ; — non à s'ébattre dans l'étreinte des courtisanes, — mais à méditer avec deux théologiens profonds ; — non à dormir pour engraisser son corps paresseux, — mais à prier pour enrichir son âme vigilante. — Heureuse l'Angleterre, si ce prince vertueux — en assumait la souveraineté ! — Mais, vrai, je le crains, nous n'obtiendrons jamais cela de lui.

LE MAIRE.

— Morbleu ! à Dieu ne plaise que sa grâce nous dise non !

SCÈNE XIV.

BUCKINGHAM.

— Je le crains. Voici Catesby qui revient.

Catesby rentre.

— Eh bien ! Catesby, que dit sa grâce ?

CATESBY.

— Le duc se demande avec étonnement dans quel but vous avez assemblé — ces troupes de citoyens pour venir le trouver. — Sa grâce, n'ayant pas été prévenue, — craint, milord, que vous ne lui veuillez rien de bon.

BUCKINGHAM.

— Je suis fâché que mon noble cousin — me suspecte de ne lui vouloir rien de bon. — Par le ciel, nous venons à lui pleins d'amour. — Retournez encore une fois près de sa grâce et dites-le-lui. — Quand des hommes religieux et dévots — sont à leur chapelet, il est dur de les en arracher, — tant leur fervente contemplation a de douceur.

Catesby sort.

Richard paraît sur une galerie supérieure, entre deux évêques.
Catesby revient.

LE MAIRE.

— Voyez donc ! voilà sa grâce debout entre deux ecclésiastiques !

BUCKINGHAM.

— Deux soutiens de vertu pour un prince chrétien, — et qui le préservent des chutes de la vanité ! — Et voyez donc ! un livre de prières dans sa main : — véritable ornement à reconnaître un saint homme ! — Fameux Plantagenet, très-gracieux prince, — prête une oreille favorable à notre requête ; — et pardonne-nous cette interruption — de tes dévotions et de tes très-chrétiennes ferveurs.

RICHARD.

— Il n'est nul besoin, milord, d'une telle apologie. — C'est moi bien plutôt qui vous supplie de me pardonner, — si, dans mon zèle pour le service de mon Dieu, — j'ai négligé la visite de mes amis. — Mais laissons cela. Quel est le bon plaisir de votre grâce?

BUCKINGHAM.

— C'en est un, je l'espère, qui plaira à Dieu, là-haut, — et à tous les hommes de bien de cette île sans chef.

RICHARD.

— Je soupçonne que j'aurai commis quelque offense — qui aura déplu à la cité, — et que vous venez pour me reprocher mon erreur.

BUCKINGHAM.

— Vous l'avez dit, milord. Dieu veuille que votre grâce — daigne réparer sa faute, sur nos instances!

RICHARD.

— A quoi bon, sans cela, respirer sur une terre chrétienne?

BUCKINGHAM.

— Sachez donc que votre faute est d'abdiquer — le siége suprême, le trône majestueux, — l'office couronné de vos ancêtres, — la situation due à votre fortune et à votre naissance, — la gloire héréditaire de votre royale maison, — au profit du vil rejeton d'une tige flétrie. — Oui, pendant le doux sommeil de vos pensées — que nous réveillons ici pour le bien de notre patrie, — cette noble île déplore ses membres mutilés, — sa face défigurée par les cicatrices de l'infamie, — sa royale tige greffée d'ignobles plantes, — et presque tout entière plongée dans le gouffre béant — de la noire indifférence et de l'oubli profond. — Pour la sauver, nous vous sollicitons cordialement, — gracieux prince, de prendre en personne — le gouvernement de cette monarchie. Il est à vous. — Prenez-le, non comme protecteur, intendant, substitut, — administrateur subalterne pour le compte d'un autre, — mais comme un légitime héritage transmis — de génération en génération, comme votre empire, votre bien ! — C'est dans ce but que, de concert avec ces citoyens, — vos très-respectueux et dévoués amis, — et à leur ardente instigation, — je viens pour une cause si juste émouvoir votre grâce.

RICHARD.

— Je ne sais ce qui convient le mieux à mon rang ou à votre situation, — que je me retire en silence — ou que je vous réponde par des reproches amers. — Si je ne réplique pas, vous pourrez peut-être croire — que mon ambition, en liant ma langue, consent facilement — à porter le joug doré de la souveraineté — que vous voudriez follement m'imposer ici. — Si, d'un autre côté, je vous reproche cette demande — à laquelle se mêle une si sincère affection pour moi, — je rebuterai mes amis. — Donc, pour parler et éviter le premier danger, — et aussi pour ne pas encourir le second en parlant, — voici définitivement ma réponse (59). — Votre amour mérite mes remercîments, mais mon mérite — sans valeur n'est pas à la hauteur de votre requête. — D'abord, quand tous les obstacles seraient tranchés, — quand j'aurais devant moi un sentier tout tracé vers la couronne — pour recueillir les droits mûrs de ma naissance, — pourtant telle est ma pauvreté d'esprit, — si forts, si nombreux sont mes défauts, — que j'aimerais mieux me dérober à ma grandeur, — frêle barque impuissante à tenir la mer, — que de m'exposer à sombrer dans ma grandeur même, — abîmé dans les vapeurs de ma gloire. — Mais, Dieu merci, je ne suis pas nécessaire : — car, si je l'étais pour vous aider, — bien des choses me seraient nécessaires. — L'arbre royal nous a laissé un royal fruit — qui, mûri par le cours furtif des heures, — sera digne du siége de majesté, — et nous rendra tous sans doute heureux par son règne. — C'est à lui que je défère ce que vous voudriez me déférer, — le legs fortuné de son heureuse étoile! — Dieu me préservé de le lui extorquer!

BUCKINGHAM.

— Milord, voici qui révèle la conscience de votre grâce : — mais, toutes les circonstances bien considérées, — ces scrupules sont subtils et frivoles. — Vous dites que cet enfant est le fils de votre frère Édouard : — oui, mais pas par sa femme légitime. — Car Édouard s'était engagé déjà avec lady Lucy : — votre mère vit encore pour attester sa promesse; — plus tard il fut fiancé par procuration — à Bonne, sœur du roi de France. — Ces deux femmes mises à l'écart, est venue une pauvre solliciteuse, — une mère accablée d'enfants, — beauté sur le retour, veuve éplorée, — qui, dans le plein après-midi de ses charmes, — a conquis et fixé les regards libertins d'Édouard, — et qui l'a entraîné, du sommet élevé de toutes ses idées, — sur la pente vile de l'immonde bigamie. — C'est d'elle, dans ce lit illégitime, qu'il a eu — cet Édouard que par courtoisie nous appelons le prince. — Je pourrais discuter la chose plus amèrement, — si, par égard pour certaine vivante, — je ne retenais ma langue dans de discrètes limites. — Ainsi, mon bon lord, prenez pour votre royale personne — la dignité qui vous est offerte, — sinon pour nous rendre heureux, et avec nous le pays, — du moins pour ramener votre noble lignée, — de la corruption causée par les abus, — à la succession légitime et vraie.

LE MAIRE.

— Acceptez, mon bon lord : vos bourgeois vous en conjurent.

BUCKINGHAM.

— Ne refusez pas, puissant lord, l'offre de notre amour.

CATESBY.

— Oh! rendez-les joyeux, accédez à leur légitime requête.

RICHARD.

— Hélas! pourquoi voulez-vous amonceler tant de soucis sur moi? — Je ne suis pas fait pour l'empire et pour la majesté. — Je vous en supplie, ne le prenez pas mal : — je ne puis pas, je ne veux pas vous céder.

BUCKINGHAM.

— Puisque vous refusez toujours, puisque, dans le zèle de votre amour, — vous répugnez à déposer un enfant, le fils de votre frère, — par un effet de la tendresse de cœur que nous vous connaissons, — de cette sensibilité si douce, si affectueuse, si efféminée — que nous avons remarquée en vous dans vos rapports avec votre famille — et, à vrai dire aussi, avec tout le monde, — eh bien, sachez-le! que vous acceptiez ou non, — le fils de votre frère ne sera jamais notre roi. — Nous installerons quelque autre sur votre trône, — au mépris et pour la ruine de votre maison; — et c'est dans cette résolution que nous vous quittons ici. — Venez, citoyens. Sangdieu! je ne veux plus le supplier.

RICHARD.

— Oh! ne jurez pas, milord de Buckingham (60).

Buckingham sort suivi des citoyens.

CATESBY.

— Rappelez-les, cher prince : acceptez leur demande; — si vous refusez, tout le pays en pâtira.

RICHARD.

— Vous voulez donc m'entraîner dans un monde de soucis? — Allons! rappelez-les. Je ne suis pas de pierre.

— Je me laisse pénétrer par vos tendres supplications, — en dépit de ma conscience et de mon cœur.

Catesby sort et ramène Buckingham et les autres.

— Cousin Buckingham, et vous, sages, graves hommes, — puisque vous voulez me boucler la fortune sur le dos — pour m'en faire porter le poids, bon gré, mal gré, — il faut bien que j'aie la patience d'endurer le fardeau. — Mais si la noire calomnie, si le blâme à la face hideuse — viennent à la suite de ce que vous m'imposez, — la violence qui m'est faite me lavera — de leurs éclaboussures et de leurs taches. — Dieu sait, et vous pouvez le voir en partie vous-mêmes, — combien je suis loin de désirer cela.

LE MAIRE.

— Dieu bénisse votre grâce! nous le voyons et nous le dirons.

RICHARD.

— En le disant, vous ne direz que la vérité.

BUCKINGHAM.

— Je vous salue donc de cette royale acclamation : — Longue vie au roi Richard, le digne roi d'Angleterre!

TOUS.

— Amen!

BUCKINGHAM,

— Vous plairait-il d'être couronné demain?

RICHARD.

— Quand il vous plaîra, puisque vous le voulez.

BUCKINGHAM.

— Demain donc, nous ferons cortége à votre grâce ; — et sûr, pleins de joie, nous prenons congé de vous.

RICHARD, aux évêques.

— Allons! revenons à nos œuvres pies.

A Buckingham.

— Adieu, mon bon cousin! Adieu, chers amis!

Tous sortent.

SCÈNE XV

[Devant la Tour.]

Entrent, d'un coté, la reine ÉLISABETH, la duchesse D'YORK et le marquis de DORSET; de l'autre, ANNE, devenue duchesse de GLOCESTER, conduisant la jeune lady MARGUERITE DE PLANTAGENET, fille du duc de Clarence.

LA DUCHESSE.

— Qui vient à nous?..... ma nièce Plantagenet — que mène par la main sa bonne tante de Glocester? — Sur ma vie, elle cherche l'entrée de la Tour — pour aller féliciter le jeune prince, dans la pure effusion de son cœur.

A lady Anne.

— Bonne rencontre, ma fille.

ANNE.

Que Dieu accorde à vos grâces — des jours de bonheur et de joie !

ÉLISABETH.

— Et à vous autant, bonne sœur! Où allez-vous?

ANNE.

— Pas plus loin que la Tour : et, à ce que je devine, — avec la même intention que vous-mêmes, — pour y complimenter nos gentils princes.

ÉLISABETH.

— Chère sœur, merci : nous entrerons toutes ensemble.

Entre BRAKENBURY.

— Et fort à propos voici le lieutenant qui arrive. —

Maître lieutenant, dites-moi, de grâce, — comment vont le prince et mon jeune fils d'York?

BRAKENBURY.

— Très-bien, chère madame. Vous me pardonnerez, — si je ne puis vous permettre de les visiter : — le roi l'a expressément défendu.

ÉLISABETH.

— Le roi! qui cela?

BRAKENBURY.

Je veux dire, le lord protecteur.

ÉLISABETH.

— Que le Seigneur le protége contre ce titre de roi! — A-t-il donc mis une barrière entre l'amour de mes enfants et moi? — Je suis leur mère, qui oserait me séparer d'eux?

LA DUCHESSE.

— Je suis la mère de leur père, je veux les voir.

ANNE.

— Je suis leur tante par alliance, leur mère par amour. — Mène-moi donc à eux. C'est moi qui en porterai la faute ; — je te relève de ta consigne, à mes périls.

BRAKENBURY.

— Non, madame, je ne puis m'en départir ainsi : — je suis lié par serment, pardonnez-moi donc.

Il sort.

Entre STANLEY.

STANLEY.

— Mesdames, que je vous rencontre dans une heure d'ici seulement, — et, témoin respectueux, j'aurai à saluer sa grâce la duchesse d'York — comme la mère de deux belles reines.

A la duchesse de Glocester.

— Allons, madame, il faut vous rendre droit à West=

minster, — pour y être couronnée reine comme femme de Richard.

ÉLISABETH.

— Ah! coupez mon lacet, — que mon cœur comprimé ait la place de battre; — sinon, je vais défaillir sous cette foudroyante nouvelle!

ANNE.

— Déplorable aventure! Oh! nouvelle douloureuse!

DORSET, à Élisabeth.

— Du courage, ma mère! comment se trouve votre grâce?

ÉLISABETH.

— O Dorset, ne me parle pas; va-t'en. — La mort et la destruction aboient sur tes talons. — Le nom de ta mère est fatal à ses enfants! — Si tu veux dépister la mort, traverse les mers — et va vivre avec Richmond hors des atteintes de l'enfer. — Va, sauve-toi, sauve-toi de ce charnier, — de peur d'augmenter le nombre des morts, — et de me faire mourir esclave de la malédiction de Marguerite, — n'étant plus ni mère, ni épouse, ni reine reconnue d'Angleterre.

STANLEY.

— Ce conseil, madame, est inspiré par une sage inquiétude.

A Dorset.

— Saisissez au plus vite l'avantage des heures. — Je vous donnerai des lettres de recommandation pour mon fils — qui ira à votre rencontre. — Ne vous laissez pas retarder par un imprudent délai.

LA DUCHESSE D'YORK.

— O cruelle dispersion causée par le vent du malheur! — Sois maudite, ô ma matrice, nid de mort — qui as couvé pour le monde ce basilic — dont le regard inévitable est meurtrier!

STANLEY, à lady Anne.

— Allons, madame, allons! j'ai été envoyé en toute hâte.

ANNE.

— Et je vous suis bien malgré moi. — Oh! plût à Dieu que le cercle — d'or qui doit entourer mon front, — fût un fer rouge, qui me brûlât jusqu'à la cervelle! — Puissé-je être ointe d'un poison mortel — et mourir, avant que les hommes puissent dire : Vive la reine!

ÉLISABETH.

— Va, va, pauvre âme, je n'envie pas ta gloire. — Pour nourrir ma rancune, inutile de te souhaiter du mal.

ANNE.

— Non? pourquoi? Quand celui qui est aujourd'hui mon mari — vint à moi qui suivais le cercueil de Henry, — les mains à peine lavées du sang — de cet ange qui fut mon premier mari — et de ce saint mort que je suivais éplorée, — oh! alors, quand je fus face à face avec Richard, — voici quel souhait je fis : « Sois maudit, m'écriai-je, — pour m'avoir fait, à moi si jeune, cette vieillesse de veuve! — quand tu te marieras, que le chagrin hante ton lit, — et que ta femme, s'il en est une assez folle pour le devenir, — ait plus de misères par ta vie — que tu ne m'en as causé par la mort de mon cher seigneur!. » — Hélas! avant que j'eusse pu répéter cette imprécation, — oui, en un temps si court, mon cœur de femme — s'était laissé grossièrement captiver par des paroles emmiellées, — et m'avait mise sous le coup de ma propre malédiction. — Depuis lors, le sommeil a été refusé à mes yeux : — jamais, dans le lit de Richard, je n'ai goûté une heure — la rosée d'or du sommeil, — sans être incessamment réveillée par des rêves effrayants. — En outre, il me hait à cause de mon père Warwick : — et, je n'en doute pas, il se débarrassera bientôt de moi.

SCÈNE XV.

ÉLISABETH.

— Pauvre cœur, adieu! je plains tes douleurs.

ANNE.

— Pas plus que dans mon âme je ne déplore les vôtres.

DORSET, à lady Anne.

— Salut, malheureuse qui vas au devant des grandeurs!

LADY ANNE, à Dorset.

— Adieu, pauvre âme qui les quittes!

LA DUCHESSE, à Dorset.

— Va, toi, vers Richmond, et que la bonne fortune te guide!

A Anne.

— Va, toi, vers Richard, et qu'un bon ange t'accompagne!

A Élisabeth.

— Va, toi, vers le sanctuaire, et que de bonnes pensées t'occupent! — Moi, je vais vers la tombe où la paix et le repos coucheront avec moi. — J'ai vu plus de quatre-vingts ans de douleurs, — et chaque heure de joie s'est toujours brisée sur une semaine d'angoisses!

ÉLISABETH.

— Arrêtez : tournons encore nos regards vers la Tour. — Pitié, antiques pierres, pour ces tendres enfants — que l'envie a murés dans votre enceinte! — dur berceau pour ces jolis petits! — rudes et âpres nourrices! sombres compagnes de jeu, si vieilles — pour de jeunes princes, traitez bien mes enfants! — O pierres, c'est ainsi qu'une folle douleur vous dit adieu (61)!

Tous sortent

SCÈNE XVI

[La salle du trône dans le Palais.]

Fanfares. RICHARD, en habits royaux, sur son trône; BUCKINGHAM, CATESBY, un page, et d'autres personnages.

RICHARD.

— Rangez-vous tous... Cousin de Buckingham !

BUCKINGHAM.

— Mon gracieux souverain ?

RICHARD.

— Donne-moi ta main. C'est par ton avis et par ton assistance — que le roi Richard est assis à cette hauteur. — Mais ces splendeurs, ne devons-nous les porter qu'un jour, — ou doivent-elles être pour nous de durables jouissances ?

BUCKINGHAM.

— Puissent-elles exister à jamais et durer toujours !

RICHARD.

— Ah ! Buckingham, c'est maintenant que je vais faire jouer la pierre de touche — pour voir si tu es de bon or, vraiment. — Le jeune Édouard vit... Songe à ce que je veux dire.

BUCKINGHAM.

— Parlez, mon bien-aimé seigneur.

RICHARD.

— Eh bien, Buckingham, je le répète, je voudrais être roi.

BUCKINGHAM.

— Eh bien, vous l'êtes, mon trois fois illustre seigneur.

SCÈNE XVI.

RICHARD.

— Ah! suis-je roi? c'est juste. Mais Édouard vit.

BUCKINGHAM.

— C'est vrai, noble prince.

RICHARD.

O amère conclusion, — que Richard vive encore!... C'est vrai, noble prince!... — Cousin, tu n'avais pas coutume d'avoir la tête si dure. — Faut-il que je m'explique? Je voudrais les bâtards morts. — Je voudrais que cela fût fait sur-le-champ. — Que dis-tu à présent? Parle vite, sois bref.

BUCKINGHAM.

— Votre grâce peut faire ce qui lui plaît.

RICHARD.

— Bah! bah! tu es tout de glace, ton dévouement gèle. — Dis, ai-je ton consentement à ce qu'ils meurent?

BUCKINGHAM.

— Donnez-moi le temps de respirer, cher lord, — avant que je me prononce positivement. — Je répondrai à votre grâce tout à l'heure.

Il sort.

CATESBY, à part.

— Le roi est en colère : voyez, il se mord les lèvres.

RICHARD, descendant de son trône.

— Je m'adresserai à des fous à tête de fer, — à des garçons sans scrupule : il n'est pas mon homme — celui qui regarde en moi d'un œil inquisiteur. — Buckingham parvenu devient circonspect. — Page!

LE PAGE.

Milord?

RICHARD.

— Connais-tu quelqu'un que l'or corrupteur — tenterait à faire une œuvre secrète de mort?

LE PAGE.

— Je connais un gentilhomme mécontent, — dont les humbles ressources ne sont pas en rapport avec son âme hautaine. — L'or vaudra pour lui vingt orateurs, — et, sans nul doute, le tentera à tout faire.

RICHARD.

— Quel est son nom ?

LE PAGE.

Son nom, milord, est Tyrrel.

RICHARD.

— Je connais un peu cet homme. Va, page, fais-le venir ici.

Le page sort.

— Le sage Buckingham, le profond penseur, — ne sera plus admis dans mes conseils. — Quoi ! il a si longtemps marché avec moi sans se fatiguer, — et maintenant il s'arrête pour respirer ! Soit.

Entre STANLEY.

— Eh bien ! lord Stanley, quelle nouvelle ?

STANLEY.

Sachez, mon bien-aimé seigneur, — que le marquis de Dorset a fui, m'a-t-on dit, — pour rejoindre Richmond dans sa retraite.

RICHARD.

— Viens ici, Catesby : répands la rumeur — qu'Anne, ma femme, est très-gravement malade. — Je mettrai ordre à ce qu'elle soit enfermée. — Trouve-moi quelque petit gentilhomme, — que je marierai tout de suite à la fille de Clarence. — Quant au fils, il est idiot, et je ne le crains pas. — Voyons, est-ce que tu rêves ?... Je te le répète, répands le bruit — qu'Anne, ma reine, est malade et en danger de mort. — En campagne ! Il m'importe beau-

SCÈNE XVI.

coup — d'arrêter toutes les espérances dont l'accroissement peut me nuire.

Catesby sort.

— Il faut que je me marie à la fille de mon frère, — ou mon trône ne pose que sur un verre fragile. — Assassiner ses frères, et puis l'épouser! — moyen de triomphe incertain! Mais je suis — si loin dans le sang que le crime entraîne le crime : — la pitié pleurnicheuse n'entre pas dans ces yeux. —

Le Page entre, suivi de Tyrrel.

Ton nom est Tyrrel?

TYRREL.

— James Tyrrel, votre très-obéissant sujet.

RICHARD.

— L'es-tu réellement?

TYRREL.

Éprouvez-moi, mon gracieux lord.

RICHARD.

— Oserais-tu te charger de tuer un ami à moi?

TYRREL.

— Si cela vous plaisait; mais j'aimerais mieux tuer deux de vos ennemis.

RICHARD.

— Eh bien, tu as la chose : deux profonds ennemis, — deux adversaires de mon repos, qui troublent mon doux sommeil; — c'est sur eux que je voudrais te voir opérer. — Tyrrel, je parle de ces bâtards de la Tour.

TYRREL.

— Donnez-moi les moyens d'arriver jusqu'à eux, — et je vous débarrasserai vite de la crainte qu'ils vous causent.

RICHARD.

— Tu chantes là une suave musique. Écoute ici, Tyrrel. — Va avec ce gage. Lève-toi, et approche l'oreille.

Il lui parle bas.

— Voilà tout. Dis-moi : C'est fait, — et je t'aimerai, et je ferai ta fortune.

TYRREL.

— Je vais en finir sur-le-champ.

Il sort.

Entre BUCKINGHAM.

BUCKINGHAM.

— Milord, j'ai considéré dans mon esprit — la proposition sur laquelle vous venez de me sonder.

RICHARD.

— Bien! laissons cela... Dorset a fui pour rejoindre Richmond.

BUCKINGHAM.

— Je viens d'apprendre la nouvelle, milord.

RICHARD.

— Stanley, il est le fils de votre femme. Eh bien! veillez-y!

BUCKINGHAM.

— Milord, je réclame la donation qui m'est due par promesse — et pour laquelle vous avez engagé votre honneur et votre foi : — vous savez, le comté d'Hereford et ses dépendances, — dont vous m'avez promis la possession.

RICHARD.

— Stanley, veillez à votre femme : si elle fait passer — des lettres à Richmond, vous m'en répondrez.

BUCKINGHAM.

— Que dit votre altesse à ma juste requête?

RICHARD.

— Je me souviens... Henry VI a prédit — que Richmond

SCÈNE XVI.

serait roi, — quand Richmond n'était qu'un maussade petit garçon... — Roi !... peut-être...

BUCKINGHAM.

Milord...

RICHARD.

— Comment se fait-il que le prophète n'ait pas pu me dire — en même temps, à moi qui étais là, que je le tuerais?

BUCKINGHAM.

— Milord, votre promesse du comté...

RICHARD.

— Richmond! La dernière fois que j'étais à Exeter, — le maire, par courtoisie, me montra le château — qu'il appela Rougemont. A ce nom, je tressaillis, — parce qu'un barde d'Irlande m'a dit un jour — que je ne vivrais pas longtemps après avoir vu Richmond.

BUCKINGHAM.

— Milord...

RICHARD.

Ah! quelle heure est-il?

BUCKINGHAM.

Je prends la liberté — de rappeler à votre grâce ce qu'elle m'a promis.

RICHARD.

— Mais quelle heure est-il donc?

BUCKINGHAM.

Le coup de dix va frapper.

RICHARD.

— Eh bien! laisse-le frapper.

BUCKINGHAM.

Comment! laisse-le frapper?

RICHARD.

— Certainement! Tu es là, comme un jaquemart d'horloge, à retenir le coup — entre ta demande et ma méditation. — Je ne suis pas dans ma veine donnante aujourd'hui.

BUCKINGHAM.

— Eh bien ! alors dites-moi décidément si vous voulez, oui ou non (62).

RICHARD.

— Tu me troubles. Je ne suis pas dans ma veine.

Richard sort avec sa suite.

BUCKINGHAM.

— C'est ainsi? Il paie mes immenses services — de pareils mépris? Est-ce que je l'ai fait roi pour cela? — Oh! souvenons-nous d'Hastings, et partons — pour Brecknock, tandis que ma tête menacée est encore sur mes épaules.

Il sort.

SCÈNE XVII

[Même lieu.]

Entre TYRREL.

TYRREL.

— L'acte tyrannique et sanglant est accompli. — Le forfait le plus grand, le plus lamentable massacre — dont cette terre ait été jamais coupable ! — Dighton et Forrest, que j'avais subornés — pour faire cette besogne d'impitoyable boucherie, — des scélérats incarnés, des chiens sanguinaires, — attendris par une douce compassion, — fondaient en larmes, comme deux enfants, au triste récit de leur mort : — « Oh! disait Dighton, ils
» étaient couchés ainsi, les charmants petits! — Ainsi,
» ainsi, disait Forrest, les innocents — s'enlaçaient l'un
» l'autre de leurs bras d'albâtre : — leurs lèvres étaient

» quatre roses rouges sur la même tige, — se baisant
» toutes, dans l'épanouissement de leur beauté. — Un livre
» de prières était posé sur leur oreiller : — à cette vue,
» dit Forrest, j'ai presque changé d'idée. — Oh! mais le
» démon... » Ici le scélérat s'arrêtait, — quand Dighton
a continué : « Nous avons étouffé — le chef-d'œuvre le
» plus charmant — que, depuis la création, ait jamais
» formé la nature. » — Puis tous deux sont partis, avec
une telle conscience et de tels remords — qu'ils ne pouvaient plus parler; et je les ai quittés — pour venir porter cette nouvelle au roi sanglant.

Entre RICHARD.

— Le voici qui vient. Salut, mon souverain seigneur !

RICHARD.

— Bon Tyrrel! suis-je heureux dans ta nouvelle ?

TYRREL.

— Si l'exécution de la chose dont vous m'avez chargé — doit produire votre bonheur, soyez heureux alors, — car c'est chose faite.

RICHARD.

Mais, les as-tu vus morts ?

TYRREL.

— Oui, milord.

RICHARD.

Et enterrés, gentil Tyrrel ?

TYRREL.

— Le chapelain de la Tour les a enterrés : — mais où ? à dire vrai, je ne sais pas.

RICHARD.

— Viens me trouver, Tyrrel, aussitôt après souper, — et tu me diras les détails de leur mort. — En attendant, cherche ce que je peux faire de bon pour toi, — et tu hériteras de ton désir. — Au revoir.

TYRREL.

Je prends humblement congé de vous.

Il sort.

RICHARD.

— J'ai enfermé étroitement le fils de Clarence. — Sa fille, je l'ai mariée en bas lieu. — Les fils d'Édouard dorment dans le sein d'Abraham, — et ma femme Anne a dit au monde bonsoir. — Maintenant, comme je sais que l'homme de Bretagne, Richmond, jette ses vues — sur la fille de mon frère, la jeune Élisabeth, — et, grâce à ce nœud, a l'arrogance de prétendre à la couronne, — je vais me présenter à elle, moi, en joyeux vert-galant. —

Entre CATESBY.

CATESBY.

Milord!

RICHARD.

— As-tu des nouvelles, bonnes ou mauvaises, pour venir si brusquement?

CATESBY.

— Mauvaises nouvelles, milord : Morton a passé à Richmond; — Buckingham, soutenu par les hardis Gallois, — est en campagne, et ses forces s'augmentent sans cesse.

RICHARD.

— Ély, joint à Richmond, m'inquiète bien plus — que Buckingham et ses levées hâtives. — Allons! j'ai appris que les commentaires de la crainte — sont les auxiliaires de plomb de l'inerte délai. — Le délai traîne avec lui l'impuissance et la limace misère. — Donc, que la fou-

droyante rapidité me prête son aile ! — Mercure de Jupiter, sois le héraut d'un roi ! — Allez ! rassemblez des hommes ! Mon conseil, c'est mon bouclier. — Il faut abréger, quand les traîtres affrontent la campagne.
Ils sortent.

SCÈNE XVIII

[Devant le palais.]

Entre la reine MARGUERITE.

MARGUÉRITE.

— Ainsi leur prospérité commence à mûrir, — et va tomber dans la bouche pourrie de la mort. — Je me suis mise aux aguets de ce côté — pour épier l'écroulement de mes ennemis. — J'en ai déjà vu les sinistres prémisses, — et je vais partir pour la France avec l'espoir que la conclusion — sera aussi amère, aussi sombre, aussi tragique. — Éloigne-toi, misérable Marguerite, quelqu'un vient...

Entrent la reine ÉLISABETH et la duchesse d'YORK. La reine MARGUERITE se retire à l'écart.

LA REINE ÉLISABETH.

— Ah ! mes pauvres princes ! Ah ! mes tendres babys ! — fleurs en bouton ! parfums naissants ! — Si vos douces âmes volent dans l'air, — et n'ont pas encore été fixées dans le jugement éternel, — planez autour de moi sur vos ailes aériennes — et écoutez les lamentations de votre mère !

LA REINE MARGUERITE, à part.

— Oui, planez autour d'elle. Dites-lui que c'est justice

pour justice — si votre enfantine aurore a été plongée dans la vieille nuit.

LA DUCHESSE D'YORK.

— Tant de misères ont éraillé ma voix — que ma langue épuisée de plaintes est immobile et muette. — Édouard Plantagenet, pourquoi es-tu mort?

LA REINE MARGUERITE, à part.

— Plantagenet acquitte Plantagenet! — Édouard, pour Édouard, paie la dette de mort!

LA REINE ÉLISABETH.

— As-tu pu, ô Dieu, te détourner de ces doux agneaux — et les jeter aux entrailles du loup? — Dormais-tu donc quand une telle action a été commise?

LA REINE MARGUERITE, à part.

— Et quand le saint Henry, quand mon fils bien-aimé moururent?

LA DUCHESSE D'YORK.

— Vie morte! vue aveugle! pauvre spectre d'une vivante! — douleur mise en spectacle! honte du monde! propriété du tombeau usurpée par la vie! — registre et abrégé des jours de malheur! — repose ton être sans repos sur la terre anglaise, terre des lois — devenue, contre toutes les lois, ivre de sang innocent!

Elle s'assied par terre.

LA REINE ÉLISABETH.

— Ah! que ne peux-tu m'offrir une tombe aussi vite — que tu m'accordes un triste siége! — J'enfouirais ici mes os, je ne les y reposerais pas! — Ah! qui donc, hormis nous, a sujet de pleurer?

Elle s'asseoit à côté de la duchesse.

LA REINE MARGUERITE, s'avançant.

— Si la plus vieille douleur est la plus vénérable, —

donnez donc à la mienne le bénéfice de l'âge, — et que mes chagrins se tordent à la place d'honneur !

Elle s'asseoit à côté d'elles.

— Si le désespoir peut admettre une société, — comptez vos douleurs en supputant les miennes. — J'avais un Édouard : un Richard l'a tué ! — J'avais un mari : un Richard l'a tué !

A la reine Élisabeth.

— Tu avais un Édouard : un Richard l'a tué. — Tu avais un Richard : un Richard l'a tué !

LA DUCHESSE D'YORK, à Marguerite.

— J'avais un Richard aussi, et c'est toi qui l'as tué ; — j'avais un Rutland aussi, et tu as aidé à le tuer !

LA REINE MARGUERITE, à la duchesse.

— Tu avais un Clarence aussi, et Richard l'a tué ! — Du chenil de ta matrice s'est évadé — le limier d'enfer qui nous chasse tous à mort, — le dogue qui avait ses dents avant ses yeux, — pour déchirer les agneaux et sucer leur sang pur. — Ce destructeur hideux de l'œuvre de Dieu, — qui règne sur les yeux rougis des créatures en larmes, — le grand tyran par excellence de la terre, — c'est ta matrice qui l'a lâché pour nous traquer jusqu'à nos tombes ! — O Dieu juste, équitable et vrai dispensateur, — combien je te remercie de ce que ce chien carnassier — dévore ce qui est sorti du corps de sa mère, — et la jette à côté des autres sur le banc de la douleur !

LA DUCHESSE D'YORK.

— O femme de Henry ! ne triomphe point de mes maux : — Dieu m'est témoin que j'ai pleuré sur les tiens !

LA REINE MARGUERITE.

— Laisse-moi dire. J'ai faim de la vengeance, — et je me rassasie de la contempler. — Ton Édouard est mort, celui qui avait tué mon Édouard ; — ton autre Édouard est mort aussi en paiement de mon Édouard. — Le jeune

York, lui, n'est que l'appoint, car les deux autres — n'équivalent pas à l'être parfait que j'ai perdu. — Ton Clarence est mort, lui qui avait poignardé mon Édouard ; — et, avec lui, les spectateurs de cette scène tragique, — l'adultère Hastings, Rivers, Vaughan, Grey, — tous étouffés avant le temps dans le tombeau sombre ! — Richard vit encore, lui, le noir courtier de l'enfer ; — il n'est resté que comme son agent, pour acheter des âmes — et les envoyer là-bas. Mais la voici, la voici — qui approche, sa fin déplorable et non déplorée ! — La terre s'entr'ouvre, l'enfer flamboie, les démons rugissent, les saints prient — pour qu'il soit vite emporté d'ici. — Arrache le fil de sa vie, je t'en conjure, Dieu bien-aimé, — que je puisse vivre encore pour dire : Le chien est mort !

LA REINE ÉLISABETH.

— Oh ! tu m'avais prédit qu'un temps viendrait — où je souhaiterais ton aide pour maudire — cette monstrueuse araignée, cet affreux crapaud bossu !

LA REINE MARGUERITE.

— Alors je t'appelais la vaine effigie de ma fortune. — Que te disais-je encore ? Pauvre ombre, reine en peinture, — tu es la représentation de ce que j'ai été, — l'affiche attrayante d'une horrible parade ; — parvenue destinée au précipice, — mère pour rire de deux beaux enfants, — rêve de ce que tu crois être, tu es la bannière trop voyante — qui sert de cible aux coups les plus dangereux ; — tu es une dignité d'enseigne, un souffle, une billevesée ; — tu es une reine de comédie, faite uniquement pour occuper la scène ! — Eh bien, où est ton mari à présent ? où sont tes frères ? — où sont tes deux fils ? Quelles jouissances te reste-t-il ? — Qui donc te sollicite, et s'agenouille, et dit : Vive la reine ? — Où sont les pairs prosternés qui te flattaient ? — où sont les foules pressées qui te suivaient ? — Rappelle-toi tout cela, et vois ce que tu es à présent!... — Tu étais heureuse épouse, tu es la plus désolée des veuves; — tu étais joyeuse mère, tu en déplores aujourd'hui même le nom; — tu étais suppliée, tu es suppliante; — tu étais reine, tu es une misérable couronnée d'ennuis! — tu me méprisais, maintenant je te méprise; — tu faisais peur à tous, maintenant tu as peur; — tu commandais à tous, maintenant tu n'es obéie de personne! — Ainsi la roue de la justice a tourné, — et t'a laissée en proie au temps, — n'ayant plus que le souvenir de ce que tu étais — pour te torturer encore, étant ce que tu es! — Tu as usurpé ma place : pourquoi n'usurperais-tu pas aussi une juste part de mes douleurs? — Ton cou superbe porte maintenant la moitié de mon joug; — je le fais glisser ici de ma tête fatiguée, — et j'en rejette sur toi le fardeau tout entier. — Adieu, femme d'York! adieu, reine de mauvaise chance! — Les maux de l'Angleterre me feront sourire en France.

LA REINE ÉLISABETH.

— O toi, experte en malédictions, arrête un peu — et apprends-moi à maudire mes ennemis.

LA REINE MARGUERITE.

— Abstiens-toi de dormir la nuit, et jeûne le jour; — compare ton bonheur mort à ton bonheur vivant, — représente-toi tes enfants plus beaux encore qu'ils n'étaient, — et celui qui les a tués plus hideux qu'il n'est : — exalter une perte, c'est en empirer l'auteur. — N'oublie rien de tout cela, et tu apprendras à maudire.

LA REINE ÉLISABETH.

— Ma parole est émoussée; oh! affile-la de la tienne!

LA REINE MARGUERITE.

— Tes malheurs la rendront aiguë et tranchante comme la mienne.

Elle sort.

LA DUCHESSE D'YORK.

— Faut-il donc que la calamité soit si verbeuse?
LA REINE ÉLISABETH.

— Creux avocats du client Malheur! — héritiers aériens du bonheur intestat! — pauvres orateurs essoufflés de la misère! — laissez-les s'exhaler! Quand ils ne serviraient — à rien de plus, ils soulagent toujours le cœur!
LA DUCHESSE D'YORK.

— Si cela est, ne restons pas bouche close : viens avec moi, — et sous le souffle de nos paroles amères étouffons mon fils maudit — qui a étouffé tes deux fils bien-aimés.

Bruit de tambour.

— J'entends son tambour : soyons prodigues d'imprécations!

RICHARD et sa suite entrent au pas militaire. La duchesse d'York et la reine Élisabeth lui barrent le passage.

RICHARD.
— Qui ose m'interdire le passage?
LA DUCHESSE D'YORK.

— Celle qui aurait pu, en t'étranglant dans ses entrailles maudites, — t'interdire tous les meurtres que tu as commis, misérable!
LA REINE ÉLISABETH.

— Tu caches sous cette couronne d'or un front — où, si le droit était le droit, devraient être écrits avec un fer rouge — l'assassinat du prince qui la possédait — et le meurtre horrible de mes pauvres fils et de mes frères! — Dis-moi, scélérat, où sont mes enfants?
LA DUCHESSE D'YORK.

— Crapaud! crapaud! où est ton frère Clarence? — Et le petit Ned Plantagenet, son fils?
LA REINE ÉLISABETH.
— Où est le gentil Rivers, et Vaughan, et Grey?

SCÈNE XVIII.

LA DUCHESSE D'YORK.

— Où est le bon Hastings?

RICHARD.

— Une fanfare, trompettes! Battez l'alarme, tambours!
— Que les cieux n'entendent pas ces commères — insulter l'oint du Seigneur. Battez, vous dis-je.

Fanfare. Roulement de tambour.

— Soyez calmes et parlez-moi doucement; — sinon, je noierai vos exclamations — dans cet éclatant bruit de guerre. —

LA DUCHESSE D'YORK.

Es-tu mon fils?

RICHARR.

— Oui, grâce à Dieu, à mon père et à vous-même.

LA DUCHESSE D'YORK.

— Eh bien! écoute patiemment mon impatience.

RICHARD.

— Madame, je tiens ce trait de votre caractère — de ne pouvoir supporter l'accent du reproche.

LA DUCHESSE D'YORK.

— Oh! laisse-moi parler!

RICHARD.

Soit! mais je n'écouterai pas.

LA DUCHESSE D'YORK.

— Je serai douce et gentille dans mes paroles.

RICHARD.

— Et brève, bonne mère, car je suis pressé.

LA DUCHESSE D'YORK.

— Es-tu si pressé? Moi, je t'ai attendu, — Dieu le sait, dans les tourments et dans l'agonie.

RICHARD.

— Et ne suis-je pas venu enfin pour vous soulager?

LA DUCHESSE D'YORK.

— Non, par la sainte croix, tu le sais bien, — tu es

venu sur terre pour faire de la terre mon enfer. — Ta naissance a été pour moi un poids douloureux ; — ton enfance a été hargneuse et maussade ; — ton temps d'école, terrible, désespérant, extravagant, furieux ; — ta première jeunesse, hardie, effrontée, aventureuse ; — ton âge mûr, altier, subtil, fourbe et sanguinaire, — plus calme, mais plus dangereux encore, caressant dans la haine ! — Peux-tu me citer une heure de soulagement — que j'aie jamais goûtée dans ta société ?

RICHARD.

— Aucune, ma foi, si ce n'est l'heure de la faim qui appelait votre grâce — à déjeuner, loin de ma société. — Si ma vue vous est si pénible, — laissez-moi me remettre en marche pour ne plus vous offusquer, madame ! — Battez le tambour.

LA DUCHESSE D'YORK.

Je t'en prie, écoute-moi.

RICHARD.

— Vous parlez avec trop d'amertume.

LA DUCHESSE D'YORK.

Un mot seulement, — et je ne te reparlerai jamais.

RICHARD.

—Soit !

LA DUCHESSE D'YORK.

— Ou tu périras dans cette guerre, par un juste décret de Dieu, — avant d'en sortir vainqueur, — ou je mourrai moi-même de chagrin et de vieillesse : — dans aucun cas, je ne reverrai plus ton visage. — Donc, emporte avec toi ma plus accablante malédiction ! — Qu'au jour de la bataille, elle te fatigue plus — que l'armure complète que tu portes ! — Mes prières combattront pour le parti contraire ; — et alors les petites âmes des enfants d'Édouard — chuchoteront à l'esprit de tes ennemis, — et leur promettront succès et victoire. — Homme de sang,

SCÈNE XVIII.

ta fin sera sanglante : — l'infamie qui a servi ta vie accompagnera ta mort!

Elle sort.

LA REINE ÉLISABETH.

— J'ai bien plus de raisons qu'elle, mais bien moins de force pour te maudire ; — je ne puis que dire amen !

Elle s'éloigne.

RICHARD.

— Arrêtez, madame, j'ai un mot à vous dire.

LA REINE ÉLISABETH.

— Je n'ai plus pour toi de fils de sang royal — à assassiner. Quant à mes filles, Richard, — ce seront des nonnes en prières, et non des reines en pleurs. — Ainsi ne vise pas à frapper leurs vies.

RICHARD.

— Vous avez une fille appelée Élisabeth, — vertueuse et belle, royalement gracieuse.

LA REINE ÉLISABETH.

— Doit-elle donc mourir pour cela? Oh! laisse-la vivre, — et je corromprai ses mœurs, je souillerai sa beauté ; — je me calomnierai moi-même, comme infidèle au lit d'Édouard, — et je jetterai sur elle le voile de l'infamie, — pourvu qu'elle puisse vivre hors de l'atteinte du meurtre sanglant ! — J'avouerai qu'elle n'est pas fille d'Édouard !

RICHARD.

— N'outragez pas sa naissance : elle est de sang royal.

LA REINE ÉLISABETH.

— Pour sauver sa vie, je dirai qu'elle n'en est pas.

RICHARD.

— Sa naissance est la plus sûre garantie de sa vie.

LA REINE ÉLISABETH.

— Ses frères sont morts de cette garantie-là.

RICHARD.

— Ah! c'est qu'à leur naissance les bonnes étoiles étaient opposées.

LA REINE ÉLISABETH.

— Non, c'est qu'à leur vie de mauvais parents étaient contraires.

RICHARD.

— L'arrêt de la destinée est irrésistible.

LA REINE ÉLISABETH.

— Surtout quand la résistance à toute pitié hâte cet arrêt. — Mes enfants étaient destinés à une mort meilleure, — si la pitié t'avait fait la grâce d'une meilleure vie.

RICHARD.

— Vous parlez comme si j'avais tué mes neveux.

LA REINE ÉLISABETH.

— Tes neveux! c'est bien leur oncle qui leur a tout volé, — bonheur, couronne, famille, liberté et vie! — Quel que soit le bras qui a percé leur tendres cœurs, — c'est ta tête qui indirectement l'a dirigé. — Sans doute le couteau meurtrier eût été émoussé et obtus, — s'il n'avait été repassé sur ton cœur de pierre — pour jouer dans les entrailles de mes agneaux. — Ah! si l'habitude de la douleur n'apprivoisait la plus farouche douleur, — ma langue ne cesserait de te jeter aux oreilles le nom de mes enfants — que quand mes ongles seraient ancrés dans tes yeux, — et quand moi-même, touchant à ce port désespéré de la mort, — pauvre barque, privée de voiles et d'agrès, — je me serais brisée toute sur ton cœur de roc (63)!

RICHARD.

— Madame, puissé-je être aussi heureux dans mon entreprise — et dans les périlleux hasards de la guerre — que je suis sincère en vous promettant, à vous et aux vôtres — plus de bien que je ne vous ai fait de mal!

SCÈNE XVIII.

LA REINE ÉLISABETH.

— Quel bien la face des cieux couvre-t-elle, — qui, découvert, serait un bien pour moi?

RICHARD.

— L'élévation de vos enfants, noble dame.

LA REINE ÉLISABETH.

— A l'échafaud, pour y laisser leur tête?

RICHARD.

— Non, au faîte des honneurs et de la fortune, — pour y être le type impérial et suprême de toutes les gloires de la terre!

LA REINE ÉLISABETH.

— Flatte ma douleur de ce récit. — Dis-moi quelle pompe, quelles dignités, quels honneurs — tu peux abdiquer en faveur d'un de mes enfants?

RICHARD.

— Tout ce que je possède, oui, jusqu'à moi-même, — je veux tout donner à un de tes enfants. — C'est dans ce Léthé des colères de ton âme — que tu noieras le triste souvenir des maux — que tu m'accuses de t'avoir causés.

LA REINE ÉLISABETH.

— Dis vite, de peur que cet accès de générosité — ne cesse avant que tu aies parlé.

RICHARD.

— Sache-le donc : du fond de mon âme, j'aime ta fille!

LA REINE ÉLISABETH.

— La mère de ma fille croit cela de toute son âme.

RICHARD.

— Et que croyez-vous?

LA REINE ÉLISABETH.

— Que tu aimes ma fille du fond de ton âme; — comme, du fond de ton âme, tu as aimé ses frères! —

Ah! mon cœur t'est bien reconnaissant de cet amour-là!
######## RICHARD.
— Ne soyez pas si prompte à mal interpréter ma pensée. — J'aime votre fille de toute mon âme, — et je désire la faire reine d'Angleterre.
######## LA REINE ÉLISABETH.
— Comment? Qui veux-tu lui donner pour roi?
######## RICHARD.
— Eh bien, celui qui la fera reine. Quel autre pourrait-ce être?
######## LA REINE ÉLISABETH.
— Toi!
######## RICHARD.
Moi-même : qu'en pensez-vous, madame?
######## LA REINE ÉLISABETH.
— Comment pourrais-tu donc lui faire ta cour?
######## RICHARD.
C'est ce que je voudrais apprendre de vous, — qui connaissez mieux que personne son humeur.
######## LA REINE ÉLISABETH.
— Tu voudrais l'apprendre de moi?
######## RICHARD.
Madame, de tout mon cœur.
######## LA REINE ÉLISABETH.
— Envoie-lui, par l'homme qui a tué ses frères, — deux cœurs sanglants où seront gravés — ces noms, *Édouard* et *York :* sur quoi, peut-être, elle pleurera. — Alors présente-lui un mouchoir pareil à celui que Marguerite — offrit à ton père, plongé dans le sang de Rutland : — dis-lui que celui-là a essuyé — la séve vermeille du corps de son doux frère, — et engage-la à s'en servir pour sécher les larmes de ses yeux. — Si ces séductions ne la décident pas à t'aimer, — envoie-lui dans une

lettre le récit de tes nobles actions : — dis-lui que tu as fait disparaître son oncle Clarence, — son oncle Rivers, oui, et, que, par intérêt pour elle, — tu as expédié sa bonne tante Anne.

RICHARD.

— Vous vous moquez de moi, madame, ce n'est pas — là le moyen de gagner votre fille.

LA REINE ÉLISABETH.

Il n'en est point d'autre, — à moins que tu ne puisses prendre quelque autre forme, — et cesser d'être le Richard qui a fait tout cela.

RICHARD.

— Si je disais que j'ai fait tout cela pour l'amour d'elle?

LA REINE ÉLISABETH.

— Alors, ma foi! elle ne pourrait manquer de te haïr — pour avoir acheté son amour au prix de si sanglantes dépouilles.

RICHARD.

— Écoutez. Ce qui est fait ne peut plus se réparer. — Les hommes commettent parfois par irréflexion — des actes dont quelques heures suffisent à les faire repentir. — Si j'ai pris la royauté à vos fils, — je veux, en réparation, la donner à votre fille. — Si j'ai tué la race issue de vos entrailles, — je veux, pour ranimer votre postérité, — engendrer de votre fille une famille de votre sang. — Le nom de grand'mère n'est guère moindre en amour — que le titre passionné de mère. — Ce seront toujours vos enfants, à un degré au-dessous. — Ils seront de votre humeur, de votre sang même; — nés des mêmes douleurs, sauf une nuit de gémissements — endurée par celle pour qui vous avez souffert la pareille. — Vos enfants ont été le tourment de votre jeunesse; — les miens seront la consolation de vos vieux jours. — Qu'avez-vous perdu? un fils qui était roi. — Eh bien, cette perte fait votre fille reine. — Je ne puis vous donner tous les dédommagements que je voudrais ; — acceptez donc ce que je peux vous offrir. — Dorset, votre fils, dans l'effroi de son âme, — porte ses pas mécontents sur un sol étranger ; — cette heureuse alliance va le rappeler vite, — pour être promu à de grandes dignités. — Le roi, qui appellera votre charmante fille : ma femme, — appellera familièrement votre Dorset : mon frère ! — Vous serez encore la mère d'un roi, — et toutes les ruines des temps de détresse — seront vite réparées avec les trésors d'un bonheur doublé. — Ah ! nous avons devant nous bien des belles journées. — Les larmes que vous avez versées — vous reviendront transformées en perles d'Orient : — elles vous seront remboursées avec les intérêts — d'une félicité décuple. — Va donc trouver ta fille, ma mère, va ! — Enhardis de ton expérience sa timide jeunesse ; — prépare ses oreilles à entendre des propos d'amoureux ; — allume dans son tendre cœur l'aspiration — à la souveraineté d'or ; révèle à la princesse — les douces heures silencieuses de la joie conjugale ; — et, quand mon bras aura châtié — ce petit rebelle, l'entêté Buckingham, — j'arriverai couronné de guirlandes triomphales, — et je conduirai ta fille au lit d'un conquérant ; — je lui transmettrai mes conquêtes, — et, seule victorieuse, elle sera le César de César !

LA REINE ÉLISABETH.

— Que ferai-je bien de lui dire? Que le frère de son père — voudrait être son mari? Lui dirai-je que c'est son oncle, — ou que c'est le meurtrier de ses frères et de ses oncles? — Sous quel titre te vanterai-je, — que Dieu, la loi, mon honneur et sa tendresse — puissent rendre agréables à ses jeunes années (64)?

SCÈNE XVIII.

RICHARD.

— Montre-lui le repos de l'Angleterre dans cette alliance.

LA REINE ÉLISABETH.

— Repos acquis par elle au prix d'éternels troubles!

RICHARD.

— Dis-lui que le roi, qui peut commander, la supplie...

LA REINE ÉLISABETH.

— De consentir à ce que le Roi des rois défend.

RICHARD.

— Dis-lui qu'elle sera une haute et puissante reine.

LA REINE ÉLISABETH.

— Pour en déplorer le titre, comme sa mère.

RICHARD.

— Dis-lui que je l'aimerai toujours.

LA REINE ÉLISABETH.

— Mais combien de temps durera ce toujours?

RICHARD.

— Jusqu'à la fin de son heureuse vie, et de plus en plus tendre!

LA REINE ÉLISABETH.

— Mais combien de temps sa tendre vie sera-t-elle heureuse?

RICHARD.

— Autant que le ciel et la nature la prolongeront.

LA REINE ÉLISABETH.

— Autant qu'il plaira à l'enfer et à Richard.

RICHARD.

— Dis-lui que moi, son souverain, je suis son humble sujet.

LA REINE ÉLISABETH.

— Mais elle, votre sujette, abhorre une telle souveraineté.

RICHARD.
— Appuie-moi auprès d'elle de ton éloquence.
LA REINE ÉLISABETH.
— Une honnête proposition, pour être agréée, n'a besoin que d'être simplement dite.
RICHARD.
— Dis-lui donc en termes simples mon amoureuse proposition.
LA REINE ÉLISABETH.
— Dire simplement ce qui n'est pas honnête, c'est impudent.
RICHARD.
— Vos raisons sont par trop superficielles et par trop vives.
LA REINE ÉLISABETH.
— Oh! non! mes raisons ne sont que trop profondes et trop funèbres. — Il n'est que trop profond et trop funèbre, le tombeau de mes pauvres enfants!
RICHARD.
— Ne touchez pas cette corde, madame. Cela est passé!
LA REINE ÉLISABETH.
— Je la toucherai, jusqu'à ce que la corde du cœur éclate.
RICHARD.
— Eh bien, par mon saint George, par ma Jarretière, par ma couronne...
LA REINE ÉLISABETH.
— Tu as profané l'un, déshonoré l'autre, usurpé la troisième.
RICHARD.
— Je jure....
LA REINE ÉLISABETH.
Par rien; car ceci n'est pas un serment. — Ton saint

George profané a perdu sa dignité sacrée ; — ta Jarretière souillée a laissé en gage sa chevaleresque vertu ; — ta couronne usurpée a souillé sa gloire royale. — Si tu veux faire un serment qu'on puisse croire, — jure donc par quelque chose que tu n'aies pas outragé.

RICHARD.

— Eh bien ! par le monde...

LA REINE ÉLISABETH.

Il est plein de tes forfaits hideux !

RICHARD.

— Par la mort de mon père...

LA REINE ÉLISABETH.

Ta vie l'a déshonorée !

RICHARD.

— Alors, par moi-même...

LA REINE ÉLISABETH.

Tu t'es toi-même avili !

RICHARD.

— Eh bien alors, par Dieu...

LA REINE ÉLISABETH.

C'est Dieu que tu as le plus outragé. — Si tu avais craint de rompre un serment fait en son nom, — l'union qu'avait formée le roi ton frère — n'aurait pas été rompue, ni mon frère égorgé. — Si tu avais craint de rompre un serment fait en son nom, — l'impérial métal qui entoure maintenant ta tête — aurait orné les jeunes tempes de mon enfant ; — et ils seraient ici vivants, ces deux tendres princes — qui maintenant, camarades de lit de la poussière, — sont devenus la proie des vers, par ta foi violée ! — Par quoi peux-tu jurer à présent ?

RICHARD.

Par l'avenir.

LA REINE ÉLISABETH.

— Tu l'as outragé dans le passé. — J'ai moi-même à

verser bien des larmes — avant de laver le temps futur de tes outrages passés. — Les enfants dont tu as tué les parents — vivent pour déplorer dans leur vieillesse leur jeunesse abandonnée ; — les parents dont tu as massacré les enfants — vivent pour déplorer avec leur vieillesse leur antique souche desséchée. — Ne jure pas par l'avenir : car tu en as — abusé, avant de l'user, par un passé mal usé.

RICHARD.

— S'il n'est pas vrai que je veuille réussir par le repentir, — puissé-je échouer dans ma périlleuse lutte — contre l'ennemi en armes! puissé-je me confondre moi-même! — Que le ciel et la fortune me barrent les heures fortunées! — Jour, refuse-moi ta lumière; et toi, nuit, ton repos! — Que toutes les planètes de la bonne chance soient opposées — à mes projets, si ce n'est pas avec l'amour le plus pur, — avec une immaculée dévotion, avec les plus saintes pensées, — que je m'adresse à ta belle et royale fille! — C'est d'elle que dépend mon bonheur, et le tien. — Sans elle, je prévois pour moi-même et pour toi, — pour elle, pour le pays, et pour bien des âmes chrétiennes, — la mort, la désolation, la ruine, la chute. — Ceci ne peut être évité que par cela : — ceci ne sera évité que par cela. — Ainsi, chère mère, (c'est ainsi que je dois vous appeler), — faites-vous auprès d'elle l'avocat de mon amour : — plaidez ce que je serai, non ce que j'ai été ; — non ce que je mérite, mais ce que je mériterai. — Insistez sur la nécessité et sur la raison d'État, — et ne vous montrez pas revêche à de grands desseins.

LA REINE ÉLISABETH.

— Serai-je donc ainsi tentée du démon?

RICHARD.

— Oui, si c'est pour le bien que le démon te tente.

SCÈNE XVIII.

LA REINE ÉLISABETH.

— Oublierai-je moi-même d'être moi-même ?

RICHARD.

— Oui, si le souvenir de vous-même vous nuit à vous-même.

LA REINE ÉLISABETH.

— Mais tu as tué mes enfants !

RICHARD.

— Mais je les ensevelis dans le sein de votre fille : — et, dans ce nid parfumé, ils vont renaître — de leurs cendres pour votre consolation.

LA REINE ÉLISABETH.

— Vais-je donc gagner ma fille à tes désirs ?

RICHARD.

— Et devenir par cette action une heureuse mère.

LA REINE ÉLISABETH.

— J'y vais !... Écris-moi bientôt, — et tu apprendras de moi ses intentions.

RICHARD.

— Porte-lui le baiser de mon sincère amour, et adieu !

Il l'embrasse. La reine Élisabeth sort (65).

— Folle qui fléchit ! femme futile et changeante !

Entre RATCLIFF, *suivi de* CATESBY.

— Eh bien ! quelles nouvelles ?

RATCLIFF.

— Très-puissant souverain, sur la côte occidentale — navigue une formidable flotte. Vers le rivage — se pressent une foule d'amis douteux et peu dévoués, — désarmés et irrésolus à la repousser. — On croit que Richmond en est l'amiral : — elle est mouillée là, n'attendant que l'aide — de Buckingham pour protéger le débarquement.

RICHARD.

— Que quelque ami au pied léger coure au duc de Norfolk ! — Toi-même, Ratcliff ! ou Catesby !... Eh bien ! où est-il ?

CATESBY.

— Ici, mon bon seigneur.

RICHARD.

Catesby, vole auprès du duc.

CATESBY.

— Oui, milord, avec toute la vitesse possible.

RICHARD.

— Ratcliff ici ! Cours à Salisbury ! — Quand tu seras arrivé là...

A Catesby.

Imbécile ! misérable étourdi ! — pourquoi restes-tu là, et ne vas-tu pas trouver le duc ?

CATESBY.

— Expliquez-moi d'abord, puissant suzerain, ce que votre altesse désire — que je lui communique.

RICHARD.

— Oh ! c'est juste, bon Catesby... Dis-lui de lever immédiatement — les forces les plus imposantes qu'il puisse réunir, — et de venir me rejoindre sur-le-champ à Salisbury. —

CATESBY.

Je pars.

Il sort.

RATCLIFF.

— Excusez-moi : que dois-je faire à Salisbury ?

RICHARD,

— Quoi ! qu'y voudrais-tu faire avant que j'y sois ?

RATCLIFF.

— Votre altesse m'avait dit d'y courir en avant.

SCÈNE XVIII.

RICHARD.

— J'ai changé d'idée...

Entre STANLEY.

Stanley, quelles nouvelles avez-vous?

STANLEY.

— Pas assez bonnes, mon suzerain, pour que le récit vous en plaise, — ni assez mauvaises pour qu'il soit malséant de les dire.

RICHARD.

— Oui-dà! une charade! ni bonnes ni mauvaises! — Pourquoi courir par tant de détours, — quand tu pourrais tout droit en venir au fait? — Encore une fois, quelles nouvelles?

STANLEY.

Richmond est sur les mers.

RICHARD.

— Qu'il y sombre, et que les mers soient sur lui! — Que fait-il là, ce renégat au foie livide?

STANLEY.

— Je ne sais pas, puissant souverain, mais je devine.

RICHARD.

— Eh bien! que devinez-vous?

STANLEY.

— Qu'excité par Dorset, par Buckingham et par Morton, — il fait voile pour l'Angleterre, afin d'y réclamer la couronne.

RICHARD.

— Le trône est-il vacant? l'épée est-elle sans bras? — Le roi est-il mort? l'empire sans possesseur? — Existe-t-il un héritier d'York, autre que nous? — Et qui peut être roi d'Angleterre si ce n'est l'héritier du grand York? — Alors, dis-moi, que fait-il sur les mers?

STANLEY.

— Si ce n'est pas cela qu'il veut, mon suzerain, je ne devine pas.

RICHARD.

— Si ce n'est pas pour être ton suzerain, — tu ne peux deviner pourquoi vient ce Gallois? — Tu veux te révolter et passer à lui, j'en ai peur.

STANLEY.

— Non, puissant suzerain : — ne vous défiez pas de moi.

RICHARD.

— Eh bien, où sont tes forces pour le repousser? — Où sont tes tenants et tes gens? — Est-ce qu'ils ne sont pas sur la côte occidentale, — à couvrir le débarquement des rebelles?

STANLEY.

— Non, mon bon seigneur, mes meilleurs amis sont dans le nord.

RICHARD.

— De froids amis pour moi. Que font-ils dans le nord, — quand ils devraient servir leur souverain dans l'ouest?

STANLEY.

— Ils n'ont pas reçu d'ordre, puissant roi. — Que votre majesté daigne m'y autoriser, — et je rassemblerai mes amis, et je rejoindrai votre grâce, — au lieu et au moment qui plairont à votre majesté.

RICHARD.

— Oui, oui, tu voudrais être parti pour te réunir à Richmond. — Je ne me fie pas à vous, monsieur.

STANLEY.

Très-puissant souverain, — vous n'avez pas de raison de tenir mon amitié pour douteuse : — je n'ai jamais été, je ne serai jamais un traître.

SCÈNE XVIII.

RICHARD.

— Soit! allez rassembler vos hommes; mais laissez avec moi — votre fils George Stanley (66), vous entendez! Veillez à ce que votre cœur soit ferme; — sinon, sa tête est mal assurée.

STANLEY.

— Agissez avec lui selon ma loyauté envers vous.

Stanley sort.

Un COURRIER *entre.*

LE COURRIER.

— Mon gracieux souverain, dans le Devonshire, — ce sont des amis qui m'en ont averti, — sir Édouard Courtenay et son frère aîné, — l'évêque d'Exeter, ce prélat hautain, — sont en armes avec de nombreux confédérés.

Un SECOND COURRIER *entre.*

LE SECOND COURRIER.

— Dans le Kent, mon suzerain, les Guildford sont en armes : — d'heure en heure de nouveaux partisans — se joignent aux rebelles, et leurs forces grandissent.

Entre un TROISIÈME COURRIER.

LE TROISIÈME COURRIER.

— Milord, l'armée du grand Buckingham...

RICHARD.

— Au diable les hiboux! rien que des chants de mort!
— Tiens, toi, prends ça, jusqu'à ce que tu apportes de meilleures nouvelles!

Il le frappe.

LE TROISIÈME COURRIER.

— La nouvelle que j'ai à dire à votre majesté, — c'est que l'armée de Buckingham a été dispersée et mise en déroute — par des inondations et des averses soudaines — seul, il est lui-même errant, — on ne sait où.

RICHARD, lui jetant sa bourse.

Oh! j'implore ton pardon! — Voici ma bourse pour guérir le coup que je t'ai donné. — Quelque ami bien avisé a-t-il proclamé — une récompense pour celui qui m'amènera le traître?

LE TROISIÈME COURRIER.

— La proclamation a été faite, mon suzerain.

Entre un QUATRIÈME COURRIER.

LE QUATRIÈME COURRIER.

— Sir Thomas Lovel et lord Dorset, le marquis, — sont, dit-on, en armes dans le Yorkshire, mon suzerain. — Mais j'apporte à votre altesse une bonne consolation : — la flotte de Bretagne est dispersée par la tempête ; — Richmond a envoyé une barque à la côte — du Dorsetshire, pour demander aux riverains — s'ils étaient de son parti, oui ou non. — Ils ont répondu qu'ils venaient de la part de Buckingham — pour le soutenir. Mais, lui, se méfiant d'eux, — a hissé ses voiles, et a repris sa course pour la Bretagne.

RICHARD.

— Marchons, marchons, puisque nous sommes en armes, — sinon pour nous battre avec des ennemis étrangers, — du moins pour écraser les rebelles de l'intérieur.

Entre CATESBY.

CATESBY.

— Mon suzerain, le duc de Buckingham est pris, — voilà la meilleure nouvelle. Le comte de Richmond — est débarqué à Milford avec des forces imposantes : — cette nouvelle-là est plus froide, mais il fallait la dire.

RICHARD.

— Allons ! à Salisbury ! Tandis que nous raisonnons ici, — une bataille royale pourrait être gagnée et perdue. — Que quelqu'un se charge d'amener Buckingham — à Salisbury, et que les autres marchent avec moi !

Ils sortent.

SCÈNE XIX

[Un appartement chez lord Stanley.]

Entrent STANLEY et sir CHRISTOPHE URSWICK.

STANLEY.

— Sir Christophe, dites ceci de ma part à Richmond : — que mon fils est enfermé — dans la souille de ce sanglier sanguinaire ; — que, si je me révolte, la tête du jeune George est à bas, — et que c'est la crainte de cela qui empêche mon appui immédiat. — Mais, dites-moi, où est le princier Richmond maintenant ?

CHRISTOPHE.

— A Pembroke ou à Harford-West, dans le pays de Galles.

STANLEY.

— Quels hommes de marque se sont joints à lui ?

CHRISTOPHE.

— Sir Walter Herbert, un soldat renommé, — sir Gilbert Talbot, sir William Stanley, — Oxford, le redouté Pembroke, sir James Blunt, — Riceap Thomas et ses vaillantes bandes, — et bien d'autres de grande réputation et de grand mérite. — C'est vers Londres qu'ils dirigent leur marche, — si on ne leur livre pas bataille en route.

STANLEY.

— Va donc vite trouver ton maître; recommande-moi à lui; — dis-lui que la reine a consenti de grand cœur — à ce qu'il épouse Élisabeth sa fille. — Les lettres que voici l'instruiront de mes intentions. — Adieu.

Il remet des papiers à sir Christophe.
Ils sortent.

SCÈNE XX

[Une place publique.]

Le Shérif et ses gardes entrent conduisant Buckingham à l'exécution.

BUCKINGHAM.

— Le roi Richard ne veut pas me permettre de lui parler?

LE SHÉRIF.

— Non, mon bon lord; ainsi résignez-vous.

BUCKINGHAM.

— Hastings! et vous, enfants d'Édouard! Rivers! Grey! — saint roi Henry, et toi, Édouard, son noble fils! — Vaughan! vous tous qui êtes tombés — dans le guet-apens d'une noire injustice! — si vos âmes plaintives et mécontentes — contemplent l'heure présente à travers les nues, — oh! vengez-vous en narguant ma destruction! — C'est aujourd'hui le jour des Morts, n'est-ce pas, camarades? —

LE SHÉRIF.

Oui, milord.

BUCKINGHAM.

— Eh bien! le jour des Morts est pour mon corps le jour du jugement. — Ce jour-là, j'ai souhaité, au temps du roi Édouard, — qu'il me fût fatal, si jamais je deve-

nais — traître à ses enfants ou aux parents de sa femme.
— C'est ce jour-là que j'ai souhaité de succomber — par
la mauvaise foi de l'homme en qui j'aurais le plus de
confiance. — Ce jour, ce jour des Morts est, pour l'effroi de
mon âme, — le terme assigné à mes forfaits. — Ce Très-
Haut qui voit tout, et dont je me jouais, — a fait retomber
sur ma tête ma feinte prière, — et m'a donné tout de
bon ce que je demandais pour rire. — Ainsi, il force
l'épée du méchant — à tourner sa pointe contre le sein
de son maître. — Ainsi la malédiction de Marguerite
me tombe de tout son poids sur le cou : — « Quand il
brisera ton cœur de douleur, me disait-elle, — souviens-
toi que Marguerite était prophétesse. » — Allons, messieurs, conduisez-moi à l'échafaud de honte. — Le mal
recueille le mal, et l'infamie, la rétribution de l'infamie.

    Le shérif et ses gardes emmènent Buckingham.

SCÈNE XXI

[Une plaine près de Tamworth.]

Entrent, au son du tambour, enseignes déployées, RICHMOND, OXFORD,
sir JAMES BLUNT, sir WALTER HERBERT, et d'autres, avec des troupes
en marche.

   RICHMOND, tenant un papier à la main.

— Compagnons d'armes, mes bien chers amis, —
écrasés sous le joug de la tyrannie, — nous voici enfin
parvenus sans obstacle — au cœur du pays. — Nous re-
cevons ici de notre père Stanley — quelques lignes de
confiance et d'encouragement. — Le misérable sanguinaire, le sanglier envahisseur — qui a ravagé vos ré-
coltes d'été et vos vignes fructueuses, — qui s'abreuve de
votre sang fumant comme d'eau de vaisselle, et qui fait

son auge — de vos entrailles ouvertes, ce sale pourceau — est maintenant vautré au centre de cette île, — près de la ville de Leicester, à ce qu'on nous dit. — De Tamworth jusque-là, il n'y a qu'un jour de marche. — Au nom de Dieu, en avant, courageux amis! — Recueillons la moisson d'une paix éternelle — par ce dernier recours au glaive sanglant de la guerre.

OXFORD.

— La conscience de chacun de nous vaut mille épées — pour combattre contre ce sanglant homicide.

HERBERT.

— Je ne doute pas que tous ses amis ne passent à nous.

BLUNT.

— Tous les amis qu'il a sont ses amis par peur : — ils lui échapperont dans son plus pressant besoin.

RICHMOND.

— Tout en notre faveur! Ainsi, au nom de Dieu, en marche! — Le juste espoir est prompt, et vole avec les ailes de l'hirondelle. — Les rois, il les fait dieux, et les plus humbles, rois!

Tous sortent.

SCÈNE XXII

[La plaine de Bosworth.]

Entrent, au milieu des troupes, Richard, le duc de Norfolk, le comte de Surrey et d'autres.

RICHARD.

— Qu'on place notre tente ici même, dans le champ de Bosworth. — Milord Surrey, pourquoi avez-vous l'air si triste?

SURREY.

— Mon cœur est dix fois plus allègre que ma mine.

RICHARD.

— Milord de Norfolk!

NORFOLK.

Me voici, très-gracieux suzerain.

RICHARD.

— Norfolk, il va y avoir des coups, pas vrai?

NORFOLK.

— Il nous faudra en donner et en recevoir, mon bien-aimé lord.

RICHARD.

— Qu'on dresse ma tente!

Des soldats viennent dresser la tente du roi.

Je coucherai ici cette nuit; — mais demain, où?... Allons! n'importe! — Qui a reconnu le nombre des traîtres?

NORFOLK.

— Ils sont six ou sept mille au plus.

RICHARD.

— Quoi! nos bataillons comptent trois fois ce nombre. — Et puis, le nom du roi est une forteresse — qui manque au parti ennemi. — Qu'on dresse la tente! Venez, nobles gentilshommes; — allons étudier les avantages du terrain. — Qu'on appelle quelques hommes d'expérience sûre : — ne négligeons aucune stratégie, agissons sans délai. — Car demain, milords, ce sera une journée laborieuse.

Ils sortent.

Entrent, de l'autre côté du champ de bataille, Richmond, sir William Brandon, Oxford *et d'autres seigneurs. Des soldats dressent la tente de Richmond.*

RICHMOND.

— Le soleil fatigué s'est couché dans l'or, — et la trace brillante de son char de flamme — nous donne pour demain la promesse d'un jour splendide. — Sir William Brandon, vous porterez mon étendard. — Qu'on me donne de l'encre et du papier dans ma tente : — je veux dresser notre plan de bataille, — fixer à chaque chef son poste spécial — et distribuer notre petite force dans ses justes proportions. — Milord d'Oxford, vous, sir William Brandon, — et vous, sir Walter Herbert, restez avec moi. — Le comte de Pembroke gardera son régiment. — Bon capitaine Blunt, portez mon bonsoir au comte, — et priez-le de venir me voir dans ma tente — vers deux heures du matin... — Ah! une chose encore, bon capitaine : — où est le quartier de lord Stanley, savez-vous?

BLUNT.

— A moins que je ne me sois trompé sur ses couleurs, — et je suis bien sûr que non, — son régiment est à un demi-mille au moins — au sud de la puissante armée du roi.

RICHMOND.

— Si c'est possible sans péril, — cher Blunt, trouvez moyen de lui parler, — et remettez-lui de ma part cette note des plus importantes.

Il remet un papier à Blunt.

BLUNT.

— Sur ma vie, je tenterai la chose, milord : — et, sur ce, que Dieu vous accorde cette nuit un sommeil tranquille!

RICHMOND.

— Bon soir, bon capitaine Blunt. Venez, messieurs, — allons tenir conseil sur l'affaire de demain, — dans ma tente : l'air est âpre et froid.

Tous se retirent dans la tente de Richmond.

Richard entre dans sa tente avec Norfolk, Ratcliff et Catesby.

RICHARD.
— Quelle heure est-il?

CATESBY.
Il est temps de souper, milord : — il est neuf heures.

RICHARD.
Je ne souperai pas ce soir. — Donnez-moi de l'encre et du papier. — Eh bien, a-t-on rendu ma visière plus aisée? — Et toute mon armure est-elle déposée dans ma tente?

CATESBY.
— Oui, mon suzerain : tout est prêt.

RICHARD.
— Bon Norfolk, rends-toi vite à ton poste, — fais bonne garde, choisis des sentinelles sûres.

NORFOLK.
J'y vais, milord.

RICHARD.
— Lève-toi demain avec l'alouette, gentil Norfolk.

NORFOLK.
— Je vous le garantis, milord.

Il sort.

RICHARD.
Ratcliff!

RATCLIFF.
— Milord?

RICHARD.
Envoie un poursuivant d'armes — au régiment de Stanley; fais-lui dire d'amener ses forces — avant le so-

leil levant, de peur que son fils George ne tombe — dans le gouffre aveugle de l'éternelle nuit. — Remplis-moi un bol de vin... Apporte-moi une veilleuse.

A Catesby.

— Tu selleras Surrey, mon cheval blanc, pour la bataille de demain. — Veille à ce que mes lances soient solides, et pas trop lourdes. — Ratcliff!

RATCLIFF.

Milord?

RICHARD.

— As-tu vu le mélancolique lord Northumberland?

RATCLIFF.

— Vers l'heure où le coq se couche, — je l'ai vu, ainsi que Thomas, comte de Surrey, — traverser l'armée de troupe en troupe et animer les soldats.

RICHARD.

— Je suis satisfait... Donne-moi un bol de vin. — Je n'ai pas cette allégresse de cœur, — cet entrain d'esprit que j'avais d'habitude. — Bon, mets ça là... M'as-tu préparé de l'encre et du papier?

RATCLIFF.

— Oui, milord.

RICHARD.

Dis à ma garde de bien veiller, laisse-moi. — Vers le milieu de la nuit, viens à ma tente : — tu m'aideras à m'armer... Laisse-moi, te dis-je.

Richard se retire au fond de sa tente. Ratcliff et Catesby sortent.

La tente de Richmond s'ouvre, et on l'aperçoit au milieu de ses officiers.

Entre STANLEY.

STANLEY.

— Que la fortune et la victoire reposent sur ton casque!

RICHMOND.

— Que la sombre nuit apporte tous ses soulagements — à ta personne, noble beau-père! — Dis-moi, comment va notre mère bien-aimée?

STANLEY.

— Moi, son représentant, je te bénis en son nom; — elle prie continuellement pour le bonheur de Richmond : — voilà ma réponse... Les heures silencieuses s'écoulent, — et l'écaille des ténèbres se rompt vers l'orient. — Abrégeons, le moment l'exige ; — prépare-toi à la bataille pour le point du jour, — et confie ta fortune à l'arbitrage — des coups sanglants et de la guerre au regard meurtrier. — Pour moi, autant que je le pourrai, car je ne puis tout ce que je veux, — je saisirai toutes les occasions de gagner du temps — et de te venir en aide dans ce choc douteux des armes. — Mais je ne puis pas me jeter trop vite de ton côté, — de peur qu'à mon premier mouvement, ton frère, le tendre George, — ne soit exécuté à la vue de son père. — Au revoir! La hâte et le danger du moment — coupent court aux protestations cérémonieuses de l'affection, — à cet ample échange de douces paroles — que des amis si longtemps séparés voudraient tant prolonger. — Que Dieu nous donne le loisir d'observer ces rites de l'affection! — Adieu encore une fois... Sois vaillant, et réussis!

RICHMOND, *montrant Stanley aux officiers qui l'entourent.*

— Mes bons lords, conduisez-le à son régiment. — Je vais essayer, dans le trouble de ma pensée, de prendre un peu de repos, — de peur qu'un sommeil de plomb ne pèse sur moi demain, — quand il me faudra monter sur les ailes de la victoire. — Encore une fois, bonne nuit, chers lords et messieurs.

Les lords sortent avec Stanley.

— O Toi dont je me regarde comme le capitaine, —

jette sur mes soldats un regard gracieux, — et mets-leur aux mains les masses d'armes de ta colère — pour écraser dans leur lourde chute — les cimiers usurpateurs de nos adversaires! — Fais-nous les ministres de tes châtiments, — que nous puissions te glorifier dans ta victoire! — C'est à toi que je confie mon âme inquiète, — avant de laisser tomber les rideaux de mes yeux. — Endormi ou éveillé, oh! défends-moi toujours!

Il s'endort.

Le spectre du prince Édouard, fils de Henry VI, se dresse entre les deux tentes.

LE SPECTRE DU PRINCE ÉDOUARD, à Richard.

— Que demain je pèse sur ton âme! — Souviens-toi que tu m'as poignardé, dans le printemps de ma jeunesse, — à Tewksbury : désespère donc et meurs!

A Richmond.

— Sois confiant, Richmond : car les âmes outragées — des princes massacrés combattent en ta faveur; — l'enfant du roi Henry, Richmond, t'encourage.

Le spectre de Henry VI se dresse.

LE SPECTRE DE HENRY VI, à Richard.

— Quand j'étais mortel, mon corps, oint du Seigneur, — a été par toi percé de trous meurtriers : — pense à la Tour et à moi! Désespère et meurs! — Henry VI te le dit : désespère et meurs!

A Richmond.

— Vertueux et saint, sois, toi, le vainqueur! — Henry, qui a prédit que tu serais roi, — t'encourage dans ton sommeil : vis et fleuris!

Le spectre de Clarence se dresse.

LE SPECTRE DE CLARENCE, à Richard.

— Que demain je pèse sur ton âme! — moi qui ai été trempé à mort dans un vin fastidieux, — moi, pauvre

Clarence, que ta trahison a livré à la mort! — Demain, dans la bataille, pense à moi, — et que ton épée tombe émoussée! Désespère et meurs!

A Richmond.

— Toi, rejeton de la maison de Lancastre, — les héritiers d'York outragés prient pour toi; — que les bons anges gardent ta bataille! Vis et fleuris!

Les spectres de Rivers, de Grey et de Vaughan se dressent.

LE SPECTRE DE RIVERS, à Richard.

— Que je pèse demain sur ton âme, — moi, Rivers, qui mourus à Pomfret! Désespère et meurs!

LE SPECTRE DE GREY, à Richard.

— Pense à Grey, et que ton âme désespère!

LE SPECTRE DE VAUGHAN, à Richard.

— Pense à Vaughan; et que, sous le poids du remords, — ta lance tombe de tes mains! Désespère et meurs!

LES TROIS SPECTRES, à Richmond.

— Réveille-toi, et pense que nos malheurs, attachés au cœur de Richard, — le vaincront : éveille-toi et gagne la journée!

Le spectre de Hastings se dresse.

LE SPECTRE DE HASTINGS, à Richard.

— Homme de sang et de crime, aie le réveil du criminel, — et finis tes jours dans une bataille sanglante! — Pense à lord Hastings; et désespère et meurs!

A Richmond.

— Ame calme et sans trouble, éveille-toi! éveille-toi! — Aux armes! combats et triomphe pour le salut de l'Angleterre!

Les spectres des deux jeunes princes se dressent.

LES DEUX SPECTRES, à Richard.

— Songe à tes neveux étouffés dans la Tour! — Soyons un plomb dans ton sein, Richard, — pour t'entraîner à la ruine, à la honte et à la mort! — Les âmes de tes neveux te disent : Désespère et meurs!

A Richmond.

— Dors, Richmond, dors en paix et réveille-toi en joie; — que les bons anges te gardent des atteintes du sanglier, — vis et enfante une heureuse race de rois; — les malheureux fils d'Édouard te disent : Sois florissant!

Le spectre de la reine Anne se dresse.

LE SPECTRE DE LA REINE ANNE, à Richard.

— Richard, ta femme, cette misérable Anne, ta femme, — qui n'a jamais dormi une heure tranquille avec toi, — vient maintenant remplir ton sommeil d'agitations. — Demain, dans la bataille, pense à moi, — et que ton épée tombe émoussée; désespère et meurs!

A Richmond.

— Toi, âme paisible, dors d'un sommeil paisible; — rêve de succès et d'heureuse victoire; — la femme de ton ennemi prie pour toi.

Le spectre de Buckingham se lève.

LE SPECTRE DE BUCKINGHAM, à Richard.

— J'ai été le premier à te pousser vers la couronne; — le dernier j'ai subi ta tyrannie. — Oh! dans la bataille, pense à Buckingham, — et meurs dans la terreur de ton crime. — Rêve, rêve d'actions sanglantes et de meurtre! — Puisses-tu défaillir dans le désespoir, et, désespéré, rendre le souffle!

A Richmond.

— Je suis mort pour avoir désiré, sans avoir pu, te secourir. — Mais prends courage, et ne te laisse pas alarmer : — Dieu et les bons anges combattent pour Richmond, — et Richard va tomber de toute la hauteur de son orgueil.

Les spectres s'évanouissent. Richard s'éveille en sursaut.

SCÈNE XXII.

RICHARD.

— Qu'on me donne un autre cheval!... Qu'on bande mes blessures! — Aie pitié, Jésus!... Doucement... ce n'était qu'un rêve. — O lâche conscience, comme tu me tourmentes! — Ces lumières brûlent bleu... C'est maintenant le moment funèbre de la nuit : — des gouttes de sueur froide se figent sur ma chair tremblante. — Comment! est-ce que j'ai peur de moi-même? Il n'y a que moi ici! — Richard aime Richard; et je suis bien moi. — Est-ce qu'il y a un assassin ici? Non... Si, moi! — Alors fuyons... Quoi! me fuir moi-même?... Bonne raison : Pourquoi? — De peur que je ne châtie moi-même... qui? moi-même! — Bah! je m'aime, moi!... Pourquoi? pour un peu de bien — que je me suis fait à moi-même? — Oh non! hélas! je m'exécrerais bien plutôt moi-même — pour les exécrables actions commises par moi-même. — Je suis un scélérat... Mais non, je mens, je n'en suis pas un. — Imbécile, parle donc bien de toi-même... Imbécile, ne te flatte pas. — Ma conscience a mille langues, — et chaque langue raconte une histoire, — et chaque histoire me condamne comme scélérat. — Le parjure, le parjure, au plus haut degré, — le meurtre, le meurtre cruel, au plus atroce degré, — tous les crimes, poussés au suprême degré, — se pressent à la barre criant tous : Coupable! coupable! — Ah! je désespérerai. Pas une créature ne m'aime! — et, si je meurs, pas une âme n'aura de pitié pour moi!... — Et pourquoi en aurait-on, puisque moi-même — je ne trouve pas en moi-même de pitié pour moi-même? — Il m'a semblé que les âmes de tous ceux que j'ai assassinés — venaient à ma tente, et que chacune provoquait — la vengeance de demain sur la tête de Richard! —

Entre Ratcliff.

RATCLIFF.

Milord!

RICHARD.

Qui est là?

RATCLIFF.

— Ratcliff, milord : c'est moi. Le coq matinal du village — a déjà fait deux saluts à l'aurore. — Vos amis sont debout, et bouclent leur armure.

RICHARD.

— O Ratcliff, j'ai rêvé un rêve effrayant. — Crois-tu que nos amis seront tous fidèles?

RATCLIFF.

— Sans doute, milord.

RICHARD.

Ratcliff, je crains, je crains...

RATCLIFF.

— Voyons, mon bon seigneur, n'ayez pas peur des ombres.

RICHARD.

— Par l'apôtre Paul, les ombres, cette nuit, — ont jeté plus de terreur dans l'âme de Richard — que ne le ferait la substance de dix mille soldats, — armés à l'épreuve et conduits par ce niais de Richmond. — Il n'est pas encore jour; allons, viens avec moi : — je vais faire le métier d'écouteur autour ne nos tentes, — pour apprendre s'il en est qui pensent à m'abandonner.

Richard et Ratcliff sortent.

Richmond s'éveille. Entrent Oxford *et d'autres lords.*

LES LORDS.

— Bonjour, Richmond.

SCÈNE XXII.

RICHMOND.

— Pardon, milords, pardon, vigilants gentilshommes, — pour le paresseux que vous surprenez ici.

LES LORDS.

— Avez-vous dormi, milord?

RICHMOND.

— J'ai eu depuis votre départ, milords, — le plus doux sommeil et les rêves les plus favorables — qui soient jamais entrés dans une tête somnolente. — Il m'a semblé que les âmes de ceux dont Richard a tué le corps, — venaient à ma tente et criaient : En avant! victoire! — Je vous assure que mon cœur est tout joyeux — du souvenir d'un si beau rêve. — A quel point de la matinée sommes-nous, milords?

LES LORDS.

— Vers le coup de quatre heures.

RICHMOND.

— Alors, il est temps de prendre les armes et de donner les ordres.

Il s'avance vers les troupes.

— Bien-aimés compatriotes, — le temps et les nécessités du moment m'empêchent de m'étendre — sur ce que je vous ai déjà dit. Pourtant rappelez-vous ceci : — Dieu, et notre bon droit, combattent pour nous; — les prières des saints et des âmes offensées — se dressent devant nous comme d'immenses boulevards. — Richard excepté, ceux contre qui nous combattons — nous souhaitent la victoire plutôt qu'à celui qu'ils suivent. — Qui suivent-ils, en effet? vous le savez, messieurs : — un tyran sanguinaire et homicide, — élevé dans le sang et établi dans le sang, — un homme qui a employé tous les moyens pour parvenir, — et massacré ceux même qui lui avaient servi de moyens : — pierre vile et fausse, rendue précieuse seulement par la splendeur — du trône d'Angleterre, où elle est traîtreusement enchâssée! — un homme enfin qui a toujours été l'ennemi de Dieu! — Donc, si vous combattez contre l'ennemi de Dieu, — Dieu dans sa justice vous protégera comme ses propres soldats. — Si vous suez pour abattre un tyran, — vous dormirez en paix, le tyran une fois tué. — Si vous combattez contre les ennemis de votre pays, — la richesse de votre pays sera le salaire de vos peines; — si vous combattez pour la sauvegarde de vos femmes, — vos femmes vous accueilleront en vainqueurs au retour; — si vous délivrez vos enfants du glaive, — les enfants de vos enfants vous revaudront cela dans votre vieillesse. — Donc, au nom de Dieu et de tous les droits, — arborez vos étendards, tirez vos épées ardentes. — Quant à moi, pour rançon de mon audacieuse entreprise, — je suis prêt à laisser ce corps glacé sur la face glacée de la terre : — mais, si je réussis, le dernier d'entre vous aura part — au gain de mon entreprise. — Sonnez, trompettes et tambours, hardiment et gaiement! — Dieu et saint George! Richmond et victoire!

Ils sortent.

RICHARD revient, suivi de RATCLIFF, de gens de services et de soldats.

RICHARD.

— Que disait Northumberland au sujet de Richmond?

RATCLIFF.

— Qu'il n'a jamais été exercé au métier des armes.

RICHARD.

— Il disait la vérité; et qu'ajoutait Surrey?

RATCLIFF.

— Il souriait, et disait que c'était tant mieux pour nous.

SCÈNE XXII.

RICHARD.

— Il avait raison : cela est fort juste.

L'horloge sonne.

— Quelle heure est-ce là ?.. Qu'on me donne un calendrier ! — Qui a vu le soleil aujourd'hui ?

RATCLIFF.

Je ne l'ai pas vu, milord.

RICHARD.

— C'est qu'alors il dédaigne de luire : car, d'après le livre, — il devrait éblouir l'orient depuis une heure ; — ce sera un jour sombre pour quelqu'un ! — Ratcliff !

La pluie tombe.

RATCLIFF.

Milord ?

RICHARD.

Le soleil ne veut pas être vu aujourd'hui : — le ciel se rembrunit et pleure sur notre armée ; — je voudrais que ces larmes ne fussent qu'une rosée sortie de la terre. — Pas de soleil aujourd'hui ! Eh bien, que m'importe à moi — plus qu'à Richmond ? Le même ciel, — qui se rembrunit pour moi, lui fait aussi triste mine.

Entre NORFOLK.

NORFOLK.

— Aux armes, aux armes, milord ! l'ennemi se pavane dans la plaine.

RICHARD.

— Allons ! alerte ! alerte ! Qu'on caparaçonne mon cheval ! — Qu'on appelle lord Stanley ! qu'on lui dise d'amener ses forces ! — Je veux conduire mes soldats dans la plaine, — et régler mon ordre de bataille. — Mon avant-garde se déploiera sur une seule ligne, — composée en nombre égal de cavaliers et de fantassins ; — nos archers seront placés au centre. — John, duc de Norfolk, et Thomas, comte de Surrey, — auront le commandement de ces fantassins et de ces cavaliers. — Eux ainsi disposés, nous suivrons nous-mêmes, — avec le gros de l'armée, appuyé — sur le deux ailes par notre meilleure cavalerie. — Après cela, Saint-George à la rescousse !... Qu'en penses-tu, Norfolk ?

NORFOLK.

— Bon plan, belliqueux souverain. — J'ai trouvé ceci ce matin à l'entrée de ma tente.

Il donne à Richard un papier.

RICHARD.

— « Jockey de Norfolk (67), ne sois pas trop hardi, — car Dikon ton maître est vendu et trahi. » — Pure invention de l'ennemi. — Allez, messieurs ! chaque homme à son poste ! — Que le bégaiement de nos songes n'effraie pas nos âmes ! — La conscience n'est qu'un mot à l'usage des lâches, — inventé tout d'abord pour tenir les forts en respect. — Ayons nos bras forts pour conscience, nos épées pour loi. — En marche ! alignons-nous bravement ! à la mêlée ! — Sinon pour le ciel, emboîtons le pas pour l'enfer ! — Qu'ajouterai-je à ce que j'ai dit ? — Rappelez-vous à qui vous avez affaire : — à un tas de vagabonds, de gueux et de proscrits ; — à l'écume des Bretagnes, à de vils manants, — vomis par leur pays en dégoût — pour des aventures désespérées et pour une destruction certaine. — Vous dormiez tranquilles, ils vous jettent dans le trouble ; — vous avez des terres et, bonheur suprême ! de belles femmes : — ils veulent s'adjuger les unes, et déshonorer les autres. — Et puis, qui les conduit ? un misérable drôle, — entretenu longtemps en Bretagne aux frais de notre mère ; — une soupe au lait ! un garçon qui n'a jamais dans sa vie — senti le froid de la neige au-dessus de ses souliers ! — Fouettons ces maraudeurs par delà les mers; — balayons d'ici ces insolents haillons de France, — ces mendiants affamés, lassés de leur vie, — qui, s'ils n'avaient songé à cette folle expédition, — pauvres rats, se seraient pendus de misère! — Si nous sommes vaincus, soyons-le par des hommes, — et non par ces bâtards de Bretagne que nos pères — sont allés battre, berner, rosser, sur leurs propres terres, — et qu'ils ont faits dans l'histoire les héritiers de l'ignominie! — Est-ce que ces gens-là jouiront de nos terres, coucheront avec nos femmes, — nous raviront nos filles?...

Roulement de tambour.

Écoutez; j'entends leurs tambours. — Au combat, gentilshommes d'Angleterre! Au combat, milice hardie! — Tirez, archers, tirez vos flèches à la tête; — éperonnez ferme vos fiers chevaux, et chargez dans le sang. — Éblouissez le firmament des éclats de vos lances!

Entre un COURRIER.

— Que dit lord Stanley? va-t-il amener ses forces?

LE COURRIER.

— Milord, il refuse de venir.

RICHARD.

— A bas la tête de son fils George!

NORFOLK.

— Milord, l'ennemi a passé le marais. — Ne faites mourir George Stanley qu'après la bataille.

RICHARD.

— Mille cœurs se dilatent dans ma poitrine. — En avant nos étendards! sus à l'ennemi! — Que notre ancien cri de vaillance : *Beau saint George!* — nous inspire la rage des dragons de flamme! — à l'ennemi! La victoire plane sur nos cimiers.

Ils sortent.

SCÈNE XXIII

[Le champ de bataille.]

Fanfares d'alarme. Des troupes se précipitent sur la scène, ayant en tête Norfolk. Catesby court à lui.

CATESBY.

— Au secours, milord de Norfolk, au secours, au secours! — Le roi a fait plus de prodiges qu'un homme : — il a tenu tête à tous les dangers! — Son cheval est tué, et lui, à pied, combat toujours, — cherchant Richmond à la gorge de la mort. — Du secours, noble lord, ou la journée est perdue!

Alarme.

Entre Richard.

RICHARD.

— Un cheval! un cheval! mon royaume pour un cheval!

CATESBY.

— Retirez-vous, milord, je vous aurai un cheval.

RICHARD.

— Maraud! j'ai mis ma vie sur un coup de dé, — et je veux en supporter la chance. — Je crois qu'il y a six Richmond sur le champ de bataille. — J'en ai tué cinq pour un aujourd'hui. — Un cheval! un cheval! mon royaume pour un cheval!

Ils sortent.

SCÈNE XXIII.

Alarme. — RICHARD et RICHMOND entrent. Ils se battent. Richard est tué (68). — Retraite et fanfare. — Au bout de quelques instants, Richmond sort, puis revient, accompagné de Stanley qui porte la couronne, et suivi de lords et de soldats.

RICHMOND.

— Dieu et vos armes soient loués, victorieux amis ! — La journée est à nous ; le chien sanglant est mort.

STANLEY, lui offrant la couronne.

— Courageux Richmond, tu t'es bien acquitté. — Tiens ; prends cette couronne, trop longtemps usurpée : — c'est du front mort de ce sanglant misérable — que je l'ai arrachée, afin d'en parer ta tête ; — porte-la, jouis-en et fais-la valoir !

RICHMOND.

— Grand Dieu du ciel, dis amen à tout ceci ! — Mais, dites-moi d'abord, le jeune George Stanley est-il vivant ?

STANLEY.

— Oui, milord, et en sûreté dans la ville de Leicester, — où, si bon vous semble, nous pouvons nous retirer à présent.

RICHMOND.

— Quels hommes de nom ont péri des deux côtés ?

STANLEY.

— John, duc de Norfolk, Walter lord Ferrers, — sir Robert Brakenbury, et sir William Brandon.

RICHMOND.

— Qu'on enterre leurs corps comme il sied à leur naissance. — Qu'on proclame une amnistie aux soldats fugitifs — qui reviendront à nous en toute soumission ; — et ensuite, comme nous en avons fait le serment, — nous unirons la rose blanche à la rose rouge. — Que le ciel, si longtemps assombri par leur inimitié, — sourie à leur heureuse alliance ! — Y a-t-il ici un traître qui m'entende et ne dise pas amen? — L'Angleterre, longtemps folle, se déchirait elle-même ; — le frère versait en aveugle le sang de son frère ; — le père furieux égorgeait son propre fils, — et le fils, par représailles, devenait le boucher de son père : — tous ainsi divisés — par les terribles divisions d'York et de Lancastre. — Oh! maintenant, que Richmond et Élisabeth, — les vrais héritiers de chaque maison royale, — s'unissent par un heureux décret du seigneur, — et puissent leurs successeurs, si c'est ta volonté, ô Dieu! — enrichir les temps à venir de la paix au visage serein, — de la riante abondance et des beaux jours de la prospérité! — Gracieux seigneur, émousse la lame des traîtres — qui voudraient ramener ces jours funèbres — et faire pleurer des flots de sang par la pauvre Angleterre ! — Qu'ils cessent de vivre et de goûter les fruits de cette terre, — ceux qui voudraient par la trahison la blesser dans son repos! — Enfin nos plaies civiles sont fermées, et la paix renaît. — Dieu veuille qu'elle vive ici longtemps!

Ils sortent.

FIN DE RICHARD III.

NOTES

SUR

MACBETH, LE ROI JEAN ET RICHARD III.

---

(1) Cette indication du lieu où se rencontrent les trois sorcières ne se trouve pas dans le texte primitif. Disons ici, une fois pour toutes, que l'endroit où l'action dramatique a lieu n'est jamais indiqué dans les éditions originales des pièces de Shakespeare. Dans les éditions faites du vivant de l'auteur, la division par scènes et par actes n'est pas indiquée. Ce ne fut qu'après la mort de Shakespeare qu'on s'avisa de faire au texte primitif toutes ces additions que renferment aujourd'hui les éditions modernes. Les comédiens Héminge et Condell, qui publièrent, en 1623, *sept ans après la mort du poëte*, la première édition in-folio du théâtre de Shakespeare, prirent sur eux de soumettre la plupart des pièces à la division classique en cinq actes. Mais cette innovation ne leur suffit pas; ils allèrent jusqu'à modifier les paroles mêmes des personnages, et jusqu'à supprimer des passages entiers qui, sans doute, leur paraissaient trop longs. La division en actes et en scènes, imaginée par Héminge et Condell, fut adoptée aveuglément par tous les éditeurs modernes, qui ajoutèrent, en outre, de leur autorité privée, les indications des lieux où l'action se passe. — Pour donner plus de clarté à l'œuvre que nous traduisons, nous avons accepté dans notre édition la division par scènes faite par Héminge et Condell, tout en rejetant la division par actes qui, sans aucun

avantage, a l'immense inconvénient de scinder arbitrairement l'action.
Quant aux indications de lieux, faites par les éditeurs modernes, nous
les avons acceptées lorsqu'elles étaient d'accord soit avec les paroles
même des personnages, soit avec la tradition historique, soit avec la
vraisemblance; mais nous les avons mises entre parenthèses, pour
montrer qu'elles ne font pas partie du texte original.

(2) Graymalkin est un chat; Paddock, un crapaud.

(3) Cette désignation : *un camp près de Fores*, a été imaginée par
les commentateurs, qui se sont autorisés de cette question adressée
par Banquo à Macbeth dans la scène suivante : *A quelle distance
sommes-nous de Fores?* Fores est une petite ville située au nord de
l'Écosse, au bord de l'Océan, en avant de la rivière Findhorn. L'armée
de Duncan s'était établie au sud de la ville, de façon à arrêter la
marche des rebelles sur les résidences royales du Nord.

(4) Ce sont les noms de peuplades irlandaises. Les *kernes* étaient
des fantassins équipés à la légère, portant une cotte de mailles et ayant
pour toute arme une hache particulière. Les *gallowglasses* étaient des
troupes de réserve armées pesamment.

(5) L'Île de St-Colomban (en écossais, St-Colmes'inch), est située
sur la côte de Fife, au-dessus du golfe d'Édimbourg.

(6) Une superstition populaire désigne la bruyère de Harmuir, sur
la limite des comtés d'Elgin et de Nairn, comme le lieu où les sorcières ont apparu à Macbeth. Cette plaine est traversée par la grande
route qui mène de Fores à Nairn. Il serait difficile de trouver dans
toute l'Écosse un endroit plus désolé. Pas d'arbre, pas d'arbrisseau
pour reposer le regard; çà et là quelques marécages; rien qu'une
végétation aride, des ajoncs, des genêts, des bruyères. Des dunes
de sable et la ligne bleue de la mer, au delà de laquelle on aperçoit
les montagnes de Ross et de Caithness, la bornent au nord; à l'ouest,
on distingue, au-dessus de quelques arbres, les ruines d'un château;
au sud, une forêt de sapins. Certes, la nature ne pouvait indiquer à
Shakespeare une mise en scène plus sinistre.

(7) Glamis-castle, à cinq milles de Forfar, est un des quatre ou cinq
endroits où les chroniques écossaises placent le meurtre de Duncan.

Avant 1372, il y avait là un petit château, haut de deux étages, d'où l'on apercevait, d'un côté, les hauteurs de Dunsinane, de l'autre, la forêt de Birnam que Shakespeare fait marcher à la fin de son drame. C'est dans ce petit château que la tradition veut que Macbeth ait résidé quelque temps avant sa chute. Au quinzième siècle, la vieille construction a été agrandie considérablement et est devenue une colossale forteresse, dont les tours ont plus de cent pieds de hauteur, dont les murailles ont quinze pieds d'épaisseur, et qui contient plus de cent salles. On a conservé dans cette forteresse un lit où l'on prétend que Duncan a été assassiné.

(8) Le château de Cawdor est situé au nord de l'Écosse, à six milles de Nairn, sur une éminence d'où il domine une grande partie du cours de la Calder. Cet édifice, commencé par l'architecture romane, a été achevé par l'architecture gothique ; le donjon, flanqué aux quatre coins de quatre tourelles, est du quatorzième siècle. Le château de Cawdor dispute au château de Glamis la triste gloire d'avoir vu tuer Duncan. On y montre un lambeau de la cotte de mailles de ce roi, la chambre même où il a été assassiné, et un réduit où se cacha son valet pendant que le meurtre était commis. La légende raconte que le premier seigneur de Cawdor, ne sachant pas au juste quel emplacement choisir pour y jeter les fondements de son château, chargea un âne de tout l'or qu'il destinait à sa construction, et suivit la bête, avec la résolution de bâtir l'édifice à l'endroit où elle s'arrêterait. L'âne s'arrêta devant une aubépine, au milieu d'une forêt. C'est là que le château a été construit, et l'on montre encore dans une de ses salles basses un petit pilier de bois qui fut, dit-on, la tige de cette aubépine.

(9) Une chronique écossaise raconte que c'est à Forès, en effet, que Macbeth plia le genou, après sa victoire, devant le roi qu'il allait assassiner. — On voit à l'ouest de la ville, sur une hauteur qui commande la rivière, les ruines d'un château qui servit, dit-on, de résidence à Duncan et ensuite à Macbeth.

(10) Boèce, qui écrivit en latin l'histoire d'Écosse, raconte que le château de Macbeth, où Duncan fut tué, est celui qui se trouve au sud-est de la ville d'Inverness. Il y avait, effectivement, du temps de Boèce, à l'endroit qu'il indiquait, un château qui fut démantelé pendant la guerre civile de 1745, et dont le docteur Johnson visita

les ruines en 1773, en compagnie du commentateur Boswell. Les deux voyageurs crurent de bonne foi visiter le château même dont Duncan trouvait la position si *charmante*. Ils ignoraient, sans doute, que la forteresse qui vit le meurtre de Duncan fut rasée par son fils Malcolm; ils ignoraient, en outre, que tous les monuments bâtis du temps de Macbeth étaient en *bois* et non en pierre. Ce qui, par parenthèse, donne un démenti à la tradition qui veut que Duncan ait péri, soit dans le château de Cawdor, soit dans celui de Glamis.

(11) On trouve cet adage dans les *Proverbes de Heywood* :

The cat would eat fish and would not wet her feet.

« Le chat voudrait bien manger du poisson, mais il craint de se mouiller les pattes. »
Ce qui est une traduction du vers latin :

Catus amat pisces, sed non vult tingere plantas.

(12) Cette potion du soir était une boisson qu'on prenait avant de se coucher, et qui était faite de lait et de vin.

(13) Il n'existe aucune indication précise sur la mise en scène de ce passage capital. Au moment où Macbeth crie : Qui est là? le texte original le représente comme pénétrant sur la scène. *Enter Macbeth*, entre Macbeth : voilà ce que dit le texte. Les éditeurs modernes ont substitué à ces mots : *Enter Macbeth*, les mots *Macbeth within*, qui veulent dire : *Macbeth derrière le théâtre*. Le texte, après avoir dit : *Enter Macbeth*, répète encore quelques lignes plus bas : *Enter Macbeth*, sans indiquer qu'il soit sorti préalablement. Ne pouvant expliquer comment Macbeth pouvait ainsi entrer deux fois de suite sans être sorti dans l'intervalle, les éditeurs modernes ont cru que la première entrée était une indication erronée, et ont supposé que Macbeth prononçait à la cantonnade ces mots : *Qui est là ?* — Nous croyons, avec Tieck, que les éditeurs modernes, lorsqu'ils ont fait cette altération, ne se sont pas rendu compte de la manière dont était disposé le théâtre de Shakespeare.

La scène où était joué le drame que nous traduisons était partagée en deux étages : la scène proprement dite formait le premier étage, et une plateforme, supportée par des colonnes et entourée d'un balcon, formait le second étage. Il est donc infiniment probable que Shakespeare supposait l'appartement de Duncan au second étage. En se rendant dans cet appartement, Macbeth montait du premier étage au second, et, avant d'entrer dans la chambre royale, il traversait le balcon au fond du théâtre. C'est cette apparition que mentionne sans doute le texte original, lorsqu'il dit pour la première fois : *Entre Macbeth.* — En passant sur ce balcon, Macbeth entendait du bruit au-dessous, dans la cour, que la scène, proprement dite était censée représenter, et il s'écriait : Qui est là? holà! — Puis après s'être assuré que c'était une fausse alerte, il disparaissait pour entrer dans l'appartement du roi, assassinait Duncan, et descendait ensuite pour aller retrouver sa femme dans la cour. — Cette explication, donnée par Tieck, nous a paru fort plausible, et nous l'avons adoptée, d'abord, parce qu'elle nous semblait parfaitement logique, et ensuite, parce qu'elle nous permettait de rester scrupuleusement fidèle au texte original.

(14) La ville de Scone, qu'on suppose avoir été jadis la capitale du royaume des Pictes, est à deux milles de Perth. C'est dans l'église de cette ville qu'était le fameux fauteuil qui servit longtemps au couronnement des rois d'Écosse et qui fut transporté à l'abbaye de Westminster par Édouard Ier. On voit encore, incrustée dans le fauteuil, la pierre qui servait, dit-on, d'oreiller à Jacob, lorsqu'il vit en rêve l'échelle des anges.

(15) Colmes kill (en anglais *St Columban's cell*, la grotte de Saint-Colomban), est dans la petite île d'Iona, sur la côte occidentale du duché d'Argyle. Le cimetière de la cathédrale d'Iona contient quarante-huit tombes de rois écossais, irlandais et norwégiens, parmi lesquelles se trouvent, dit-on, les tombeaux de Duncan et de Macbeth.

(16) Fléance se réfugia dans le pays de Galles, et il fut si bien reçu par la fille du roi de ce pays, que celle-ci, dit la chronique d'Holinshed, *consentit par courtoisie à se laisser faire un enfant par lui.* Cet enfant, qui fut nommé Walter, devint plus tard le grand sénéchal du roi d'Écosse, *avec le titre de lord steward* (d'où est venu le nom de Stuart), et fut le père d'une nombreuse postérité. Un de ses arrière-petits-fils épousa la fille de Robert Bruce, et en eut à son tour un fils qui fut roi d'Écosse sous le nom de Robert II. — C'est ainsi que l'illustre maison de Stuart dut son origine aux complaisances d'une princesse hospitalière pour un proscrit.

(17) C'est en 1778 que fut publiée pour la première fois une pièce de Middleton, *la Sorcière*, où fut retrouvée tout entière la chanson dont on lit ici les deux premiers mots. Dans la pièce de Middleton, comme dans *Macbeth*, cette chanson est chantée par des sorcières qui dansent en rond autour d'un chaudron.

HÉCATE.

Noirs esprits et esprits blancs, rouges esprits et esprits gris,
Mêlez, mêlez, mêlez, vous qui pouvez mêler.
Titty, Tiffin, épaississez la soupe;
Firedrake, Puckey, faites-la propice;
Liard, Robin, trémoussez-vous dedans.
En rond! en rond! en rond! autour! autour!
Que tout mal accoure dedans et tout bien s'en éloigne!

PREMIÈRE SORCIÈRE.

Voici le sang d'une chauve-souris.

HÉCATE.

Mets-le! oh! mets-le!

DEUXIÈME SORCIÈRE.

Voici l'écume d'un léopard.

HÉCATE.

Mets-la aussi.

PREMIÈRE SORCIÈRE.

Le jus d'un crapaud, l'huile d'une couleuvre.

DEUXIÈME SORCIÈRE.

Cela rendra plus fou notre jouvenceau.

TOUTES.

En rond! en rond! en rond!

C'est dans *la Sorcière* de Middleton qu'on a découvert toute une autre chanson, dont les premiers mots sont dans la Scène XIV de *Macbeth*, et qui commence par ces paroles : Venez, venez! — Nous traduisons la scène où cette chanson se trouve, et dont Shakespeare s'est évidemment inspiré.

Entrent HÉCATE, STADLIN, HOPPO, et autres sorcières.

HÉCATE.

La lune est une vaillante. Vois avec quelle rapidité elle chevauche!

STADLIN.

Voici une riche soirée.

HÉCATE.

Oui, toute propice, mes filles, pour faire un voyage de cinq mille milles.

HOPPO.

Notre voyage sera plus long que cela cette nuit.

HÉCATE.

Oh! ce sera délicieux. Avez-vous déjà entendu le hibou?

STADLIN.

Un instant, dans le taillis que nous avons traversé.

HÉCATE.

Alors il est grand temps de partir.

STADLIN.

Une chauve-souris s'est pendue trois fois à mes lèvres, quand nous traversions le bois, et y a bu tout son soûl. Le vieux Puckle l'a vue.

HÉCATE.

Vous avez toujours du bonheur. La chouette elle-même vient s'abattre sur votre épaule et vous becqueter comme un pigeon. Êtes-vous équipées? Avez-vous vos onguents?

STADLIN.

Tous.

HÉCATE.

Alors, préparez-vous à vous envoler. Je vous rattraperai rapidement.

STADLIN.

Alors, hâtez-vous, Hécate : nous serons en l'air bientôt.

HÉCATE.

Je vous rejoindrai vite.

Les sorcières s'envolent.

Entre PIERREDEFEU.

HÉCATE.

Ah! Pierredefeu, notre suave fils!

PIERREDEFEU.

Un peu plus suave que plusieurs d'entre vous; il en est pour qui le fumier serait trop bon.

HÉCATE.

Combien d'oiseaux as-tu?

PIERREDEFEU.

Dix-neuf, et tous magnifiquement gras; et, en outre, six lézards et trois œufs de serpent.

HÉCATE.

Cher et suave fils!... va vite chez nous avec tout cela. Veille bien sur la maison cette nuit; car je vais en l'air.

PIERREDEFEU, *à part.*

En l'air! Puisses-tu te casser le cou, que j'hérite de toi plus vite.

Haut.

— Écoutez, écoutez, mère! Elles sont déjà au-dessus du clocher, planant au-dessus de votre tête avec un bruit de musiciens.

HÉCATE.

Oui, vraiment; aide-moi! aide-moi! Autrement je serais trop en retard.

CHANSON dans le ciel.

Viens! viens!
Hécate! Hécate! viens!

HÉCATE.

Je viens, je viens, je viens, je viens,
Aussi vite que je puis,
Aussi vite que je puis.
Où est Stadlin?

VOIX dans le ciel.

Ici.

HÉCATE.

Où est Puckle?

VOIX dans le ciel.

Ici.
Et Hoppo aussi! et Hellwain aussi!
Il ne nous manque plus que vous! que vous!
Venez! complétez la troupe!

HÉCATE.

Je veux seulement m'oindre et puis je monte.

Un Esprit descend sous la forme d'un chat.

VOIX dans le ciel.

Un de nous est descendu pour chercher son dû.
Un baiser! une gorgée de sang!
Pourquoi restes-tu si longtemps? pourquoi? pourquoi?
Quand l'air est si doux et si bon!

HÉCATE.

Oh! te voilà!
Quelle nouvelle? quelle nouvelle?

L'ESPRIT.

Tout va pour nos délices.
Viens! sinon,
Refusée! refusée!

HÉCATE.

Maintenant je suis équipée pour l'essor.

PIERREDEFEU.

Écoutez! écoutez! Le chat chante dans sa langue
Une belle note en fausset!

HÉCATE, montant avec l'Esprit.

Maintenant, je pars, je vole!
Malkin, mon doux esprit, et moi.
Oh! quel plaisir friand c'est
De chevaucher dans l'air,
Quand la lune resplendit,
De chanter, de danser, de jouer, de se baiser!
Au-dessus des bois, des hauts rocs, des montagnes,
Des mers, des sources de notre maîtresse,
Des tours à pic et des tourelles,
Nous volons la nuit par troupes d'esprits!
Nous n'entendons plus le son des cloches,
Ni le hurlement des loups, ni le cri des limiers!
Non, le cri de la lame qui se brise,
Ni le rugissement du canon,
Ne peuvent atteindre notre hauteur!

(18) Sur la côte du Fifeshire, à environ trois milles de Dysart, on voit encore les tours quadrangulaires d'un château qu'on suppose avoir été celui de Macduff.

(19) Tout ce passage paraît avoir été inspiré par ce que dit Holinshed d'Édouard le Confesseur. « Il avait le don de prophétie, et aussi » le don de guérir les infirmités et les maladies. Il avait coutume de » soulager ceux qui étaient tourmentés par ce qu'on appelait le » *mal du roi*, et il laissa cette vertu, comme une portion de son hé- » ritage, à ses successeurs les rois de son royaume. » Les rois de France avaient aussi, comme on sait, le don de guérir les écrouelles. Le ciel n'a pas voulu faire de jaloux.

(20) On ne sait pas au juste sur quelle montagne de la chaîne de Dunsinane, dans le comté de Perth, était le château de Macbeth. Derrière une maison de plaisance moderne, appelée Dunsinane House, est une verte colline, au sommet de laquelle sont épars les débris d'une forteresse de pierre qu'*on suppose* avoir été la dernière résidence du tyran. — La distance entre la chaîne de Dunsinane et les hauteurs de Birnam est de quatre lieues. Il faut donc que la sentinelle de Macbeth ait eu de bons yeux pour apercevoir de si loin les premiers mouvements de la forêt en marche.

(21) Birnam Hill est à environ un mille de Drunkeld; c'est une

montagne haute de 1,040 pieds, au sommet de laquelle on retrouve les traces d'un ancien fort appelé *la Cour de Duncan*. On y montre encore deux vieux arbres qui sont, assure-t-on, l'unique débris de l'immense forêt qui vainquit Macbeth.

(22) Ainsi que *Macbeth*, le *Roi Jean* fut imprimé pour la première fois, en 1623, dans la collection in-folio des pièces de Shakespeare. Mais nous savons, par la mention qu'en fit Francis Meres en 1598, que ce drame était déjà en vogue dans les dernières années du seizième siècle. Les commentateurs ont essayé de fixer la date précise de son apparition. Malone regarde les lamentations maternelles de Constance comme l'expression de la douleur du poëte qui perdit son fils Arthur en 1596; Johnson pense que les éloges faits par Châtillon de l'armée anglaise qui doit débarquer en France, sont un compliment détourné au corps expéditionnaire que le comte d'Essex commandait à l'assaut de Cadix, dans cette même année 1596; enfin, Chalmers croit voir dans le duc d'Autriche le portrait peu flatteur de l'archiduc Albert, et dans le siége d'Angers une peinture du fameux siége d'Amiens qui eut lieu en 1597. S'il fallait s'en rapporter à ces conjectures, ce serait donc dans l'intervalle compris entre 1596 et 1598 qu'aurait eu lieu la première représentation du *Roi Jean*. Mais ce qui leur ôte leur valeur absolue, c'est que les détails signalés ici par les commentateurs se retrouvent dans une pièce composée sur le même sujet et imprimée en 1591.

En effet, avant la représentation de la pièce qui porte le nom de Shakespeare, le sujet du *Roi Jean* avait été mis deux fois sur la scène anglaise. Dès le règne d'Édouard VI, un certain John Bale avait fait un *Roi Jean* qui marque d'une façon frappante la transition entre les *moralités* du moyen âge et le drame shakespearien. John Bale était évêque, et pourtant telle est l'obscénité et l'audace de ses vers que les critiques ont peur de les citer. Voulant pousser à la réforme religieuse, dont il était l'un des plus chauds partisans, le très-révérend auteur avait extrait de la chronique quelques événements du règne de Jean, ses disputes avec le pape, les souffrances de l'Angleterre pendant l'interdit, la soumission du roi à l'évêque de Rome, son empoisonnement par un moine, et il avait fait de tous ces événements des allusions faciles aux choses de son temps. Dans ce curieux mystère, John Bale avait fait paraître, outre le roi Jean, ayant le rôle principal, — le pape Innocent, le cardinal Pandolphe, Étienne Langton, Simon de Swinshead et un moine appelé Raymond, tous personnages historiques, auxquels il avait adjoint des figures allégoriques, telles que *l'Angleterre*, qu'il appelait *la Veuve, la Majesté impériale*, à laquelle il donnait la couronne après la mort du roi, *la Noblesse, le Clergé, l'Ordre civil, la Trahison, la Vérité* et, enfin, *la Sédition*, qui était le bouffon de la farce.

Au *Roi Jean* de John Bale succéda sur la scène un second *Roi Jean*, qui fut imprimé en 1591 sous ce titre intéressant : *Le Règne tumultueux de Jean, roi d'Angleterre, avec la découverte du fils naturel de Richard Cœur de Lion, vulgairement nommé le Bâtard Faulconbridge, et aussi la mort du roi Jean à Swinshead Abbey*. L'auteur de cette nouvelle pièce s'était évidemment inspiré de l'œuvre de Bale : il lui avait emprunté des scènes et parfois même des mots. Mais, en revanche, il avait supprimé sans pitié toutes les créations allégoriques de son prédécesseur, et il les avait remplacées par des personnages historiques, chargés de figurer dans des situations nouvelles. Ces personnages s'appelaient Arthur, Constance, Hubert, Philippe-Auguste, Blanche de Castille. C'est qu'en effet le plan de la pièce imprimée en 1591 était beaucoup plus vaste que le scénario primitif. Tout en conservant sur la scène les incidents relatifs à la lutte du roi Jean contre la cour de Rome, l'auteur avait fait entrer dans l'action le meurtre d'Arthur de Bretagne, et, restituant au drame son unité véritable, avait présenté la mort douloureuse du roi Jean comme le châtiment mérité de co meurtre.

La pièce de 1591 est anonyme. De qui est-elle l'œuvre? Grave problème littéraire que les commentateurs ont jusqu'ici vainement essayé de résoudre. La critique anglaise l'a attribué successivement à Greene, à Peele et à Rowley; mais la critique allemande l'a attribuée à Shakespeare lui-même. Quant à moi, s'il m'était permis d'exprimer ici mon sentiment, après une étude approfondie de la question, je n'hésiterais pas à dire que je partage l'opinion de Tieck et de Schlegel. Certes, on peut reprocher de graves défauts, à cette vieille pièce, la coupe monotone et le prosaïsme des vers, la faiblesse du dialogue, l'enflure et l'affectation souvent puérile de la forme, etc.; mais ces défauts-là, un homme de talent qui commence peut les avoir. Corneille les a eus avant et même après *le Cid*. Quelque défectueuse qu'elle soit, la pièce imprimée en 1591 est remarquable à plus d'un titre. Composée, sans doute, vers 1588, après la mort de Marie Stuart, au moment où l'invasion menaçait l'Angleterre, elle est certainement supérieure aux productions dramatiques qui lui sont contemporaines. Elle renferme çà et là des mots, des hémistiches, des vers qui trahissent un génie naissant; et la manière dont elle est composée annonce une force de concentration jusqu'ici inconnue.

C'était, certes, une noble et grande idée de présenter le supplice du roi Jean comme la conséquence logique de l'assassinat d'Arthur, et nous croyons ne pas calomnier Shakespeare en lui attribuant l'honneur de cette conception. *Le Roi Jean* de 1623 est composé et distribué exactement comme *le Roi Jean* de 1591. Dans les deux pièces, l'action est la même, les incidents sont les mêmes, le dénoûment est le même. Shakespeare, il est vrai, a retranché du drame définitif une scène fort scabreuse, où le Bâtard, chargé par le roi Jean de rançonner les couvents, découvre une nonne cachée dans le coffre-fort d'un moine. Mais, sauf cette suppression, il a suivi, scène par scène, la marche du drame anonyme. Or, comment croire qu'un génie aussi puissant que Shakespeare ait ainsi calqué la pièce d'un autre? Ceux qui, sans raison, attribuent à Rowley la pièce de 1591, ne voient-ils pas qu'ils accusent gratuitement notre poëte du plus monstrueux plagiat? Non, Shakespeare n'a pas copié son œuvre ; il avait le droit de la refaire, et il l'a refaite. La pièce imprimée en 1591 est de lui, comme la pièce imprimée en 1623. Shakespeare a refait *le Roi Jean*, comme il a refait *le Roi Lear, Roméo et Juliette* et *Hamlet*.

(23) Cet amusant procès, qui fait un si comique épisode dans le sombre drame de Shakespeare, semble avoir été une tradition populaire de la scène anglaise. Il occupe une place importante dans *le Roi Jean* anonyme, publié en 1591. Là, le roi d'Angleterre est également choisi pour arbitre par les deux frères Faulconbridge, et appelé à décider quel fut le père de Philippe; seulement, il fait subir à lady Faulconbridge un interrogatoire que Shakespeare a eu le tact de retrancher dans l'œuvre définitive. La mère, questionnée publiquement sur un point si délicat, répond que le père de Philippe est bien son mari, le vieux sir Robert Faulconbridge. Cependant le roi n'est pas convaincu par cette affirmation, et veut que le fils lui-même déclare s'il est légitime ou bâtard. « Essex, s'écrie-t-il, demande à Philippe de qui il est le fils. »

ESSEX.

Philippe, qui a été ton père ?

PHILIPPE.

— Voilà une grave question, milord, et je vous aurais prié — déjà de la poser à ma mère, si vous n'aviez — déjà pris cette peine.

LE ROI JEAN.

— Parle, qui a été ton père ?

PHILIPPE.

— Ma foi, milord, puisqu'il faut vous répondre, mon père — a été celui qui était le plus près de ma mère quand je fus engendré, — et je crois que celui-là était sir Robert Faulconbridge.

LE ROI JEAN.

— Essex, répète la question pour la forme, — et mettons fin à cette contestation.

ESSEX.

— Philippe, parle, te dis-je, qui a été ton père?

LE ROI JEAN.

— Eh bien! jeune homme, est-tu donc en syncope?

ÉLÉONORE.

— Philippe, éveille-toi. Notre homme rêve.

PHILIPPE.

Philippus atavis edite regibus. — Que dis-je? Philippe, issu des anciens rois? — *Quo me rapit tempestas?* — Quel vent d'orgueil souffle sur moi ses fureurs? — D'où viennent ces fumées de majesté? — Il me semble entendre l'écho sonore crier — que Philippe est le fils d'un roi. — Les feuilles qui sifflent sur les arbres tremblants — sifflent en chœur que je suis fils de Richard. — Le murmure des torrents qui bouillonnent — dit *Philippus regius filius.* — Les oiseaux dans leur vol font une musique avec leurs ailes, — remplissant l'air de la gloire de ma naissance. — Les oiseaux, les ruisseaux, les feuilles, les montagnes, l'écho, tout — répète à mon oreille que je suis fils de Richard. — Insensé! où te laisses-tu emporter? — Pourquoi tes pensées se perdent-elles ainsi dans le ciel de l'honneur? — Oublies-tu donc ce que tu es et d'où tu viens? — Le patrimoine de tes pères ne peut pas maintenir de pareilles pensées. — Ces pensées-là sont loin de convenir à un Faulconbridge. — Mais aussi pourquoi mon âme ambitieuse — ne peut-elle plus, dans son essor, se résigner à n'être que Faulconbridge? — Après tout, sais-tu qui tu es? — Et puis, sais-tu ce qui attend ta réponse? — Vas-tu donc, dans la frénésie d'un vain transport, — sacrifier ton patrimoine, en te disant bâtard? — Non, garde ton bien. Quand Richard serait ton père, — n'importe : dis que tu es un Faulconbridge.

LE ROI JEAN.

— Parle, l'ami. Dépêche-toi. Dis-nous qui fut ton père.

PHILIPPE.

— N'en déplaise à votre majesté, sir Robert... — Ce mot Faulconbridge s'accroche à ma mâchoire, — il ne veut pas sortir. Quand il irait de ma vie, — je ne pourrais pas dire que je suis le fils d'un Faulconbridge.— Au diable le patrimoine et la fortune! C'est le feu de l'honneur, — qui me fait jurer que le roi Richard fut mon père. — Le bâtard d'un roi est plus noble — qu'un chevalier, même légitime. — Je suis le fils de Richard!

(24) La pièce de trois farthings (à peu près trois liards) était d'argent, et par conséquent, fort mince. Elle portait sur la face une

rose, à côté d'un profil de la reine Élisabeth, qu'entourait cette légende : Rosa sine spina. Cette explication est nécessaire pour comprendre l'allusion faite ici par le Bâtard.

(25) Dans le douzième chant du *Polyolbion* de Drayton, se trouve une longue description du fameux combat qui eut lieu, en présence du roi Athelstan, entre le géant danois Colbrand et l'illustre Guy de Warwick. Le géant fut tué par le chevalier.

(26) Ce mot *Philippe* passait, au temps de Shakespeare, pour être exactement le cri du moineau. Il existe un long poëme de Skelton, ayant pour titre : *Phyllyp Sparowe,* Philippe le moineau. Un auteur dramatique, fort en vogue à la cour d'Élisabeth, l'euphuiste Lyly, a écrit ce vers dans *la mère Bombie* :

> Cry
> Phip phip the sparrowes as they fly.
> *Ils crient phip phip les moineaux, quand ils volent.*

Les anciens ont imité, dans un verbe pittoresque, le cri du passereau ; et l'exclamation du Bâtard, qui semble d'abord si étrange, le paraîtra moins dès qu'on se rappellera ces jolis vers de Catulle :

> Sed circumsiliens modo huc, modo illuc,
> Ad solam dominam usque *pipilabat.*

(27) Le chevalier Basilisco était un personnage fort populaire de la vieille comédie anglaise. Le Bâtard fait ici allusion à une scène de *Soliman et Perseda,* où le clown Piston saute sur le dos de Basilisco et lui fait dire tout ce qu'il veut.

(28) Cette lutte héroïque entre le roi et le lion a été, dans le moyen âge, le sujet d'un grand nombre de romances ; elle est ainsi rapportée par le chroniqueur Rastall : « On dit qu'un lion fut mis dans
» la prison du roi Richard, pour le dévorer. Le lion ayant ouvert la
» gueule, le roi y fourra son bras, et lui tira si fort le cœur qu'il le
» tua ; et voilà pourquoi quelques-uns disent qu'il est nommé Richard
» Cœur de Lion. »

(29) En proposant aux rois de France et d'Angleterre l'exemple des *mutins de Jérusalem,* le Bâtard veut sans doute parler ici des factions

diverses qui, après avoir troublé la cité juive de leurs querelles, se réconcilièrent à l'approche de l'ennemi commun, l'empereur Titus. Malone cite à ce sujet un extrait d'un ouvrage traduit de l'hébreu, intitulé : *Derniers temps de la république des Juifs*, ouvrage que Shakespeare a pu avoir sous les yeux.

(30) Cette madame Blanche, qu'Hubert voudrait voir mariée au Dauphin Louis, n'est autre que la fameuse Blanche de Castille, mère de Louis IX. Elle était, comme chacun sait, fille d'Alphonse IX, roi de Castille, et nièce du roi Jean.

(31) Ce monologue superbe et toujours actuel, où le poëte flétrit l'inconstance de la France, dominée par ce *faiseur de faux serments*, *l'Intérêt*, avait un singulier à-propos à la fin du seizième siècle, soit qu'il fût dit au moment où un prince du sang français, le duc d'Anjou, proposait d'épouser la reine Élisabeth, geôlière de sa belle-sœur Marie Stuart, soit qu'il fût dit après la conversion de Henri IV abjurant sa foi et déclarant que *Paris vaut bien une messe*, soit qu'il fût dit après la conclusion de la paix entre la cour de France et Philippe II.

(32) Pour bien voir à quel point le drame primitif imprimé en 1591, — quelque remarquable qu'il soit du reste, — est inférieur au drame définitif publié en 1623, il faut comparer cette superbe scène du *Roi Jean*, où l'enfant essaie vainement de consoler sa mère, avec la scène parallèle qui se trouve dans la pièce anonyme. Faites le rapprochement, et jugez :

Extrait de la pièce de 1591.

ARTHUR.

Madame, prenez courage : ces langueurs abattues — ne sont pas le baume qui adoucira notre triste destinée. — Si le ciel a ordonné ces événements, cette amère mélancolie ne sert de rien. — Les saisons changeront : de même, notre malheur présent — peut changer avec elles, et tout peut tourner à bien.

CONSTANCE.

— Ah! enfant! tes années, je le vois, sont trop tendres — pour que tu puisses sonder du regard l'abîme de ces douleurs. — Mais moi, qui vois s'écrouler ta fortune, mes espérances et les ressources — avec lesquelles devaient se fonder ta fortune et ta renommée, — quelle joie, quelle satisfaction, quel repos puis-je goûter, — quand l'espérance et la fortune nous abandonnent?

ARTHUR.

— Pourtant les pleurs des femmes, leurs douleurs, leurs airs solennels, — augmentent le fardeau des malheurs, loin de le diminuer.

CONSTANCE.

— Si quelque puissance écoutait les plaintes d'une veuve — qui demande vengeance du fond d'une âme blessée, — elle enverrait la peste pour infecter ce climat — et cette contrée maudite où respirent les traîtres, — où le parjure, comme le présomptueux Briarée, — assiége le ciel de ses mensonges. — Il avait promis, Arthur, il avait juré — de défendre tes droits et d'abaisser l'orgueil de tes ennemis! — Mais, maintenant, ce noir parjure, — il conclut une trève avec l'enfant damné d'Éléonore, — et marie Louis VIII à son aimable nièce, — partageant sa fortune et ses domaines — entre ces deux amants. Malheur à cette union! — Puisqu'ils te chassent de ton bien et triomphent des larmes d'une veuve, — que, de même, le ciel les jette dans une carrière malheureuse! — Ainsi, de tout ce sang répandu de part et d'autre, — qui a apaisé la soif de la terre entr'ouverte, — il n'est sorti qu'un jeu d'amour et une fête de fiançailles!

Là se termine la scène. Combien cette tristesse raisonneuse paraît froide à côté du désespoir de la mère que nous venons de voir tomber à terre tout échevelée!

(33) Dans la pièce de Shakespeare, le duc d'Autriche et le vicomte de Limoges ne font qu'un, et voilà pourquoi Constance les confond dans son imprécation : *O Limoges! ô Autrichien!* Mais, dans l'histoire, ces deux personnages son parfaitement distincts. — L'un, Léopold, duc d'Autriche, est celui qui emprisonna Richard en 1193; l'autre, Vidomar, vicomte de Limoges, est le châtelain du manoir de Chalus, devant lequel Cœur de Lion fut blessé à mort, en 1199, par un archer nommé Bertrand de Bourdon. Shakespeare attribue le meurtre de Cœur de Lion au duc d'Autriche et venge le père avec l'épée du fils, en faisant tuer le duc d'Autriche par le Bâtard. — Cette confusion des deux personnages historiques, qui se trouve également dans *le Roi Jean* anonyme, était sans doute une tradition de la scène anglaise, tradition populaire qui, en attribuant un rôle odieux à un membre de la maison d'Autriche, autorisait une foule d'allusions hostiles à cette perfide ennemie de l'Angleterre.

(34) La sentence d'excommunication prononcée par le cardinal contre le roi Jean est en prose dans la pièce de 1501 :

« Moi, Pandolphe de Padoue, légat du siége apostolique, je te déclare maudit; je délie chacun de tes sujets de toute loyauté et de toute féauté envers toi, et j'accorde la rémission de ses péchés à quiconque portera les armes contre toi ou t'assassinera : telle est ma sentence, et je commande à tous les gens de bien de t'abhorrer comme une personne excommuniée. »

Ainsi que je l'ai dit plus haut, cette lutte entre le roi Jean et le saint-siége avait été depuis longtemps représentée sur la scène anglaise. Quarante ans auparavant, sous le règne d'Édouard VI, l'évêque John Bale avait composé sur le même sujet une *moralité* qui avait eu grand succès. On y voyait paraître le cardinal Pandolphe, précédé de quatre prêtres portant, l'un, une croix, l'autre, un livre, le troisième, une chandelle, le quatrième, une cloche et déclamant solennellement les vers suivants :

Puisque le roi Jean traite ainsi la sainte Église, — je le maudis par la croix, par le livre, par la cloche et par la chandelle. — De même que cette croix est maintenant détournée de ma face, — de même je prie Dieu de le séquestrer hors de sa grâce. — De même que je lance ce livre loin de moi, — qu'ainsi Dieu écarte de lui tous ses bienfaits. — De même que cette flamme brûlante s'échappe de cette chandelle, — qu'ainsi Dieu le rejette de son éternelle lumière. — Je le retire au Christ, et, au son de cette cloche, — je donne son corps et son âme au diable de l'enfer.

Ainsi, dès les premiers temps de la Réforme, le théâtre anglais, venant en aide à la chaire protestante dans sa polémique contre la papauté, avait présenté la querelle entre le roi Jean et Innocent III comme le symbole de la grande lutte du pouvoir temporel contre le pouvoir spirituel. Mais, si les contemporains d'Édouard VI furent émus par les tirades puériles de l'évêque John Bale, combien le public de Shakespeare devait être agité par la mâle satire du *Roi Jean!* Comme la fière réplique du prince excommunié au légat du pape devait être applaudie par le peuple qui avait repoussé la catholique armada, et dont la reine venait d'être frappée d'anathème par Sixte-Quint !

(35) Dans l'histoire, ce n'est pas le duc d'Autriche, c'est le vicomte de Limoges qui meurt de la main du Bâtard. « La même année 1199, » Philippe, fils bâtard du roi Richard, à qui son père avait donné le » château et le titre de Cognac, tua le vicomte de Limoges pour venger » la mort de son père qui, comme vous l'avez vu, avait été tué » en assiégant le château de Chalus Cheverel. » (Holinshed.)

(36) Il est infiniment curieux de comparer cette scène fameuse avec

la scène parallèle qui se trouve dans *le Roi Jean* anonyme. Pour que le lecteur puisse faire lui-même cette étude féconde, je traduis l'extrait suivant de la pièce imprimée en 1591 :

Entre ARTHUR, conduit par HUBERT DU BOURG.

ARTHUR.

Merci, Hubert, de ton attention pour moi, — à qui l'emprisonnement est encore chose si nouvelle. — La promenade ici n'a pas pour moi de grandes jouissances; — pourtant j'accepte ton offre avec reconnaissance, — et je ne veux pas du moins perdre le plaisir des yeux. — Mais, dis-moi, si tu le peux, courtois geôlier, combien — de temps le roi m'enfermera-t-il ici?

HUBERT.

— Je ne sais pas, prince; je suppose que ce ne sera pas longtemps. — Que Dieu vous envoie la liberté et que Dieu sauve le roi!

Les exécuteurs sortent de leur retraite et s'élancent sur Arthur.

ARTHUR.

— Eh bien! qu'y a-t-il, messieurs? Que signifie cet outrage? — Oh! à l'aide, Hubert! gentil gardien, à l'aide! — Que Dieu me délivre de la brusque attaque de ces mutins! — Ne laissez pas tuer un pauvre innocent!

HUBERT, aux exécuteurs.

— Retirez-vous, messieurs, et laissez-moi faire.

Les exécuteurs se retirent.

ARTHUR.

— Allons, Arthur, résigne-toi; la mort menace ta tête. — Que signifie ceci, Hubert? Expliquez-moi l'affaire.

HUBERT.

— Patience, jeune seigneur. Écoutez des paroles de malheur, — funestes, brutales, infernales, horribles à entendre : — effrayant récit, bon pour la langue d'une furie! — Je n'ai pas la force de le faire, chaque mot en est pour moi une douleur profonde.

ARTHUR.

— Quoi! dois-je mourir?

HUBERT.

— Ce n'est pas la mort que j'ai à vous annoncer, c'est quelque chose de plus hideux, — la sentence de la haine, la plus malheureuse destinée : — la mort serait un mets exquis dans un si cruel festin. — Soyez sourd, n'entendez pas; c'est un enfer pour moi d'achever.

ARTHUR.

— Hélas! tu blesses ma jeunesse par tes inquiétantes paroles; — c'est une horreur, c'est un enfer pour moi de ne pas tout savoir. — De quoi s'agit-il, l'ami? Si la chose doit être faite, — fais-la, et termine-la vite, pour que je cesse de souffrir.

HUBERT.

— Je ne veux pas murmurer avec ma langue un tel forfait,—et pourtant il faut que je l'accomplisse de mes mains. — Mon cœur, ma tête, tout mon être — me refuse ici son office. — Lis cette lettre, lis ces lignes triplement funestes ; — apprends ma mission, et pardonne-moi quand tu la connaîtras. —

« Hubert, au nom de notre repos d'esprit et du salut de notre personne, il t'est commandé, sur le reçu de cet ordre, d'arracher les yeux à Arthur Plantagenet. »

ARTHUR.

— Ah ! homme monstrueux et maudit ! Rien qu'avec son souffle il infecte les éléments ! — Son cœur recèle un venin contagieux — qui suffirait à empoisonner le monde entier ! — Est-ce une impiété d'accuser les cieux — d'injustice, quand ils laissent ce mécréant — opprimer et outrager les innocents ? — Ah ! Hubert ! tu es donc l'instrument dont il se sert — pour sonner la fanfare qui annonce à l'enfer son triomphe ! — Le ciel pleure, les saints versent d'angéliques larmes, — dans la crainte qu'ils ont de ta chute ; ils te poursuivent de remords, — ils frappent à ta conscience pour y faire entrer la pitié — et te protéger contre la rage de l'enfer. — L'enfer, Hubert, l'enfer avec tous ses fléaux, est au bout de ce forfait damné. — Ce papier scellé, qui te promet le bonheur dans ce monde, — institue Satan chef de ton âme. — Ah ! Hubert, ne consens pas à abandonner ta part de Dieu. — Je ne te parle pas seulement pour que tu me laisses la vue, — qui n'est pour moi que le premier des biens matériels ; — je te parle au nom du péril que tu cours, péril bien plus grand que ma douleur ; — la perte de ta douce âme bien pire que la perte de mes vains yeux. — Réfléchis bien, Hubert, car c'est chose dure — de perdre l'éternel salut pour la faveur d'un roi !

HUBERT.

— Monseigneur, tout sujet habitant le pays — est tenu d'exécuter les commandements du roi.

ARTHUR.

— Dieu, dont le pouvoir est plus étendu, a défendu dans ses commandements — d'obéir à celui qui commande de tuer.

HUBERT.

— Mais la même puissance a établi cette loi, — pour tenir le monde en respect, que le crime serait puni de mort.

ARTHUR.

— Je déclare que je ne suis ni criminel, ni traître, et que je suis pur.

HUBERT.

— Ce n'est pas à moi, monseigneur, qu'il faut en appeler.

ARTHUR.

— Tu peux du moins renoncer à une mission périlleuse.

HUBERT.

— Oui, si mon souverain veut renoncer à sa querelle.

ARTHUR.

— Sa querelle est celle du mensonge et de l'impiété!

HUBERT.

— Que le blâme retombe sur celui à qui il est dû!

ARTHUR.

— Eh bien! que ce soit sur toi, si tu conclus — cette inique sentence par une si infâme action.

HUBERT.

— Aucune exécution ne pourra désormais être légitime, — si l'arrêt du juge doit être ainsi mis en doute.

ARTHUR.

— Aucune ne pourra l'être sans que, selon les formes d'un procès régulier, — le coupable ait été convaincu d'un crime.

HUBERT.

— Monseigneur, monseigneur, ces longues remontrances — augmentent ma douleur plus qu'elles ne servent votre cause. — Car je sais, et j'agirai dans cette conviction, — que les sujets vivent soumis aux ordres des rois. — Je ne dois pas discuter pourquoi il est votre ennemi, — mais je dois obéir quand il commande.

ARTHUR.

— Obéis donc, et que ton âme soit responsable — de l'injuste persécution que je subis. — Vous, yeux roulants dont je puis encore mesurer la superficie — avec le regard que la nature m'a prêté, — faites jaillir la terreur de vos sourcils froncés — pour punir les assassins — qui me privent de votre vue limpide. — Que l'enfer soit pour eux aussi sombre que la tombe qu'ils me souhaitent, — et qu'il soit l'horrible bénéfice de leur crime! — Que les noirs tourmenteurs du profond Tartare — leur reprochent ce forfait damné, — en infligeant à leurs âmes mille tortures variées! — Plus de délai, Hubert, mes oraisons sont terminées : — c'est toi que je prie maintenant, arrache-moi la vue; — mais pour achever la tragédie, — conclus le dénoûment par un coup de poignard. — Adieu, Constance! Bourreau, approche! — Fais de ma mort une fête pour le tyran!

HUBERT.

— Je faiblis, j'ai peur, ma conscience m'ordonne de me désister. — Que parlé-je de faiblesse et de peur? — Mon roi commande, et cet ordre me dégage; — mais Dieu défend et c'est lui qui commande aux rois. — Ce grand commandeur me donne un contre-ordre, — il arrête ma main, il attendrit mon cœur. — Arrière, instruments maudits! Vous êtes dispensés de votre office. — Rassure-toi, jeune seigneur tu garderas tes yeux, — quand je devrais les payer de ma vie. — Je vais trouver le roi, et lui dire que sa volonté est faite, — et que tu es mort. Viens avec moi. Hubert n'était pas né — pour aveugler ces lampes que la nature fait luire ainsi.

ARTHUR.

— Hubert, si jamais Arthur recouvre sa puissance. — tu seras récompensé du bienfait que je reçois de toi : — je t'avais livré ma vue, — tu me la rends, je ne serai pas ingrat. — Mais maintenant tout délai peut compromettre — l'issue de ta bonne entreprise. — Partons, Hubert, pour prévenir de plus grands malheurs.

Ils sortent.

(37) Cette scène célèbre où le roi Jean s'emporte contre Hubert et lui reproche *d'avoir pris une boutade pour un ordre* en mettant à mort le prisonnier Arthur, a rappelé à plusieurs commentateurs une autre scène historique qui eut lieu après l'exécution de Marie Stuart. On sait, en effet, que la reine d'Écosse fut décapitée le 8 février 1587, dans le château de Fotheringay, en vertu d'un *warrant,* signé *Élisabeth,* que le secrétaire d'État Davison reçut ordre de porter. Quand la tête de Marie fut tombée, la reine d'Angleterre, craignant sans doute la colère des cours continentales, feignit le plus grand désespoir et affecta de rejeter sur Davison toute la responsabilité de cet assassinat juridique. Elle accabla le trop fidèle ministre d'invectives, et lui fit justement ce reproche d'excès de zèle que le roi Jean adresse ici à Hubert.

Ce rapprochement, s'il était fondé, nous aiderait à éclairer certains côtés restés obscurs du drame de Shakespeare. Si la mort d'Arthur n'était, dans la pensée du poëte, que le symbole de la mort de Marie Stuart, le roi Jean devrait être regardé comme la personnification d'Élisabeth. Et alors tous les incidents de la pièce seraient autant d'allusions aux événements contemporains. Pandolphe excommuniant le roi Jean, ce serait le pape lançant contre la reine Élisabeth la bulle d'anathème. Le ridicule duc d'Autriche tué par le sympathique Bâtard, ce serait Philippe II vaincu par le peuple anglais. Le roi de France Philippe, soutenant et reniant tour à tour la cause d'Arthur, ce serait Henri III soutenant et abandonnant successivement la cause de Marie Stuart. L'alliance proposée entre la nièce du roi Jean et le dauphin, fils de Philippe-Auguste, ce serait le mariage projeté entre le duc d'Anjou, frère d'Henri III, et Élisabeth. La révolte des comtes de Pembroke et de Salisbury, faisant cause commune avec l'étranger pour châtier l'assassin d'Arthur, ce serait, par allégorie, la rébellion du duc de Suffolk et du comte de Northumberland s'alliant avec les cours catholiques pour délivrer Marie Stuart. Enfin, les envahisseurs, chassés du territoire par le Bâtard, ce serait l'armada espagnole repoussée par la nation anglaise ; et la magnifique apostrophe qui termine la pièce serait le cri de victoire poussé par le poëte patriote.

(38) Ici encore Shakespeare suit strictement le plan de la vieille pièce. Dans le drame de 1591, Arthur meurt également en essayant de s'échapper de sa prison. Je traduis la scène :

Le jeune ARTHUR *paraît au haut des murailles.*

ARTHUR.

Maintenant, que la bonne chance aide au succès de mon entreprise — et épargne à ma jeunesse de nouveaux malheurs! — Je risque ma vie pour gagner ma liberté. — Si je meurs, j'en aurai fini avec les tourments de ce monde. — La peur commence à affaiblir ma résolution. — Si je lâche prise, hélas! je tombe, — et la chute pour moi, c'est la mort. — Il vaut mieux renoncer à mon projet et vivre en prison toujours... — La prison, ai-je dit? Non, plutôt la mort! — Que l'énergie et le courage me reviennent! — Décidément, je me risque : — après tout, ce n'est que sauter pour vivre.

(39) Holinshed raconte, d'après Mathieu Paris, qu'en effet « le roi, ne pouvant monter à cheval, se fit porter dans une litière faite d'osier où était étendue une simple natte de paille, sans lit ni oreiller. »

(40) La révélation faite ici par Melun est historique. « Vers le même temps, dit Holinshed, il arriva qu'un Français, le vicomte de Melun, tomba malade à Londres, et, voyant que sa mort était proche, appela à lui plusieurs barons anglais qui restaient dans la cité et leur fit cette déclaration : « Vous ignorez les périls qui sont suspen-
» dus sur vos têtes. Louis, et avec lui seize comtes et barons de
» France, ont juré secrètement, dans le cas où le royaume d'Angle-
» terre serait conquis, de tuer, bannir et emprisonner tous ceux de
» la noblesse anglaise qui maintenant se révoltent contre leur propre
» roi, comme des traîtres et des rebelles. Et, pour que vous n'en
» doutiez pas, moi, qui suis ici sur le point de mourir, je vous af-
» firme, sur le salut de mon âme, que je suis un des seize qui ont
» fait ce vœu. Je vous conseille donc de pourvoir à votre propre sû-
» reté et à celle de votre pays, et de garder le secret sur ce que je
» viens de vous révéler. » Cela dit, il mourut immédiatement. »

(41) Nul doute que, dans la pensée de Shakespeare, le supplice qui termine la vie du roi Jean ne soit le châtiment de ses crimes. C'était également la pensée de l'auteur du *Roi Jean* anonyme, et, pour s'en convaincre, il suffit de lire la scène suivante :

LE ROI JEAN.

Philippe, à boire! Oh! que n'ai-je toutes les glaces des Alpes — pour refouler et pour éteindre ce feu intérieur — qui fait rage en moi comme un bourreau incandescent. — C'est en vain que, pour consumer l'arbre divin dans Babylone, — toutes les puissances ont épuisé leur puissance. — C'est en vain aussi que mon cœur oppose sa faible résistance — à l'invasion farouche de celui qui est plus fort que les rois — Au secours, mon Dieu ! Quelles souffrances ! — Je meurs. Jean, cette torture — t'est infligée pour tes coupables forfaits — Philippe, une chaise, en attendant la tombe ! — Mes jambes dédaignent de porter un roi.

LE BATARD.

— Ah ! mon bon seigneur, triomphez de la douleur par la patience, — et supportez vos peines avec une royale énergie.

LE ROI JEAN.

— Il me semble que je vois la liste de mes crimes — écrite par un démon en caractères de marbre. — Le moindre suffirait pour me faire perdre ma part du ciel. — Il me semble que le diable murmure à mon oreille — et me dit que tout espoir de miséricorde est vain, — et que je dois être damné pour la mort soudaine d'Arthur. — Je vois, je vois des milliers, des milliers d'hommes — venus pour me reprocher tout le mal que j'ai fait sur terre. — Ah ! il n'existe pas de Dieu assez clément pour me pardonner tant de crimes. — Comment ai-je vécu, si ce n'est au détriment d'un autre ? — A quoi me suis-je plu, si ce n'est à la ruine des autres ? — Quand ai-je jamais fait un acte méritoire ? — Quelle est celle de mes journées — qui n'a pas abouti à quelque malheur fameux ? — Ma vie, pleine de fureur et de tyrannie, — peut-elle implorer grâce pour une mort si étrange ? — Qui donc dira que Jean a succombé trop tôt ? — Et qui plutôt ne dira pas qu'il a vécu trop longtemps ? — Le déshonneur m'a poursuivi dans ma vie, — et l'humiliation m'accompagne à ma mort. — Pourquoi ai-je échappé à la furie des Français, — et ne suis-je pas mort sous le coup de leurs épées ? — Ma vie a été honteuse, et elle finit honteusement, — méprisée par mes ennemis, dédaignée par mes amis.

LE BATARD.

— Pardonnez au monde et à tous vos ennemis terrestres, — et invoquez le Christ qui est votre dernier ami.

LE ROI JEAN.

— Ma langue se trouble. Te l'avouerai-je, ami Philippe ? — depuis que Jean s'est soumis au prêtre de Rome, — ni lui ni les siens n'ont prospéré sur la terre : — ses bénédictions sont maudites, et son anathème est bénédiction. — Du fond de mon âme je crie vers mon Dieu, — comme criait le royal prophète David — dont les mains étaient comme les miennes, souillées par le meurtre. — Pas plus qu'à lui, il ne m'est réservé de bâtir la maison du Seigneur ; — mais, si mon cœur mourant ne me trompe pas, — de mes flancs sortira une famille royale — qui de ses bras atteindra jusqu'aux portes de Rome, — et foulera sous ses pieds l'orgueil de la prostituée — qui trône sur la chaire de Babylone. — Philippe, les cordes de mon cœur se rompent ; les flammes du poison —

l'emportent en moi sur les faibles forces de la nature : — Jean meurt dans la foi de Jésus.

(42) Selon Holinshed, le roi Jean fut enterré à Croxton Abbey, dans le Staffordshire; mais le poëte est ici plus exact que l'historien : car, suivant l'indication donnée par Shakespeare, c'est dans la cathédrale de Worcester que le tombeau du roi fut découvert le 17 juillet 1797.

(43) En lisant l'apostrophe qui termine le *Roi Jean*, il est difficile de n'y pas voir une allusion directe aux événements contemporains. Selon moi, cette apostrophe a été écrite sous l'impression des menaces adressées par la coalition catholique à l'Angleterre hérétique. Cette opinion, que je suis étonné d'émettre le premier, est confirmée jusqu'à l'évidence par les vers qui servent d'épilogue à la pièce primitive :

LE BATARD.

Que l'Angleterre reste fidèle à elle-même, — et le monde entier sera impuissant contre elle. — Louis, tu vas être vaillamment expédié pour la France, — car jamais Français n'a gardé du sol anglais — la vingtième partie de ce que tu as conquis. — Dauphin, ta main ! nous marcherons vers Worcester. — Et vous tous, lords, offrez vos bras pour porter votre souverain — jusqu'à son tombeau avec tous les honneurs funèbres. — Si les pairs et le peuple sont unis, — *ni le pape, ni la France, ni l'Espagne ne peuvent nuire à l'Angleterre.*

(44) La plus ancienne édition de *Richard III* est un in-4° publié sans nom d'auteur avec ce titre : *La tragédie du roi Richard, contenant ses perfides complots contre son frère Clarence, le lamentable meurtre de ses neveux innocents, son usurpation tyrannique, enfin tout le cours de sa vie odieuse et sa mort si méritée. Telle qu'elle a été jouée dernièrement par les serviteurs du très-honorable lord chambellan. A Londres, imprimé par Valentin Sims pour André Wise, demeurant au cimetière de Saint-Paul, à l'enseigne de l'Ange. 1597.*

Quelques mois plus tard, en 1598, une seconde édition parut, sous le même titre, mais avec le nom de l'auteur (ainsi écrit : *William Shake-speare*).

Le succès ne discontinua pas, et la pièce fut réimprimée huit fois pendant les trente-cinq premières années du dix-septième siècle : en 1602, en 1605, en 1613 (in-quarto) ; en 1623 (dans la grande édition in-folio) ; en 1624, en 1629 (in-quarto) ; en 1632 (in-folio), en 1634 (in-quarto).

L'édition in-folio de 1623 diffère seule de l'édition originale de
1597. Cent neuf vers appartenant au texte original en ont été éliminés ; en revanche, elle contient soixante-un vers nouveaux que j'ai
scrupuleusement traduits et intercalés.

Les variantes entre ces deux éditions sont indiquées plus loin.

(45) Ceci n'est point une métaphore, comme on pourrait le croire.
Le public auquel s'adressait Shakespeare croyait bel et bien que le
corps d'une personne assassinée devait saigner de nouveau au contact
ou même à l'approche de l'assassin. Le roi d'Écosse, Jacques, confirme cette opinion dans son livre sur la démonologie : « Après un
meurtre secret, si le cadavre du mort est jamais touché par le meurtrier, le sang en jaillira comme pour appeler sur le criminel la vengeance divine. » (*Démonologie*, in-quarto, 1597, p. 80.)

(46) Les douze vers qui précèdent ne se trouvent pas dans l'édition
in-quarto de 1597.

(47) L'édition in-folio de 1623 ne contient pas ces mots : *Emportez
le corps, messieurs.*

(48) Dans l'édition in-folio, l'indication est différente. Ce n'est pas
à Brakenbury que Clarence raconte le rêve qu'il vient de faire, c'est
à son geôlier. Brakenbury ne paraît sur la scène que quand Clarence
s'est rendormi.

(49 Ces deux vers sur la rédemption des péchés par le sang du
Christ ont été supprimés de l'édition in-folio, en vertu d'un statut de
Jacques Iᵉʳ qui défendait de parler sur la scène des choses religieuses.

(50) Cet argument théologique que Clarence objecte aux assassins
est le même qu'Arthur emploie contre ses bourreaux dans la scène
du *Roi Jean* primitif que nous avons traduite plus haut. L'idée d'opposer les commandements de Dieu aux ordres des rois est bien digne
de Shakespeare, et je suis convaincu que le poëte n'a plagié que luimême en la transportant dans *Richard III*. En tout cas, on ne peut
douter que l'argument ne soit beaucoup mieux placé dans la bouche
de Clarence que dans celle d'Arthur, qui n'est qu'un enfant.

(51) Dans l'édition in-folio, Richard entre ici, non pas seul, mais accompagné de Ratcliff.

(52) Ce vers où lord Woodwille et lord Scales sont nommés a été ajouté dans l'édition in-folio.

(53) Les douze vers qui précèdent ne se trouvent pas dans l'édition in-quarto. Là, Dorset et Rivers se taisent.

(54) Les dix-huit vers qui précèdent manquent encore dans l'édition in-quarto. Là, Rivers ne demande pas d'explication sur la manière dont le prince sera escorté, et Buckingham n'a pas à répondre.

(55) La cité de Londres était désignée officiellement par le titre de *Chambre du Roi*, titre qu'elle portait depuis la conquête normande. Lorsque Jacques Ier fit son entrée dans la ville, après son avénement, il remarqua au-dessus de la porte cette inscription : LONDINIUM, CAMERA REGIA.

(56) Le Vice Iniquité était un personnage des moralités du moyen âge qui jouait le rôle de bouffon.

(57) Ces deux vers, où Buckingham prie Catesby de convoquer Hastings pour le lendemain, manquent dans l'édition in-quarto.

(58) Dans l'édition in-folio, ces dix vers sont attribués à Buckingham et non à Glocester.

(59) Les dix vers qui précèdent, à partir de ces mots : *Si je ne réplique pas*, manquent à l'édition in-quarto.

(60) Ces deux vers si caractéristiques ne se trouvent pas dans l'édition in-folio.

(61) Ces admirables vers que la reine Élisabeth adresse à la Tour de Londres manquent à l'édition de 1597. Ils rappellent la seconde manière de Shakespeare, et pourraient bien avoir été ajoutés au manuscrit quelques années après la représentation de la pièce.

(62) Les dix-sept vers qui précèdent, à partir de ces mots : *Comment se fait-il que le prophète,* etc., ne se trouvent pas dans l'édition de 1623.

(63) Ce dialogue de quatorze vers, commençant à cette exclamation de Richard : *Vous parlez comme si j'avais tué mes neveux,* manque à l'édition de 1623.

(64) Les cinquante-cinq vers qui précèdent ne se trouvent pas dans l'édition in-folio.

(65) Toute cette scène entre Richard et la reine-mère est évidemment inspirée par la chronique de Hall :
« A ce moment surgit dans l'esprit sacrilége de Richard une pensée qu'il était déjà odieux de concevoir, mais qu'il était bien plus cruel et plus abominable encore d'exécuter : s'étant persuadé, après de longues réflexions, que ce serait pour lui une source de grands malheurs si le comte de Richmond parvenait à épouser sa nièce, il se décida nettement à se réconcilier avec la femme de son frère, la reine Élisabeth, par des paroles bienveillantes ou par de généreuses promesses, convaincu qu'une fois le raccommodement conclu, la reine n'hésiterait pas à se remettre elle-même et à confier ses filles à sa direction et à sa tutelle, et qu'il lui serait facile ainsi d'empêcher l'union du comte de Richmond avec sa nièce. Enfin, si l'on ne trouvait pas de plus ingénieux remède pour prévenir les innombrables maux qui le menaçaient, s'il arrivait que la reine Anne sa femme disparût de ce monde, le roi Richard aimerait encore mieux épouser sa cousine et nièce Élisabeth, que de laisser tout le royaume courir à sa ruine, à défaut de ce mariage. Il envoya donc à la reine, qui était dans le sanctuaire, de nombreux messages dans lesquels, après s'être excusé et purifié de tout ce qu'il avait tenté ou fait contre elle, il lui faisait, pour elle et pour son fils, le marquis Dorset, de si magnifiques promesses que l'espérance devait lui tourner la tête et l'entraîner, comme on dit, dans le paradis des fous. Les messagers du roi, gens d'esprit et de gravité, persuadèrent la reine, à force de raisons édifiantes et de belles promesses, si bien qu'après s'être un peu radoucie, elle cessa de faire la sourde oreille et s'engagea à se soumettre pleinement et franchement au bon plaisir du roi. »

(66) Cette discussion entre Richard et Stanley est conforme à l'his-

toire. Shakespeare avait encore sous les yeux la chronique de Hall :

« Parmi les seigneurs dont le roi se défiait le plus, ceux-ci étaient les principaux : Thomas lord Stanley, sir William Stanley, son frère, Gilbert Talbot et six cents autres. Mais, de tous, celui en qui il avait le moins de confiance, était lord Stanley, parce que celui-ci avait épousé lady Marguerite, mère du comte de Richmond. En effet, quand ledit lord Stanley voulut se retirer dans ses terres pour visiter sa famille et pour rafraîchir ses esprits, disait-il, mais en réalité pour se bien préparer à recevoir le comte de Richmond dès son arrivée en Angleterre, le roi ne voulut point lui permettre de partir, qu'il n'eût laissé à la cour, comme ôtage, George Stanley, lord Strange, son fils aîné et son héritier. »

(67) Le fait est raconté par Hall en ces termes : « Parmi les nobles qui furent tués était Jean, duc de Norfolk, qui avait reçu l'avertissement de ne pas se risquer sur le champ de bataille. La nuit qui précéda sa jonction avec le roi, quelqu'un avait écrit ceci à sa porte :

« Jack of Norfolk, be not too bold,
» For Dykon, thy master, is bougth and sold.

» Jeannot de Norfolk, ne sois pas trop hardi, car Dykon, ton » maître, est trahi et vendu. »

(68) D'après le texte de toutes les éditions anciennes, c'est sur la scène même qu'a lieu le combat entre Richmond et Richard, et que le roi est tué. Les éditeurs modernes, obéissant au préjugé classique, ont pris sur eux de changer l'indication originale et de faire mourir Richard loin des regards du public. Il va sans dire que nous n'avons pas cédé au même préjugé.

FIN DES NOTES.

TABLE

DU TOME TROISIÈME

	Pages
Introduction.	7
Macbeth.	71
Le roi Jean.	175
Richard III.	281
Notes sur Macbeth, le roi Jean et Richard III.	445

FIN DE LA TABLE.

PAGNERRE, LIBRAIRE-ÉDITEUR

18, RUE DE SEINE, A PARIS

FRANÇOIS-VICTOR HUGO

LA
NORMANDIE
INCONNUE

UN BEAU VOLUME IN-8° : 3 FR. 50 C.

Les îles de la Manche, françaises jadis, aujourd'hui soumises directement à la suzeraineté de la couronne d'Angleterre, attirent l'attention universelle depuis que Victor Hugo y a fixé sa résidence, depuis que notre poëte en a fait le théâtre de sa grandiose épopée : *Les Travailleurs de la Mer*. Le livre de M. François-Victor Hugo remplit donc toutes les conditions pour satisfaire la curiosité du lecteur; car il offre réunis la grâce naïve de la légende, les sévères enseignements de l'histoire, et la puissante séduction de l'actualité.

SOMMAIRE :

INTRODUCTION : DE JERSEY A GUERNESEY.

La Normandie inconnue. — I. Comment Cæsarea devint Jersey. Origine de la propriété. — II. Comment Jersey fut partagée et à qui elle fut donnée. Origine de la noblesse. — III. Le Clergé. Origine de la puissance ecclésiastique. — IV. Formation du tiers-état. Caractère spécial de la bourgeoisie normande. Pourquoi Jersey a un bailli. Origine du jury. — V. Où est née la poésie française. — VI. Jersey séparée de la Normandie. Son occupation par les Anglais. Qu'est-ce que le vicomte? Jersey et la monarchie britannique. Absolutisme des gouverneurs. — VII. Qu'est-ce qu'un connétable? Organisation des communes. Droit à l'assistance. Formation de la milice. Les États de Jersey. Ce que Jersey doit à la Normandie. — VIII. Retour des Anglais dans l'île. Histoire de Marguerite de Carteret. Un peuple sauvé par une femme. Ordonnance du roi Henri VII. — IX. Où il est démontré que la monarchie absolue est la meilleure forme de gouvernement. Querelle entre les pouvoirs. Le bailli et le gouverneur. Le roi et le cardinal. Effet que pouvait faire un coup d'arbalète au temps de Henri VIII. Un jour d'audience à la chambre étoilée. Influence que peuvent avoir deux beaux yeux sur les destinées du monde en général et de Jersey en particulier. — X. Ordonnances de la reine Élisabeth. Histoire de Jean de Carteret. Comparaison entre Jersey et Guernesey. La France et l'Angleterre ont collaboré à la civilisation de Jersey. — XI. Magistrature élue. Suffrage universel. Histoire de deux fauteuils. Jean Hérault. — XII. Liberté de penser. Le protestantisme à Jersey. Une séance de la cour ecclésiastique. Liberté de la presse. *La Gazette* de l'île de Jersey. — XIII. Liberté d'agir. Le passé comparé au présent. Histoire d'un beau bonnet. Un mari ou le fouet. Origine de la loi du maximum. Résultats de la liberté à Jersey. — XIV. Constitution de Jersey en 1857.

CONCLUSION.

Pièces justificatives. — I. Le protestantisme introduit dans les Iles par les Français. — II. De la population de Jersey. — III. La Constitution de 1856, à Jersey.

Saint-Denis. — Typographie de A. Moulin.

www.ingramcontent.com/pod-product-compliance
Lightning Source LLC
Chambersburg PA
CBHW070203240426
43671CB00007B/529